U0494159

集人文社科之思 **刊**专业学术之声

集 刊 名：清华国学

主办单位：清华大学国学研究院

主　　编：陈　来

第3辑

集刊序列号：PIJ-2021-444

中国集刊网：www.jikan.com.cn/ 清华国学

集刊投约稿平台：www.iedol.cn

清华大学国学研究院　主办

陈来　主编

清华国学

本辑执行主编　赵金刚

第三辑

社会科学文献出版社
SOCIAL SCIENCES ACADEMIC PRESS (CHINA)

目录

近现代国学研究

书　评

清华国学

清华大学百年来的国学研究

陈　来

（清华大学国学研究院）

一　国学院时期

清华大学的前身清华学堂（Tsinghua Imperial College）始建于 1911 年，1925 年清华成立了研究院国学门，亦通称清华国学研究院，简称清华国学院。清华国学研究院在不长的几年办院历史里，培养了 70 位学有专长的国学学者，其中有几十位在后来成为中国人文学界的著名学者或国学大师。清华国学研究院几位导师的研究在当时代表了中国国学研究的最高水平。清华国学研究院创造的辉煌与产生的影响奠定了清华初期的学术声誉，清华国学研究院也早已成为清华大学历史传统的一部分。

清华国学研究院是中国近代文化教育发展的产物，它以"学术第一、讲学自由、兼容并包"的精神，开创了清华大学早期人文学研究的黄金时代。清华国学研究院师生共同创造的这一辉煌历史业绩对后来清华各个学科的发展都有示范的意义，也成为清华人文学科 20 世纪三四十年代卓越发展的先导。

清华国学研究院的教研实践显示出清华国学研究院对国学和国学研究的理解，其始终是把国学作为一种学术、教育的概念，明确国学研究的对象即中国传统学术文化，以国学研究为一种学术研究的体系；在研究方法上，则特别注重吸取当时世界上欧美等国研究中国文化的成果和方法。这表明，清华国学研究院从一开始就不是守旧的，而是追求创新和卓越的，清华国学研究院的学术追求，指向的不是限于传统的学术形态与方法，而是通向新的、近代的、世界性的学术发展。

所以，这种求新的世界眼光，是清华国学研究院得以取得如此成就和如此影响的根本原因之一。事实上，20 世纪 20 年代，在大学成立国学研究院

所的，清华并不是第一家，前有北京大学研究所国学门（1922）、东南大学国学院（1924），后有厦门大学国学研究院（1926）、燕京大学国学研究所（1928），尤其是北京大学国学研究所成立早，人员多，在当时影响广泛；但最终还是清华国学研究院后来居上，声望和成就超出于其他国学院所，成为现代中国学术史的标志。究其原因，主要有三：一是聘请了一流学者担任清华国学研究院的教授，如王国维、梁启超本身是当时中国国学研究的大师，其学术研究代表了当时中国国学研究的最高水平；二是清华国学研究院以中西文化融合的文化观为基础，在中国文化的研究方面，沉潜坚定，不受反传统的文化观念影响；三是把国人的国学研究和世界汉学的研究连成一体，以追求创新和卓越的精神，置身在世界性的中国文化研究前沿，具有世界的学术眼光。20世纪三四十年代，清华大学的文、史、哲等人文学科都达到了当时国内的一流水平，对中国近代的学术发展做出了重要贡献。

1925年3月为清华国学院开办之始，4月王国维、梁启超到校，6月确定教授为王国维、梁启超、赵元任、陈寅恪，讲师为李济，主任为吴宓。7月王国维作公开讲演《最近二三十年中中国新发见之学问》，强调"古来新学问大都起于新材料"。他所说的在中国新发见之材料为五项：殷墟甲骨文字、敦煌及西域简牍、敦煌六朝及唐人所书卷轴、内阁大库之书籍档案、中国境内之古外族遗文。由此也可见王国维本人国学研究的重点。吴宓在《清华开办研究院旨趣及经过》中申明："惟兹所谓国学者，乃指中国学术文化之全体而言。而研究之道，尤注重正确精密的方法（即时人所谓科学方法），并取材于欧美学者研究东方语言及中国文化的成绩。此又本校研究院之异于国内之研究国学者也。"可见清华国学院的国学研究与主要继承清代汉学小学训诂的章太炎派国学不同，乃是注重新材料和新方法的。

注重新材料的学者以王国维为代表。他于辛亥革命后东渡，专习经史小学，归国后继续深入，在甲骨文与殷商史等领域成就卓著。他1925年到清华执教，其个人学术研究转入治蒙古史和西北地理，同时致力金石文献考释。1926年出版的清华国学院丛书第一种即他的《蒙古史料校注》，前一年他完成了《古行记四种注录》。他还撰写了名为《古史新证》的清华国学院讲义，提出以地下新材料补正纸上之材料的"二重证据法"。1925年9月他将《西西辽都城虎思斡耳朵考》寄内藤虎次郎为之贺寿，与京都学派和欧洲学者多有学术联系。但王国维亦不仅关注新材料，后来陈寅恪概括其学术方法为三：一曰取地下之实物与纸上之遗文互相释证，二曰取异族之故书与吾国之旧籍互相补正，三曰取外来观念与固有之材料互相参证。可见王国维在注重新材料的同时，也运用了"外来观念"。

梁启超早年为变法运动领袖，失败后东渡，思想为之一变。他是中国近代著名思想家，也是新史学的倡导者，学问规模宏大，其研究领域为中国学术史、中国文化史。如果说王国维是主张新材料的代表，梁启超则是注重新眼光、新方法的代表。他早期曾作《论中国学术思想变迁之大势》，后撰《清代学术概论》、《中国近三百年学术史》、《中国历史研究法》与补编、《中国佛教史》。他1920年任清华讲师，讲授国学小史，著《墨经校释》，在清华国学院时期著述甚多，如《中国文化史——社会组织篇》《古书真伪及其年代》《儒家哲学》等。其学术特点则主要不是关注新材料，而是以大思想家之资，关注思想，注重运用新的学术方法和新的学术眼光，开创近代学术的新领域。

赵元任1925年到清华，在清华国学院四年，后转中央研究院，仍兼任清华讲师。他1925年正式确定以中国语言学和语音学为主要学术方向，在清华任课"中国音韵学"等，将历史比较法运用于汉语史的研究。1928年他出版了《中国吴语研究》，为清华国学院丛书第四种，这是中国学者第一部用现代语言学的方法调查汉语方言的报告。后发表《广西瑶歌记音》等。李济1925年担任讲师，因已经加入弗利尔艺术馆中国考古队工作，不能常驻院，故为清华国学院特别讲师。1927年他的考古发掘报告《西阴村史前的遗存》作为清华国学院丛书第三种出版，1929年出版的《中国人种之构成》，是中国民族科学研究的第一部著作。

陈寅恪1926年加入清华国学院，其教授的课程为"西人之东方学目录学""佛教经典各种文字译本之比较研究（梵文、巴利文、藏文、回纥文及中亚诸文字译文）"，1927年他的《大宝积经论藏汉文对照本》作为清华国学院丛书第二种出版。由其课程和研究可知，其当时的研究重点在参照欧洲东方学中佛教经典的研究，发展佛教经典的各种文字译本之比较研究。

总体来看，清华国学院时期的国学研究属于新国学、新史学的研究，注重从西洋学术中吸取研究方法和观念，追求以近代外国研究学问的方法来治国学。

二 文学院时期

王国维 1927 年自沉，1929 年梁启超病逝，当年夏清华国学院停办。同年中央研究院成立，赵元任担任史语所语言组组长，李济担任考古组组长，陈寅恪以清华大学教授而兼任历史组组长。国学院助教浦江清则转至清华大学中文系任教。中研院史语所可以说是以清华国学院导师为骨架的。1929 年清华大学成立文学院，清华的国学研究则从国学院时期转入了文学院时期。20 世纪 30 年代的清华，文、史、哲三个系规模不大，一般有教授五六位，讲师和助教若干。文学院时期包括了后来西南联大时期，直至 1952 年院系调整，清华文学院整体转入北大结束。

文学院时期的清华文科以中西兼重为特色，故中文系"注重新旧文学的贯通与中外文学的结合"，历史系强调"中外历史兼重"，"西洋史学有许多地方可资借镜"，"中国历史已经成为一种国际的学术"。哲学系主张"中西融汇"，史论兼重而偏于理论。这些学术环境也塑造了同时期清华国学研究的方向。

文学院在 30 年代研究成果最富者为杨树达，他 1925 年到清华任国文教授，后为中文系、历史系教授，在汉语语法和文字学研究等领域成就甚大。他在这个时期著有《词诠》（1928），以词为纲，据训诂而讲文法，对文言虚词的研究是空前的。《高等国文法》（1930）、《马氏文通刊误》（1932），多修正《马氏文通》，要保存国文本来面目；又有《中国修辞学》（1933），"辟一新途径，树一新楷模"，是中国传统语文学的一大飞跃。此外有《汉代婚丧礼俗考》（1933）、《古书句读释例》（1934）、《积微居小学金石论丛》（1937）等。

在文学院时期，陈寅恪改任中文、历史两系合聘教授，他在文学院时期的学术研究由佛经译本比较研究转为中国历史研究，而集中于魏晋南北朝隋唐五代史。这一时期他发表了《支愍度学说考》《天师道与滨海地域的关系》《三论李唐氏族问题》等论文，在 40 年代先后出版了《隋唐制度渊源略论稿》《唐代政治史述论稿》，40 年代后期他还做了元白诗的研究。其研究最值得关注的是关于民族与文化的历史考察，在《隋唐制度渊源略论稿》《唐代政治史述论稿》中，他反复强调种族与文化问题是研究中古史的关键，其

"关陇文化"观念的提出是对中古史研究的一项重要贡献。

冯友兰1928年入清华任秘书长，为大学领导之一，1929年任哲学系主任，1930年出任文学院院长，任该职长达18年。1931年，他的《中国哲学史》上卷出版，1934年其《中国哲学史》下卷出版，学者称此书"最注意哲学家思想系统，最注意思想发展的源流，最能客观且最能深观"，"是从胡适的重考据转向重义理"的名作。继而又出版《中国哲学史补》(1936)，对两卷本《中国哲学史》有所补充。冯友兰在思想上代表了中国历史研究的"释古派"，对五四时代的"疑古派"予以辩证否定。除了中国哲学史研究外，冯友兰的更多贡献是对现代中国哲学的建构，抗战期间他著有"贞元六书"(《新理学》《新事论》《新世训》《新原人》《新原道》《新知言》)，以宋明理学为基础构建了其"新理学"的哲学体系。

王力1926年入清华国学院，次年毕业，在梁启超和赵元任指导下完成论文《中国古文法》，后留学法国。1932年任教清华，1937年出版《中国文法新探》，反对在研究中国文法时硬套西语语法。同年出版《中国音韵学》，对改造传统音韵学建立现代音韵学体系做出了重大贡献。1940年出版《中国文法学初探》。《中国现代语法》上、下册分别于1943、1944年出版，这标志着他的汉语语法研究已自成体系。1944年他还出版了《中国语法理论》，着重研究汉语的造句法，其语法理论具有开创性。

闻一多早年在清华毕业，后留学美国，1932年起任教于清华，授课内容为《诗经》、《楚辞》、中国古代神话研究、唐诗等。他到清华后，在《清华学报》上发表了《高唐神女传说之分析》《离骚解诂》等。1941年清华大学文科研究所在昆明成立，他主持中国文学部工作，著有《周易义证类纂》、《诗经新义》、《庄子内外篇校释》(1943)、《楚辞校补》(1942)、《伏羲考》、《天问疏证》、《说鱼》、《九章解诂》，他应用文化人类学的方法于中国文化研究，成就为人称道。闻一多以立论上的大胆与考证上的绵密见长，对上古神话的研究及《诗经》《楚辞》的研究既富于历史感又具有鲜明的时代感。

张荫麟1929年毕业于清华大学，随即留美，1934年回清华教书，其为学规模宏大，精于哲、史。他在未留美之前即发表《明清之际西学输入中国考略》《评近人顾颉刚对于中国古史之讨论》等，尤注重研究中国科技史，如《张衡别传》(1926)、《中国历史上之奇器及其作者》(1928)、《沈括编

年事辑》（1936），以及《宋史兵志补阙》（1937）等多篇。后出版《中国史纲》（1940）。学者称他"精通国史兼具西洋学识与哲学修养"，为其在战争中英年早逝而惋惜。

吴晗1934年在清华毕业留校，任教于历史系，以明史为方向。他在大学时即致力于《朝鲜李朝实录之中国史料》的抄录，曾发表《明代流寇之社会背景》《烟草传入中国的历史》《明成祖生母考》《明代之农民》《十六世纪前之中国与南洋》《后金之兴起》《明初之杭州织工业》《明代的锦衣卫和东西厂》等论文，1944年出版了《由僧钵到皇权》《明太祖》二书。

陈梦家1937年受聘入清华中文系，研究古文字及古史，颇受关注，发表《五性之起源》《评〈殷契遗珠〉并论罗氏前编之来源》《释国文》《上古音系的讨论》等论文。1945年出版《西周年代考》《老子今释》，1946年出版《海外中国铜器图录考释第一集》，1951年发表《甲骨断代学甲篇：祀周与农历》《甲骨断代学丁篇：甲骨断代与坑位》，对甲骨文、金文的研究达到较高水平。

其实，文学院时期还有一些学者，曾在清华长期或短期任教，如朱希祖，论文有《汉三大乐歌声调辨》（1927）、《中国古代铁制兵器先行于南方考》（1928）。刘文典1928年为清华大学中文系教授，在清华期间出版《三余札记》（1928）、《庄子补正》（1939）。雷海宗1932年至清华任教，作有《中国文化与中国的兵》《中国的家族制度》。许维遹精于校勘学，著有《吕氏春秋集释》，对《国语》《管子》《韩诗外传》亦皆有研究。

另外值得一提的是清华当时的学术刊物。1924年清华出版《清华学报》，清华教授的论文多发表于此。1925年清华国学院主办了《国学论丛》，清华国学院教授和学生在此发表研究成果，如第一卷第一号载有教授梁启超的《王阳明知行合一之教》、王国维的《桐乡徐氏印谱序》和吴其昌《宋代之地理史》、徐中舒《从古书中推测之殷周民族》、刘盼遂《淮南子许注汉语疏》、陆侃如《二南研究》、谢国桢《顾亭林先生学侣考》等。《国学论丛》共出版了六期，发表了大量高质量的国学论文，清华国学院停办后停刊。《国学月报》由清华国学院学生陆侃如等编，载有姚明达《章实斋之史学》、卫聚贤《金縢辨伪》等。刘盼遂等学生还组织了"实学社"，出版《实学》杂志，第1期载有王国维《黑鞑事略跋》、刘盼遂《春秋名字解诂补正》、杜钢百《中庸伪书考》、高亨《韩非子集释补正》、吴其昌《两宋历朔天文学考》等。《实学》共出了六期。有些学生还在清华学习期间出版了专集，如陆侃如的《古代诗史》、杨鸿烈的《中国法律史》、卫聚贤的《古史研究》等。

总的看来，文学院时期的清华国学研究，仍然是"属于新国学、新史学的研究，追求从西洋学术吸取研究方法和观念，以近代外国研究学问的方法来治国学"。但也有变化，不再像吴宓和陈寅恪20年代那样强调学习欧洲东方学研究，而是吸取西洋学术方法建立中国近代学术学科，冯友兰、杨树达、王力的研究都是如此。文学院时期的清华，在中国人文研究方面已经与北京大学并驾齐驱，甚至在不少方面超越了北大。

三　人文学院时期

1952年清华大学文学院全部转入北京大学，壮大了北京大学。1978年以来，清华大学先后恢复和建立了外语系、社会科学系、中国语言文学系、思想文化研究所，其中1985年建立的思想文化研究所由张岱年先生任所长。在此基础上，1993年12月组建人文社会科学学院，陆续复建了历史系、哲学系等。2009年国学研究院复建，2012年人文学院从人文社会科学学院分出独立。为简便起见，我们把这一时期统称为人文学院时期。

中国历史研究　李学勤教授是著名的历史学家、古文字学家，注重将传世文献与考古学、出土文献研究成果相结合，在甲骨学、青铜器、战国文字、简帛学，以及与其相关的历史文化研究等众多领域，均有卓越建树。2003～2019年任清华大学历史系教授，先后任清华大学国际汉学研究所所长、思想文化研究所所长、出土文献研究中心主任，他主持和参加过马王堆汉墓帛书、银雀山汉简、定县汉简、云梦秦简、张家山汉简等的整理工作，在简帛文献研究上做出过令人瞩目的贡献，是国内外学界公认的简帛研究权威。在李学勤先生的领导下，出土文献中心自成立以来，已经取得了众多的成果，特别是在"清华简"的整理研究方面所做的工作受到了广泛的关注，并带动了对中国古代文明的重估。清华简系战国竹简，主体为经史类书，有尚书类文献、纪年类文献等，内容丰富，《清华大学藏战国竹简》已经出版十辑，带动了关于先秦历史、思想、古文字等方面的具体研究，受到了海内外的持续关注。廖名春对先秦文献亦做了较多研究，发表有《郭店楚简老子

校释》（2003）、《周易经传十五讲》（2004）、《荀子新探》（2014）。

在秦至明清的中国古代史研究领域，历史系多位教师聚焦于中国古代国家运行机制与理论的反思和重建，如侯旭东关于秦汉王朝的日常统治的研究。他们以跨学科的视野总结 20 世纪以来中国史学得失，突破既有认识框架，拓宽视角和领域，揭示中国古代国家的运作机制与政治文化，为重建王朝时期的中国史、阐释古代国家治理机制，提供新路径。

社会史尤其是以社会经济史为核心的明清转型研究是历史系的优势方向。社会经济史方面，李伯重、陈争平、仲伟民等人跨越历史学与经济学，进行中西比较，对中国传统经济、财政体系的近现代转型做出了杰出的研究贡献，其中以李伯重为代表，其研究领域是明清江南经济史，注重把江南经济、早期工业化与早期经济全球化联结起来研究，受到了海内外学者的重视。

中国文学研究　古典文学方面，一个重要的成果是编纂出版《续修四库全书总目提要》。古代文学研究名家傅璇琮先生于 2008～2016 年任清华大学中文系教授、中国古典文献研究中心主任。他是唐宋文学研究和古籍研究的大家，主要著作有《唐代诗人丛考》《唐代科举与文学》《唐诗论学丛稿》《李德裕年谱》《唐人选唐诗新编》等。傅璇琮先生与时任中文系主任刘石教授一道重启《续修四库全书总目提要》编纂工作。以清华大学中文系古典文献中心为基地，聚合海内外学术力量承担全书的提要撰写任务，是书于 2014～2016 年正式由上海古籍出版社出版。《续修四库全书总目提要》接续中国古典目录学"辨章学术、考镜源流"的传统，依《四库全书总目提要》之前例，深研原书及相关文献，完成全部 5213 种著作的提要撰写工作。从规模上看，其已是中国学术史上规模最大的目录提要类著作之一；从内容上看，期待它能够成为对中国传统学术最后二百年间之重要典籍以及由此呈现的学术脉络加以梳理总结的基本目录提要书，它与清修《四库全书总目提要》一起，是对由学术典籍构成的中国古代学术史较为系统和全面的梳理与总结。

在清华大学中文系做魏晋南北朝文学研究时，孙明君教授陆续出版有《两晋士族文学研究》（中华书局，2010）、《南北朝贵族文学研究》（商务印书馆，2018），两书互为姊妹篇，不同于以往大多数对该时期文学创作主体的相关研究，两书将"士族文学"与"贵族文学"进行区分，分别阐述两晋和南北朝文学，构成了对魏晋南北朝文学的完整阐释体系。

在唐宋文学方面，谢思炜教授自 2001 年以来，专注于杜甫和白居易两位唐代重要诗人的别集整理工作，出版完成有《杜甫集校注》（上海古籍出版社，2016）、《白居易文集校注》（中华书局，2010）、《白居易诗集校注》（中华书局，2006）三部书稿，总计 500 余万字。校注精择底本，博采各家，尽量利用新见材料与研究成果，是当代杜甫、白居易研究的重要创获。

格非教授除从事小说写作外，还从事小说叙事学、文学批评方面的研究工作，出版有《小说叙事研究》（清华大学出版社，2002）、《雪隐鹭鸶：〈金瓶梅〉的声色与虚无》（译林出版社，2014），前者为小说叙事学领域的经典之作，后者将《金瓶梅》置入 16 世纪全球社会转型和文化变革的背景中，对其详细考察，是《金瓶梅》研究方面的重要著作。

中文系近年来在西域语文、历史领域也有较大突破，沈卫荣教授近年来出版有《想象西藏》（北京师范大学出版社，2015）、《文本与历史》（中国藏学出版社，2016）、《大元史与新清史》（上海古籍出版社，2019）。

中国哲学研究。2009 年清华大学复建国学研究院，以"中国主体，世界眼光"为宗旨，陈来教授出任院长和哲学系教授。陈来教授是当代中国哲学研究的代表性学者。他的《朱子哲学研究》《朱子书信编年考证》《有无之境：王阳明哲学的精神》《诠释与重建：王船山哲学的精神》《中国近世思想史研究》，代表了宋明理学领域研究的高峰。他对先秦儒学、现代儒学、东亚儒学的研究也都达到了新的水平。他到清华以后，完成了"元亨六书"（《新原儒：儒家思想的根源》《新原统：传统与现代》《新世论：孔夫子与现代世界》《新明道：现代儒家哲学研究》《新原仁：仁学本体论》《新原德：儒学美德论》）的体系建构，成为当代儒家哲学的代表之一。作为冯友兰、张岱年的学术继承人，他继承了老清华专精中国哲学史研究的深厚传统，又发扬了老清华重视哲学思想建构、综合创新的传统，是清华哲学传统在当代的突出代表。

丁四新的研究领域主要为先秦秦汉哲学、儒家经学和简帛思想，著作有：《郭店楚墓竹简思想研究》（2000）、《郭店楚竹书〈老子〉校注》，（2010）、《楚竹书与汉帛书〈周易〉校注》（2011）、《周易溯源与早期易学考论》（2017）。丁四新的简帛思想与简帛文献研究集中在郭店简，上博简，马王堆帛书《周易经传》、《经法》四篇等方面，是相应研究领域的突出代

表。他还发表了众多研究帛书《易传》、先秦易学及汉代易学的论文。

唐文明结合中国的现代性问题，对现代儒学的得失进行了较深入的研究，就现代儒学中呈现的古今问题、中西问题、教学制度问题、人伦问题撰写了大量论文，收入《近忧：文化政治与中国的未来》（2010）、《彝伦攸叙：中西古今张力中的儒家哲学》（2019）两部论文集。人物研究方面，他主要聚焦于牟宗三和康有为，有专著《隐秘的颠覆：牟宗三、康德与原始儒家》（2012），就牟氏思想的特质和存在的问题进行了分析和反思；论康有为的专著《敷教在宽：康有为孔教思想申论》（2012），从儒学复兴的实践关切出发，对康有为的孔教思想进行了详细的研究。

圣凯教授的研究领域为南北朝佛教学派、儒佛道三教关系、中国佛教社会史、近现代佛教、佛教与西方哲学比较研究等。在南北朝佛教学派方面，其博士论文为《摄论学派研究》（2006）。在中国佛教社会史方面，相继出版了《中国佛教忏法研究》（2004）、《中国佛教信仰与生活史》（2016）、《中国汉传佛教礼仪》（修订版）（2020）。同时，他关注创新学术研究方法，提出"佛教观念史与社会史研究方法论"。

陈壁生的《孝经学史》是一部从经学角度全面梳理《孝经》义理发展史的著作，在经学史的内在理路中揭示《孝经》的性质，将《孝经》放回经学史的内在脉络中，力图揭示孝经学史中大量不被注意的问题。其《经学的瓦解》旨在重新检讨现代学术赖以建立的一系列基本观念预设，揭示那些对理解中国传统思想非常重要，而在现代学术转型中被学术分科所遮蔽的思想、观念、人物、文本，使今天在学科框架内的对中国传统的研究，能够更好地对接传统学术，更深入地认识传统中国。

青年学者中，高海波以刘宗周哲学思想研究为重心，著作有《慎独与诚意》（2016）。该书综合学界的已有研究成果，对刘宗周思想进行了更为全面深入的研究，代表了目前学界刘宗周研究的较高水平。除了该书以外，高海波还发表了多篇有关刘宗周思想研究的文章，如《刘宗周与〈阳明传信录〉》《刘宗周对阳明四句教的批评》《经典与诠释：刘宗周中庸思想研究》《试述刘宗周人谱的写作背景及过程》《试论刘宗周的格物思想》。此外其关注宋明理学中的体用思想，发表了一系列论文。赵金刚的著作《朱熹的历史观》（2019）从哲学的角度关注以往被学术界忽视的朱熹的历史观，从内在视野研究朱熹如何看待历史世界。该书关注了以往研究较少的一些哲学问题，如

"理气强弱"，亦在此基础上研究朱熹对具体历史问题的看法，在许多方面都实现了突破。袁艾的研究领域为跨文化视野的中国哲学研究，受欧洲汉学的影响，关注早期中国的"静默"哲学，试图突破言默二分的范式，重新探讨沉默在古代中国的作用及践行，通过探讨沉默在修辞、情感、政治和道德方面的作用，揭示沉默的功能及践行。

清华大学人文学院时期国学研究的发展有一特色，就是不仅在一开始就聘请了张岱年先生为思想文化研究所所长，请其主持清华文科重建早期的工作，而且在21世纪开始，陆续延请了当代中国史学、中国文学、中国哲学最有代表性的学者加入清华，推进清华文科的复兴。而且这几位中，李学勤和傅璇琮都是1951年考入清华大学，陈来是冯友兰、张岱年的学生，他们与清华渊源甚深，不仅具有杰出的学术造诣，亦具有广阔的世界视野。他们的加入对促进清华国学研究的复兴、对传承发扬老清华人文研究的优良传统发挥了重大作用。

君子何以自强，何以载物

——从清华校训说起

张洪义

（中山大学哲学系）

摘　要： 清华校训"自强不息，厚德载物"提出的缘起是梁启超先生《君子》演讲。此演讲虽然论述到"君子"方方面面，但对君子如何效法"天道""地道"未能周全交代。其实，君子之为君子的关键在于他对生存世界的思考永远保有超越维度，能够局部地体察"天道""本性"。职是之故，他才能够"自强不息""厚德载物"，从而避免滑入"内卷""乡愿"的境地。"自强不息""厚德载物"，意味着学者向"道"敞开自己，在与"他者"的差异化互动中，提升自己的价值判断力以及知识、能力的学习水平。同时，学者由此实现所肩负文化传统的自我更新和普遍性提升，达成君子的文化使命、社会使命。

关键词： 清华校训　君子　自强不息　厚德载物　超越维度

"自强不息，厚德载物"是清华大学校训，出自《周易》之《乾》《坤》两卦《大象传》。"天行健，君子以自强不息"，"地势坤，君子以厚德载物"。校训提出的机缘是，1914 年秋梁任公应邀来清华做题为"君子"的演讲①。演讲的意义很大，促使清华开始探索自己的办学道路，形成自己的校风、学风，润泽了一代代清华学子。应该说，理解清华校训，要从《君子》演讲开始。

在演讲中，梁先生首先承认，"君子"概念极难定义。自古以来"君子"

---

① 清华大学校史研究室：《清华大学史料选编》，清华大学出版社，1991，第 260～261 页。原载《清华周刊》第 20 期，1914 年 11 月 10 日。

"小人"每每对讲，但二者之间没有严格的区分标准。毫无疑问的是，学善才能成为君子，学恶即为小人；君子既是个体人格修养的标准，也是人伦政治良善的基础。梁先生非常看重君子对于现代社会、现代国家的意义。国家好比机器，机器运转有赖于轮轴，国家良善治理有赖于个体国民。如同改善机器要从轮轴入手，改善国家要从个体国民入手。只有个体国民各尽其能，人人力争成为君子，国家治理才能良善。他认为中文"君子"与英文"绅士"（gentleman，梁先生音译为"劲德尔门"）相当。英美国家治理成功，根本上是其教育的成功，其教育精神是培养国民人格。根据这一经验，梁先生认为，培养君子人格理应成为我国教育的宗旨。明乎君子的意义之后，梁先生将话题转向如何成为君子的问题上。如同君子概念难有确解，成为君子的实践途径也无定法。《论语》中有关"君子之方"的讨论繁多，难以提举赅要。《周易》也多谈及君子，唯有《乾》《坤》二卦所论最为简要。对于《乾·象》，梁先生重点解释"自强"二字。学者需要立大志，勉强向学，坚忍强毅，克服一切学问道路中的困难，面对一切外在的诱惑与障碍。真正的"强"是自胜私欲，战胜自己人性中的弱点。对于《坤·象》，梁先生突出"自厚"的意思，依据《论语》"躬自厚而薄责于人"之说，认为君子首先应勤于反省自律，略于责怪他人。"自厚"的根本在于容己之德才，不因自己在德才、名利上占据优势而侮慢乃至讥讽他人。"自厚"的君子之风自然影响他人，促成敦厚的社会风俗。最后，梁先生特意强调：清华学子拥有社会大众难以企及的条件，当广泛学习、吸收新文明，待将来改善我们的社会、政治；今天的清华学子，将来会成为社会的表率，应当注意自己的言行举止；因此清华学子更当勉为真君子，以做社会的中流砥柱，如此则是国家、社会的幸运。

《君子》演讲词虽然仅有一千余字，但内容十分全面，谈到君子定义、君子的意义、成为君子的方式等问题，尤其是重新把君子人格确立为教育宗旨，具有极强的思想冲击力。所以一经问世，便成名篇，广为流传。

但或许因演讲词篇幅限制，仍有未尽之义有待挖掘。首先，就《象传》原文来看，君子"自强不息""厚德载物"的关键前提是对乾（天）道、坤（地）道的效法。对于君子与天道、地道的关系或者说与超越者的关系，梁先生的演讲尚未提及。其次，"自强不息"与"厚德载物"是两条并立的实践原则。当学者处于前一状态时，在高歌猛进、冲破罗网、自励刻苦中，往

往批判意识很强，大义凛然、判断决绝，很难同情地理解他人进而包容他人；当学者处于后一状态时，虽能够理解他人、看到他人的难处，但往往泥于现实处境，难以坚守原则，不能突破创新。就现实个体来说，如何将两者兼备于一身，是一个极难的实践问题。最后，《君子》演讲已过去了一百多年，国人乃至人类的处境发生了重大改变，我们对清华校训应该做出富有时代特征的解释。实际上，梁先生本人已经结合他的时代问题，赋予"君子"以新的意义。我们需要沿着梁先生的道路继续前进。

因此，我们有必要重述君子精神，回答"君子"精神能够跨越时代、地域、文化传统的差异，其不变的内核是什么，怎样才是真的"自强不息"而不是恶性竞争下的"内卷"，"厚德载物"原则的真义与界限何在。这种重述与重思，即意味着新的"君子之方"的提出。如此，清华校训才能历久弥新，持续发挥它的引导作用。

一　君子何学

读书人志于成为君子，是儒家传统的内在要求。但这个传统在历史上却经历了波折发生了变形。先秦儒学讲求学者成为君子，而宋明理学则讲求学者志于成为圣人，所谓"做第一等人"①。自理学在中国思想界成为主流以后，"成为君子"不再是学者为学的目标，"君子"观念越来越居于边缘地位。

根据经典的理学观念，人莫不禀赋性理，由于气禀之拘、习染之杂，不能见其本性；学者通过一系列开发、显耀本性的工夫，如体察本心、居敬涵养、穷理致知，最终复明心中本具的性理，达到圣人的境界。历史上存在的圣人，均是天生禀赋纯粹、性理大全、丝毫不受气习人欲干扰的人杰，他们的嘉言懿行即是"天道"的显现、人间政教的依据。学者为学的目标是成为

---

① 有学者问程伊川："学者须志于大，如何？"答道："志无大小。且莫说道，将第一等让与别人，且做第二等。才如此说，便是自弃，虽与不能居仁由义者差等不同，其自小一也。言学便以道为志，言人便以圣为志。自谓不能者，自贼者也；谓其君不能者，贼其君者也。"（王孝鱼译注《二程集》，中华书局，2004，第189页）圣人是天下"第一等人"，学做圣人便是天下"第一等事"。伊川这段话是理学经典话语。阳明十一岁时尝问塾师曰："何为第一等事？"塾师曰："惟读书登第耳。"阳明疑曰："登第恐未为第一等事，或读书学圣贤耳。"见吴光等编校《王阳明全集》，浙江古籍出版社，2010，第1226页。

圣人，在为学实践中，在心性层面面对"本心中的圣人"，通过学习经典理解"教化世界的圣人"，这全都在确定的观念框架下进行。学者生活容易进入紧张、焦虑状态①，要么收敛敬守，要么发狂恣肆，造成学者个体内在世界的不安。这种"不为圣贤，便为禽兽"（曾国藩语）的观念，在理论上预设了"人或圣人具有全知能力"，把"圣人"等同于"天道"，有损于天道的绝对者地位，可能造成实践世界的封闭。在一定程度上，这种为学观念不利于学人保持"学"的开放性。

非常值得重视的是两宋之际理学家胡宏的"君子"观念。他凸显"君子"的为学实践地位，一定程度上与"圣人"并列："孔子曰：'人生而静，天之性也。感于物而动，性之欲也。'知天性感物而通者，圣人也；察天性感物而节者，君子也；昧天性感物而动者，凡愚也。告子不知天性之微妙，而以感物为主，此孟子所以决为言之，使无疑也。此圣学之原也。"②胡宏建构出一个"性—感—物"的人类生存结构，认为那是"圣学之原"。"性"是"天下大本"，是现实人生的超越根据，圣人、君子、众人皆于此相同③，而出现巨大人生境界差距的原因在于他们与"性"的关系不同，"知""察""昧"三个动词是关键所在。圣人"知性"，意指圣人能够与超越根据发生整体的关系，他能够对现实世界进行整体性把握，能够做到"无思也，无为也，寂然不动感而遂通"。现实世界完全处于圣人的观照之下，任何变动他都了然于胸并妥当处置，因此他"感物而静"。所谓"察性"即是君子只能与超越根据发生局部的关系，只能部分地把握现实世界，所以他在现实生活中需要做"节"的工夫，以实现"性"对自己实践世界的规范。相较之下，众人的"昧性"指的是对超越维度的"性"全然不了解，没有规范内容与主宰力量，所以他在现实生活中处处被动。在此结构中，君子有了明确的界定，圣人、君子、众人三者界分清晰。君子为学工夫的关键是他能够"察"（局部地认知，同时也是实践地知）超越根据"性"，尽管他与圣人能够整体"知""性"（或"尽性"）有距离，但他毕竟能够与超越根据发生互动，就

---

① 如陈白沙、王阳明、高攀龙"悟道"前都有极强的"不能见体""做圣人无望"的焦虑乃至绝望，如薛瑄、罗钦顺都有数十年不得心安的经历。
② 吴仁华点校《胡宏集》，中华书局，1987，第318页。
③ 《答曾吉甫》："未发之时，圣人与众人同一性。"见吴仁华点校《胡宏集》，中华书局，1987，第115页。

此而言，他们并无差别。这个判断有着重要的思想与实践意义。按照周敦颐"圣希天，贤希圣，士希贤"（《通书·志学》）的说法，士（君子）只能效法贤人的言行，处于价值体系的末端，无法独立自主地面对超越世界及文化世界，这势必有碍自由思想与独立精神。而在胡宏的义理结构中，君子能够直接与超越者发生互动，不需要完全依赖"圣贤"的宣告，一定程度上将"君子"从封闭的文化环境中解放出来。应该说，胡宏是理学传统中少有为"君子"正名的大思想家。在他之后的儒者，基本上以"圣人"为学问鹄的，"君子"不再占据儒学为学观念的中心位置。这种情况持续到近代，直到梁任公《君子》演讲，重提君子人格，才得到改变。

实际上，胡宏的思考，源于先秦儒学思想。先秦儒家以君子为理想人格。《中庸》曰："君子之道，费而隐。夫妇之愚，可以与知焉，及其至也，虽圣人亦有所不知焉。夫妇之不肖，可以能行焉，及其至也，虽圣人亦有所不能焉。天地之大也，人犹有所憾。"君子之道广大，涵盖的范围，从愚夫愚妇能知能行到圣人所不知所不能。君子之"道"有隐秘之处，不能被完全把握，对此只能抱持遗憾态度，因为连圣人都有所不知有所不能。在先秦儒学思想中，圣人之为圣人的关键在于他能"闻天道""法效天道"①。虽然胡宏所说的"圣人知性"与先秦儒学思想"圣人知天道"有所差别②，但他们在对"君子"的理解上却是一致的：君子都要与超越世界发生关系，而且君子对超越世界的理解永远是有限的，因而君子永远向超越世界敞开自己。总之，君子之为君子的关键在于其实践生命中有超越的维度。

《论语》中孔子的话可作证明。子曰："君子有三畏：畏天命，畏大人，畏圣人之言。小人不知天命而不畏也，狎大人，侮圣人之言。"（《论语·季氏》）君子对生存世界的条件整体"天命"保持畏惧的态度，同时对能够影响群体福祉的执政者以及圣人所说"见道"之言保持畏惧，小人相反，对"天命"毫无畏惧，对大人和圣人之言表现出轻侮的态度。根本原因在于，君子的实践生命中有一个"天命"的超越世界，他对生存世界的理解是开放

---

① 《论语》："惟天为大，惟尧则之。"《孟子》："圣人之于天道，命也。"出土文献《五行》篇："圣人知天道也。"

② 胡宏思想的"性本论"建构，突出"性"在本体论中的首要地位，是典型的理学思维（虽然与程、朱有所差别）；而先秦儒学思想讲求"闻道""知道"，是在实践中辨识出"道"来。

的，对影响现实的超越力量保持一种敬畏。是否愿意在自己的生存世界中发现超越维度，决定一个人能否成为君子。孔子说："不知命，无以为君子也。"（《论语·尧曰》）"命"是人与绝对者"天"发生关系的环节，需要实践者的理解活动参与进来。"知命"不是一个被动的接受过程，而是实践者在实践处境中理解自己的道德使命、伦理使命、文化使命，通过自己的义理活动来彰显超越者"上天"对这个世界的参与。因而"知命"在根本上来讲仍然是与超越者发生互动。正是由于君子不断与超越世界的互动，其才可能"忧道不忧贫""好学不倦""好礼""喻于义"。

在儒学传统中，君子与小人的区别在于前者有超越的世界而后者没有。按照先秦儒学的说法，君子向"道"敞开自己；按照胡宏的说法，君子"察性"，去把握自身生存世界的超越根据。这种意义上的君子，是人类文明史上伟大哲学、宗教传统的通义。在康德看来，人是"两个世界"（自由界、自然界）的存在者，"有理性的存在者"只有保持对超越维度的思考才能挺立他的自由实践主体地位。君子在实践世界中保持超越的维度，是他能够面对繁杂多变的现实世界、时代问题的根基所在，也是他修身立世、实现文化更新的原因。正因为"君子"意涵的人类文明通义，跨文化的理解才得以可能，"绅士"与"君子"才具有可比性。当然，从我国历史文化传统来看，除了普遍的通义外，"君子"观念还具有一些特殊的意义。彭国翔教授认为，儒家君子身兼"道德主体""政治主体""批判主体""智识主体"四重身份。① 这较为全面地梳理出儒家君子的含义。当然，我们还可以进一步指出"四重身份"之间的有机关系。对于古代士君子来说，以成德工夫所体贴出的义理为基础，将之贯穿到文化实践（经典的阅读和解释、诗文的创作）与人伦政治实践（家庭伦理、教育、政治）中去，在其中实现个体道德的提升，在其中完成文化世界的传承与更新，以及对人伦世界的改良与整顿。在这个过程中，他们肯定对现实人伦政治和文化世界有所批判，进而展开积极建设。所有批判活动、成德实践活动都以君子保持对超越根据"道""性"的察识及与之进行的互动为前提。在这个前提基础上，不同"身份"的君子才能获得自我同一性，不同君子之间才能相互理解。换句话说，君子的重要特征是他能"通"（或者说"不器"），首先是自己实现生命内部的通透，其

---

① 彭国翔：《君子的意义与儒家的困境》，《读书》2009 年第 6 期。

次是能够力图贯通地理解、把握外部的人伦、文化世界。这都需要他不断地展开自己的为学实践，保持"自强不息"的为学生命状态。

二 如何才能真正地"自强不息"

《乾·象》曰："天行健，君子以自强不息。"上天运行不已，体现出刚健的美德，君子洞见天道运行法则并仿效之，对自己提出"自强不息"的实践要求。在先秦思想中，"行健不已"是天道的基本特征。孔子说："天何言哉！四时行焉，百物生焉！天何言哉！"（《论语·阳货》）上天没有谆谆言说，但它的所行即所言，它的运行有一定的常道，能够化育万物。孔子的实践生命深契于天道的默运与不已。《中庸》曰："天地之道，可一言而尽也：其为物不贰，则其生物不测。""为物不贰"，说的是天地生物真诚没有二心；"生物不测"，指的是天地生物在整体上是无法测量计算的。这两点，体现出天地生物在"质"上的无限性。又曰："诗云：'维天之命，於穆不已。'盖曰天之所以为天也。'於乎不显，文王之德之纯。'盖曰文王之所以为文也。纯亦不已。"上天之为上天，体现在天命的"於穆不已"上，文王之为文王，在于德行上"纯之不已"。孔子自述："若圣与仁，则吾岂敢？抑为之不厌，诲人不倦，则可谓云尔已矣。"公西华曰："正唯弟子不能学也。"（《论语·述而》）孔子在当时被世人推尊为"博学""多能""圣人""仁者"，他推辞不居，只认为自己好学不厌、诲人不倦。弟子公西华认为老师的不可企及处、弟子无法学到之处，便是那种为学的不厌不倦精神。这种"不厌不倦"的实践精神，与天道的"不已"相契。①孔子以此自省："默而识之，学而不厌，诲人不倦，何有于我哉？"（《论语·述而》）以此自负："发愤忘食，乐以忘忧，不知老之将至。"（《论语·述而》）他特别看重学者的不息不已精神。如称赞心传弟子颜回："吾见其进也，未见其止也。"（《论语·子罕》）"回也，其心三月不违仁，其余则日月至焉而已矣。"（《论语·雍也》）颜回在孔门最受推崇，最大的优点是进学不已、不间断地安居仁德。孔子时常以"无倦""有恒"激励学者，如《子罕》篇后半部分全部是劝诱学者进步之语。

---

① 何益鑫：《成之不已：孔子的成德之学》，复旦大学出版社，2020，第 81~89、361~363 页。

"天道不已"是圣人实践精神"不已"的源泉。对学者来说，"不已"是勉强才能达到的境地。冉求感叹："非不说子之道，力不足也。"子曰："力不足者，中道而废，今女画。"（《论语·雍也》）孔子学生冉求跟老师说，自己在学问上止步不前，不是没有认识到老师所行之道的可贵，不是自己不对老师所行之道心悦诚服，只是自己学力不足。孔子认为，冉求并非学力不足，而是画地为牢，失去了求道之心，如果真是学力不足，只能在学问的中途停下来，而不是一开始看到学习的艰难就放弃。在孔门弟子中，曾子是勤勉进学的典范。曾子本不是天资聪颖之人，显得鲁钝，但他在一件件事情上深切反省自求，战战兢兢，如临深渊，如履薄冰，乃至临终易簀，最终在德养、学问上取得很高成就，成为传道之人。他曾说："士不可以不弘毅，任重而道远。仁以为己任，不亦重乎？死而后已，不亦远乎？"（《论语·泰伯》）这应该是他求道人生中期的自述心志之语。他深感"仁道"的厚重与无限，需要学者终其一生以求之。

其实，对现实个体来说，为学最大的两个问题：一是为学方向的抉择、为学进路的探索，一是坚持不懈地用功。方向的确定，需要学者保持对超越维度的体证；为学进路的探索，需要学者找到适合自己的进学道路，在其中深求自得；而不懈地用功则需要学者克服各种内在、外在的障碍。这里有"够不够用功"与"会不会用功"的区别。一般的理解，用功就是投入足够的精力和时间去做一件事。实际上，这只是用功的一个方面，属于"够不够用功"问题。有些时候，因为外在环境的压力，人也会产生强大的内驱力，投入大量时间和精力来学习。这就是近几年的热门话题——"内卷"现象，竞争压力逼着人不得不"自强"，不得不"不息"。"内卷"之所以发生，根本原因是参与者的思维方式只局限于有限、封闭的世界中，只停留在对数据、利益的盘算中。大家只顾低头赶路，不去抬头看路。对今天的人来说，"自强不息"并不难（或许由"内卷"驱动），难的是收敛凝聚、体察己身之"道"，在"道"引导下展开自强不息的为学实践。因此，我们需要郑重地将真正的"自强不息"和"内卷"世界中的"自强不息"区别开来。

另外，真正的"自强不息"者（君子）不是一味面向绝对者（大写的"他者"）而不接触小写的"他者"。面对具体、复杂的"他者"，是人不可避免的。古今中外的伟大思想家都对这个问题有不少深思洞见。清华校训中

21

的"厚德载物",也是对这个问题的回答。这是我们接下来要考察的。

三 "厚德载物"的真义与界限

《坤·象》:"地势坤,君子以厚德载物。"大地广博厚实,承载万物,生养万物。人不可能在质料层面承载、生养万物,只能在精神层面理解万事万物的价值,包容乃至参与万事万物的差异化进程。孔颖达曰:"君子用此地之厚德容载万物。言'君子'者亦包公卿诸侯之等,但'厚德载物',随分多少,非如至圣载物之极也。"① 只有圣人才能真正做到"厚德载物",君子只能根据他的德养分量,部分地容载万物。天地万物中,最难处理的是人与人之间的关系、异质思想文化传统之间的关系。无论是个体还是群体(文化单位、民族国家等),都有一个与他人或其他文明(与自己同等地位)相遇、相处的问题。喜欢符合自己价值观的人和事,厌恶与自己价值观相反的人和事,此乃人之常情。如果直接由自己的好恶之心(即使是好善恶恶的公心)来面对,那么人与人之间肯定冲突不断。因此,宽容或者"恕"的行为准则就非常有必要。当子贡向孔子请教:"有一言而可以终身行之者乎?"孔子回答:"其恕乎!己所不欲,勿施于人。"(《论语·卫灵公》)在孔子看来,"恕"是可以终身行之的处世准则,以己心推度他心,其"公式"是:自己所不愿意被对待的方式,也不那样去对待他人。人们可以在这个公式里加入具体内容,如"自己不愿意不被尊重""自己不愿意被伤害"。但不是任何"不欲"都可以加入其中,如"我不愿意学习""我不愿意遵纪守法"就不能作为推度的前提。"不愿意学习"无须推度,因为大多数人是不愿意主动学习的,为学有赖于学者立志勉强、师友诱导。而"不愿意遵纪守法"的准则,无法"一以贯之",因为一旦普遍化,就会自相矛盾。

这就要讨论"恕"得以成立的原则问题。"恕"不是无原则地认可他人的一切言行、一切价值,否则就沦为毫无是非原则的"乡愿"。在传统儒学看来,忠、恕一贯,"恕"的实践基础是"忠",所谓"忠体恕用""尽己之谓忠,推己之谓恕"②,"尽己"就是要体察超越实践原则、本原价值以建立

---

① 李学勤主编《十三经注疏·周易正义》,北京大学出版社,1999,第27页。
② 朱熹:《四书章句集注》,中华书局,2012,第72页。

价值主体。当然，在一个稳定的文化传统中，价值系统稳定，"恕"的原则容易确定。但我们今天身处价值观产生巨大变动、价值多元的时代，判断标准更为复杂。比如同性婚姻、极端保守主义、新型宗教，以及"二次元"文化，这些都是古人不曾见过的，却是我们今天必须面对的。它们在价值上是否都有合法性？无论回答肯定还是否定，都要给出合法理由。这正是我们今天讲求"厚德载物"所面临的时代处境。在今天，"恕"的极致便是多元主义原则。其实，多元主义也要面对一个基本问题：是否一切价值原则都能够成为多元中的一元？如各种极端主义，它们主张否定其他价值的存在。针对此问题，黄裕生教授指出："如果多元原则要把全球化引向有序，那么它就是有界限的。正如宽容原则本身不宽容一切不宽容的思想、政治以及宗教一样，多元原则并不使反对多元原则本身的一切思想、一切政治和一切宗教有理由成为多元之一元。"①"多元原则"的界限是它不能自相矛盾，不能让反对"多元原则"成为其中的"一元"。同样，宽容的界限是不能让"不宽容"成为"宽容的对象"。

在实践中，"恕"不仅涉及宽容的原则问题，还需要理解的能力。子贡曰："我不欲人之加诸我也，吾亦欲无加诸人。"子曰："赐也，非尔所及也。"（《论语·公冶长》）子贡所说，是"己所不欲，勿施于人"的翻版，可能是他听闻老师教诲之后，感发述志之语。那孔子为何要说子贡做不到呢？程子曰："我不欲人之加诸我，吾亦欲无加诸人，仁也；施诸己而不愿，亦勿施于人，恕也。恕则子贡或能勉之，仁则非所及矣。"② 子贡所言已是"仁"的境界，但这是他所不能达到的。而"己所不欲，勿施于人"或"施诸己而不愿，亦勿施于人"（《中庸》）是"恕"的境界。其间的差别体现在"无"与"勿"上。朱子认为："无者自然而然，勿者禁止之谓，此所以为仁恕之别。"③ 简单地说："仁者"能够直接感受到对方的深层次考虑，"恕者"需要中转与推度。前者是直接性行为，后者是间接性行为。只有仁者才能真正地"厚德载物"。这种境界差别的揭示，就意味着学者对自己提出学习的要求，以提升"理解—宽容"能力。那么，从根本上来讲，"恕"要以不断地为学实践为基础。学者在面对具体"他者"

① 黄裕生：《哲学在今天要面对什么问题和哪些经典》，《探索与争鸣》2017 年第 11 期。
② 朱熹：《四书章句集注》，中华书局，2012，第 78～79 页。
③ 朱熹：《四书章句集注》，中华书局，2012，第 78～79 页。

时，宜主动地敞开自己，在理解他者的过程中，提升自己的价值判断力和同情理解他人的能力。

究极而言，厚德载物或宽容不是避免价值冲突的不得已手段，在根本上是学者或者文化传统最基本的存在方式，"自己"不得不与"他者"共在。这种共在恰好提供一个促使自我反省、自我审视的机会，通过与他者的共处，发现自己身上的普遍性和特殊性，实现自我更新。梁先生《君子》演讲鼓励清华学子，"荟中西之鸿儒，集四方之俊秀，为师为友，相磋相磨，他年遨游海外，吸收新文明，改良我社会，促进我政治"，正是这个意思。虽然过去一百多年，我们吸收新文明的水平大大提升，但是促进自身文化传统与其他文明交流、会通，进而提升自己文化的普遍性，则永远在路途中，需要"自强不息"地实践与探索。

四 "自强不息"与"厚德载物"的互通

在《易传》中，"天道"与"地道"是一对互为支撑的概念，用来指引世界上存在的两种基本生存现象和两种超越原则。如果用现代哲学话语来说，天道（乾道）指的是整体性、无限性、主动性，地道（坤道）指的是差异性、有限性和接受性。借用现代新儒家学者熊十力先生的话来说，乾代表着"辟"与精神性存在，坤代表着"翕"与物质性存在。① 事物本身就是统一性和差异性之间有差异的同一。简单来说，君子在面对世界或事物时，总是要面对这两类原则或两种基本的生存现象。实际上，只有保持这种思路来面对世界，才能真正地处理好事情和安顿好实践世界。君子法乾道，就是要以无限、开辟的精神，直面道理，开辟新的思想境界；君子法坤道，就是要以有限、收敛的精神，面对复杂的现实世界，总体上改善现实世界。差异性与整体性两者相互支撑：如果缺乏整体性，差异是没有意义的，是无法理解

---

① 熊十力先生曰："本体现为大用流行，而此大用必有两方面，曰翕，曰辟。易言之，即此翕辟二势名为大用。辟之一词只表示一种刚健、虚灵、纯善、清净、升进、开发的势用，此势用是无在无不在、没有封畛的。翕之一词，只表示一种似凝聚而有成为形物的倾向，并且似分化而成众形，其实，翕也是一种势用，并非果成实物也，但有成为众形之倾向而已。翕势与辟并非有根本异处，但因其有成形之倾向，而别立翕名。"见熊十力《王准记语》，《十力语要》卷三，上海书店出版社，2007，第306页。

的；反过来，若缺乏差异性，或者将差异性排除在外，那么整体性就封闭了，本身就变为另外一种特殊性。两者统一于"学"的实践历程中，学者在两种原则、德行的引导下，辗转反求，带动自己向前进步。

学习有三个维度：价值塑造、能力培养、知识学习。我们常说，价值塑造引领知识的学习和创新、能力的培养与提升。但问题是，价值有很多，而且也有等级的差别。如何能够确立起价值的引领地位？价值又如何引领？或许我们可以从清华校训中收获启发。最基础、最本原的价值活动，是学者对"道"或自己"本性"的体察。只有在自身生存世界中确立这种超越维度，获得自己的天命本位，才能真正地自强不息、厚德载物，才能不断完成自己所肩负的文化使命、知识使命，也才能源源不断地参与复杂多变的人伦政治实践，成为新时代的君子。

文章结尾，笔者想特别追述张岱年先生对清华校训的阐释与弘扬。张先生晚年致力于发掘民族精神，他认为"民族精神"必须具备两个条件："一是有比较广泛的影响，二是能激励人们前进，有促进社会发展的作用。""自强不息""厚德载物"出自《易传》，张先生将之提炼为中华民族精神的主要内容。张先生又做了专门解释："'自强不息'就是永远努力向上、绝不停止，这句话表现了中华民族奋斗拼搏的精神，在政治生活方面，对外来侵略绝不屈服，对不良势力决不妥协；在个人生活方面强调人格独立，志不可夺。'厚德载物'就是要有博大的胸怀，兼容并包。在中国，儒、道、佛三家彼此相容，这种现象只有中国才有。'自强不息'是奋斗精神，'厚德载物'是兼容精神。这是中国文化的基本精神，可以称为'中华精神'。"① 经过张先生的阐发和升华，清华校训已上升到民族精神的层次了，不仅指导一个学校学风的建设，还关涉一个民族精神的塑造。

---

① 张先生晚年论及"自强不息、厚德载物"的地方较多，我们就不一一列出文献出处。此处选择的张先生《八十自述》第八章"80 年代"的内容，是张先生亲自概括出来的，当为定解。见《张岱年全集》第八卷，河北人民出版社，1996，第 624 页。

传统文化与当代中国

经史传统与当代中国[*]

张志强

（中国社会科学院哲学研究所）

摘　要： 本文首先指出，要避免单纯从经学或者史学，或从作为中国哲学主流的宋明理学角度来理解中国的哲学传统、文明传统。要突破从特定时代看待历史的方式，用"源流互质"的方式，打开小我，与历史形成更大规模的内在融合。其次，本文重点讲述"重新认识中国的态度和方式"问题。历史学不能简单地是实证科学，而是要去寻找意义。从事历史学研究的前提，应当是章学诚提出的"论古必恕"原则。接下来，本文具体论述"经史传统与中国原理"，首先评判了对中国认识的多种误区，其次指出，认识中国，就是去探究中国所以为中国的原理。本文最后部分重点阐述了"三代的历史与理想"内容与意义。本文认为三代政治文化传统的不同，恰恰是天道适应历史变化的不同展现，在天道的意义上是一 ——大一统的道理。某种意义上，"中华民族"正是"大一统"的结果。大一统后面是一个中国文明的基本价值，即仁的价值理想。这种价值理想成为贯穿中国文明的历史、制度、个人生命乃至生活世界的构造性力量。

关键词： 经史传统　中国文明　历史研究　大一统观念　三代理想

感谢大家！感谢人大哲学院和尼山世界儒学中心的邀请，我也算尼山世

---

　*　本文系张志强研究员于 2022 年 4 月 21 日在"面向世界的儒学"系列讲座第九讲"经史传统与当代中国"中的讲稿汇编。该讲座由尼山世界儒学中心联合研究生院、中国人民大学哲学院共同主办。

界儒学中心的学术委员，确实有义务参加这个活动。

今天讲座题目是"经史传统与当代中国"，这是我一段时间以来持续关心的主题。我们哲学所还做了一个长期的系列会议，也办了系列丛刊，就叫"经史传统与中国哲学"，所以对"经史传统"这个词提得比较多。我自己也比较偏爱这个词，当然不完全因为我本科是学历史的，还跟我对中国文化与中国哲学传统的认识有关系。

一　如何重新认识中国，重建文化自信

我希望能够避免单纯从经学或者史学的角度，或者以中国哲学主流的宋明理学角度来理解中国的哲学传统乃至中国的文明传统。我想还是能够用"经史传统"这个概念，基本上把中国文明、中国哲学的核心原理说出来。特别是，这也不是一个局限在中国哲学内部的原理。我这些年经常讲，有没有可能从中国哲学出发来探讨中国的原理。而从中国哲学出发来探讨中国的原理，一个非常重要的中介就是"经史传统"。"义理学"的问题可能还是跟个人和世界的关系有关，但是"义理学"自身也是由"经史传统"演化而来的，是时代变化产生出来的形态，其实对于中国哲学的根本价值、核心价值是一种集中表达。这个价值也是内蕴在"经史传统"当中的。

所以"经史传统"概念也许能够比较完整地勾勒或刻画"中国的原理"——中国文明的内在的道理。如果单纯从经学出发来理解"中国的原理"，不可避免的态度是，会用一种所谓不变的价值、恒定的价值来观照甚至批判现实，也就是会找到一个镜子、一个标准，来衡量当下中国或者现实中国与这个理想的中国的距离。如果我们把史学的视野引进来之后，会看到中国其实是始终内在于原理当中的，而且内在于原理之中的中国是不断变化的，是日新的。这就是一个"中国的原理"：它处在变化当中，但它能不断把自身收摄为中国，不会让它变。这个不变的部分，是作为原理的经学的部分。同时它又能够因应时代变化，日新月异，不断地创发出自己的当代形态。从这个意义上讲，它就是中国史学的精神。这两者合在一起，才可能构成"中国原理"的完整部分。我们既不会站在一个别处来观照它，觉得它不是它了；或者特别在变化中，觉得一味地求新可能是对的。这两个态度都可以避免。经学使史学的历史变化有自己的主体性，而史学会让历史的变化不断收摄到自己的内在原理当中，不至于瓦解整体性。这是我对"经史传统"的一个基本的看法。我认为"经史传统"内蕴着义理性价值，一定意义上讲，其也构成了作为一种独特文明类型的中国文明的内在原理。

我最近特别强调，应该怎么理解"中国哲学"这个概念。"中国哲学"这个概念，不能单纯用西方哲学史上的任何一种形态来比拟，同时它又确实叫作"中国哲学"。在什么意义上是"哲学"呢？实际上不是在希腊形而上学的意义上，而是在中国的义理学的意义上构成了自身的哲学传统。对义理学传统所表达的义理性与希腊关注的"真理"概念要有所区分。它构成了一个独特的文明类型，与哲学的类型、宗教的类型都不同。之所以可以有这样的文明的类型，是因为其和"经史传统"所打造的中国文明完全具有内在共属的关系。

从"经史传统"的角度也能很好地理解"中国的原理"。从这个意义上来看，当代中国也就是题中应有之义。当代中国不是另一类型的中国文明，它仍然在中国文明自身的原理当中，是这个原理的一个当代形态，甚至可以说是现代化的形态。中国文明新形态的创生，带来人类文明新形态的结果。中国文明新形态一定是中国文明自身的形态，我有一个比较极端的说法，它是一个"化现代"的结果，而不是"现代化中国"的结果。在这个意义上讲，中国在自己内部纳入了很多现代因素，但仍然处在自己文明的基础里，因应自己时代的问题，文明内部的瓶颈的问题，包括时代的、世界的问题而创生出现代的形态。它扎根于古老文明的根基中，所以会具有更广泛的适应性、示范性。来自西方的现代文明的特点，是通过某种"先知革命"的方式实现现代和古代传统之间的断裂，这和西方文明的自身的特点也有关系。我们的现代可能是更深地扎根在自己古老文明基础上的自我更换。理解中国的现代化，就是要在自身的原理中实现现代更生。不断更化、不断更生是中国文明最根本的特点。它是中国文明生命体自身的更生和更化，而不是在这个文明体之外又有新的，这样就形成了自己连续发展的文明体。钱穆先生的一篇文章《建国信望》提到中西文明的对比，西方文明是播种者，中国文明是栽根者。栽根者会不断地向下扎根，不断向上生长，可以根深叶茂；播种者可能散在四处，到处开花。这就是形成了不同的文明的原理。

我先做一个解题，希望大家能理解我做这个研究的现实感的来源。从"经史传统"角度来理解中国文明，还有对于中国文化的一些不同看法。前

面大概提了一些经学或者史学的看法，但更深入的还有一些认识中国的不同的态度和方法。我们从这个角度来讲当代中国的问题，也跟今天时代的需要有关。

现在我们讲"四个自信"，特别在"三个自信"上加上了"文化自信"。后来又提出了"历史自信"。现在中央的一些文件里面又谈"文明的自觉"。我觉得这几个新概念的提出，形成了对中国文明道路的整体性意义的更高自觉，对中国历史漫长道路的自身整体性也有了更深刻的把握，对中国文明连续发展、创新发展、创造性转化的文明道路的内在原理有了更高的自觉。当代中国发展到今天，它在文化上取得的非常重要的成就，关乎中国未来的发展，关乎中国的国运。如果文化自信建立不起来，文明发展或国家发展的主体性就会欠缺。经济独立、政治独立和文化独立，对于我们这个文明有重要意义，一个很重要的目的就是能够重建历史自信。文明的自觉很重要，这是具有高度文化政治意味的知识行为。

习近平总书记在2013年毛泽东120周年诞辰的纪念会上，最早提出了"接续奋斗"的历史观，就是让我们不断突破当下处境，与久远的历史建立起深刻的联系。让我们能够去突破改革开放的历史、革命的历史、170余年的近代史，打破与五千年的文明史之间的隔绝的状态，能够找到贯通的原理来看待这些历史。"接续奋斗"的历史观是"历史自信"的重要前提。我们在认识历史的时候会发现，在中国历史上，经学中很明显，《春秋》学特别是公羊学里有一种叫"拨乱反正"的历史观。在历史时代变化的时候，为了论证自己时代的正当性，总是会用"拨乱反正"这样的乱和正的辩证来看待上一个时代。为了能够开辟新局面，这也是非常必要的历史发展环节。钱穆先生在《孔子与〈春秋〉》一文中，特别提到《春秋》和《周礼》两部经典在中国历史上的政治文化功能。在经过了《春秋》学的"拨乱反正"之后，很快就会进入《周礼》时代，一个继往开来的时代，完成从破到立的转折。"拨乱反正"后要"守正创新"，要全面"继往开来"建立起新时代的规模。班固的《汉书》就对汉代在中国历史上的地位有一定的把握和认识，与《史记》相比，它有适应自己时代的更高的历史自觉。它有自己的历史、文化、政治的功能。这种历史观可以让我们获得一种"通史"看法。今天的时代，很多人也会说，过去你们都是批评孔子的，为什么现在又把孔子抬得这么高？变化为什么这么大？这个大又说明什么？是不是在否定自己？为什么说它不是否定自我？就是因为对历史的认识是不断深化的，时代的任务也是不断地变化的。每一个时代的任务都是借助于前一个时代奠定的历史基础提出，朝着下一个历史目标发展。我们有了历史目标，所以看待历史的时候才可以把它贯通为一个整体。

这种贯通历史整体的方式能够突破小我。对于历史的矛盾认识，与主体的自我封闭状态有关系。历史的打开状态，是突破小我，对不断的成长的历史观和不断成长的主体性进行认识。这种历史观的结果是，能够时刻打开小我，确立一个比较大规模的主体性。要能够突破某个特定时代看待历史的方式，用"源流互质"的方式打开小我，跟历史形成更大规模的内在融合，融进历史洪流。突破小我的限制，历史观就会通达起来，才能获得对历史的通史性认识，摆脱时代和时代之间的价值否定性的关系，建立"接续奋斗"的历史关系。我想"经史传统"的历史原理说的就是这样一个道理吧！

二 重新认识中国的态度和方式

有几个点需要特别强调，它们与以往的历史研究所内具的态度不同。大家基本认为，历史研究是科学的实证研究。丁文江先生经常说的一句话就是"拿证据来"，这是实证主义的典型态度。他们都是贡献非常大的学者，我们不是去否定他们的历史功绩，而是试图站在另一个角度来调适他们的这种历史认识的态度。傅斯年先生在《历史语言研究所工作之旨趣》中提到的"上穷碧落下黄泉，动手动脚找材料"，也是实证主义的态度，这种科学的态度对历史学的发展非常重要。当时张东荪先生特别提到科学和历史的区别。历史的研究对象和科学的研究对象，有一个根本的不同。我们知道科学把自然、把研究对象从时间状态中抽离出来，把它平均化，这是认识的必要的前提。但是历史认识的特点是，这些东西都是时间性的，都是一次性的、不可重复的。即便找到了任何证据，也无法还原已经发生的事情，不是一句简单的"拿证据来"就能解决历史认识的终极问题。历史学不是单纯地去发现事实，发现真相，而是去寻找意义，历史的对象是一个充满意义的世界。这是历史认识和科学认识不同的地方。

面对社会科学的对象，一定要知道那是一个意义的对象。当然也要有找材料的能力，但有一个前提性的东西要确立起来，我特别强调要有"论古必

恕"的态度。章学诚有两个词特别好，一个是"论古必恕"，一个叫"临文必敬"。"论古必恕"是说，在进行历史认识的时候要有"恕道"，就是"忠恕之道"的"恕道"，也就是"己所不欲，勿施于人"。要有设身处地的能力，到古人的境界里面去。后来陈寅恪先生表述为"遥想古人立身之境"，能够神游冥想，获得同情的了解和感通，才可能达到意义的真实环节。某种意义上，道德感和意义感，是获得对真实意义的认识的重要前提。认识论和道德并不是矛盾的，道德可以开辟出认识的新境界。张学智老师讲"大良知"，良知其实有更高的认识功能，与"论古必恕"都是匹配在一起的。章学诚也是内在于阳明心学的系统而讲史学，所以"论古必恕"和良知学也是有联系的。

或者我们换个角度，用钱穆先生特别有名的这段话，讲对本国以往历史的温情和敬意。"论古必恕"的态度和"温情敬意"的态度，就是要避免对历史虚无主义的偏激态度。实证主义态度似乎把主体给掏空了，道德感或者"温情敬意"其实是一个主体的状态。面对历史的时候，有一个价值的前提和位置感，而不是尽量掏空自己去认识事物。我在最近写的那篇小文章里面提到韦伯对社会科学的认识，其实韦伯要复杂得多。后来很多人在批评实证主义的时候都说到韦伯。韦伯是深刻的，他其实是受到了尼采的影响。用施特劳斯批评韦伯的话讲，他对事实的认定背后有一个特别强大的意志，这就是尼采的"求意志的意志"，这恰恰成为科学认识的理性的前提。海德格尔也有一些揭示，所谓的客观性背后，还是有种不可回避的"求意志的意志"作为它的前提。这个问题是要正视的，如何回避作为"求意志的意志"的权力意志的独断性和主观性？中国文化在历史认识中发展出一套客观性的认识，就是"论古必恕"的"恕道"。它既是主观性的、价值性的东西，又可获致对历史的尽量客观的把握。这就是"恕道"在历史认识态度和实证主义方法中的不同。

从具体的方法论上来讲，是"对象决定方法"，这是侯外庐先生在论述章太炎思想的时候提到的。张东荪也特别提到了"对象决定方法"的说法。这与意义认识的特点有关系，与实证主义的"学无中西"的方法论有一个对比。"学无中西"的方法，是王国维提出来的。当然，我们讨论的是他们的某些提法本身包含的问题，并不是说在运用方法的时候不具有复杂性，其实王国维有复杂的历史认识在背后支持着他。

还有一种是"恕道"支配下的"源流互质"的方法论，这也是从章太炎那里化用过来的一个概念，它与马克思讲的"从后思索"的方法论态度是非常接近的。"源流互质"是一个主体生成的机制和意义生成的机制。主体的生成，是在当下、现在和未来的循环中形成的自觉。设想什么样的未来，就会去考虑什么样的开端。而开端总是一条道路，甚至曲折都构成一种必要的曲折。其实在"从后思索""源流互质"的方法论里，打破自我封闭的主体，建立起不断成长的主体性，与现象学里面的东西都有关。汪晖老师有一个概念叫"内在视野"，和这些方法论都可以沟通。

引申出来的结果就是，中国人对中国的认识，尽管所在的立场不一样，但这种主观性并不必然带来客观性的缺失。只要把持"源流互质"和主体自我成长的态度，以"论古必恕"的"恕道"作为支撑，就可以获得对自己历史"致广大而尽精微"的认识。只有秉持"实事求是"态度，保持虚心，践行"恕道"，才能获得更加全面的"致广大而尽精微"的历史认识的能力。它并不必然带来客观性的缺失，反而可能会带来更高的客观性，对历史认识有更加全面的把握，产生出更符合历史实际的认识。"经史传统"的原理的获得，要靠哲学性方法论的突破才可以实现。做哲学的人喜欢反省一些前提，不会在一些既定的方法论预设之下进行工作，总是想在思想方法上有所突破。最近赵汀阳老师写的一篇文章讲，哲学上其实可以用十几个方法来概括不同的哲学体系和流派。哲学，不管有什么样的体系创作，最终要表现为一种认识、思想方法的创新。思想方法的变化，会带来历史认识的改变。

三　经史传统与中国原理——如何认识中国及其历史道路的文明史意义

今天的讲座以"经史传统与当代中国"为题目，第一个部分是想从"中国的开端"的角度理解中国的原理。海德格尔对开端的论述对我们特别有意义，一个开端其实是道路的开端。它不只是个开始，不是一次性的过去，开端始终贯通后续发展的时时刻刻，否则就不是开端而仅仅是开始，开端具有贯通后续发展的意义在里面。最近我们也特别关注韦伯的"发展史"概念，它跟"演化"概念的不同就在于它不是在追求历史的法则性，而是试图给历

史一个解释性的把握，这与我们对开端的把握有联系。开端后续的贯通就是"发展史"，它是由一个哲学基础构成的。第二部分是从"三代"的角度理解中国的原理。我写过一篇文章，对"经史传统"与中国原理曾做出总结性的认识。

讲中国的开端也要和几种误区来论辩。我自己的研究怎么获得主体性和位置感？不是单纯的实证态度，而是意义充满的状态，要与内在时代有关系，要处在对话关系里面深入时代，看到时代的一些问题。与一些错误的认识进行论辩，可能是加深我们对自身的认识的一个重要前提。我大概总结了几种对于中国历史的认识误区。可能很多学者并不完全同意我的这些讲法，我的这些讲法也可能跟他们的价值观不一样。但我还是坚持这些看法，因为"论古必恕"之后可能对历史的认识也更加丰富一些。我们不是站在历史之外，而是有历史的内在视野，这是历史认识的基本前提。所以会对那些不能够设身处地理解中国，对中国的历史认识不够全面的看法持不同的意见。

比如有代表性的"专制国家论"。其实孟德斯鸠之前不久，莱布尼兹、伏尔泰这些人对中国的评价都是非常高的，可是到孟德斯鸠之后突然就改变了对中国的认识，这和欧洲自身发生的变化有关系，与他们自己从"拨乱反正"，到他们所谓的"继往开来"的变化有关系。他们"拨乱反正"是要反宗教的权威，这个时候中国是一个帮手。之后他们要确立起自己文明的正面价值时，就把中国作为敌人。所以这和时代变化有关系，跟他们自身内部的变化有关系，故而对中国有一个翻转性的认识。翻转性的认识当然还有黑格尔的"停滞国家论"的说法，这当然也有他自己的背景。我们的基本认识是，中国肯定不是停滞的。中国是强调变化的国家，怎么会是停滞的呢？停滞是从他的角度来看的，我们是连续发展的，这个连续性让他感觉到中国的发展好像是停滞的，但从中国不断延续的自身发展看就不能说它是停滞的。他对我们的文明的原理、历史发展的原理认识不够，才会形成这种观感。如果今天来看整个欧洲和中国的关系，可以用一种更广大的世界历史观，将其组织到一个共同的历史世界运动里面去。下一步我们要做的工作就是怎么通过一个更广大的世界历史观，把整个世界历史真正融为一个内在的发展的历史状态。这可能是在确立起中国的原理之后，进一步理解世界时的一个追求。

还有日本的支那学和东洋学的中国观。我们不否认日本的东洋学所取得的历史成就，当然我们是需要检讨的。历史学有一个特点，经常会因为发现新的真相，就否定了以往的认识，一个点的认识会否定一个体的叙述。也可以说，一个真相的发现要支撑一个具有新的意义的叙述。这些地方要检讨，所谓的客观实证的真相的发现背后，都支撑着一种历史叙述，而历史叙述本身是要检讨的。在日本的东洋学里面，对中国影响深远却至今没有检讨清楚的，就是大陆与海洋对立模式、内亚与中原对立模式。这两个模式对中国的影响很大，比方说京都学派的"唐宋变革观"。"唐宋变革"，中国历史上的史学家讨论也很多，但是中国老一辈的多数史学家并没有把宋代看成现代民族国家或者汉族中国的产生。这就意味着，其背后的历史叙述把中国理解为仅仅由汉族构成的小中国，而把内亚和中原对立起来。它与"唐宋变革观"和"内亚史观"提出的骑马民族建立的国家之间成为对立的关系。这不符合中国的历史实际。当时的内亚民族对中国历史和中国原理的文明扩容做出了巨大贡献，中华的原理也依然可以成为内亚民族用来建立整个中华世界的政治文化的原理，所以不能够用一个民族国家意义上的小中国来看待中华世界的大中国的原理。大陆、海洋的区分更是如此，这其实和停滞不停滞的说法都结合在一起。中国肯定不只拥有海洋，中国还有大陆，还有内亚。广阔的不同的区域构成了多元的整体，要从一个更具内在视野的角度来理解它们之间的关系。

另外，还有"家族国家论"的问题。"家族国家论"的来源与谭嗣同的说法有关系，谭嗣同说："二千年来之政，秦政也；二千年来之学，荀学也。"这和梁启超讲的"二十四史是二十四姓之家史"如出一辙。从家天下的角度来理解中国所有的封建历史，这一说法并不恰当，我们要有一个更加符合历史实践的把握。日本学者尾形勇对中国王朝体制的分析，对这个问题有所破解。我讲到天下原理的时候会讲这个问题。

这几种错误的认识，希望大家在阅读历史的时候也要有这样的意识，比方说现在出的一套日本"讲谈社"的中国史，在中国的影响非常大，也有剑桥、哈佛的中国史。当然有很多实证研究特别值得我们肯定，但对其背后的历史叙述我们确实要心里有数，要跟认识的误区进行论辩。

探究中国所以为中国的原理，大概是从两个角度：一个是从历史的角度——"通史观"，一个是从空间的角度——"大一统观"进行。

很多学者讲史学就是相对主义、瓦解价值，就是因为不知道中国的历史

观不是实证主义的历史观，而是"通史观"。史之所以可以通，就在于有不变之处，可以把变化的东西纳入一个不变的系统里面来，所以它不是瓦解，不是相对主义。中国文明的一个核心焦虑可能就是面对变化时候的焦虑。怎么把握变化，既是焦虑又是最通达的地方。我们始终面对变化，所以会对变化有通达的把握，这其实是一个历史的胸怀、历史的事业，也是一个更强大的，更广阔的历史主体的出现。此外，中国文化的特别之处，为什么跟宗教类型、哲学类型完全不一样？就在于我们用"通古今"的方式来"究天人"，而不是用宗教或者哲学的方式来"究天人"。以"通古今"的方式"究天人"，就使得通史具有天人相关性，有超越性、整体性的视野在里面，这恰恰是通过通史实现这种超越性。这种超越性不是向上超越，而可能是一种向前超越，通过向后的视野来实现向前的超越，通过向下的超越来实现向上的超越。"向下超越"是鲁迅先生讲的，也是王国维先生整理出来的意义，可能比"内在超越"的提法更丰富、更复杂化。还有就是从空间的角度讲的多元一体的"大一统观"。空间的一统是我们可以直观感受到的，中国不是一个普通的国家，它是把"天下"作为自己内部原理的国家。把多元容纳到一体里面，与把变化融入时间的一体性里面一样。这两个原理是相互配合的，既要纳多元为一统，又要纳变化于通史，这是我们理解中国原理的基本方向。

现在讲"中国的开端"，我们是做哲学的，对历史一直有哲学性的探求。我们当然不是做考古学的研究，但会从考古学知识里面找到一些具有理论启发性的点，来构造中国的开端的原理、创生的原理。开端，就是创生、诞生的意思。法国的很多理论对这些问题都有很好的讲法，还有马克思的"从后思索"。开端的特别性在于破除了一个自我封闭的主体，把主体当成一个结果而不是前提，主体是一次次主体性化的结果，而不是所有历史展开的前提。从主体性进化的结果来寻找开端，这就是自我的起源，也是一个意义生成的机制。历史最有哲学性意义的地方就在于自我的生成，主体的形成。意义的生成要通过"通古今"的方式来获得，这是方法论的前提。

对中国的开端的认识也有两点需要澄清。一是"文明起源"与"文明形成"是两个不同的概念。我在读考古学研究著作的时候，遇到一些困惑，就是在中国土地上出现的文明起源的因素和中国文明的形成有什么关系。大家很少讲中国文明的形成，基本上在用文明的一般理论来探讨中国文明的形成。最近我看到考古所的老所长、学部委员王巍先生在《历史研究》上发表的一篇重要文章，从中国的考古学实践里面探索中国新的文明理论。这篇文章我觉得很有价值，他特别提到，不能够再用那些来自欧洲、西亚、地中海世界的考古学证据或形成的理论来衡量美洲和中国考古学的发展形态。这个提法特别有必要，因为还是用所谓国家的形成，特别用文字的形成来衡量中国文明的形成，文字成为文明形成的要素。中国在很多地方是没有发现文字的，但是文明程度很高，确实取得了很大的成就，比如城市的遗址、宗教礼仪性的建筑，以及农业生产的发达程度，这些都不能仅仅通过所谓文字有无来确定。对于一个做中国哲学的人来讲，是不是能够通过对考古学的实证性研究做一个理论探讨，去寻找一个从中国出发的文明理论呢？

首先要区分"文明的起源"和"文明的形成"，特别是要把"在中国土地上的文明因素的起源"和"中国文明的形成"分开。"文明因素的起源"，当然各地都有新石器时代考古的遗存，有太多的文明因素。但是中国文明的产生，并不单纯能够用这些文明因素的起源来说明。苏秉琦先生被考古学界认为是最有理论能力的学者，他对早期的中国有一些非常有创造性的设想和理论洞见。苏秉琦先生特别讲到"原生型"和"次生型"的关系问题，可以把在中国土地上出现的文明因素看成原生型的因素，而作为形成"中国的文明"的力量，应该是"次生型"的结果，不是"原生型"的东西。用他的话讲，中国其实是"满天星斗"。关于中国新石器时代，过去比较主流的是"中原中心说""满天星斗说""多重花瓣说"。最重要的一点是要解释在中国大地上的文明因素如何最后构成了中国的统一的大规模形态。大中国文明的形成，是以中国的国家形态的出现为标志。解决这个问题的前提是，理解多元因素如何凝聚为大规模政治体的问题，而这个大规模政治体的形成也即中国文明的形成。我们这样来规定问题意识，不是单纯去讨论考古学遗存，而是从考古学的文明因素起源来看，真正的中国的开端就指那个大规模政治体的开端。而这个大规模政治体的开端是一个更高的文明，这是中国文明出现的标志，比新石器的文明提升了一个阶段。当然考古学界有六大文化区系说，现在也有很多新的说法，就不多介绍。但是还是要使用"原生型"到"次生型"的提法，苏秉琦先生认为中国最早出现的国家应该在红山，我觉得也有一定的道理。苏秉琦先生其实用了柄谷行人的一个说法，柄谷行人《世界史的构造》一书很有理论想象力，他提出的一个新说法是"国家的产

生是来自另一个国家的产生"。怎么理解"原生型"和"次生型"国家的关系呢？我就是用这句话来理解的，"国家的产生是来自另一个国家的产生"，文明演进的历程到了国家形态出现的地步，其实国家形态是个无比强大的人类组织，这个社会组织形态一旦出现，由于它高度的政治组织力，任何其他的形态，比如部落、酋邦都没有办法对抗它。其他的形态只有两个选择，要么学习它的国家组织模式，要么成为它国家组织的内容。韦伯对西方的分析比较有启发性的地方在于，不是把现代化看作任何社会都会经历的法则性的东西，而是看成是只有在西方才出现的特殊的事例。但他会说，这个特殊的事例具有世界历史的效果，原因在于它具有像国家这样的强大的力量。它给别的国家、别的社会设置了一个吊诡性的情境，就是要么通过理性化成为现代的——这个过程是通过割断自己跟自己母体的关系来实现的，要么就是被它彻底地征服。他讲的世界历史意义，和我们理解的国家形态的出现也有类似之处。一个东西具有普遍性，有其传播力，可能没有什么道理可讲。在面对它的时候，怎样能够防止自己与母体隔断？很多国家都不成功。而中国其实做到了在内部的主体中实现自身的现代化，这一点可能更具有示范性。

我们套用苏秉琦先生"原生型"和"次生型"概念来讲国家的产生，一个国家的产生是另一个国家产生的结果。问题是一个国家产生出来之后，其实有一种扩张欲望。中国为什么不是这种局面？中国为什么不会像欧洲那般？欧洲在罗马之后形成了很多小的民族国家，这与查理曼帝国的分裂有关系，后来再没有出现过更大规模的统一形态。两次世界大战都出自欧洲，用张文木先生的话讲，它的板块是破碎的。今天俄乌战争又是在欧洲发生，它内部的紧张关系和碎片化的构造是有关系的。后果就是，用福柯的话讲，形成国家之后，领土国家的形成是实力的边界。如果形成了实力上的平衡，那也就会形成多国并立的战国形态。那么另一种形态就是不断地通过扩张的方式吞并他国成为帝国，但帝国往往很难把自己内部多元性彻底地消化。

中国的国家形成既然是次生性的，有没有可能有另外的因素，就是如此大规模的国家不是通过征服出现的，它是在面对具有中国规模的问题的过程中出现的。一个国家首先要面对一个他者，形成中国这么大的规模的国家也是需要有和中国差不多体量的国家作为他者才可以。可历史上没有出现这样的状况，那么中国这么大规模国家的出现，是面对什么样的他者的挑战呢？可能是一个具有中国规模的问题。这是我的理论设想，这个规模的问题，苏秉琦先生也讲治理大洪水跟中国的出现的关系。在中国大地上洪水是新石器时代多元文明体共同遭遇的问题。共同遭遇的问题出现之后，多元文明体必须团结起来共同面对、共同解决。从这样的一次性的危机的克服中，创生出了更大规模的国家形态，那么对这个危机的政治解决就产生了中国规模的政治体。而为什么这个规模的政治体出现之后，问题虽然消失了而它并没有解散？因为如果问题消失了会有彼此之间的新的问题出现，有可能出现分裂的状况。可是为什么古代中国会把这个大规模的统一状态当成是一个本然的状态？注意，我们不说它是理想状态，而说成本然的状态，认为各文明体就应该在一起，彼此间再有矛盾，也还应该在一起。这是理解中国原理的第二个维度，就是我们的道理到底在哪。这就与"经史传统"有关系。我的一个大胆假设，就是受到了洪水这样的天的挑战。

汉代有灾异的说法，但是灾异并不意味着天就是恶的，它是一个变态而不是本然状态，它应该是天人和谐的，给我们提供生养的条件。条件的丧失是天的变态，或者它生气了、愤怒了，觉得你们都不好，违背了天的要求，这是经学里面的理解。实际上考古学里面也有些说法，七八年前，青海发现过一个大规模的堰塞湖，它的形成很可能与五帝时代的洪水有关。那个堰塞湖形成的时间很可能正值五帝时代，可以推想那个堰塞湖的形成造成了黄河的改道，也造成了黄河泛滥的灾难，导致出现了黄河流域所有新石器时代的多元文明体共同面对的难题，由此才形成了一个团结的、统一的共同体来面对天的挑战。大家有共同的意识，所有人都和这种共同的连带感的形成有关系，彼此就不是对立的关系，而是连带的关系，是彼此依靠的关系。把所有能够认识到的人都连带在一起，就是天下。而中国就与天下的形成是同时性关系，意味着天下有了一个秩序。天下的产生与中国的产生是一样的，都指这样的连带秩序的出现。这是理解中国开端时候的一些理论说法。这是一个无所不包、无所不在、至大无外的共同体世界，即是一个天地的共同体、自然的共同体，把人组织在一起应对天的挑战。应对挑战不是人定胜天，而是要让天地恢复常态与内在和谐。这个自然共同体通过人的努力与天合作，实现天地的政治共同体。天下人的团结，和天地之间的和谐，其实是一体两面的事情，这就是"天下共同体"概念。由于有这样的天下的、自然的共同体和政治共同体，由于它需要有故乡的连带和团结，也要有人和自然、天地之间的和谐共存来形成天地的本然状态，就有了一种团结的价值观的出现。团

结，就是不断地用价值连带的方式，或者伦理的方式来结合，人与天地也会变成伦理的关系。到宋明理学后期表述成"天地就是父母"。"天下一家"的共同体就是用"家"的形态来描述刻画它，其实就是把它伦理化了。

由此带来的一个认识的态度是，我们看待价值的方式是从团结出发，从和谐出发。从内在一体性、伦理一体性出发来看待人和世界的关系，看待自己和他人的关系。立足于天地来看待人，立足于人的整体来看待个人。这种基本的方法论，自从中国产生就变成了基本的价值观和世界观。它不是抹杀个体，而是认为个体是有机地内在于整体当中。也不抹杀多元，因为多元是有机的前提，不能是单一的同质化，整体必须是多元性才能具备有机性的状态。就像天地间鸟啼花落，鸢飞鱼跃，山崎川流，都有各自的特点，但构成了天地的整体，表达了共同的价值追求，蕴含价值原理的可能性。在这个意义上，张载特别强调"天为主，人为客"的态度，人要通过一种修养的方法来克服人的小我的主体性，获得天地的主体性，其原理都是一脉相承的。这些大道理，我觉得还是有一些历史的、理论的意义在里面。

我们也为这种理论想象找到一点根据。司马迁在《五帝本纪》里面谈道："非好学深思，心知其意，固难为浅见寡闻道也。"对历史还是需要"好学深思，心知其意"，很多问题不是说"拿证据来"就能解决的，需要靠理论构建形成一种历史叙述。这是我们的一个目标，也是我的学问追求，特别期待对中国文明有自己的一套历史的、理论的叙述。一方面，我们要在哲学上对自己的价值的表达形式和表达形态有更自觉、更主动的表述，把它和哲学、宗教的方式既相关又不同的那部分给揭示出来。另一方面，我们又能够把这个揭示放回历史的理解中，转化为一套对于中国原理的历史叙述。

天下和中国的内在联系，有一个很好的例证，就是"求中"观念。"求中"就是陶寺里发现的圭尺。我几年前参加了孙庆伟先生主持的许宏先生与何驽先生的一个讲座，我当时拍了他们讲座的一些图片。其中讲到圭尺的问题，就是圭表测影，在中国陶寺时代就有了"求中"的观念，"求中"的概念就是寻找地中，找到天人沟通的最近的点。夏至影长为 1.5 尺，即今天登封告成，这就是周人所求之地中。地中要建成都城来跟天地沟通，王作为特权者，有权力、有资格在那个地方同天沟通。

最近我想，"中"这个概念已经是中国王权形成的象征。王权的形成和"求中"的观念之间有一个表征，一定有意识形态的突破，有一个前提性的东西。为什么中国会是这样的形态？为什么"经史传统"是这样一个形态？很重要的一点是政治体的出现，而政治体的象征就是有大规模王权的出现。王权有着将大家团结在一起的作用。为什么王权可以持续地存在，最后没有消散？为什么没有因为问题的消失而瓦解反而变成多元的状态？我有自己的解释，也需要一些理论构建在里面。《国语》里讲"绝地天通"这个概念，也讲到了之前"民神杂糅"的状态。"绝地天通"改变了"民神杂糅"的状态之后，对巫的设官分职加以管理。为什么可以由政治权力管理这些有神通的萨满巫师？这些人是很有权力的。韦伯在研究里特别提到先知革命的意义，先知都是政治评论家，通过对历史的超越性的建设形成一套对现实的评价。而这个评价由于有神圣的东西来支撑，就可以形成一次革命。从犹太教到天主教，到基督教、伊斯兰教，亚伯拉罕的宗教理念就是一次次先知革命的结果。先知革命的后果就是不断地产生革命，造成政治稳定性的丧失，同时会形成新的政治状况。其实，先知革命使得教权始终主导政治权力。我们中国一开始就设官分职，对巫师进行行政化的管理。行政的权力到底从哪里来？这个权力的出现是理解中国的关键。这种政治力量怎么获得？中国文明的奥秘可能跟这有关系，我觉得跟"功业"的概念有关系，就是取得功劳。比方说洪水来了，把大家团结在一起，应对了这个危机，这就是一个造福于全体人民的伟大功业。功业是王权的理性来源，它实际上造福了人民。光有政治的能力让大家团结起来应对危机取得成功还不够，它还塑造出一套新的象征体系。这套象征体系是说，我们之所以能够成功，是因为最终代表了天的意志，代表了天的想法。那么这个功业就反过来证明了，我们具有通天的能力，具有更高的象征能力，即神权或者宗教的能力。实际功业的出现使得我们具有了通天权，通天权的出现，使我们的政治能力和通天权结合，可以用政治权力去转化、管理各地的先知，把他们职官化，就控制了他们的革命的动能。出现的这种通天形态不是宗教权力，因为它的前提是政治的功业，是从政治出发的宗教的设计、宗教的创造，而不是由个体的超越性经验转化而来的政治的权力。

当然，转化肯定和集体的、民族的苦难都有关系，也不是纯粹的个人事件，它的表现形态是不一样的。我们再来理解，这种政治宗教的创设是我们这个文明基础性形态的发生标志，这是理解中国的一个角度。那么"求中"就和通天权有关系。谁有这样的资格？只有王才有，这就使他获得了天的权

威的加持，使得他可以去管理"民神杂糅"，所谓"杂糅"指和小神而不是
和天通，"民神"的"神"只是地方性的小神，比如树神、河神之类。整个
中国大地上有很多神婆、神汉，他们之所以没有演化成宗教权力，和我们古
代非常理性化的政治宗教的创造、象征系统的创造有关系，跟象征系统下的
政治权力有关系。这是我们讲开端的意义，有这样几个层次。

四　经史传统与中国原理——三代的历史与理想

我下面讲"三代理想"，就是历史和理想的问题。历史和理想结合在一
起，与我对"经史传统"的把握是有关系的。三代当然是一段历史，考古学
里很多学者也不承认有夏朝，但不是说商之前没有一个大规模的——借用许
宏教授的说法——"广域王权国家"。只是说规模程度已经很高了，但不能
叫"夏"，因为没有证据。这就是从"拿证据来"的意义上讲，也并不是否
定之前文明的发达程度。我特别能理解他，但是我要从"经史传统"角度来
讲为什么不能没有"夏"。

这也是我的历史观的产物，我对"经史传统"有一个基本的看法，除了
《春秋》之外，三代的历史大多都是六经的素材，六经来自三代的多种政教
文献。我不主张把六经打上书名号，六经是对三代政教功能进行分类认识的
结果。章学诚《文史通义》中，除了《春秋》教之外，还写了《易》教、
《书》教、《诗》教、《礼》教四教。他从教的角度来讲，不是把政治和教化
分开，而是把三代政治形成的传统作为后世政治传统的来源。政治传统需要
通过教育传下去。在教育过程中，原理性工具会被提升为与人的状态相关的
原理性的东西，所以也会变成教育的内容。我觉得政教传统不是把政治和教
化混合在一起，而是说政治本身就构成了一个传统，只要构成了传统就有了
教的意义。所以章学诚问，周公和孔子的关系怎么来理解？不能把孔子理解
成与周公不一样，二人只是由于时代不同承担了不同的使命。可是，孔子所
传的是周公之教。周公之教来自周代的政治，周代政治文化的结果就是政
教。阎步克先生有一个政治文化的概念，政治文化就是政教功能。从这个角
度来说，六经是对政教功能分类的认识，是对三代政治有比较全面的把握之
后形成的原理。六经是一些文献，孔子对这些文献进行了整理之后，才出现
了所谓六经。前提是存在这些政教文献，但整理的过程就有了原理化的可能

性和原理化的追求。所以我说，六经是早于儒家的，但六经又是通过孔子变成儒家的经典。六经一定程度上大于儒家，也就是说，必须通过六经和孔子的关系来理解六经和儒家的联系。它既大于儒家又是儒家，这个关系是理解儒家的一个前提，儒家是在孔子之后才出现，但要从三代本身，要从六经的政教文献中包含的政治文化出发来理解儒家。

儒家的特殊地位是怎么形成的呢？是因为它在诸子百家当中最完整地继承了三代的历史，并做了最完整的原理化。其他各家都是以"言之成理，持之有故"得其一端，只有儒家对王官之学的整体做了全面的原理化。本来孔子是守先待后，孔子还要再一次集大成创造新的历史局面。这是儒家的目标，再次开辟三代事业成为所有儒者而不只是守先待后的儒家的理想。能够看到这些之间的联系，就能对三代"经史传统"予以把握。它来自历史，原理化后成为经。经学是后来对它的文字说证，更重要的是对里面包含的三代政教原理的掌握，而后我们再进行自己时代的历史开辟。所以司马迁写《史记》，他不认为自己是在写史书，而是仿孔子作《春秋》。孔子作《春秋》是在作经，都是要为新的历史时代进行开辟，形成自己的认识。也就是说，有了经之后还必须有历史才行，就像经来自历史一样，如果有了经之后不去承担开辟历史的责任，经就变成了教条。所以，经史关系实际上是经史融合。这是通过孔子的总结而升华出来的三代的义理。以上是我对经史关系的概括性认识。

孔子所开辟的儒家，是对三代理想的总结。近代以来对三代历史有不同的认识，基本上现在的认识是，它们是横的关系，但确实又有"中国"的纵的联系，这就是所谓政统、法统、道统传递的意义。我特别反对说没有夏。冯友兰先生有句话说，就像老史断狱一样，"虽多为查无实据，要亦多事出有因"。这个话说得真是通达！为什么这么说？我们可以说那是传说，没有证据，司马迁时代就已经是传说了，但他还要写《五帝本纪》。他的意思是说，"心知其意"，你不能说跟我要证据，而是要跟我们要意义、要记忆。它在记忆当中存在了几千年，你说找不到它三千年的证据，就要否定这三千年的历史记忆，实在是太荒唐！希望大家能理解我的出发点。它被我们的先祖先贤记忆了几千年，孔子将其原理化之后就是一个不断被记忆的历史过程。而且这个记忆发挥了强大的历史作用，因为它是作为原理存在的，不能够轻易否定掉。不能说找不到三千年的证据就来否定三千年的历史。

我们基本的出发点是把历史看成一个整体。夏代对中国历史的贡献，结合它历史的特点来讲，一个是"大人世及"的家天下的制度，一个是青铜器的使用，王权的广大。商朝最重要的突破性贡献，就是甲骨文这样的文字的出现。我特别喜欢汉学家汪德迈先生的一个说法，甲骨文其实是一种神的语言，王的语言就是神的语言，它是一个政治的语言，也是一个宗教的语言。开始先有王的语言，神的语言是通过王说出来的，所以就把王的语言变成了雅言。通过政治权力，通过文书行政的方式，学习王的语言就变成了非常具有政治性意义的事件。这个语言就进入了不同的地方性语言，最后演化为方言。当然也有很多历史的细节，不用特别多讲。这就是商代对中国文化特别重要的贡献，可以通过中国语言特点看出文化的特点。我们的语言，用张东荪先生的分析说，它的言语结构跟西方不一样。我的理论设想是，语言的政治功能决定了它的言语构造特点，也决定了它的形而上学特点和范畴形成的方式。

另外还有一个贡献，虽然天命的观念在甲骨里没有发现，但是《尚书》里面都有，我们还是要从历史记忆层面来理解。因为商是通过那些书而被记忆、作为原理发挥历史作用的。天命的观念就是"天命眷宠"，是把至上神和祖先神最终完全合一。这个方式当然有一个历史过程，伊藤道治先生做过解释，但也带来一个后果，我概括为，异姓封建和共同祭祀创建出了一种"虚构的血族关系"。这个"虚构的血族关系"带来了"被动的天下一家"的效果。商王把异姓诸侯作为异姓兄弟一样来看待，对于异姓诸侯而言有强迫性和被动性，因为要把你的祖先当成我的祖先来祭祀，当然还是有屈辱在里面。可是从后果上来讲，带来了"被动的天下一家"的效果。商纣王把至上神和祖先神最终合一，带来的后果是"我生不有命在天"。我是有命在天的，我是天的唯一的代表者，这就是"万世一系"的观念。

商人是有"万世一系"的观念。听说日本学者白川静先生对商代的制度与日本的天皇制度有一些比较和分析，确实日本的"万世一系"有点像商人的宗教观念。我跟日本学者聊天时说，中国跟日本最大的区别，你们是一代的传统，我们是三代的传统，夏商周三代的原理。所以你们看起来是"万世一系"，其实内部缺少我们的变通性、有机性。

殷周之际的鼎革，变化之大主要还是首先发生在精神世界里。"天命眷宠"的观念对于地方诸侯来讲，变成他的意识形态。首先在精神领域里没有怀疑的可能，这个东西是很强大的。但是由于商周之际的变革，给众人带来了深刻的精神刺激、思想刺激，精神世界闹了一次革命。天本来要眷顾它，最后却没有眷顾。这对商人的打击更大，但对周人的打击也是一样。对我们来讲，天命到底能不能信，是不是可信？这一点构成怀疑。天命不可信，首先得出的结论就是天命是无常的。但说天命无常不就意味着失去了政治的稳定性吗？谁都可以成为先知来进行一次天命的革命。要证明自己之所以能够取代商的道理到底在哪里，整个周代的历史都在探究他们能够打败商的原因到底何在，这是他们核心的关切和焦虑。他们给出的答案就是"唯德是辅"。因为文王、武王自己做得对，所以得到了天的支持。但是我们又不知道天到底说了什么。我常讲，中国的义理性根据其实来自"天何言哉"的不言之教。天命不可信，你真的不知道它说了什么，可是有一点可以相信，就是我们做对了，获得了这样的功业。可以通过功业来推断，我们具有了解天命的条件和资格。功业怎么获得？是靠我们的德行。其中的逻辑很清楚，把具有"万世一系"的宗教神秘性的王权改造成由历史理性和道德理性来把握的权力。王权的基础就有了一些变化，虽然天命还在，却需要通过理性的方式、德性的方式来把握，通过历史认识的方式来把握天命，就是以"通古今"的方式来"究天人"。

《尚书》里讲到，周公在洛邑建成的时候给商人的子孙开了一个大会，说你们之所以输了，是因为你们不知道学习你们的历史，你们也有历史档案，为何不好好向过去的历史学习呢？看看历史是怎么发生的，你们的汤王是怎么取代夏桀的？是因为夏桀不对，那么你们要一直向你们的祖先学习，让自己做正确的事情，或者通过德行做正确的事情来维持天命。所以他们也形成了第二个看法，按李峰先生的研究说，其实他们认为天命只在文王、武王，后面的王都没有。要想让天命维持就必须"帅型祖考之德"，必须向祖先学习，向历史学习，才能够让德行继续存在，才能够维持住天命的惠顾，否则也会失去天命。这种"如履薄冰"的历史观，是中国历史上最重要的一个原理，背后包含的就是天命转移的观念——"汤武革命"。我有一个基本的看法，用干宝的话讲，商本来也是一次革命的产物，却没有深刻地把握体会革命的经验和夏桀的教训，将其变成自己的指导思想和行为准则，很重要的原因是商没有把这一次革命原理化，因为从夏到商只有一次革命变化。那对于中国人来讲，武王的革命是第二次革命的变化，这就涉及三个历史阶

段。在学习历史的时候，肯定不会只去学习自己的，要再往前看。所以历史的原理化是通过对历史的学习形成的，只有在武王革命之后，原理化才有可能。原理化一旦形成，就变成了一套政治指导思想，变成了每一代帝王都必须遵守的行为原则，王权的基本伦理原则就出现了。三代作为一个原理，必须要成三，才有原理性，不成三就没有原理性。而通史的"通"的意思就是让历史能够不断通达下去，面对变化的时候要能够"承弊通变"。学习历史的变化，就会意识到前面的历史不是一劳永逸地奠定后来的历史，而要随时随地面对变化的形势，变化就是危机，可能会带来挑战。面对这些变化就要检讨自己是不是有问题，这叫"承弊通变"。检讨自己的问题之后通达变化，让历史继续往前走。"承弊通变"就能让历史不断往前走。

这是中国的一个核心教育，通过向三代历史学习，我们意识到每一个时代都应把握住自己的机会和条件，创造新的历史局面。历史不断往前走，这是每一代人都时刻怵惕在心的要求。所以从三代的原理化里面可以产生出这样的结果，就是看到革命其实是自我革命，是天道生生的自我革命。回头来看朝代之间的更替，其实每一次更替都是天道的一次恢复而已。商和周取代前朝的时候并不是对前朝的整体否定，而是对前朝的纠偏和调适，最终形成了中国历史。三代构成了中国历史的整体，它不断地回到历史的根据上去，不断地疏通现在的历史。以这样"源流互质"的过程，回到开端，疏通当下，开辟未来，是自然生生的道理，也是天道的道理。所以这是天命转移观念中包含的三代的历史原理。

而三代的历史原理当然还是周人的理解，为什么说中国是三代而不是一代，原因就是通过周的原理发明了"天下一家"的道理，就是天子制度。皇帝制度也是天子制度的历史形态，内在地也具有天子制度的精神，但不是天子制度的完美的形态和完全实现的形态。天子制度的形态其实就是天下一家的理念的体现，天子就是一个领头人。革命的目的是换一个领头人带着大家。他做好了，能够代表全体人民的利益，就可以成为领头人，所以他既是天的代表者，又是人民的代表者。只有真正建立造福于全体人民的功业，才有资格做领头人。如果不能建立造福于全体人民的功业，就会"皇天上帝，改厥元子"，人民要把他要换掉，因为他既是天的代理者，又是人民的代表者。但是为什么还要用天的方式来表达？其实有时候人民可能会被一些局部的、个别的利益所代表，因此就要找到最广大、最完整的人民的概念，不仅包括空间上的人民，也包括历史上的人。天子作为天的代理者意味着承担人民永续发展的历史责任，这就是"天下一家"的原理，在周代就形成了，和汤武革命是一个原理，只是形态不同。

"天下一家"的原理就是"大一统"的政治。汤武革命的原理就是通史的原理，就是以"通古今"的方式进行的"究天人"。费孝通先生借鉴了其师史禄国"心智丛结"的概念表达"大一统"观念，我把它跟经学中的"统纪别丝"结合起来理解，把大家拧成一股绳，就是团结的意思。可是拧成一股绳，形成一股劲，并不破坏里面每一根丝的独立性，不是说打散了然后重新熔铸成一个东西。只有它每一根丝自己是坚韧的，这一根粗绳才能成为更坚韧的统一体。这是"大一统"的含义，团结的目的是有力量去面对挑战。"大一统"的原理有一个形而上的根据就是天地，天地不能够有缺，所以天下必然一统。这就是为什么说统一是常态，分裂是变态。天地怎么可能有缺，有缺就得补，天下就必然是统一的。天下不能有缺，通史必须是连绵发展的，是不能断裂的。如果断裂，那历史就成为另一个历史了。这就是两个原理之间的联系。

其实我们回过头看，关于中国的"大一统"的原理的出现，也不能够单纯从历史角度来说中国的一统就是从秦汉开始出现的。中国的一统应该是从三代开始，因为一统的原理也是三代形成的原理。我们只能说对一统的形态有不同的把握，三代的一统形态和秦汉的一统形态不一样，前一种可以叫作"松散的封建的一统"，后面叫作"郡县的紧致的一统"。我们未来还要面临新的一统形态的创造，还在不断探寻当中，也形成了自己的历史的经验，也形成了自己的历史体制。具有一统的原理这一点没有变，而且时间的一统性也没有改变。从三代开始一统性始终存在着，中国作为主体，就是始终存在着的。不管怎么变，中国都还是向下扎根，向上发展，保持根深叶茂的状态。这是一个历史不断延展、连续发展的过程，中国自身的主体性一直内在于历史变化当中，所以分裂状态其实是一个变态。

"一体之仁"的仁者境界，是仿照着天地的视野产生的价值观。曲成万物而不遗，万物并行而不悖，最后能够让大家平等地相处在一起，形成不齐而齐的平等的有机统一体，靠的就是"一体之仁"的仁者境界。如果用一种此疆彼界的妄为分别的心态，形成的就是自我中心的分裂。所以我说，中国的政治原理和现代形成的与资本主义配合的民族国家原理完全不一样，民族

主义的原理还不能够完全从天地出发来理解自己和世界的关系，理解自己和他者的关系。如果立足天地来看，"一体之仁"是不能无分别的，不同是非常正常的。这是我们对民族主义的极端形态的克服，当代中国也内在于这样的原理之中。所以说，这就是"承百代之流，而会乎当今之变"的中国历史智慧的反映。"承百代之流"就是要通达中国历史的变化，在经史的大传统里面寻找内在的原理，看到不变的部分，而后更具有历史主动性。对历史的掌握"致广大而尽精微"，面对任何历史的变化都会有定力，也同时具有历史创造的主动性。"会乎当今之变"，表达的就是我们的历史主动性，通过这样的历史观的树立，通过对历史的全面的原理性的把握，能够更有信心面对我们这个时代的变化。而后"承弊通变"，使中国历史往来不穷达到通史境界，让中国的文明能够连绵发展下去。"究天人之际，通古今之变"，达到"穷变通久"的境界，这个境界也要通过不断的新陈代谢，以自我革命的方式来实现。这就是我们讲的三代原理的意义。

中华文明的天道理想与人民至上的核心价值

周　丹

（中国社会科学院哲学研究所）

摘　要："两个结合"是习近平新时代中国特色社会主义思想的重要理论创新，从价值观基础看，马克思主义和中华文明拥有共同的价值理想。五千多年的中华文明涵养出以"仁"为核心的价值体系，突出表现为天人合一、天下大同的理想境界。马克思主义传入中国，立足中国实际，不断中国化，不断激活中华文明的力量。以马克思主义为指导，以中华文明为根基，从天道理想到人民政治，从天下大同到构建人类命运共同体，从"民本""爱民"到以人民为中心，在新的时代条件下不断凸显人民至上的核心价值。以此为基础，中国共产党始终坚持党性与人民性相统一，在自我锤炼中创造了共产党人的"心学"。

关键词：人民至上　中华文明　共产党人的"心学"

习近平总书记在福建武夷山朱熹园考察时指出："如果没有中华五千年文明，哪里有什么中国特色？如果不是中国特色，哪有我们今天这么成功的中国特色社会主义道路？"[①] 中国共产党坚持把马克思主义基本原理同中国具体实际相结合、同中华优秀传统文化相结合（简称"两个结合"），不断推进马克思主义中国化时代化，不断推进中国特色社会主义伟大事业。中国特色社会主义道路，既展现为马克思主义中国化的过程，又展现为中华文明更化

[①] 《习近平谈治国理政》第 4 卷，外文出版社，2022，第 315 页。

新生的过程；它不是西方现代化发展的翻版，而是中华文明的现代发展；它不是现代"化"中国，而是中国"化"现代。中华文明是中华民族的"根"和"魂"；离开中华文明，就等于丢了"根"和"魂"，中国特色社会主义就成了无源之水、无本之木。从中国共产党坚守的初心使命看，人民至上作为中华文明新形态核心价值，是对中华文明天道理想的创造转化、继承发展的结果。

一 天道政治的形成与中华文明的境界

传统中国的一个突出特征在于，以"大一统"作为根本的政治组织原则，以政治来安顿经济社会文化等其他要素。与西方的政治和经济相分离不同，在东方尤其是中国，经济活动从来就被定义为国家责任的内在部分，国家把推动经济发展作为己任，同时也从中获得政权统治的合法性。当然，古代社会的皇权制度使"大一统"格局难以充分展现，"家天下"压抑了"大一统"内在的"公天下"的价值诉求。中国共产党团结带领中国人民走出的中国式现代化道路，真正实现了人民当家做主，真正解放了"大一统"内在的"公天下"的价值主张；能够集中力量办深入民心的大事，使国家意志始终围绕着中华民族根本利益；真正形成了"大一统"政治原理与"天下一家"政治理想的内在一致。从文明的价值观内核看，这种"公天下"和"天下一家"的天道政治理想为五千多年生生不息的中华文明奠定了深厚基础，构成了中华文明的基因和密码。

（一）以孔子为文化代表的中华文明："仁"为价值本位、"礼"为社会秩序

中华文明源远流长，具有百万年的人类史、一万年的文化史、五千多年的文明史。苏秉琦认为，我国分为六大考古学文化区系，"距今六千年到四五千年间中华大地如满天星斗的诸文明火花"① 曾盛放，并非传统的"中心-边缘"文化起源格局。他举例说，以玫瑰花图案彩陶为主要特征因素的仰韶文化与以龙鳞纹图案彩陶为主要特征因素的红山文化，这两种不同文化传统的

---

① 苏秉琦：《中国文明起源新探》，生活·读书·新知三联书店，2019，第114页。

结合，是花（华）与龙的结合，这也是中国人被称为华人、龙的传人的由来。中华文明经过一个漫长的交流、融合、发展的历史过程，到春秋战国时期形成了一个高峰。

春秋战国时期是传统价值观变革、形成的重要时期。随着古代社会经济的发展，阶级关系的新变化，特别是私学的兴起，文化空前繁荣，思想空前活跃。儒家、道家、墨家、法家、名家、兵家、阴阳家等各陈其说，呈现"百花齐放、百家争鸣"的局面。其中，以孔子为代表的儒家，发明以"仁"为价值本体、以"礼"为社会秩序的价值体系，对中华文明的传承、发展影响最为深远。

在儒家价值体系当中，价值规范很多，譬如仁、义、礼、智、信、孝、悌、忠、诚等，而"仁"居于最核心的位置，是以孔子为代表的儒家学说的价值本位。① 其一，"仁"是人的本性。孔子曰："仁者，人也。"（《中庸》）仁是人的内在根据，是儒家价值观的根本原则，也是中华文明的核心价值理念。其二，"仁"是做人的原则。樊迟问仁。子曰："爱人"。（《论语·颜渊》）爱人是仁的实践形态。"泛爱众而亲仁"，在孔子看来，个体自做决定、自担责任是在与社群中他者的交往中实现的。个体与他者的交往原则有二：一为"己所不欲，勿施于人"（《论语·卫灵公》）；二为"己欲立而立人，己欲达而达人"（《论语·雍也》）。其三，"仁"是首要的价值选择。孔子认为，"当仁，不让于师"，仁人志士"无求生以害仁，有杀身以成仁"。如果"仁"与其他价值发生了冲突，必须毫不犹豫地克制自己，牺牲其他的道德价值，甚至不惜牺牲自己的生命，即"杀身以成仁"。对于中国人来说，"杀身成仁"是最普通的道理，也是最高尚的价值选择和道义选择。

"仁"作为价值本位，需要现实化以成为社会规范和社会秩序。② 儒家对社会结构、秩序和运作方式的设计，主要是通过"礼治"来实现的，所谓"礼也者，理也"。儒家承袭的是三代之礼。孔子曰："殷因于夏礼，所损益可知也；周因于殷礼，所损益可知也。"（《论语·为政》）三代之礼虽然有所损益，却是一脉相承的，我们要恢复周礼。"道之以政，齐之以刑，民免

① 参见孙伟平等《最大公约数：社会主义核心价值观研究》，广西人民出版社，2021，第83～85页。
② 参见孙伟平等《最大公约数：社会主义核心价值观研究》，广西人民出版社，2021，第90～92页。

而无耻；道之以德，齐之以礼，有耻且格。"（《论语·为政》）可见，儒家特别强调礼治（而非刑治）的作用。其一，"礼"由仁义而生。"仁者，人也，亲亲为大。义者，宜也，尊贤为大。亲亲之杀，尊贤之等，礼所生也。"（《中庸》）礼是"成己""成人"的必要条件。其二，"礼"是现实仁的途径。孔子曰，"不学礼，无以立"，"克己复礼为仁"。"克己"和"复礼"是同一个过程的两个方面，都是实现"仁"的途径。礼以仁为思想内容，仁以礼为实现路径。就内和外来说，仁主内，礼主外，通过外在规范来实现内在价值。其三，"礼"的实行关键在"和"。"礼之用，和为贵。先王之道，斯为美，小大由之。有所不行，知和而和，不以礼节之，亦不可行也。"（《论语·学而》）礼的运用，以和谐为目标，以和谐为贵。先王治国，就以此为美，大小事情都这样。但也有行不通的时候，单纯地为和谐而和谐，不用礼来节制，也是不可行的。就社会治理来说，"和"既是目标，也是方法，以和谐实现礼治。

（二）以朱子为文化代表的中华文明：仁本体论[①]

从孔子开始，"仁"便有关切天下众生的核心面向；程颢以身体知觉为基础，建立了万物一体之仁的命题；程颐则突出了"仁"的公天下面向；朱熹在二程的基础上，运用理学的理气架构，为"仁者以天地万物为一体"（二程）的命题打牢了宇宙论－本体论基础，即发明了仁本体论。传统儒学"万物一体"的思想既是一种精神境界，也指万物关联共生的整体，这种整体就是仁体。仁本体论把传统儒学的一体之仁与生生之仁做了有机结合。仁本体与关联共生的万有是"全体是用，全用是体"的关系。"人与天地本一体，只缘渣滓（注：私意人欲）未去，所以有间隔。若无渣滓，便与天地同体。"（《朱子语类·论语二十七》）陈来认为，朱子的哲学思想体系从两个基本方面呈现，一个是理学，一个是仁学。如果说理气是二元分疏的，则仁在广义上是包括理气的一元总体。在这一点上，说朱子学总体上是仁学，比说朱子学是理学的习惯说法，更能凸显儒学体系的整体面貌。[②]

其一，仁者以天地生物之心为心。朱子认为仁是天地用以生物之心，又

① 关于"仁本体论"的探讨，感谢我的同事龙涌霖助理研究员提供帮助。
② 参见陈来《仁学本体论》，《文史哲》2014 年第 4 期。

是人心的来源，人禀受天地生物之心而形成自己的心。这一天心－人心的结构，是朱子学仁说的基础结构。"天地以生物为心者也，而人物之生，又各得夫天地之心以为心者也。故语心之德，虽其总摄贯通，无所不备，然一言以蔽之，则曰仁而已矣。请试详之。盖天地之心，其德有四，曰元亨利贞，而元无不统。其运行焉，则为春夏秋冬之序，而春生之气无所不通。故人之为心，其德亦有四，曰仁义礼智，而仁无不包。其发用焉，则为爱恭宜别之情，而恻隐之心无所不贯。"（朱熹《仁说》）朱子的"仁者以天地生物之心为心"，为"万物一体之仁"建立了更为客观的本体论－宇宙论基础。

其二，仁是自身德性全面发展的根据。郑问："仁是生底意，义礼智则如何？"曰："天只是一元之气。春生时，全见是生；到夏长时，也只是这底；到秋来成遂，也只是这底；到冬天藏敛，也只是这底。仁义礼智割做四段，一个便是一个；浑沦看，只是一个。"（《朱子语类·性理三》）"仁须兼礼义智看，方看得出。仁者，仁之本体；礼者，仁之节文；义者，仁之断制；知者，仁之分别。犹春夏秋冬虽不同，而同出于春：春则生意之生也，夏则生意之长也，秋则生意之成，冬则生意之藏也。自四而两，两而一，则统之有宗，会之有元，故曰：'五行一阴阳，阴阳一太极。'"（《朱子语类·性理三》）孔子强调仁者应当全面发展自身的德性，故"仁"有"全德之名"；到宋明儒学尤其是朱熹那里，"全德之名"得到了进一步的本体论－宇宙论奠基。

其三，人（仁者）是天地宇宙间的独特存在。"天地生物，本乎一源，人与禽兽草木之生，莫不具有此理。其一体之中，即无丝毫欠剩，其一气之运，亦无顷刻停息，所谓仁也。但气有清浊，故禀有偏正。惟人得其正，故能知其本，具此理而存之，而见其为仁；物得其偏，故虽具此理而不自知，而无以见其为仁。然则仁之为仁，人与物不得不同；知人之为人而存之，人与物不得不异。"（朱熹《延平答问》）人之为人，在于仁之德性。此外，"仁"本身也包含着个体与他人的联结关系，互相关爱，和谐共生。

（三）中华文明的境界：天人合一、天下大同

五千多年的中华文明形成了一套关于"仁"的价值体系。任何价值体系都不外乎要处理人与自然、人与人、人与自我的三重关系，更进一步说，即处理人与自然、群体（社会、国家）与群体（社会、国家）的两重关系。从

这个意义上说，中华文明的境界突出表现为：天人合一和天下大同。①

天人关系是中国传统哲学的一对核心范畴。汤一介尝试用天人合一、知行合一、情景合一构建中国传统哲学的概念体系，并且认为天人合一意在解决"人"和宇宙的关系问题，探讨的是世界统一性问题，即本体论问题，因而是整个概念体系的基础，知行合一、情景合一是由天人合一派生而成。"天"和"人"是内在统一的，皆以"仁"为性。"天"是"仁"的表现，孕生万物，"人"也在其中；"人"敬"天"，尊"天命"，行"天道"，即为"仁"。②坚持天人合一，而非天人二分，才能深刻理解人与自然是生命共同体。

天人合一，既是本体，又是境界。《孟子·梁惠王上》曰："不违农时，谷不可胜食也；数罟不入洿池，鱼鳖不可胜食也；斧斤以时入山林，材木不可胜用也。谷与鱼鳖不可胜食，材木不可胜用，是使民养生丧死无憾也。养生丧死无憾，王道之始也。"遵守自然规律，顺应自然，合理开发利用资源，人与自然和谐相处，实现可持续发展，这才是安邦定国的王道。荀子也有相同的思想和类似的表述，《荀子·王制》中也讲："圣王之制也，草木荣华滋硕之时，则斧斤不入山林，不夭其生，不绝其长也；鼋鼍、鱼鳖、鳅鳝孕别之时，罔罟、毒药不入泽，不夭其生，不绝其长也。"在中国传统哲学中，"天"和"人"不是分开的，无论孟子还是荀子，虽然在讲自然规律，"天"之道，但实则在讲圣制王道，"人"之道。习以成"人"，关键在于懂得、遵守、践行天道即人道，不断克服和超越自身的局限性，从而达到天人合一的理想境界。

天人合一主张人与自然和谐共生。习近平总书记指出，"自然是生命之母，人与自然是生命共同体"。③人从自然而来，是自然的组成部分，人的生

① 天人合一和天下大同，在本质上是一致的。我们在此把天人合一限定在人与自然的关系中来讨论，把天下大同限定在群体与群体的关系中来讨论，以示区分。而实际上，就天人合一来说，人若能如此对待自然，那何况对待人呢？同理，就天下大同来说，群体与群体之间若能如此相互对待，又何况对待自然呢？因此，我们也可以说，天人合一不仅是一种对待自然的智慧，而且是一种对待人的智慧；同理，天下一家不仅是一种天道政治的理想，而且是一种待物待众生的格局。

② 参见汤一介《儒学十论及外五篇》，北京大学出版社，2009，第29~40页。

③ 《习近平新时代中国特色社会主义思想学习纲要》，学习出版社、人民出版社，2019，第167页。

存依赖自然，人与自然是一个有机统一体，是"生命共同体"。我们要用平行的视角去看待自然，抛开傲慢与偏见、舍弃卑微，置自己于天地万物之中，人与自然命运与共，达到"人与天地参"的可持续发展境界，为人类文明的未来发展提供中国智慧。

天下大同是孔子的理想，"四海之内皆兄弟"。"大同"是"仁"的最终归途，也就是人类最终可达到的理想世界。天下大同的前提是改变了看待世界的方式。赵汀阳认为，"以'天下'为关于政治/经济利益的优先分析单位，从天下去理解世界，也就是要以'世界'作为思考单位去分析问题，超越西方的民族/国家思维方式，就是要以世界责任为己任，创造世界新理念和世界制度"。[①] 天下概念和天下体系还表明，中国在"被现代化"的过程中，要科学处理古今、中西的关系，认识到"天下"与作为现代国家的"中国"之间的张力。张志强认为，"现代"是一种由西方的强势地位构成的话语和世界的秩序，中国需要参照这种规范性加以重新定位，更重要的是，中国的现实发生在中国的土壤之上且具有连续性，这种"反现代性"的中国式现代化内在具有一以贯之的文明标准，即"天下"体系及其价值。[②]

具体来讲，在中国传统文化中，天下具有多重含义。一是地理学意义上的"天底下所有土地"，可以看作人类可以居住的整个世界。二是心理学意义上的"民心"，"得天下"也就是"得民心"。三是伦理学意义上的"四海一家"，天下是一种世界制度，是一种群体与群体、社会与社会、国家与国家之间的相处方式。[③] 综观中国历史，无数朝代更迭，其最本原的合理性依据便是中国人的天下观。《大学》提出人生的"八条目"：格物、致知、诚意、正心、修身、齐家、治国、平天下。家、国、天下，这是中国人关于世界的一种理解，关于世界秩序的一种想象。

天下是天下人的天下，天下人最需要天下大治，所以得天下民心者得天下，民心就是人心，这是天下体系的基本价值原则。天下大同的当代表达是"构建人类命运共同体"。世界面临百年未有之大变局，我们要抛弃狭隘的西方所谓"民族国家"的"成见"，"以天下观天下"，才能解决人类面临的共同难题，进而实现"人类进步"和"世界大同"。

① 赵汀阳：《天下体系：世界制度哲学导论》，中国人民大学出版社，2011，第2页。
② 参见甘阳、汪晖、张志强等《现代中国思想的兴起》，《开放时代》2006年第2期。
③ 参见赵汀阳《天下体系：世界制度哲学导论》，中国人民大学出版社，2011，第27～28页。

二 人民至上：马克思主义价值观与中华文明价值观的统一

马克思主义与中华文明源流互质，坚持和发展中国特色社会主义，必须坚持以马克思主义为指导，必须立足中华文明根基。两者之所以能够深度融合，从价值观上说，都是以人民至上为根本价值理念。

（一）构建人类命运共同体和人民政治

习近平总书记指出，中华文明具有"讲仁爱、重民本、守诚信、崇正义、尚和合、求大同"的精神特质和发展形态。习近平新时代中国特色社会主义思想是对中华文明传统的创造性转化和创新性发展。这集中反映为人类命运共同体与人民政治。

在本体论上，人类命运共同体理念以人类共同体为本位，将人类视为唇齿相依的有机整体，将不同民族和国家视为平等互利、合作共赢的共同体，将中国与世界视为共享机遇、共谋发展的共同体。在全球化时代，人类必须要有共同体意识，把相互发展、共同进步视为机遇，而不能视之为麻烦和挑战。这是因为从本体来讲人类是一个有机整体，合则两利、斗则两伤。

在价值论上，人类命运共同体理念以命运与共为核心价值导向，着眼于从整体上谋划人类长远利益和各民族利益的共赢，以实现共建共享为根本目标，建立以包容共生为基础的价值共同体。世界近现代史以西方文明崛起为主脉络，这在客观上导致形成"西方中心论"和"西方优越论"。然而，西方模式造成的全球生态危机、金融危机、能源危机、贫富差距、局部战争等，引发广泛关注和反思。人类命运共同体理念坚持正确的义利观，打破了狭隘的"西方中心论"和"文明冲突论"，超越了西方以权力为核心的霸权主义文明观，旨在建立以人类共同命运为核心的新文明观。

在方法论上，人类命运共同体理念坚持利益共同体和价值共同体的内在统一，推进"一带一路"建设，是实现人类从繁荣和发展走向命运与共的现实路径，最终实现文明交流超越文明隔阂、文明互鉴超越文明冲突、文明共存超越文明优越的理想目标。

天下大同、人类命运共同体、共产主义，是不同话语叙事的同一个内容。中国共产党的属性和使命成就人类命运共同体的人民性。中国共产党是为中国人民谋幸福的政党，也是为人类进步事业而奋斗的政党，始终把为人类做出新的更大贡献作为自己的使命。五千多年的中华文明始终强调"仁"的突出地位，无论是价值本位，还是仁本体论，就其日常功用来说，大抵一个词可以概括"仁者爱人"，落实到一套政治运行体系和话语结构上，在古代就是"民本""爱民"，传承到当代中国就是"人民政治"。

其一，党的宗旨是全心全意为人民服务。《中国共产党章程》强调："中国共产党党员必须全心全意为人民服务，不惜牺牲个人的一切，为实现共产主义奋斗终身。"① 马克思、恩格斯在《共产党宣言》中指出："过去的一切运动都是少数人的，或者为少数人谋利益的运动。无产阶级的运动是大多数人的，为绝大多数人谋利益的独立的运动。"② 中国共产党作为工人阶级先锋队，除了忠实地代表工人阶级和人民群众的根本利益以外，没有其他任何特殊利益。"全心全意地为人民服务，一刻也不脱离群众"，毛泽东同志指出，"我们共产党人区别于其他任何政党的又一个显著的标志，就是和最广大的人民群众取得最密切的联系"。③ 这是无产阶级政党区别于其他阶级政党的重要标志，也是共产党员党性修养的根本内容。

其二，我国的国体是人民民主专政。国体即国家的阶级本质，就是社会各阶级在国家中所处的地位，它是由社会各阶级、阶层在国家中的地位所反映出来的国家的根本属性。《中华人民共和国宪法》第一章总纲第一条明确指出："中华人民共和国是工人阶级领导的、以工农联盟为基础的人民民主专政的社会主义国家。"④ 这表明中国共产党始终代表最广大人民的根本利益，民主和专政是辩证统一的，对人民实行民主，对敌人实行专政，维护人民民主政权。人民民主专政的本质是人民当家做主。这是人民政治的核心意志。

其三，我国的政体是人民代表大会制度。政体是指政权的组织形式，就是指统治阶级采取何种原则和方式来组织自己的政权机关，实现自己的统治。国体决定政体。《中华人民共和国宪法》第一章总纲第二条明确指出："中华人民共和国的一切权力属于人民。人民行使国家权力的机关是全国人

---

① 《中国共产党章程》，法律出版社，2020，第 23 页。
② 《马克思恩格斯选集》第 1 卷，人民出版社，2012，第 411 页。
③ 《毛泽东选集》第 3 卷，人民出版社，1991，第 1094 页。
④ 《中华人民共和国宪法》（最新修正版），法律出版社，2018，第 60 页。

民代表大会和地方各级人民代表大会。"① 这表明人民是通过全国人民代表大会及地方各级人民代表大会来行使国家权力的。只有人民，才是国家真正的主人。

（二）坚持人民主体地位

人类历史是由人民群众创造的。这一伟大发现，构成了马克思主义唯物史观的核心内容。人民群众拥有惊人的力量，推动着历史车轮滚滚向前。马克思揭示了人民群众在历史创造中的主体性地位和主动性能力。"历史不过是追求着自己目的的人的活动而已。"② 他还进一步指出，人民群众不仅创造了历史，而且自身的发展也符合历史发展的规律。"历史活动是群众的活动，随着历史活动的深入，必将是群众队伍的扩大。"③

习近平总书记指出："人民是创造历史的动力，我们共产党人任何时候都不要忘记这个历史唯物主义最基本的道理。"④ 中国从战乱走向和平、从落后走向富强，最关键的是有了中国共产党；中国共产党之所以具有如此巨大的力量，是因为我们党是人民的政党。在中国革命、建设、改革的伟大历程中，人民群众始终是推动历史发展的根本动力。胡绳把这种力量称为"不死的人民力量"，"我们在每一时代都可以看到在苦难中挣扎奋斗而取得了最后胜利的人民力量"。⑤ 在中国共产党的带领下，这种"不死的人民力量"形成一种中国人的精气神。

新民主主义革命时期，我们形成了井冈山精神、长征精神、延安精神、沂蒙精神、西柏坡精神等；社会主义革命和建设时期，我们形成了抗美援朝精神、红旗渠精神、大庆精神、雷锋精神、"两弹一星"精神等；改革开放和社会主义现代化建设新时期，我们形成了特区精神、抗洪精神、抗击"非典"精神、载人航天精神等；中国特色社会主义新时代，我们形成了探月精神、抗疫精神、脱贫攻坚精神等。⑥ 这些都是人民群众的奋斗成果和精神结

---

① 《中华人民共和国宪法》（最新修正版），法律出版社，2018，第60页。
② 《马克思恩格斯文集》第1卷，人民出版社，2009，第295页。
③ 《马克思恩格斯文集》第1卷，人民出版社，2009，第287页。
④ 《习近平总书记系列重要讲话读本》，学习出版社、人民出版社，2016，第128页。
⑤ 参见胡绳《二千年间》，北京出版社，2016，第171页。
⑥ 参见周丹《伟大建党精神的科学内涵与生成逻辑》，《哲学研究》2021年第9期。

晶。这也激励着我们党始终坚持人民主体地位，始终相信人民、依靠人民、为了人民，尊重人民群众的首创精神。

党的十八届五中全会首次提出"以人民为中心"的发展思想，其唯物史观根据就是坚持人民主体地位，彰显人民至上的价值追求。一切为了人民，一切从人民利益出发，这是我们党干事创业、治国理政的根本出发点和落脚点。"不忘初心"，这颗"初心"就是以人民为中心的"心"，就是人民至上的"心"。习近平总书记强调："全党同志要把人民放在心中最高位置，坚持全心全意为人民服务的根本宗旨。"① 心里始终装着人民群众，时时处处为人民群众着想，始终保持和人民群众的血肉联系，在知行合一中自觉为人民群众服务。

（三）满足人民美好生活需要

马克思在《资本论》中通过政治经济学批判，深刻揭示了资本主义社会运行的内在原理，提出"只有当社会生活过程即物质生产过程的形态，作为自由联合的人的产物，处于人的有意识有计划的控制之下的时候，它才会把自己的神秘的纱幕揭掉"。② 正如马克思和恩格斯在《共产党宣言》中所指出的："代替那存在着阶级和阶级对立的旧社会的，将是这样一个联合体，在那里，每个人的自由发展是一切人的自由发展的条件。"③ 以此建立一个新的社会——共产主义社会，实现人的自由而全面的发展，即人的解放。

中国共产党把实现共产主义作为自己的远大理想和价值旨趣。落实到具体行动中，就是让老百姓过上好日子，这始终是中国特色社会主义的发展目标。党的十八大以来，中国特色社会主义进入新时代，这是我国发展新的历史方位。中国式现代化历史性地解决了绝对贫困问题，创造了人类减贫史上的奇迹。我国实现从总体小康走向全面小康，人民群众的物质文化生活水平得到显著提高。习近平总书记指出："中国特色社会主义进入新时代，我国社会主要矛盾已经转化为人民日益增长的美好生活需要和不平衡不充分的发

---

① 《在庆祝中国共产党成立95周年大会上的讲话》，人民出版社，2016，第18页。
② 《马克思恩格斯文集》第5卷，人民出版社，2009，第97页。
③ 《马克思恩格斯选集》第1卷，人民出版社，2012，第422页。

展之间的矛盾。"① 我国社会主要矛盾的变化，表明我国社会主义现代化建设取得伟大成就，总体发展跃升到新的阶段，同时也展现人民群众对美好生活的更高追求和更多期待。老百姓眼中的好日子，不仅是吃穿不愁，还有精神层面的美好和幸福体验。

人民对美好生活的需求是全方位的。在经济持续健康发展的前提下，逐步实现物质文明、政治文明、精神文明、社会文明、生态文明更全面的协调发展。在经济建设上，贯彻新发展理念，构建新发展格局，促进高质量发展。提高科技自主创新能力，不仅要解决"卡脖子"难题，而且要推动形成更多从 0 到 1 的自主性原创性重大科技成果。在政治建设上，进一步发扬和完善民主，充分调动人民群众的积极性、主动性、创造性，更好发挥中国特色社会主义政治制度的优越性，使生动活泼、安定团结的政治局面得到进一步巩固和发展。在文化建设上，深入挖掘和利用中华优秀传统文化，筑牢中国自主知识体系的文明根基，提升文化自信和中华民族身份认同感和自豪感。在社会建设上，保障和改善社会民生，对收入分配、就业、教育、社会保障、医疗卫生、住房保障等人民群众热切关心的领域持续推进改革，全面提升人民群众的获得感、幸福感、安全感。在生态文明建设上，推动绿色、低碳、循环、可持续发展，保护好人类共有的地球家园，提升环境友好舒适感。中国式现代化是全体人民的现代化，而不是某些人或某一群体的现代化；是高质量高水平的现代化，而不是低质量低水平的现代化。坚持和发展中国的现代化道路，就要不断深化改革、守正创新，不断提高经济发展质量和效益，不断提升"五大文明"的发展水平，不断满足人民美好生活需求，进而使人类的文明程度不断跃升到新的层次。

三 中国共产党人的"心学"：党性与人民性相统一

习近平总书记指出，"党性教育是共产党人修身养性的必修课，也是共产党人的'心学'"②。中国共产党人的"心学"是"两个结合"的典范性创新成果。一方面强调了共产党员党性教育和思想政治工作的极端重要性，这

① 习近平：《决胜全面建成小康社会 夺取新时代中国特色社会主义伟大胜利——在中国共产党第十九次全国代表大会上的报告》，人民出版社，2017，第 11 页。

② 习近平：《在全国党校工作会议上的讲话》，人民出版社，2016，第 17 页。

是每个共产党人的必修课；另一方面指明了从更深层次上如何把党性教育和中华文明融会贯通，开创了思想政治工作的新途径，即共产党人的"心学"。

（一）传统心学及其不足

心学，是儒家思想的重要内容，也是儒家学说的重要一派，最早可追溯到孟子。孟子认为，人性本善。"君子所性，仁义礼智根于心。"（《孟子·尽心上》）心学集大成者则是明代大儒王阳明。"无善无恶心之体，有善有恶意之动，知善知恶是良知，为善去恶是格物。"（王阳明《传习录》）这派学说被称作"陆王心学"，其核心主张是"致良知"和"知行合一"。良知是心之本体，无善无恶。修养的目的在于为善去恶，达到良知，并按照良知去行动。

对于中国共产党来说，党性就是"良知"，践行党性就是"致良知"。加强党性修养，加强思想政治工作，就是中国共产党人的"致良知"，就是中国共产党人的"工夫论"。

致良知这种内省式的体认方法，是极好的。"所谓致知格物者，致吾心之良知于事事物物也。吾心之良知，即所谓天理也。致吾心良知之天理于事事物物，则事事物物皆得其理矣。致吾心之良知者，致知也；事事物物皆得其理者，格物也。是合心与理而为一者也。"（王阳明《答顾东桥书》）然而，作为一种方法论，致良知在一般意义上是个体性的。个人通过心学工夫，成己成圣。对于社会整体来说，这种内省式的工夫缺乏一种普遍的约束性和实践性。究其原因，这正如梁漱溟在《中国文化要义》中所指出的，"中国人缺乏集团生活"。所谓集团生活是指："一，要有一种组织，而不仅是一种关系之存在。二，其范围超于家族，且亦不以家族为其组织之出发点。三，在其范围内，每个人都感受一些拘束，更且时时有着切身利害关系。"① 就士农工商四民而言，"士人和农人，是构成中国社会之最重要成分"，而两者都是"散漫的"，其中"士人止于微有联络而已，谈不到有团体"；工人商人，也是乡党意识宗族意识强于行业意识，亦无团体精神。

国家有如一个大团体，而传统中国社会，缺少一个真正的组织，"组织能力缺乏，即政治能力之缺乏"。梁漱溟认为："缺乏集团那是中国最根本的

---

① 《梁漱溟全集》第 3 卷，山东人民出版社，2005，第 72 页。

特征；中国一切事情莫不可溯源于此。"① 这里问题的核心在于，传统中国缺少一个真正能够代表全体中国人的政治组织，缺少一个真正能够代表广大劳苦大众根本利益的政治组织。

（二）中国共产党在党性教育方面的创造性转化

梁漱溟在《中国建国之路》中指出："集团生活在数千年来我们中国人一直是缺乏的；而今天中国共产党在其团体组织上颇见成功，几乎可说是前所未有。"② 中国共产党把团体生活引入中国，首先是建立起中国共产党自身的团体生活；进而以此为根基，发展了一切其他组织。在中国共产党的领导下，基于最广大人民群众的根本利益，散漫的中国人走向组织，公共观念于是养成，纪律习惯于是养成，法治精神于是养成，更重要的是，组织能力也得以养成。

中国共产党作为长期执政的使命型政党，党性与人民性是一致的，用梁漱溟的话来说，"透出了人心"。心即主宰，主宰即心；人与人只是身隔而心不隔。"圣人无恒心，以百姓之心为心。"（《道德经·第四十九章》）中国共产党始终保持对人民的初心，"不忘初心"最根本的是不忘人民，要时时刻刻以人民为中心。习近平总书记在中央政治局召开的民主生活会上指出："中南海要始终直通人民群众，我们要始终把人民群众放在心中脑中。中央政治局的同志必须做到以人民忧乐为忧乐、以人民甘苦为甘苦，牢固树立以人民为中心的发展思想，始终怀着强烈的忧民、爱民、为民、惠民之心，察民情、接地气，倾听群众呼声，反映群众诉求。"③ 我们党始终坚持人民立场，把增进人民福祉，促进人的全面发展和社会的全面进步，作为发展的出发点和落脚点。"我们强调的党性，包含着人民性的深刻内涵。我们党是代表人民利益的党，她没有独立于人民利益的自身利益。"④ 中国共产党是全新的政党，带领人民建立新国家，建设新社会，培养新人格。

就党的建设和思想政治工作来说，通过"集团生活＋心学"的方式，创新了礼乐教化，形成"团结、紧张、严肃、活泼"（毛泽东为中国人民抗日

---

① 《梁漱溟全集》第3卷，山东人民出版社，2005，第331页。
② 《梁漱溟全集》第3卷，山东人民出版社，2005，第339页。
③ 《对照贯彻落实党的十八届六中全会精神，研究加强党内政治生活和党内监督措施》，《人民日报》2016年12月28日，第1版。
④ 习近平：《摆脱贫困》，福建人民出版社，1992，第83页。

军事政治大学题写的校训）的团体生活。党内民主是党的生命。它是指全体党员在党内生活中当家做主的权利以及平等地享有参与管理和决定党内事务的权力。习近平总书记指出："我们实行的民主集中制，是又有集中又有民主、又有纪律又有自由、又有统一意志又有个人心情舒畅生动活泼的制度，是民主和集中紧密结合的制度。"① 在党内生活中，从团结的目的出发，坚持民主集中制，开展批评与自我批评，既有集中又有民主，既有纪律又有自由，既有统一意志又有个人心情舒畅，实现更大的团结，争取更大的胜利。充分发挥党内民主，最大限度地调动全党的积极性、主动性、创造性，增强党员的"主人翁"意识。党内民主是党内政治生活积极健康的重要基础，是马克思主义政党的本质要求。

中国共产党人既是马克思主义的坚定信仰者、积极实践者，也是中华文明的忠实继承者、发扬光大者。中国共产党人的"心学"不仅修炼党性，而且涵养心性，充分反映了坚持人民主体地位的内在要求，充分体现了人民至上的价值情怀。中国共产党始终坚持党性与人民性相统一，用实际行动回答和解决中国之问、世界之问、人民之问、时代之问，创造了中华文明新形态，创造了人类文明新形态。

---

① 《十八大以来重要文献选编》（下），中央文献出版社，2018，第586页。

经典新诠

"窃负而逃"解

赵晓力

（清华大学法学院）

摘　要：在《孟子》中，舜具有高尚的德行，其生活实践和哲学理念昭示了孟子"与人为善"的理念。他虽然面临父母不爱与误解的困境，却始终坚守孝道，这反映了他对尧治天下之道的深刻关注及其对人伦道德的深邃洞察。舜最终选择"窃负而逃"，既是对家庭和社会责任的最终权衡，也是对个人精神自由和道德独立的追求，这为我们理解舜的形象与儒家的伦理思想提供了新的视角。

关键词：孟子　尧　舜　窃负而逃

一　父母之不我爱

舜是《孟子》中提到次数最多的人物，比提到尧和孔子的次数还要多。有时候是尧舜并称，单独讲舜的故事则从《公孙丑》开始：

> 大舜有大焉，善与人同，舍己从人，乐取于人以为善。自耕稼、陶、渔以至为帝，无非取于人者。取诸人以为善，是与人为善者也。故君子莫大乎与人为善。（《公孙丑上》3.8）

接下来在《滕文公》中，讲到了尧举舜、舜受尧之天下的故事：

> 尧独忧之，举舜而敷治焉。（《滕文公上》5.4）
>
> 如其道，则舜受尧之天下，不以为泰。（《滕文公下》6.4）

到《离娄》中，舜的故事开始多起来：

不孝有三，无后为大。舜不告而娶，为无后也，君子以为犹告也。（《离娄上》7.26）

天下大悦而将归己，视天下悦而归己，犹草芥也，惟舜为然。不得乎亲，不可以为人。不顺乎亲，不可以为子。舜尽事亲之道而瞽瞍厎豫，瞽瞍厎豫而天下化，瞽瞍厎豫而天下之为父子者定，此之谓大孝。（《离娄上》7.28）

舜生于诸冯，迁于负夏，卒于鸣条，东夷之人也。（《离娄下》8.1）

这几章非常集中。所引《离娄上》和《离娄下》两段文字其实是连着的。《孟子》七篇，《离娄》处在中间位置，而以上几条又处在《离娄》的中间位置（《离娄上》的末尾和《离娄下》的开头），也就是说，这几章实际上是在《孟子》全书的中间位置。

不仅如此，这几章还奠定了《孟子》中舜之故事的基调，即以舜的家庭故事为主。这和《尚书》《史记》中舜以政治为重心的故事是不同的。

《尚书》中关于舜的家庭故事有以下几条：

瞽子，父顽母嚚象傲，克谐以孝，烝烝乂，不格奸。（《尚书·尧典》）

帝初于历山，往于田，日号泣于旻天，于父母，负罪引慝。祗载见瞽叟，夔夔斋栗，瞽亦允若。（《尚书·大禹谟》）[1]

对"舜往于田，号泣于旻天"这件事，孟子在《万章》篇中做了详细的讲解。孟子认为，这是舜对父母"怨慕"的表现。

万章引用曾子的话："父母爱之，喜而不忘；父母恶之，劳而不怨。"[2]认为舜不应该怨父母。

孟子告诉万章，公明高（曾子弟子）的弟子长息，曾经对公明高说过同样的对舜不满的话。万章也好，长息也好，这些年轻人都有一个想法：如果舜真是孝子，他就应该这样想："我竭力耕田，共为子职而已矣，父母之不我爱，于我何哉？"而孟子和公明高却认为，一个真正的孝子，对于父母不爱我这件事，不应该表现得这样无忧无虑，满不在乎："夫公明高以孝子之

---

① 郭仁成：《尚书今古文全璧》，岳麓书社，2006。
② 《大戴礼记·曾子大孝》。

心，为不若是恝。"恝即无忧。

和这些年轻人不一样的是，孟子认为，舜对"父母之不我爱"，一辈子都是耿耿于怀的。

> 帝使其子九男二女，百官牛羊仓廪备，以事舜于畎亩之中。天下之士多就之者，帝将胥天下而迁之焉。为不顺于父母，如穷人无所归。天下之士悦之，人之所欲也，而不足以解忧；好色，人之所欲，妻帝之二女，而不足以解忧；富，人之所欲，富有天下，而不足以解忧；贵，人之所欲，贵为天子，而不足以解忧。人悦之、好色、富贵，无足以解忧者，惟顺于父母，可以解忧。人少，则慕父母；知好色，则慕少艾；有妻子，则慕妻子；仕则慕君，不得于君则热中。大孝终身慕父母。五十而慕者，予于大舜见之矣。（《万章上》9.1）

基于这种认识，孟子对于"舜往于田，号泣于旻天"做了非同寻常的理解。按《尚书》的说法，"帝初于历山，往于田，日号泣于旻天"，应该是舜早年耕于历山时事。那时候舜三十岁，被尧征庸。[①]"祗载见瞽叟，夔夔斋栗，瞽亦允若"，也是这时候的事。"瞽亦允若"意味着舜对瞽瞍的感化成功，"烝烝乂，不格奸"。这才有四岳对舜的推荐和尧对舜的试用。

但在孟子看来，舜把孩童时期对父母的"慕"，一直保持到五十岁（"五十而慕"），甚至在成为天子之后仍不见减少。这时候的舜，早已不是三十岁时的舜，他的财富、身份、地位、妻子，对别人来说都已经足以解忧——但这些都不能解舜之忧。

舜之忧是什么呢？"为不顺于父母，如穷人无所归。"

小孩子依恋父母，再自然不过；如果父母不爱他，他有怨气，也正常。对普通人来说，这种慕和怨随着年龄的增长，会逐渐转移到少艾、妻子、君上那里，对父母只留下纯粹的义务，不再慕，从而也没有与之相连的怨，"我竭力耕田，共为子职而已矣，父母之不我爱，于我哉？"这都是常见的想法，万章是这样想的，长息也是这样想的。

孟子理解的舜却不是这样。大孝终身慕父母，如果慕而不得爱，同样的，大孝终身怨父母。这种怨慕无法得到疏解，只能跑到野外，"号泣于旻

---

① 《尚书·舜典》："舜生三十征。"

天"。在《尚书》中，这可能是一个十几二十岁的少年郎做的，但在《孟子》中，"号泣于旻天"的，可能是一个中年的舜，也可能是一个老年的舜，可能是一个身为匹夫的舜，也可能是一个身为天子的舜。

这就是孟子心目中的舜，一辈子最大的纠结，是无论自己怎么做，都既得不到父爱，也得不到母爱，而且父母、兄弟还联合起来要杀自己。

> 万章曰："父母使舜完廪，捐阶，瞽瞍焚廪。使浚井，出，从而掩之。象曰：'谟盖都君咸我绩，牛羊父母，仓廪父母。干戈朕，琴朕，弤朕，二嫂使治朕栖。'象往入舜宫，舜在床琴。象曰：'郁陶思君尔。'忸怩。舜曰：'惟兹臣庶，汝其于予治。'不识舜不知象之将杀己与？"曰："奚而不知也？象忧亦忧，象喜亦喜。"（《万章上》9.2）

"象忧亦忧，象喜亦喜"也可以推而广之，"父忧亦忧，父喜亦喜"。喜不是伪喜，忧不是伪忧；然而舜之忧究竟为何？

二 尧、舜之忧

《尚书》中，舜因为孝友而知名，被四岳推荐给四处寻找接班人的尧。寻忠臣于孝子之门，这种想法不稀奇，如郭店简《唐虞之道》：

> 古者尧之与舜也：闻舜孝，知其能养天下之老也；闻舜弟，知其能事天下之长也；闻舜慈乎弟（象□□，知其能）为民主也。故其为瞽盲子也，甚孝；及其为尧臣也，甚忠；尧禅天下而授之，南面而王天下，而甚君。故尧之禅乎舜也，如此也。①

然而《孟子》中对尧为什么举舜却似乎语焉不详。在《尚书》或《唐虞之道》版的故事中，舜在被征庸之前，他的孝亲友弟之行，已经收到成效。但孟子显然认为，舜到五十岁贵为天子之后，依然没有解掉他的不顺于父母之忧，舜的孝友，还没有什么成效。那么，在孟子看来，尧到底是凭什么举舜呢？

我们先来看看《孟子》讲尧举舜的时候，尧面临什么问题。

---

① 李零：《郭店楚简校读记》（增订本），中国人民大学出版社，2007，第 123～125 页。

当尧之时，天下犹未平，洪水横流，泛滥于天下，草木畅茂，禽兽繁殖，五谷不登，禽兽逼人，兽蹄鸟迹之道交于中国。尧独忧之，举舜而敷治焉。舜使益掌火，益烈山泽而焚之，禽兽逃匿。禹疏九河，瀹济、漯而注诸海，决汝、汉，排淮、泗而注之江，然后中国可得而食也。……后稷教民稼穑，树艺五谷。五谷熟而民人育。人之有道也，饱食、暖衣、逸居而无教，则近于禽兽。圣人有忧之，使契为司徒，教以人伦：父子有亲，君臣有义，夫妇有别，长幼有叙，朋友有信。放勋曰："劳之来之，匡之直之，辅之翼之，使自得之，又从而振德之。"（《滕文公上》5.4）

孟子讲这个故事，是为了向陈相说明"劳心者治人，劳力者治于人"这个道理。所谓"劳心"，就是"忧"。① 别人不忧，而"尧独忧之"，所以尧就是这个时候唯一的治人者：尧忧天下未平。天下未平是洪水泛滥带来的。洪水泛滥对人是一件坏事，但对草木禽兽未必；草木畅茂，禽兽繁殖，唯独五谷不登，而人是靠五谷活着的。

"尧举舜而敷治。"舜用了三个人：益对付禽兽；禹对付洪水；后稷教民稼穑，树艺五谷。

水退了，禽兽逃走了，人民吃饱、穿暖、住舒服了——然而却在安逸放纵中几与禽兽无异。

这时候轮到舜忧了。舜在这时候变成了劳心治人者。孟子称舜为"圣人"。"圣人"舜"使契为司徒，教以人伦：父子有亲，君臣有义，夫妇有别，长幼有叙，朋友有信"。如果说舜的家庭生活经验使舜担忧人会因为"饱食、暖衣、逸居而无教"，从而近于禽兽，这是说得通的。但要说尧一开始就想到了这一步，所以早早就因为舜孝而举舜，未免有些牵强。

在《公孙丑》中，孟子曾提到舜的一个特点：

大舜有大焉，善与人同，舍己从人，乐取于人以为善。自耕稼、陶、渔以至为帝，无非取于人者。取诸人以为善，是与人为善者也。故君子莫大乎与人为善。（《公孙丑上》3.8）

尧面临的问题是洪水、禽兽，需要一个从事过各种职业，同时又能够发

---

① 感谢北京大学哲学系杨立华老师给我讲这个道理。

挥益、禹、后稷这些专业人才所长的领导者。舜种过地，做过陶，打过渔，同时又善与人同、舍己从人，经历丰富，既能领导这些专家，又不会自以为是。他因为这个特点而被尧看重，是完全可能的。《孟子》特别强调，舜的政治才能来自他的职业生涯而非家庭生活："自耕稼、陶、渔以至为帝，无非取于人者。取诸人以为善，是与人为善者也。"

尧忧天下，舜忧人伦。尧忧"禽兽逼人"，舜忧人沦为禽兽。对尧来说，自然界的禽兽是很大的问题，因为它们侵蚀了人因为洪水变得逼仄的生活空间；但对舜来说，自然界的禽兽从来不是问题。

> 舜之居深山之中，与木石居，与鹿豕游，其所以异于深山之野人者几希。及其闻一善言，见一善行，若决江河，沛然莫之能御也。（《尽心上》13.16）

舜这个人的本性很强大，不大受外界环境的影响。

> 舜之饭糗茹草也，若将终身焉；及其为天子也，被袗衣，鼓琴，二女果，若固有之。（《尽心下》14.6）

如果人人都是舜这样的，尧也用不着心忧天下。因为洪水泛滥、禽兽肆虐、五谷不登都影响不到他。他可以饭糗茹草，也可以"与木石居，与鹿豕游"，却根本不会堕落而近于禽兽。

三　尧、舜之道

尧之忧在天下，舜之忧在人伦，从这点出发，就可以分辨出《孟子》中尧、舜并称的时候，哪些偏在尧，那些偏在舜。

首先，尧为君，舜为臣；尧道为君道，舜道为臣道。

> 欲为君，尽君道；欲为臣，尽臣道。二者皆法尧、舜而已矣。不以舜之所以事尧事君，不敬其君者也；不以尧之所以治民治民，贼其民者也。（《离娄上》7.2）

根据这一点，可以确定《公孙丑》中出现的唯一一处"尧、舜之道"指的是君道，或者说王道。

> 我非尧、舜之道，不敢以陈于王前，故齐人莫如我敬王也。（《公孙丑下》4.2）

在《梁惠王》《公孙丑》中，王道政治的典范是周文王。如：

> 昔者文王之治岐也，耕者九一，仕者世禄，关市讥而不征，泽梁无禁，罪人不孥。老而无妻曰鳏，老而无夫曰寡，老而无子曰独，幼而无父曰孤。此四者，天下之穷民而无告者。文王发政施仁，必先斯四者。《诗》云：“哿矣富人，哀此茕独。”（《梁惠王下》2.5）

孟子推崇“耕者九一”，对滕文公的建议也是如此，同时强调并不是越低越好。

> 白圭曰：“吾欲二十而取一，何如？”孟子曰：“子之道，貉道也。万室之国，一人陶，则可乎？”曰：“不可，器不足用也。”曰：“夫貉，五谷不生，惟黍生之。无城郭、宫室、宗庙、祭祀之礼，无诸侯币帛饔飧，无百官有司，故二十取一而足也。今居中国，去人伦，无君子，如之何其可也？陶以寡，且不可以为国，况无君子乎？欲轻之于尧、舜之道者，大貉小貉也；欲重之于尧、舜之道者，大桀小桀也。”（《告子下》12.10）

尧的王道不是貉道。人要脱离禽兽，须食五谷，须有城郭、宫室、宗庙、祭祀之礼，须有诸侯币帛饔飧，须有百官有司。“劳心者治人，劳力者治于人。”就贡赋而言，二十取一是不够的，十取一才可能支持王道政治，低于此则有可能堕入禽兽之道。王道政治的这一源头来自“尧之忧”。当然，仅仅有那些也是不够的。“去人伦，无君子。”人也可能重新堕入禽兽之道，王道政治的这一头来自“舜之忧”。

在有些场合，“尧、舜之道”明显偏在舜，比如：

> 尧、舜之道，孝悌而已矣。（《告子下》12.2）

这里的尧、舜之道就偏指舜之道。① 因为“舜之道”来自“舜之忧”，

---

① 当然，还有一些评论放在两个人身上都合适，并不偏指哪一个，比如性善："孟子道性善，言必称尧、舜。"（《滕文公上》5.1）"尧、舜，性之也；汤、武，身之也；五霸，假之也。"（《尽心上》13.30）"尧、舜，性者也。汤、武，反之也。"（《尽心下》14.33）

而"舜之忧",在人伦。

四　父子不责善

《尚书》中,尧是为了测试舜才把两个女儿嫁给他。

> 帝曰:"我其试哉!女于时,观厥刑于二女。"厘降二女于妫汭,嫔
> 于虞。帝曰:"钦哉!"(《尚书·尧典》)

《孟子》中完全没有讨论这件事政治性的一面,只是叙述了尧嫁女于舜
给舜带来的一个伦理难题。

> 孟子曰:"不孝有三,无后为大。舜不告而娶,为无后也,君子以
> 为犹告也。"(《离娄上》7.26)
> 万章问曰:"《诗》云,'娶妻如之何?必告父母'。信斯言也,宜
> 莫如舜。舜之不告而娶,何也?"孟子曰:"告则不得娶。男女居室,人
> 之大伦也。如告,则废人之大伦,以怼父母,是以不告也。"万章曰:
> "舜之不告而娶,则吾既得闻命矣。帝之妻舜而不告,何也?"曰:"帝
> 亦知告焉则不得妻也。"(《万章上》9.2)

孟子心目中的舜对人伦的考虑是全面的,并不仅仅考虑父子一伦,还考
虑到将父子之伦延续下去的夫妻之伦。"男女居室,人之大伦。""不孝有三,
无后为大。"舜娶妻的理由是正当而完善的,在正常的家庭也会得到父母的
同意和祝福。但舜的家庭太特殊了,"告则不得娶",在这种情况下,舜采用
了"不告而娶"的策略。

朱子等解释者都认为这里体现了儒家之"经权":"告者礼也,不告者权
也。"① 其实不尽然。

孟子在叙述匡章的悲剧性的父子关系②的时候,提出了区分父子之伦和

---

① 朱熹:《四书章句集注》,中华书局,2012,第292页。
② 事见《战国策·齐策一·秦假道韩魏以攻齐》。齐威王曰:"章子之母启得罪其父,其父
　杀之,而埋马栈之下。吾使章子将也,勉之曰:'夫子之强,全兵而还,必更葬将军之
　母。'对曰:'臣非不能更葬先妾也,臣之母启得罪臣之父,臣之父未教而死。夫不得父
　之教而更葬母,是欺死父也。故不敢。'夫为人子而不欺死父,岂为人臣欺生君哉?"

朋友之伦的一个重要方面。

> 公都子曰:"匡章,通国皆称不孝焉。夫子与之游,又从而礼貌之,敢问何也?"孟子曰:"世俗所谓不孝者五:惰其四支,不顾父母之养,一不孝也;博奕好饮酒,不顾父母之养,二不孝也;好货财,私妻子,不顾父母之养,三不孝也;从耳目之欲,以为父母戮,四不孝也;好勇斗很,以危父母,五不孝也。章子有一于是乎?夫章子,子父责善而不相遇也。责善,朋友之道也。父子责善,贼恩之大者。夫章子,岂不欲有夫妻子母之属哉?为得罪于父,不得近,出妻屏子,终身不养焉。其设心以为不若是,是则罪之大者,是则章子已矣。"(《离娄下》8.30)

举国以为匡章得罪于父,不得近,也不得养,故不孝。独孟子认为,匡章是因为子责父善——很可能是责父当出母却杀母——而得罪于父,不属于五种不孝中的任何一种。子责父善,哪怕是以亲亲为理由,也会破坏亲亲本身。即使碰到父杀母,人子也只能痛苦接受,而不能责善于父。匡章出妻,是责善于己——由此可反证匡章母当初当出不当死;匡章屏子,则是向国人表明,匡章子之不养父,责不在子,也是责善于己。

舜在拥有娶妻的正当理由的情况下,明知父亲不会允许,却仍然去报告父亲,就是父子责善。舜回避了父子责善,而选择了不告而娶,才是责善于己。那么,尧为什么不以天子的身份帮舜解决这个难题,也选择了"不告而妻"呢?

按照《尚书》的说法,尧把两个女儿嫁给舜,是要"观厥刑于二女",即通过看舜如何处理两个妻子的关系,试验舜有无做接班人的才能。① 但孟子的理解显然不是这样。孟子并没有论及舜在处理夫妇一伦上的表现,而仍然将这个难题放到舜的大忧——不顺于父母之中去。

舜也并没有将娶天子的两个女儿这件事作为讨好父母的一个机会。舜通过自己承担"不告而娶"的罪名,换来了最大限度地维护君臣、父子、夫妇这几方面伦理秩序的结果。这和匡章一样,是责善于己。在尧这一边,孟子也并不把尧嫁女作为尧对舜的测试,而是看作君对君子的"养"。

---

① 张祥龙:《舜孝的艰难与时间性》,《文史哲》2014年第2期。

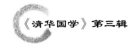

帝使其子九男二女，百官牛羊仓廪备，以事舜于畎亩之中，天下之士多就之者，帝将胥天下而迁之焉。（《万章上》9.1）

尧之于舜也，使其子九男事之，二女女焉，百官牛羊仓廪备，以养舜于畎亩之中，后举而加诸上位。（《万章下》10.6）

看看象在父母两次谋杀舜不成之后说的那句话："谟盖都君咸我绩，牛羊父母，仓廪父母。干戈朕，琴朕，弤朕，二嫂使治朕栖。"马上就会发现，引发象之谋杀动机的牛羊、仓廪、二嫂，都来自尧的赏赐。干戈、琴、弤之类，恐怕也不是匹夫舜所能有，可能也是尧的赏赐。

我们不能说尧故意给舜财富、地位、女人，引发象的嫉妒和瞽瞍夫妇的愤怒，以测试舜的德性。这样一个老谋深算的尧的形象和孟子在其他地方对尧的描述是不吻合的。

尧以不得舜为己忧，舜以不得禹、皋陶为己忧。（《滕文公上》5.4）

知者无不知也，当务之为急；仁者无不爱也，急亲贤之为务。尧、舜之知而不遍物，急先务也；尧、舜之仁不遍爱人，急亲贤也。（《尽心上》13.46）

孟子所描述的尧舜关系除了君臣、翁婿的一面，还有"友"的一面。

万章问曰："敢问友。"孟子曰："不挟长，不挟贵，不挟兄弟而友。友也者，友其德也，不可以有挟也。……舜尚见帝，帝馆甥于贰室，亦飨舜，迭为宾主，是天子而友匹夫也。用下敬上，谓之贵贵；用上敬下，谓之尊贤。贵贵尊贤，其义一也。"（《万章下》10.3）

既然孟子并不认为尧把两个女儿嫁给舜是一种老谋深算的测试行为，那么，尧"不告而妻"和舜"不告而娶"的原因也是一样的。如果尧明知舜父顽母嚚，不可能同意这门亲事，还一定要告诉亲家，尧这么做和舜这么做，后果是一样的，既"废人之大伦"，又责善于瞽瞍夫妇。朋友之间可以责善，但不包括责善于朋友父母。孟子作为匡章的朋友，对匡章不光不责善，还为他开脱。尧作为舜之友，也不可能越俎代庖，代舜责善于瞽瞍。舜对尧也一样，不代尧责善于尧之子。虽然"昔者，尧荐舜于天而天受之，暴之于民而民受之"（《万章上》9.5），但：

尧崩，三年之丧毕，舜避尧之子于南河之南，天下诸侯朝觐者，不
之尧之子而之舜；讼狱者，不之尧之子而之舜；讴歌者，不讴歌尧之子
而讴歌舜，故曰天也。夫然后之中国，践天子位焉。而居尧之宫，逼尧
之子，是篡也，非天与也。（《万章上》9.6）

后来，舜、禹之间也有这么一出。原因是"丹朱之不肖，舜之子亦不
肖。"（《万章上》9.6）可见舜亦不责善于子。否则，舜这么一个大好人，培
养不出一个好儿子，谁信？

五　忸怩

理解了舜之忧在人伦，舜"不告而娶"的原因在于"父子不责善"，那舜
对父母兄弟谋杀自己的行为，也采取"亦忧亦喜"的态度，就可以理解了。

万章曰："父母使舜完廪，捐阶，瞽瞍焚廪。使浚井，出，从而掩
之。"象曰："谟盖都君咸我绩，牛羊父母，仓廪父母。干戈朕，琴朕，
弤朕，二嫂使治朕栖。"象往入舜宫，舜在床琴。象曰："郁陶思君尔。"
忸怩。（《万章上》9.2）

孟子曰："人之所以异于禽兽者几希，庶民去之，君子存之。舜明于庶
物，察于人伦，由仁义行，非行仁义也。"（《离娄下》8.19）

象在说"郁陶思君尔"时的"忸怩"，就是"人之所以异于禽兽者几
希"的"几希"之处。舜并非不知父母和兄弟屡次要谋杀自己；"舜明于庶
物"，岂能不知？但同时舜"察于人伦"，从象的一瞬间的忸怩中窥见了象的
"爱兄之道"，在这电光石火之间，那种异于禽兽的"几希"之处艰难地保留
下来——庶民去之，君子存之；由仁义行，非行仁义也。

同理也可以推知，舜从父母兄弟谋杀自己的方式中也窥见了这种"忸
怩"。

父母使舜完廪，捐阶，瞽瞍焚廪。使浚井，出，从而掩之。

或者看《史记》更完整的叙述：

　　瞽叟尚复欲杀之，使舜上涂廪，瞽叟从下纵火焚廪。舜乃以两笠自捍而下，去，得不死。后瞽叟又使舜穿井，舜穿井为匿空旁出。舜既入深，瞽叟与象共下土实井，舜从匿空出，去。①

　　无论是使舜完廪，然后"纵火焚廪"，还是使舜穿井，然后"下土实井"，两种谋杀方式的共同之处是避免与被害的亲人面对面。"舜明于庶物"，岂能不知？但舜同时"察于人伦"，又于这怛恻的谋杀方式中窥见了那几希的人伦。舜躲避谋杀的方式也是避免与亲人的面对面。他听从父命爬上了屋顶，但同时备好了斗笠；他听从父命下到了井下，但又马不停蹄匿空旁出。他把握时机，恰到好处地把谋杀截留在未遂状态。然后，我宁愿相信孟子的叙述：

　　舜在床琴。②

　　他在庆幸什么？是庆幸自己小命得保？显然不是；毋宁说，他在庆幸父子兄弟间那几希的人伦并没有毁于一旦。这时，他看见了象的怛恻，他说：

　　惟兹臣庶，汝其于予治。

　　他当然知道这小弟想要什么。"干戈朕，琴朕，弤朕，二嫂使治朕栖。"除了"二嫂"之外，其余都可以给他。但并不是直接给他，而是先让象代替他管理那些臣下和百姓。这实际就是"封之有庳"的前奏：

　　万章问曰："象日以杀舜为事。立为天子则放之，何也？"孟子曰："封之也，或曰放焉。"万章曰："舜流共工于幽州，放驩兜于崇山，杀三苗于三危，殛鲧于羽山，四罪而天下咸服，诛不仁也。象至不仁，封之有庳。有庳之人奚罪焉？仁人固如是乎？在他人则诛之，在弟则封之？"曰："仁人之于弟也，不藏怒焉，不宿怨焉，亲爱之而已矣。亲之，欲其贵也；爱之，欲其富也。封之有庳，富贵之也。身为天子，弟为匹夫，可谓亲爱之乎？""敢问或曰放者，何谓也？"曰："象不得有为于其国，天子使吏治其国而纳其贡税焉，故谓之放。岂得暴彼民哉？虽然，欲常常而见之，故源源而来，'不及贡，以政接于有庳。'此之谓也。"（《万章上》9.3）

<hr />

① 司马迁：《史记·五帝本纪》。
② 司马迁《史记·五帝本纪》的说法是："象乃止舜宫居，鼓其琴。"

"象忧亦忧，象喜亦喜。"不藏怒，不宿怨，亲之，爱之，欲常常见之。这就是舜对象的态度。这一态度，在舜为天子前后并没有什么分别。只不过，舜为天子之后，这一兄弟之伦需要在君臣之伦的名目下实现，这就需要运用"放"与"封"的政治手腕，对象、有庳之人、吏三者之间的关系进行复杂的调配。于兄弟之伦是"封"，于君臣之伦是"放"。只考虑兄弟之伦，让这样一个不仁之人统治有庳之人，对有庳之人是不公正的——"有庳之人奚罪焉？"只考虑君臣之伦，对兄弟又是不公正的——"身为天子，弟为匹夫，可谓亲爱之乎？"所以舜"使吏治其国而纳其贡税焉"，象不得有为于其国，不得暴彼民。象不治国，不征贡赋，只解贡赋，还创造了一个兄弟于公干之中相见的机会，这是纳兄弟之伦于君臣之伦；"不及贡，以政接于有庳"的叮嘱，又纳君臣之伦于兄弟之伦。舜真是"不以公义废私恩，亦不以私恩害公义"[1]，"仁至义尽"的典范。

六　窃负而逃

放、封之间的政治手腕，只能处理舜为天子之后的兄弟之伦。舜可以放、封象，却不能放、封瞽瞍。舜为天子，象为臣，舜为兄，象为弟，放与封都是单向的，纳兄弟之伦于君臣之伦是可能的。但舜为天子之后，瞽瞍依然是舜的父亲，如何纳父子之伦于君臣之伦？此时舜见瞽瞍，是子见父，也是君见臣，舜如何自处？《尚书》和其他古代文献如《唐虞之道》对这一相见场面的描写是：

祇载见瞽叟，夔夔斋栗，瞽亦允若。（《尚书·大禹谟》）

《孟子》详细解说了舜见瞽瞍这一场景：

咸丘蒙问曰："语云：盛德之士，君不得而臣，父不得而子。舜南面而立，尧帅诸侯北面而朝之，瞽瞍亦北面而朝之。舜见瞽瞍，其容有蹙。孔子曰：'于斯时也，天下殆哉，岌岌乎！'不识此语诚然乎哉？"孟子曰："否！此非君子之言，齐东野人之语也。尧老而舜摄也。《尧典》曰：'二十有八载，放勋乃徂落，百姓如丧考妣。三年，四海遏密八音。'孔子曰：'天无二日，民无二王。'舜既为天子矣，又帅天下诸侯以为尧三

---

① 朱熹：《四书章句集注》，中华书局，2012，第311页。

年丧，是二天子矣。"咸丘蒙曰："舜之不臣尧，则吾既得闻命矣。《诗》云，'普天之下，莫非王土。率士之滨，莫非王臣'。而舜既为天子矣，敢问瞽瞍之非臣，如何？"曰："是诗也，非是之谓也。劳于王事而不得养父母也。曰："此莫非王事，我独贤劳也。"故说诗者不以文害辞，不以辞害志。以意逆志，是为得之，如以辞而已矣，《云汉》之诗曰："周馀黎民，靡有孑遗。"信斯言也，是周无遗民也。孝子之至，莫大乎尊亲。尊亲之至，莫大乎以天下养。为天子父，尊之至也。以天下养，养之至也。《诗》曰："永言孝思，孝思惟则。"此之谓也。《书》曰："祗载见瞽瞍，夔夔斋栗，瞽瞍亦允若。"是为父不得而子也。（《万章上》9.4）

咸丘蒙问的这一场景是"舜南面而立，尧帅诸侯北面而朝之，瞽瞍亦北面而朝之"。不仅涉及瞽瞍和舜之间的关系，还涉及尧、舜之间的关系，孟子把这一场景分解为两个层面。一是尧老而舜摄二十八年间，此时舜并未即天子位，舜为臣，瞽瞍也为臣，舜之不臣尧，同时也是舜之不臣瞽瞍。

孟子的意思是，只要不出现"天无二日、民无二王"那样的政治局面，就用不着替天下操心。孟子真正关心的是尧三年丧毕，舜即天子位，此时瞽瞍不以舜为了这个局面。

这个局面在舜这里，是"孝子之至，莫大乎尊亲。尊亲之至，莫大乎以天下养。为天子父，尊之至也。以天下养，养之至也"。即舜仍未臣瞽瞍，仍以子道尊养瞽瞍；然而在瞽瞍这里，却是找到了借舜为天子而摆脱与舜之间的父子关系的一个机会。

　　舜尽事亲之道而瞽瞍底豫，瞽瞍底豫而天下化，瞽瞍底豫而天下之为父子者定，此之谓大孝。（《离娄上》7.28）

两人都明白，"瞽瞍底豫而天下之为父子者定"只是舜的天子事业的一部分，但天下之为父子者定，并不代表瞽瞍与舜之为父子者定。勿宁说，瞽瞍越是帮助舜实现感化天下的天子事业，就越能摆脱与舜之间的父子关系；这是履行父职，而非显示父爱；父职履行得越好，让舜离天之子就越近，就是父爱越少，让舜离瞽瞍之子就越远。

这才是"祗载见瞽瞍，夔夔斋栗，瞽瞍亦允若"——舜恐惧、瞽瞍释然的原因。瞽瞍释然是舜为天子，终于可以父不得而子；舜的恐惧则是做了天子之后，反而子不得而父。当然，他在父亲怵惕的底豫中又一次看到了那儿希的人伦，就像当年听到象说"郁陶思君尔"时一样，但悲哀的是，这么多年过去了，这爱仍然那么稀薄。

"天下之士悦之，人之所欲也，而不足以解忧"，说的就是舜，天下之父子乐见天子尊养其父，这可以解天下人之忧，却不足以解舜之忧："天下大悦而将归己，视天下悦而归己犹草芥也，惟舜为然。不得乎亲，不可以为人。不顺乎亲，不可以为子。"（《离娄上》7.28）

由此我们才能理解孟子对"舜为天子，皋陶为士，瞽瞍杀人"这个假设案例的回答。

> 桃应问曰："舜为天子，皋陶为士，瞽瞍杀人，则如之何？"孟子曰："执之而已矣。""然则舜不禁与？"曰："夫舜恶得而禁之？夫有所受之也。""然则舜如之何？"曰："舜视弃天下犹弃敝蹝也。窃负而逃，遵海滨而处，终身欣然，乐而忘天下。"（《尽心上》13.35）

桃应这个假设案例的真正厉害之处在于他所假设的瞽瞍杀人的动机。如果瞽瞍一生的事业就是要否认和解除他与舜之间的父子关系，那么早年两次谋杀舜是为了达到这个目的，晚年通过故意杀人，让身为天子的儿子通过皋陶之手把自己杀掉也能达到同样的目的。

但舜本来并不属于这个天下：

> 舜生于诸冯，迁于负夏，卒于鸣条，东夷之人也。（《离娄下》8.1）
> 舜之居深山之中，与木石居，与鹿豕游，其所以异于深山之野人者几希。（《尽心上》13.16）

如何得到父亲的爱？作为天子发布最后一道命令，作为儿子破坏这道命令，把天下当作旧鞋子一样扔掉，光脚逃到最远的老家——那个趴在疾驰的儿子背上、一生顽劣的瞽瞍，这时候回到了一个无助的婴儿的状态。

只有通过这个假设的案例我们才知道，舜终其一生其实都没有得到父亲的爱。孟子体贴，为舜假想了这么一个案例。人都以为舜孝，独舜不以为然，因为舜的一生，都如一个在田间地头哇哇大哭的小孩。

2019 年清明节初稿，2021 年重阳节改定

附录

海　滨

——故事新编

"不要。"

眼睛看不见，鼻子就变得很灵。

"烤焦了一点，"舜说，"淘了一个涨潮的水坑，逮着一条鱼、几只螃蟹；鱼刺都剔干净了。"

瞽瞍越发不耐烦。"都剔干净了，老子必须得吃吗？"

对面的舜好像呆了呆，"记得爹在老家的时候，是不吃其他海物的，不过螃蟹应该没有焦。"

"这个呆子。"瞽瞍心里说。挥挥手让他出去了。

这一餐，舜吃的烤鱼，瞽瞍吃的烤螃蟹。瞽瞍果然吃不得螃蟹，晚上就拉肚子了。一直拉，一直拉，折腾一宿，父子俩都没怎么合眼。

"这个岛太小了，"舜说，"治泻的草药恐怕没有，我得泅回岸上一趟。"

又说："爹果然吃不得螃蟹。"

瞽瞍不言语。半晌才说："我也回去。"

舜顿了顿，说："皋陶的脚程没有我快。不过也未可知。象弟不会帮他，但有庳的百官会听他的。"

又说："皋陶最讲法治了，是不会放过您的。"

瞽瞍冷冷道："杀人偿命，没什么可说的。"又恶作剧似的问："他要杀我，你怎么办？"

"我，我……禅让的事，麻烦得很，流程还没有走完；儿上了岸，就还是天子，给皋陶的命令本来就是儿子下的，自然不能阻拦。"

又说："爹还是不要上岸。"

舜还是没有拗过瞽瞍。乘落潮的时候，舜负着瞽瞍泅水上了岸，把他藏在一处山洞里，采了药，怕人瞧见烟，没有煎，用衣服包好，还是泅水回到岛上。瞽瞍拉肚子没有力气，一言不发，凭他折腾。

日子就这么一天天过去，皋陶总也不来。舜有时也泅水回去，有次还逮着一头鹿。父子俩喝了鹿血，吃了鹿肉，舜用鹿皮给父亲做了一条被，围住腿脚。瞽瞍这时已彻底瘫了，腿脚四季摸上去都是冰凉的。

　　又过了不知多少寒暑。这一天，刮的是西风，瞽瞍隐约听到了鞭炮声。他命舜上山顶去看。舜虽是重瞳，看得远，但一时也不明就里。不得已又泅回岸上，戴上鹿头帽，披上鹿皮，扮作一头鹿，冒险打探。

　　"是大禹接了位，不是商均那个小混蛋。"舜回来的时候，瞽瞍不在洞里，四处找，不知他什么时候爬去一块高高的临海的礁石上。他告诉爹，"我不是天子了"。

　　"听说，咱们走了以后，禹也照老例要把天下让给商均，避去阳城。可是百姓还是跟去了阳城。商均不得民心，百姓的眼睛还是雪亮的。"舜顿了下，又说，"阿牛的爹妈，我要替他养老送终，爹不要生气。"
　　"哪个阿牛？"
　　"就是爹失手杀死的那个。"
　　瞽瞍这才想起来。"什么失手。老子就是要杀人，他碰到老子的刀刃上，是他倒霉。"
　　"新天子已经大赦天下了，咱们先上岸自首。我才知道，皋陶这几年一直等在对岸，岸上的百姓也知道咱们躲在这岛上，所以总也不上来。"
　　舜继续说："咱们听大禹天子的发落。若得了赦，就去有庳象弟那儿住；商均那小子也应该有新封地，您要高兴，咱们住他那儿。"
　　"商均那小子不像你。"话赶话似的，瞽瞍说，"你也从小不像我。"

　　对面的舜好像又呆了呆。瞽瞍从来没见过这个孩子的脸。从一落草，听接生婆说生了个重瞳子那时起，他就讨厌他。在任何方面，他和我都是反着的。他一件事一件事地想，没有注意到舜是什么时候走的。

　　风停了，太阳很好，舜去砍树扎木排了。石斧叮当叮当的声音从远处传来，岛上好久没有这么热闹过了。瞽瞍听着，听着，好像从中听出了什么，两滴泪从他干涸已久的眼窝里渗出来。

论尚氏易学之精义

黄黎星

（福建师范大学文学院）

摘　要：近代易学大师尚秉和先生，以精研《易》象、寻绎《易》理为治《易》之显著特色，创立了颇具影响力的"周易尚氏学"，成为20世纪重要的《易》学研究成果之一。本文对尚秉和先生治《易》之学思进路进行考察，分析解说尚氏易学之核心内容，并揭示尚氏易学之学术价值。

关键词：尚秉和　尚氏易学　《易》象　《易》理

尚秉和（1870~1950），字节之，号滋溪老人、石烟道人等，河北行唐人。曾于保定莲池书院师从"曾门四子"之一的吴汝纶（挚父）先生，专致力于诗古文，以桐城派为宗，"凡归（有光）、方（苞）、姚（鼐）、梅（曾亮）、曾（国藩）、张（裕钊），并吴（汝纶）先生所评点诗古文字，诸子、前四史、五代史，或假之于吴先生，或索之同门，日夕移录者数年"，故"于班、马、韩、欧，叙事虚实，详略简括，微眇之旨"极有心得，慨然有著述之志。光绪壬寅（1902）乡试中举，翌年癸卯（1903）中进士，分工部，后入进士馆学习法政，嗣后入巡警部，补主事，升员外郎，以军机章京记名。入民国后，巡警部易名为民政部、内务部，"复浮沉部中者十余年"。自通籍后，任职于京师，见官场恶习，素所不喜，"禄隐"而已。至辛亥革命，国体变更，私忖此变为数千年所未有，乃搜集传记，存录报章，以十年之力，成《辛壬春秋》四十八卷。又曾作《历代社会风俗事物考》四十四卷。民国政府南迁时，不欲随行，遂辞官。曾集《古文讲授谈》十二卷，讲学于东北，"九一八"事变后，由东北返京，在京寓为生徒讲授经学及诗文。院内有老槐二株，因名屋曰槐轩。槐轩听讲的拜门弟子，前后约百人。

老而学《易》，自思欲学《易》，先明筮，而古筮法皆亡，乃辑《周易古筮考》十卷，罗古人筮案，以备研寻。又思象者为学《易》之本，而《左传》《国语》为最古之《易》师，乃著《左传国语易象释》一卷。又以为汉人说《易》，其重象与春秋人同，然象之不知者，浪用卦变或爻辰以当之，实可疑也。初读《焦氏易林》而爱之，而终悟《易林》言象，异于汉魏人者，因汉魏人之误解《易》耳，凡旧解不知而误用象者，皆赖《易林》以通，乃著《焦氏易诂》十二卷，后又著有《焦氏易林注》十六卷。又，凡《易林》所举失传之象，求之《卦气图》往往而在，乃著《周公时训卦气图易象考》一卷。复上探《连山》《归藏》古《易》所仅存者，著《连山归藏卦名卦象考》一卷。既探明《易》象，及门诸友环请注《易》，乃成《易》注二十二卷，以其与先儒旧说十七八不同，因名曰《周易尚氏学》。后，又作《易林评议》十二卷，《读易偶得录》二卷，《读书偶得录》四卷。又思《太玄》说《易》，与《易林》等重，而《太玄》筮法，人与人殊，从无论定，乃著《太玄筮法正误》一卷。凡说《易》之书约有十种。

此外，还著有《查勘明陵记》四卷、《燕京城垣沿革考》一卷、《燕京历代宫殿考》一卷、《灌园余暇录》六卷、《槐轩见闻录》二卷、《客余随笔》一卷、《槐轩文集》四卷、《槐轩诗集》四卷、《槐轩说诗》十二卷、《毛诗说》二卷（以上见《滋溪老人传》）、《诸子古训考》十八种、《洞林筮案》、《郭璞洞林注》、《易卦杂说》、《槐轩杂著》、《筮验集存》、《周易导略论》、《国学概论》、《云烟过眼录》、《避暑山庄记》、《河北省通志·兵事篇》等（此见尚骧《滋溪老人传》补记）。

于学无所不窥，除著述外，对于方术医药，无不精通博洽，凡家庭妇孺，邻舍老幼，偶患病症，一经诊治，无不药到病除。或劝悬壶以济世，未允，北京中医学会遂聘为顾问。又精于鉴赏金石文玩，工于绘事，所绘山水，介乎云林子久之间，名画室曰无声诗室，自号石烟道人（此见尚骧《滋溪老人传》补记）。①

---

① 以上所用资料及引文，见尚秉和《滋溪老人传》，《尚氏易学存稿校理》第一卷，中国大百科全书出版社，2005，卷首第 1~11 页。（为行文简便，下引此书不再注明版本信息）

尝讲学于北平中国大学，授诸生以古诗文及《易》说。"说《易》，为诸生所不喜，遂缀佣"，然福建霞浦黄寿祺、福建福鼎杜琨仍追随之，于槐轩"请仍授之《易》"，"复授及诗文"。杜琨之诗，"天才秀发，轶宕不群，偶为排律，云涌涛翻，骎骎乎欲入古人之室"，然天不假命，英年早逝。黄寿祺（1912～1990），字之六，号六庵，一度自号巢孙，幼承父祖庭训读经，年十八，赴北平考入私立中国大学文科预科，后升入本科国学系，又四年毕业，获文学士学位。从尚秉和、吴承仕、马振彪、高步瀛、杨树达、余嘉锡、朱师辙诸先生受业，从尚秉和学《易》，最久最精，"于《易》有深悟，凡《易》数、《易》象能剖析入微，能补乾嘉诸儒所未及"。① 尚秉和先生尝言："吾友黄君之六，从余游十余年，于《易》攻研最久，所得亦最深，尝匡正余之不逮。"② 黄寿祺居北平时，即著有《尚氏易要义》《汉易条例》《六庵易话》《历代易学目录考》《六庵读礼录》《丧服浅说》《宋儒学说讲稿》《明儒学说讲稿》等计42卷，以及《六庵读书札记》100余册。抗战全面爆发后于1941年返闽，任教于福建省立师范专科学校、国立海疆学校，后又重返福建省立师范专科学校，任教授兼国文科主任，直至1949年福州解放。1950年秋，福建省立师范专科学校改为学院，国文科改为中国语言文学系，黄寿祺任系主任。"文革"期间，黄寿祺被审查批判近四年，1970年下放农村。1972年秋，成立由师院改名之福建师范大学，始被调回，仍任教授兼中文系主任，后升任副校长。1990年春，应邀赴美国考察，归来胃癌病发，7月逝于福州。所著有《群经要略》、《黄寿祺论中国古典文学》、《六庵诗选》、《易学群书平议》、《楚辞全译》、《周易译注》、《周易研究论文集》（1～4辑）（后三书系与人合著或合编）等。

尚秉和先生《易》学著述甚多，虽代表作俱存，但其他著作亦颇有散佚者。庚辰（2000）初夏，业师张善文教授自北京开会归来，得尚秉和先生哲曾孙尚林先生所赠其王大父书稿，有《焦氏易林注》《焦氏易诂》完整稿本及《周易尚氏学》前稿、定稿各一套，后又购获有先师黄寿祺教授早年批注之《周易古筮考》刊本，于是，发愿校理尚秉和先生易学著作。经四载之辛劳，由业师张善文教授主理之《尚氏易学存稿校理》交付中国大百科全书出

---

① 尚秉和：《送黄之六南归序》，系尚秉和先生手稿，现藏福建师范大学图书馆。
② 尚秉和：《易学群书平议叙》，《尚氏易学存稿校理》第三卷"附编二"，卷首第1页。

版社，于 2005 年 6 月出版。该书收录尚秉和先生所著《周易古筮考》十卷、《焦氏易诂》十一卷、《焦氏易林注》十六卷、《周易尚氏学》二十卷、《易说评议》十二卷、凡五种六十九卷，又附录吴承仕先生《检斋读易提要》一卷、黄寿祺先生《易学群书平议》七卷。

一 尚秉和先生治《易》之学思进路

尚秉和先生在《周易尚氏学自序》中，谈及其书标名"周易尚氏学"的缘由，说："我之说不敢必谓其是也，更不敢自匿其非也，故名曰《周易尚氏学》，以质世之治《易》者。经者，天下之公物，非一人所得私；理者，天地之自然，非偏执所能改。倘学《易》之君子，见是编而扬榷其是非，纠正其疏漏，则日夜所祈祷者也。"[1] 如今，尚先生已辞世一甲子又八年，尚氏易学，已被公认为 20 世纪重要的易学研究成果之一，涉及近现代易学史的多种著作，都曾予以重点介绍和高度评价（详后文），而且，学界对尚氏易学的探讨研究，目前仍持续深入地展开。

欲认识尚氏易学之精义，必须先对尚先生治《易》的学思进路有所了解；反过来，了解了尚先生治《易》的学思进路，更有助于充分把握尚氏易学。再者，这也将对我们的治《易》探赜工作提供方法上、观念上的有益启迪。

"最多者《易》解，总五经之注，不如《易》一经之多。而最杂者《易》解，乡僻之士，据有明以来高头讲章，著为空泛之说，诩诩自得，辄刊行以淆乱耳目，其间求一能见汉魏古注以资商榷者已稀如星凤。又或倾向汉学，见黄梨洲、毛西河斥邵子所传先天卦象，不加深考而盲从之。"[2] 这是尚先生为先师黄寿祺教授所著《易学群书平议》一书所作"序言"的开头几句话。尚先生指出了至今仍困扰学《易》、研《易》者的一种现象：在纷繁庞杂的易学著作和各种不同的解《易》学说中，如何寻找到真正有价值的内容？一种途径是，选择高明之士，或者选择精辟之作，从而师之，从而学之。尚先生曰："苟非真知灼见之士，为扬榷是非，厘定得失，后学将胡所

---

[1] 尚秉和：《周易尚氏学自序》，《尚氏易学存稿校理》第三卷，卷首第 3 页。

[2] 尚秉和：《易学群书平议叙》，《尚氏易学存稿校理》第三卷"附编二"，卷首第 1~2 页。

适从哉?"① 尚先生称许黄寿祺教授所著《易学群书平议》一书曰:"凡解《易》之书经黄君商订、解剖,其是非得失,判然立明,如镜之鉴物,妍媸好丑,毫无遁形。学者苟由其说以求之,绝不至有面墙之叹、歧途之入也。"② 另一种途径,则是通过自己的精研深思,探骊得珠,有所创获。尚先生之易学,既有受其师吴汝纶先生之启发者,更有他自己通过摸索而创获之成就。

尚先生在《周易尚氏学说例》中说:

> 吴挚父先生《易说》,于《大畜》云:"凡阳之行,遇阴则通,遇阳则阻,故初二皆不进,而三利往。"于《节》云:"易以阳在前为塞,阴在前为通。初之不出,以九二在前;二则可出而不出,故有失时之凶。"此实全《易》之精髓,为二千年所未发。愚于《易》理粗有所入,实以此数语为之阶,故特揭出,以尊师说。③

吴汝纶先生《易说》(收入清《桐城吴先生全书》)认为,《易》中凡阳爻之行,遇阴爻则通,遇阳爻则阻。故《大畜》初、二两阳皆不进,因前临阳爻受阻;九三利往,以前行遇阴路通。尚先生秉承师说,特为揭明此例,指出这是"全《易》之精髓"。先师黄寿祺教授、业师张善文教授合撰之《周易译注》,亦于卷首《读易要例》中将"阳遇阴则通"立为一例,并称"验之诸卦,颇能切合"。④

这说明尚先生创立尚氏易学,亦有授受。

然而,尚先生于《易》学研究之贡献最大者,乃在于发明(发而明之)后世或失传或误解或混淆之《易》象,以及用象之例。尚秉和先生在自传中,除叙述生平经历外,也曾详细介绍其治《易》之学思进路,据其自述,并参考相关资料,我们可以大致了解相关情况。

尚先生师从吴汝纶先生于保定莲池书院,在其中光绪癸卯科进士前,约三十岁。当时,自然涉及易学,然而,专注于《易》,乃在二十余年后,尚先生在《滋溪老人传》中自述说:"《易》学十种,其伏根在二十年前,其

---

① 尚秉和:《易学群书平议叙》,《尚氏易学存稿校理》第三卷"附编二",卷首第 1~2 页。
② 尚秉和:《易学群书平议叙》,《尚氏易学存稿校理》第三卷"附编二",卷首第 1~2 页。
③ 尚秉和:《周易尚氏学说例》,《尚氏易学存稿校理》第三卷,卷首第 10~11 页。
④ 黄寿祺、张善文:《周易译注》,上海古籍出版社,1989,卷首第 45 页。

考求遗象而成书，则在二十年后。"此说可为佐证。尚先生自述道："时民国政府已南迁，则授读于辽东以自给。年已垂垂老矣！老而学《易》，自古如斯，亦不知其所以然。"按，民国政府迁往南京，在民国16年（1927），其时尚先生五十七岁。当然，尚先生并非此时才开始专注于《易》，其《周易古筮考》于民国15年已有刊本，刊本之《自序》写于民国15年一月，则其书之撰写，当至少前推一两年。又，《周易古筮考》附录《筮验辑存》所记，多为乙丑年（民国15年）事，可见至少在此前一两年间，尚先生已开始专注于《易》。要之，尚先生专注于《易》时，约五十五岁。

朱子曾言"《易》本为卜筮之书"（《朱文公易说》卷十八），此乃公论。尚先生说："欲学《易》，先明筮。"① 又曾阐述道："不娴筮法，九六之义即不知何来，而《系辞》'大衍'一章尤难索解，《春秋传》所谓某卦之某卦亦莫明其故。故学《易》者宜先明筮法。"② 尚先生探《易》象、明《易》理，就是从研究筮法开始的。首先，他遇到的问题是：先秦时期的古筮法已模糊不清，后代如汉之焦（赣）、京（房），魏晋之管（辂）、郭（璞），唐之李淳风、宋之邵尧夫等，对筮法均有创革更新。于是，尚先生广泛收集古人筮案，上自春秋，下迄明清传记所载，凡以辞、象占而存有本卦者，概为辑录，得一百零六则，一百一十卦，"揲蓍之法灿然大备"，又加以注解，"其或词义怪奇，深奥难知者，则推求本卦，章解句释，以期洞明"③，撰成《周易古筮考》十卷。通过辑录古代筮例，尚先生已经初步认识到"象者，学《易》之本"的核心问题。他说：

> 揲蓍之占，春秋太史所掌，虽亦失传，赖《左氏内外传》所纪十余事，义法粗具，后之人犹得窥见端绪，传述不绝也。盖《易》之用，代有阐明，而其别有三：伏羲以来察象，周用辞而兼重象，至西汉乃推本辞象而益以五行。五行明而筮道乃大备矣。④

尚先生注意到《左传》《国语》所记载的十几则筮例的重要意义，称

---

① 尚秉和：《滋溪老人传》，《尚氏易学存稿校理》第一卷，卷首第4页。
② 尚秉和《周易古筮考》卷一《筮仪》，《尚氏易学存稿校理》第一卷，第1页。
③ 尚秉和：《周易古筮考自叙》，《尚氏易学存稿校理》第一卷，卷首第1～2页。
④ 尚秉和：《周易古筮考自叙》，《尚氏易学存稿校理》第一卷，卷首第1～2页。

"《左传》《国语》为最古之《易》师"①。《左传》《国语》筮例，司马迁撰《史记》之《陈杞世家》《田敬仲世家》《晋世家》《魏世家》，都曾引录其事；杜预注《春秋左氏传》，曾加以注释评说；宋代以来，对《左传》《国语》筮例的研究、考辨亦颇有其人其作，如宋代程迥的《周易古占法》、吕祖谦的《春秋左氏传说》、朱熹和蔡元定的《易学启蒙》、赵汝楳的《易雅》《筮宗》，明代何楷的《古周易订诂》，清代黄宗羲的《易学象数论》、王宏撰的《周易筮述》、毛奇龄的《春秋占筮书》、李塨的《周易筮考》、李道平的《易筮遗占》等。尚先生作《左传国语易象释》一卷，以《易》象为立足点，仔细剖析了《左传》《国语》筮例的观象用象情况，做出了超越前人的自洽性极强的解释。② 可以说，此时，尚先生的探象解《易》的思路已经基本明晰。③

尚先生能够创立以探象、明象为核心的尚氏易学，与他深究汉《易》之用象情况并加以仔细辨析有极大关系，而在探究汉《易》之象的过程中，他对《焦氏易林》用功最深，收获最大。尚先生说："汉人说《易》，其重象与春秋人同。"④ 又说："汉儒以象数解《易》，与春秋士大夫合，最为正轨。"⑤ 以情理推，汉人去古未远，对先秦《易》象必有所承受，但是，汉儒又热衷于自创象数体系，故先秦《易》象也有被湮没或被歪曲的，汉儒（尤其是东汉《易》家）亦颇有不识《易》之逸象而强为立例、曲为解说者，尚先生对此早有思考，说："然（汉人于）象之不知者，浪用卦变或爻辰以当之。初不敢谓其非，心不能无疑也。"到后来，尚先生则直接指出："乃郑玄于象之不知者，则用爻辰，取象于星宿；虞翻则用爻变，使变出某卦，以当其象。"⑥ 但是，如何识别何者属于《易》之逸象、何者乃汉儒自立之例呢？尚先生注意到《焦氏易林》的取象体例，他说：

---

① 尚秉和：《滋溪老人传》，《尚氏易学存稿校理》第一卷，卷首第4页。
② 内容详后文，并可参看黄黎星《以象解筮的探索——论尚秉和先生对〈左传〉〈国语〉筮例的阐解》，载《周易研究》2002年第5期。
③ 附带言之：先师黄寿祺教授曾作《论易学之门庭》（载于华东师范大学出版社2000年版《群经要略》），倡学《易》之方法，曰从源溯流，曰强干弱枝，从源溯流之第一步，即"首须熟读《经》《传》本文，考明《春秋内外传》诸占筮"，我辈后学，亦受此教。
④ 尚秉和：《滋溪老人传》，《尚氏易学存稿校理》第一卷，卷首第4页。
⑤ 尚秉和：《周易古筮考》卷三十六，《尚氏易学存稿校理》第一卷。
⑥ 尚秉和：《周易尚氏学说例》，《尚氏易学存稿校理》第三卷，卷首第11页。

初在莲池时，读《焦氏易林》而爱之，继思即一卦为六十四繇词，必有所以主其词者（着重号为引者所加）。无如《易林》所用之象，与汉魏人多不同，故仍不能通其义。久之阅《蒙之节》云："三夫共妻，莫适为雌；子无名氏，翁不可知。"知《林》词果由象生。又久之，阅《剥之巽》云："三人同行，一人言北；伯仲欲南，少叔不得；中路分道，争斗相贼。"巽通震，由是《易林》言覆象者亦解。又数年，读《大过·九五》曰："老妇得其士夫。"《大过》上兑，而恍然于《易林》遇兑即言老妇之本此也。《大过·九二》曰"女妻"，女妻，少妻也。九二巽体，又恍然于《易林》遇巽即言少齐之本此也。他若《易林》遇艮即言龟，而恍然于《颐》《损》《益》之龟之指互艮。遇艮即言月，而恍然于《小畜》《归妹》《中孚》之月之指兑。若此者共百余象，非《易林》之异于汉魏人，乃汉魏人之误解《易》。尤异者，《困》之"有言不信"，以三至上正覆兑相背也，《中孚》之"鹤鸣""子和"，以二至五正覆艮相对也。凡旧解无不误，亦皆赖《易林》以通。①

尚先生的这段话，以具体的象例说明了《焦氏易林》保留了《易》之诸多逸象，用汉魏时旧注、旧解无法顺利解释的卦爻象、辞，通过《焦氏易林》中保留的逸象，可以得到有内证、旁证、互证的极具自洽性的解释。

尚先生还发现，"先天卦象，清儒谓为宋以前所无，辟之数百年矣，乃《易林》无不用之。邵子所传一二三四五六七八之先天卦数，及日月星辰水火石土之八象，清儒尤讥其无理，《易林》亦无不用之。"② 尚先生的《焦氏易诂凡例》《焦氏易林例言》《周易尚氏学说例》，对以上的观点都有阐述。尚先生既有此发明，"于是著《焦氏易林注》十六卷，《焦氏易诂》十二卷，以正二千年《周易》之误解"③。按，《焦氏易林注》撰成于己卯（1939），在后；《焦氏易诂》撰成于甲戌（1934），在前。

先师黄寿祺教授为其师《焦氏易诂》作序（作于1934年，当时，先师年仅二十三岁），对此也有解说，曰：

---

① 尚秉和：《滋溪老人传》，《尚氏易学存稿校理》第一卷，卷首第4~5页。
② 尚秉和：《周易古筮考》卷一《筮仪》，《尚氏易学存稿校理》第一卷，第1页。
③ 尚秉和：《滋溪老人传》，《尚氏易学存稿校理》第一卷，卷首第5页。

　　《焦氏易林》，自唐王俞、宋黄伯思、晁公武、程迥诸人，皆不能通其义。……《易林》繇辞，无一字不从象生，不从数出，且对象、覆象、大象、半象，往来杂用，妙义环生，与《周易》之象辞、爻辞，若合符契，则二千年来无一人能察见。吾师行唐尚先生，既以古文辞名于世，而尤精《易》理。独谓《易林》之词，多至四千余，必有物焉以主其辞。不然，虽善者不能为（着重号为引者所加）。于是以十余年之力，极深研几，而求得其象数，一一注之。(《焦氏易诂叙》)①

而最精彩处，却是先师黄寿祺教授所记载的与尚先生的对话：

　　寿祺从先生学有年矣。先生尝教寿祺曰：子以为吾以《易林》注《易林》乎？曰：然。先生曰：否。《易林》繇辞，皆规模《周易》。而《易》有注，《易林》无注，故《易林》之难解甚于《周易》。即此一百二十余失传之象，吾于《易林》遇之十余年矣，皆瞠目而不知其所谓也。后往往于《周易》及《左传》中遇之，于是以《周易》释《易林》，复由《易林》证《周易》，再由《周易》《易林》证《左氏》及邵子所用之象数，往来疏证，一一吻合。然后此一百余失传之象，方能确定也。当其潜通默契，吾不知《周易》《左氏》之注《易林》，《易林》之注《周易》及《左氏》也。此中艰窘，非尔等，吾孰语之？又孰能知之？（着重号为引者所加）先生自述之甘苦如此。②

这段记载，是反映尚秉和先生治《易》之学思进路的重要的文字。或以为尚先生寻出象例，亦"不过如此"，而不知尚先生"甘苦如此"。尚先生之成就，看似寻常，其意义却不可轻忽，因为，明察彰显"二千年来无一人能察者"，"实《易》道之晦茫否塞而忽露曙光也"！③

　　除著《焦氏易诂》《焦氏易林注》以明象学外，尚先生还考察了汉《易》之"卦气说"，"卦气者，卜筮之资，乃必与《时训》相附，初莫明其故。久之知七十二候之词，皆由卦象而出。如《中孚》曰'蚯蚓结'，上巽为虫，故曰蚯蚓；《中孚》正反巽相对于中，故曰'蚯蚓结'。于《复》曰

① 黄寿祺：《焦氏易诂叙》，《尚氏易学存稿校理》第一卷，卷首第4页。
② 黄寿祺：《焦氏易诂叙》，《尚氏易学存稿校理》第一卷，卷首第4～6页。
③ 黄寿祺：《焦氏易诂叙》，《尚氏易学存稿校理》第一卷，卷首第4～6页。

'麋角解'，震为鹿，故曰麋，艮为角，艮覆在地，则角落矣，故曰'麋角解'。初以为偶然耳，既求之各卦无不皆然，且用正象、覆象、半象靡不精切，凡《易林》所举失传之象，如以艮巽为鸿雁，以兑为斧为燕，求之《卦气图》往往而在，于《周易》所关至巨。"① 尚先生仍从考察象例出发，梳理其说，著《周公时训卦气图易象考》一卷。

尚先生还联系到古代的《连山》《归藏》《周易》的"三易"之说（说见《周礼·春官宗伯·太卜》）而加以研究。尚先生认为："文王演《易》，本因二《易》之辞，而改易旧卦名者，约二十余卦。其旧名略见于宋李过《西溪易说》，乃说之不详。至清黄宗炎、朱彝尊、马国翰等迭考之，于某卦当今之某卦略得矣，而皆未详其义。又二《易》繇词，杂见于传记者，其卦名虽异，其取象则同，可考见《周易》之沿革。"② 于是，尚先生又著《连山归藏卦名卦象考》一卷。

至此，尚先生的《易》学研究已经达到思路明晰、证据充分、圆通自洽、独具特色的境界。据尚先生之自述，"《周易》之真解既明，《易》象之亡者复得。于是，由汉魏以迄明清，二千年之误解，遂尽行暴露。非前人知慧之不及，乃《易》象失传之太久也。因之及门诸友环请注《易》，乃复成《易》注二十二卷"⑤。这就是标志着"尚氏易学"真正创立起来的《周易尚氏学》一书，"以其与先儒旧说十七八不同，而又不敢自匿其非也，因名曰《周易尚氏学》"。⑥《周易尚氏学》定稿于民国 30 年（1941），当时，尚先生年已七十一。因北平沦陷于日寇，未能刊印。尚先生殁后十年，先生哲嗣尚骧以稿付中华书局出版，排字付型已毕，又因"文革"爆发而未果印行，至1980 年 5 月，始正式出版，时距此书脱稿已经四十年了，此即中华书局本。尚氏易学之核心、精义，蕴含于《周易尚氏学》并流贯全书。

《周易尚氏学》既已撰成定稿，尚先生又思忖："以二千余年之旧解，今忽谓其多误，以一人之是，谓千百人皆非，无乃骇众。然而《易》象《易》理，如此则协，如彼则戾。一经道破，明白易知。"但是，"以天下之大，千百年学士之多，果无一人同我者乎？"于是，尚先生又广泛地翻阅历代各种《易》说之作，达数百家之多，他发现，有会稽茹敦和（乾隆进士）所著

---

① 尚秉和：《滋溪老人传》，《尚氏易学存稿校理》第一卷，卷首第 5 页。
② 尚秉和：《滋溪老人传》，《尚氏易学存稿校理》第一卷，卷首第 5 页。

《周易大衍》，"其发明失传之象，与我同者十有五"。有归安卜斌（嘉庆进士）所著《周易通释》，"其取象与我同者三"。有安仁卢兆敖（嘉庆进士）所著《周易辑义》，"说与余同者三"。有黄冈万裕云（嘉庆举人）所著《周易变通解》，"说与余同者六"。有宛平李源（道光举人）所著《周易函书补义》，"说与我同者九"。有江宁沈绍勋所著《周易示儿篇》，"言《焦氏易林》为言《易》者所不解，其学遂绝。苟有深明象数者，一一诠注。可以发无穷之义蕴。乃注《易林》《乾之随》《艮之离》二卦，皆原本象数。又谓《左传》'同复于父，敬如君所'，及'南国蹙，射其元王，中厥目'等辞，皆明言先天卦位。说与我同"。① 尚先生总结说：

> 此六人者，其说《易》虽不皆善，而各有二三说与余符合。可见真理之在天壤，久之必明。孔子曰："德不孤，必有邻。"岂不然乎！乃引以自证焉。独《左氏》与《易林》所用正覆象，迄无一人用以解《易》者，则余说之赖以证明者，不过百分之五六耳，其有待于后者尚多也。②

此后，尚先生还陆续撰写了《易说评议》十二卷，《读易偶得录》二卷，《太玄筮法正误》一卷及《洞林筮案》《郭璞洞林注》《易卦杂说》《周易导略论》等，部分作品已散佚。

以上我们通过尚先生的自述《滋溪老人传》及其他相关资料，追溯、评述了尚先生治《易》的学思进路，小结如下。

尚秉和先生师承桐城派后劲吴汝纶先生，早年以古文辞知名，五十五岁后，始专注于《易》学研究，从探究筮法入手，探析了历代筮例，又特别关注《左传》《国语》所记载的筮例，认识到《易》象是筮法所依据的根本，继而领悟《易》象在《周易》整个系统中的根本性、决定性的意义。经过十几年的思索、考证，尚先生主要依据《焦氏易林》的用象规则，以及汉《易》"卦气说"引《逸周书·时训》的象类，宋人邵雍所倡发的"先天""后天"方位说，乃至《连山》《归藏》仅存之卦名卦象资料，扬雄《太玄》的筮法等，钩沉索隐，揽精发微，使众多失传之《易》象以确凿证据重新彰显。在此基础上，尚先生撰成《周易尚氏学》二十二卷，标志着"尚氏易

---

① 尚秉和：《滋溪老人传》，《尚氏易学存稿校理》第一卷，卷首第 5～8 页。
② 尚秉和：《滋溪老人传》，《尚氏易学存稿校理》第一卷，卷首第 5～8 页。

学"的确立。

二 以探《易》象、明《易》理为核心的尚氏易学体系

《焦氏易林注》卷首忤埔《叙》言："昔者同年友尚君节之著《焦氏易诂》，河北大儒王晋卿先生见之，曰：此书将二千年《易》家之盲词呓说，一一驳倒，使西汉《易》学复明于世，孟子所谓其功不在禹下。陈散原《与王晋卿书》曰：读尚氏《焦氏易诂》，叹为千古绝作，以今世竟有此人著此绝无仅有之书，本朝诸儒，见之当有愧色。"① 尚先生自述中也引此言为"其誉我者"之例。但是，尚先生推想，也可能有"其谤我者"，"谓郑、虞旧注，为历代《易》家所尊重，今忽谓其多疵，岂有清一代如惠氏父子、张惠言、姚配中诸人之尊崇郑、虞者之皆误乎？是则妄诞之甚"②。面对已有的赞誉和可能的诋毁，尚先生坦然说道：

> 然而我所举之《易》说、《易》象，皆《周易》所固有。我不过举《左传》《易林》等书，用以证明，以贡献于学者之前耳。至于毁之誉之，弃之取之，在其人之功力如何，庸足计乎！③

尚先生说得明白，对于尚氏易学的毁誉、弃取，"在其人之功力如何"。笔者忝为尚先生之三传后学，实不可亦不敢以门户之见蔽掩学术公论。本节将在充分认识、把握尚先生著述的基础上，分析以"探《易》象、明《易》理"为核心的尚氏易学体系。

在《以象解筮的探索——论尚秉和先生对〈左传〉〈国语〉筮例的阐解》④ 一文中，笔者曾将"《易》象"标明为"尚氏说的立足点"，当然，尚先生也有谈及《易》"数"的，还有论述《易》理的，何以独突出"象"？原因有三方面。

第一，尚先生在其著述中，最常、最多提到的是"《易》象"。寻象、探

① 忤埔：《焦氏易林注叙》，《尚氏易学存稿校理》第二卷，卷首第 1 页。
② 尚秉和：《滋溪老人传》，《尚氏易学存稿校理》第一卷，卷首第 5~8 页。
③ 尚秉和：《滋溪老人传》，《尚氏易学存稿校理》第一卷，卷首第 5~8 页。
④ 黄黎星：《以象解筮的探索——论尚秉和先生对〈左传〉〈国语〉筮例的阐解》，《周易研究》2002 年第 5 期。

象、辨象、明象，是尚氏易学的关键。至于"数"，虽然易学史上多以"象数"合而称之，但就尚氏易学而言，言象则数在其中矣。（程颐《伊川易传》言义辞不言象占，称"象占在义辞中"，与他只谈天理、避谈鬼神的思路有关，乃委婉之辞也；而尚先生的"言象则数在其中"，则是学说中明白无隐之实情。）尚先生的著述中，也极少单独提"数"。当然，在讨论"筮法"时，在注解《系辞传》"大衍之数五十"章时，则必然涉及诸如"九六八七"之类的诸多"数"的内容。

第二，正因为《易》学史上多以"象数"两字连言，以"象数"与"义理"相对而称，所以，"象数"一词的内涵反而纷乱庞杂，汉《易》之象数与宋人图书学之"象数"也往往混淆起来。评价尚氏易学时，使用"象数"一词，反而容易使尚氏易学的特色晦而不明。所以，笔者提倡以"象"（或"象学"，或"探《易》象"）为尚氏易学的基础、根本、核心。

第三，尚先生也谈《易》理。如前述之"阳遇阴则通"之例，及后文将论及的"阴阳相须"之理。这些《易》理，在尚氏易学中也占有重要的地位，"明《易》理"与"探《易》象"共同组成尚氏易学的体系。不过，相比较而言，"探《易》象"的重要性与独特性，显然超过"明《易》理"。

在《周易尚氏学说例》中，尚先生条列了二十一则，原文有三千多字，今约其说之要如下：

一、《易》辞皆由观象而系。说《易》而离象，则《易》辞概无所属。故本书所释，首释卦爻辞之从何象而生。辞与象之关系既明，再按象以求其或吉或凶之故，还《易》辞之本来。

二、《易》理无不相通。书中虽多创解，然皆以《易》解《易》，非故异先儒。

三、乾坤二卦为六十四卦之根本。六爻之后，复赘以"用九""用六"数语，以明筮例，及"用九""用六"之故。学者须于此先知之。

四、《易》辞本为占辞，故其语在可解不可解之间。惟其在可解不可解之间，故能随所感而曲中肆应不穷。此《易》理也，《易》理与义理不同。本书只明《易》理，至其用则任人感触之。

五、卦名皆因卦象而生，卦名不解，因之卦爻辞亦不解。本书所释，先及诸卦得名之义，其名有沿革者则考其异同。

六、说《易》之书，莫古于《左传》《国语》，其所取象，当然无讹。本书所取象，除以《易》证《易》外，首本之《左传》《国语》，以明此最古最确之《易》象。

七、《时训》为《逸周书》专篇，其气候皆以卦象为准，与《易经》所关最巨。本书所取象，除《左》《国》外，多以《时训》为本。

八、《焦氏易林》，后儒皆知其言《易》象，然以象学失传之故，莫有通其义者。说者因误解经而失其象，故于《易林》亦不能解。求之多年，方悟其字字皆从《易》象生。本书取象，多本《易林》。

九、《易》中古文甚多，而先儒知为古文者甚少。本书非好异，凡《易》之古文，必仍其旧例。

十、古书多音同者通用，《易》尤其如此，本无是非之可言，而世儒必以习见者为非，罕见者为是，似未观其通。本书反是。

十一、《易》用覆象甚多，《左氏》有其例，《易林》亦本之。覆象之例看似创言，其实《左氏》及《易林》所已用，本书拾其说以证《易》耳。

十二、卦有卦情。不同之卦，用相同之象，须考虑其卦的具体情况，才能确认其义。

十三、同此一爻，而爻辞吉凶不同，因为爻有上下，由此爻上取而象吉者，下取或凶；下取而象吉者，上取或凶。治《易》者须明此例。

十四、《易》辞与他经不同，上下文或不相属，因《易》辞皆由象生，《易》辞各有所指，上下句义不必相联。若于上下句常强为联属，则致权枒不合。本书对此情况，必先指明《易》辞之说何爻何象，至于意义不相属者，也予以指明。

十五、卦辞与爻辞，往往相反。《大象传》亦常相反以见义。皆因卦有卦义，爻有爻义，象有象义，绝不同也。

十六、《易》辞皆由观象而生，象之所有，每为事之所无。故读《易》只可观象玩辞，而不可拘泥其解。

十七、解经惟求其是而已，无所谓派别。邵子之"先天卦位"说，与《易经》合，与最古《易》师之《左传》合，与汉儒合，《易》学得是，经始大明，则不能不重也。故概不敢盲从毛、黄诸俗说，以言先天象为戒。

十八、汉儒以象数解《易》，与春秋士大夫合，最为正轨。乃郑玄于象之不知者，则用爻辰，取象于星宿。虞翻则用爻变，使变出某卦，以当其象。若此者亦不敢从也。

十九、《易》义有绝不能解者，先儒虽强说之，实皆无当。本书中也遇到此种情况，则必详言其难解之故，偶有揣测，亦不敢自信。

二十、吴挚父先生《易说》，倡明"凡阳之行，遇阴则通，遇阳则阻"之例，此实全《易》之精髓，为二千年所未发。故特揭出，以尊师说。

二十一、眼前事物，皆为《易》理，俯取即是。《易》理者，"同性相敌，异性相感"也。①

此《周易尚氏学说例》二十一条，基本概括了尚先生研《易》的心得和见解，也是尚氏易学的纲领。尚先生在《周易尚氏学自序》中，把历来说《易》者多有失误的原因归结为两大方面，"一因《易》理之失传"，"其次则象学失传"②，可谓一语中的。所以，他提出："本《易》理以诂《易》辞，如磁铁之吸引；由《易》辞以准《易》象，如规凿之相投，故不诬也。"③ 准此，我们把"探《易》象"和"明《易》理"两个方面作为尚氏易学体系之核心，应该是准确可信的。下面分别加以论述。

（一）关于探《易》象

综观尚先生的易学著述，尚氏易学探究、辨析、发明《易》象、象例的具体内容和方法，可以归结为以下八个方面。

第一，钩沉失传之象。尚先生创立尚氏易学的贡献之一，就在于从先秦、汉魏古籍中发现或寻绎出了许多失传的《易》象（逸象），从而使许多看似怪异难解之辞得以疏通。尚先生认为："《说卦》乃自古相传之卦象，只说其纲领，以为万象之引申，并示其推广之义。如乾为马，坤震坎亦可为马；乾为龙，震亦可为龙；巽为木，艮坎亦可为木。非谓甲卦象此物，乙卦即不许再象也，视其义何如耳。至文王时，又历数千年，其所演

---

① 尚秉和：《周易尚氏学说例》，《尚氏易学存稿校理》第三卷，卷首第4～11页。
② 尚秉和：《周易尚氏学自序》，《尚氏易学存稿校理》第三卷，卷首第1～3页。
③ 尚秉和：《周易尚氏学自序》，《尚氏易学存稿校理》第三卷，卷首第1～3页。

《易》象，必益广益精。故《周易》所用象，往往与《说卦》不同，《说卦》以坎为月，《经》则多以兑为月，月生西，坎、兑皆位西也。《说卦》以离为龟，《经》则以艮为龟，离为龟，取其外坚，艮亦外坚也。此推而益广也。且有与《说卦》相反者。《说卦》以兑为少女，以艮为少男，而《经》则以兑为老妇，以艮为祖、为丈夫。《说卦》以震为长男，巽为长女，《经》则以震为小子，巽为少女（女妻即少女）。盖以甲乙言，先生者长，后生者少；而以一人言，则初生者少，行至上而老也。此演而益精也。"① 尚先生探究失传《易》象（逸象），必引先秦、汉魏古籍以证之，而且例证丰富，彼此可以互相说明，即尚先生所言"回环互证而得其象是也"②。

第二，细察互卦之用。"互卦"，尚先生也称为"中爻"，是先秦汉魏《易》家常用的《易》筮与解《易》方法。尚先生在解《易》时，特别注重对互卦之用的细察明辨。在《焦氏易诂》中，尚先生说："中爻者，三至五互一卦，二至四互一卦，即上下互也，说者谓，言互卦最古者，莫过于《左传》。"③ 具体而言，在《左传国语易象释·筮公子完生》中，尚先生指出："互艮为观、为光；遇卦三五、之卦二四，皆互艮，故曰山；犹有《观》者，言之卦初至五，仍'风地《观》'，故曰'犹有《观》'；按此筮为言互卦之祖（着重号为引者所加，下同），但互艮杜注知之，之卦互巽，即不详，故误解'犹有《观》'三字。此句既误解，于是'陈衰此昌'，卦象所明示者，遂不能察知其所以然之故，而哆口谈空者，遂妄疑之矣。""又为五字互之祖，《否》初至五仍为《观》，故曰'犹有《观》'。后儒谓'一卦互八卦'，观此，其例亦创于《左氏》也。"④ 在《左传国语易象释·秦筮与晋战》注中，尚先生以"《蛊》互震"解说"千乘三去"："震为千为车，故曰'千乘'；震为奔驰，数三，故曰'三去'，去者驱也。"⑤ 在《周易尚氏学》中，尚先生言及"互卦"者亦不在少数。

第三，发明覆象与"以覆取义"之例。所谓覆象，尚先生称："覆象者，

---

① 尚秉和：《周易尚氏学自序》，《尚氏易学存稿校理》第三卷，卷首第 1~3 页。
② 尚秉和：《周易尚氏学自序》，《尚氏易学存稿校理》第三卷，卷首第 1~3 页。
③ 尚秉和《焦氏易诂》卷二，《尚氏易学存稿校理》第一卷，第 22 页。
④ 尚秉和：《左传国语易象释》，《尚氏易学存稿校理》第一卷，第 209 页。
⑤ 尚秉和：《左传国语易象释》，《尚氏易学存稿校理》第一卷，第 211 页。

艮反为震，震反为艮，兑反为巽，巽反为兑，正倒虽不同而体则一。"① 他又指出："象覆即以覆取义，《易》通例也。"② 在《左传国语易象释·秦筮与晋战》注中，尚先生例析并阐论道："三至四震为君，上艮为覆震，震君既覆，故知所获者必其君。此句为自来注疏家所不能解，岂知《易》象固明白易见也。自震君象失传，于是《归妹·六五》之君、《小过·六二》之君，及此皆不能解。自覆象失传，于是以兑为覆巽，如《大过·九五》之杨，以震为覆艮，如重门系柝之取诸《豫》，人知之，至象覆即于覆取义，如《蒙》之象词，《困》之'有言不信'，《中孚》之'鹤鸣子和'，'或鼓或罢'，'或泣或歌'等《易》词，遂都不知其所谓矣。《易》既不解，《左传》与《焦氏易林》模《易》之辞，遂都不解。"③

第四，发明正象与覆象并用之例。在《周易尚氏学》中注《蒙》卦卦辞"再三渎，渎则不告"时，尚先生说："震为言，故曰告。而二至上正反震，言多，故曰渎。渎，亵渎也。震反为艮，艮止，故不告。昔贤说此，总不知再三渎之故何在，由正覆象并用之义失传故也。"④ 在《左传国语易象释·筮毕万仕晋》注中，尚先生解说"《屯》固"亦用此例："《屯》固者，因初至五正反皆艮，艮为坚，故曰固，即《坎·象传》云：天险不可升，地险丘陵；王公设险以守其国者。其义亦在《坎》中爻之正覆艮，故曰丘陵。《坎》二至五，与《屯》初至五同也。"⑤ 而在《左传国语易象释·穆庄叔筮叔孙穆子生》注中，尚先生再申此例并推而广之。

第五，发明伏象与"以伏取义"之例。伏象，尚先生又称"对象"，他在《焦氏易诂·易对象意义》中说："《乾》、《坤》、《坎》、《离》、《颐》、《大过》、《中孚》、《小过》八卦，正覆不变，而圣人即使之相对，以示人以本象、对象常相通也。《文言》云：'旁通情也。'情者，感也，言阴阳常相感，而不能相离。《系辞》云'齐小大者存乎卦'，言本卦阳少，对象必多，惟阴亦然。又曰'钩深'、'索隐'，言显于此者，必伏于彼。故既观其显，

---

① 尚秉和：《焦氏易诂》卷二，《尚氏易学存稿校理》第一卷，第23页。
② 此为注《随·初九》者，见尚秉和《周易尚氏学》卷六，《尚氏易学存稿校理》第三卷，第86页。
③ 尚秉和：《左传国语易象释》，《尚氏易学存稿校理》第一卷，第212页。
④ 尚秉和：《周易尚氏学》卷二，《尚氏易学存稿校理》第三卷，第34页。
⑤ 尚秉和：《左传国语易象释》，《尚氏易学存稿校理》第一卷，第213页。

尚须察其隐。全《易》之辞，如此者甚多，而汉儒察见者少。此《易林》之所以独异也。"①此即虞翻称为"旁通"、孔颖达称为"变卦"、来知德称为"错卦"的爻画变化形式。② 在《左传国语易象释·晋献公筮嫁伯姬于秦》注中，尚先生说："《易》之恒例：象伏即于伏取义，敢本此义，为重说之。"③ 后文解说甚详。

第六，发明正象与伏象并用之例。在《周易尚氏学》注《履·六三》爻辞"武人为于大君"时，尚先生说："伏震为武人，乾为大君，三承乾，言武人忠于大君。"④ 在《左传国语易象释·国语重耳筮得国》注中，尚先生阐释道："震车之象，兼见于《左传》，人尚知之，震武之象，只此一见，遂尔失传，于是《履》六三之'武人'，《巽》初六之'武人'，皆不得其象，而解遂晦矣。岂知《履》六三之'武人'，以伏震也。震为人、为武、为大君，《象》曰：'武人为于大君，志刚也。'志刚者，言三欲承阳也，象则用伏震也。《易》辞正象与伏象并用者多矣，不独此也。"⑤ 接着又连环证之："《易》象之用伏，人知之，而能贯彻者甚少，如《泰·初九》之'茅茹'，则用伏坤象；《大有·六五》之'厥孚交如'，及《小象》之'信以发志'，则用伏坎象也，而《易》家知者甚鲜，武人象亦其一也。武人象于《焦氏易林》遇之久矣，而总莫知所谓，后于《国语》遇此象，再由《国语》证《周易》，而《易林》之武象，始完全得解，其详近在《焦氏易诂》第十卷中。"⑥

应该说明的是，尚先生所言"覆象"与"伏象"，有时指六爻卦（如《焦氏易诂》之《六十四卦对象覆象表》），但更多的是运用于三爻之"小成卦"。

第七，发明以应爻相关性取义之例。尚先生以爻应说为基础，揭出爻辞根据应爻之象而系的《易》之"恒例"，亦用以使《经》文与《左传》《国

① 尚秉和：《焦氏易诂》卷九，《尚氏易学存稿校理》第一卷，第145～146页。
② 尚先生又在《焦氏易诂·易覆象意义》中说："除上八列外，其五十六象，正为一卦，覆为一卦，而实一体，故只二十八卦。圣人必使此一正一覆相次者，即示人以覆象也。乃汉儒于《易》用覆之语，察见者尤少。此《易林》之所以独异也。"孔颖达亦称此为"覆卦"，来知德则称为"综卦"。本文之所以先言"覆象"次言"伏象"，因尚先生言"覆象"多而言"伏象"少——"覆象"有二十八而"伏象"仅八。
③ 尚秉和：《左传国语易象释》，《尚氏易学存稿校理》第一卷，第213页。
④ 尚秉和：《周易尚氏学》卷三，《尚氏易学存稿校理》第三卷，第58页。
⑤ 尚秉和：《左传国语易象释》，《尚氏易学存稿校理》第一卷，第219～220页。
⑥ 尚秉和：《左传国语易象释》，《尚氏易学存稿校理》第一卷，第219～220页。

语》筮例相互印证。在《左传国语易象释·晋献公筮嫁伯姬于秦》注中，尚先生解说"士刲羊，亦无衁也；女承筐，亦无貺也"时提出："此《归妹》上六爻词。杜注大致得之，而用象稍误。震筐之象，除《易林》外，独虞翻知之，杜征南不知也。又震为周、为竹、为苇，故亦为虚，以解无实。女承筐无实，震虚故也。震虚之象，只《易林》知之，并虞翻亦不知矣，不知而用卦变，强令四爻变成坤，为虚，以解无实。若杜注，则只以上六无应为说，益浮泛矣。查此爻，自来注家说之，所以不能透彻者，以不知《易》之恒例：爻在此，而所系之词，往往在应，应爻有应予，固以有应予取义，应爻无应予，即以无应予取义。"① 在《周易尚氏学》中，尚先生亦用此例解说。

第八，重视先天卦象之例。在尚氏易学解说体系中，尚先生颇重视先天卦象之例。尚先生认为："邵子之先天卦位，与《易经》合（《既济》以离为东，坎为西），与最古《易》师之《左传》合（离变乾而曰'敬如君所'），与汉儒合（《易林》多用先天象，康成注《月令》明言'巽在未方'）。"② 在阐释《左传》《国语》筮例时，尚先生两次用了先天卦象之例：其一在《筮季友生》注中（成季之将生，筮之，遇《大有》之《乾》，曰："同复于父，敬如君所。"），其二在《晋筮与楚战》注中（晋楚遇于鄢陵，公（晋侯）筮之，史曰吉。其卦遇《复》，曰："南国蹙，射其元，王中厥目，国蹙伤，不败何待？"）。在《焦氏易诂》《焦氏易林注》《周易尚氏学》中，对此均有专论及运用之例。

以上所举八项，是尚氏易学在"探《易》象"方面的核心内容。此外，尚先生还运用了"大象"③"半象"④等象例⑤，以及十二辟卦（又称"消息卦"）、乾坤升降、卦主、纳甲等体例，这些象例，则属于对旧有之例的修正运用。至于东汉《易》学家运用的卦变、爻变、爻辰等例，尚先生在《周易尚氏学说例》中已明言："乃郑玄于象之不知者，则用爻辰，取象于星宿。

---

① 尚秉和：《左传国语易象释》，《尚氏易学存稿校理》第一卷，第 209 页。
② 尚秉和：《周易尚氏学说例》，《尚氏易学存稿校理》第三卷，卷首第 10 页。
③ 关于"大象"，尚秉和先生之说，如《焦氏易诂》卷二之《易林每用大象》《大过死卦及为大象坎之证》、卷九之《易大象之意义》等，均有论述及例析。
④ 关于"半象"，尚秉和先生之说，如《焦氏易诂》卷二之《知易林用半象》、卷十之《贲初九六二皆用半象》等均有论述及例析。
⑤ 但是，应该注意的是，尚先生在《焦氏易诂》附卷一中有《半象覆象大象不能滥用》一文，诚曰：若"以为先儒既有此例，可任意持以解经也，则又过矣"。

虞翻则用爻变，使变出某卦，以当其象。若此者亦不敢从也。"①

（二）关于明《易》理

尚氏易学在"明《易》理"方面的观点，主要围绕阴阳关系展开阐述。

《周易·系辞传》以"一阴一阳之谓道"的论断，简洁明快地凸显出"阴阳"的本原性意义；《庄子·天下篇》曰："《易》以道阴阳。"司马迁在《史记·太史公自序》中云："《易》著天地、四时、阴阳、五行，故长于变。"均可见阴阳关系在《易》中的重要意义。

尚先生在《周易尚氏学自序》中，开篇即揭明"《易》理至明也，而说者多误。说何以误？厥有二因：一因《易》理之失传"②。而他所认为的最重要、最核心的《易》理是：

> 阴阳之理，同性相敌，异性相感。③

接着，尚先生又举例分析道：

> 《艮·传》云："上下敌应，不相与也。"谓阳应阳、阴应阴为敌也。《中孚·六三》云："得敌。"《同人·九三》曰："敌刚。"谓阴比阴、阳比阳为敌也。阴遇阴、阳遇阳，既为敌而不相与，则不能为朋友、为类明矣。《咸·传》曰："二气感应以相与。"《恒》曰："刚柔皆应。"夫阴阳相与相应，则必相求而为朋友、为类明矣。《复》曰："朋来无咎。"谓阳来也，阴以阳为朋也。《损》曰："一人行则得其友。"谓阳行至上而据二阴也，阳以阴为友也。《颐·六二》曰："行失类也。"谓阴不遇阳也。至明白也。乃说者于《坤·上六》，谓阴阳相战争、相伤而出血矣；于《文言》，谓阴阳相忌相疑矣。以阳遇阳为朋，阴遇阴为友、为类矣。同性相敌，异性相感之理一失，于是初四、二五、三上阳应阳、阴应阴者谓之失应，人尚知之，至于阳比阳、阴比阴，如《夬》《姤》之三四，如《颐》之六二，说者则茫然。于是全部《易》，如"征凶"、"往吝"、"往不胜"、"壮于趾"、"其行次且"及"慎所之"

① 尚秉和：《周易尚氏学说例》，《尚氏易学存稿校理》第三卷，卷首第10页。
② 尚秉和：《周易尚氏学自序》，《尚氏易学存稿校理》第三卷，卷首第1~2页。
③ 尚秉和：《周易尚氏学自序》，《尚氏易学存稿校理》第三卷，卷首第1~2页。

等辞，全不知其故矣。又如阳遇重阴，阴遇重阳而当位者，所谓"往吉""征吉""利涉""利往""上合志也"，此其义宋蔡渊曾创言之，而未大行。于是全部《易》爻象若是者，自汉迄清，说者亦莫明其故，而用爻变矣。又如阳爻，下乘重阴者亦多吉，与前临重阴同也。《蹇·九三》曰："内喜之也。"说甚明也，乃亦失传。于是《颐·上九》之"利涉"，《蒙·上九》《渐·九三》之"利御寇"，皆不知所谓矣。有此一因，于是《易》解之误者，十而四五。①

这就是尚先生所阐明的《易》理的"枢机""原则"。前文曾提及的尚先生得之于其师吴汝纶先生《易说》中的观念——"凡阳之行，遇阴则通，遇阳则阻"，也从属于这个阴阳之理："同性相敌，异性相感"的原则性《易》理。尚先生曾详细解说道：

眼前事物，皆为《易》理，俯取即是。例如雄鸡与雄鸡见则死斗，驴马尤甚，若有宿仇者，是何也？阳遇阳也。《大畜·初九》曰："有厉利已。"厉，危；已，止也。初有应，但为二三所隔，遇敌，故曰有厉；止而不动，则灾免矣，《象》曰"不犯灾"，正释"厉"义也。乃旧解谓"厉"指四爻，"厉"若在四，尚何贵此应与乎？不识灾即"厉"，命二变成坎，以取灾象。岂知《大壮·初九》，"壮于趾，征凶"；《夬·初九》，"壮于前趾，往不胜"，壮，伤也，其故皆在阳遇阳。伤之与灾，有何别乎？故夫目前《易》理，望之似浅，推之实深，昧厥目前，《易》虽一再言之，总不能知。②

若具体分析"同性相敌，异性相感"的"阴阳之理"，又可以分为"阴阳合为类，为利贞""阴得阳为朋，为有庆""阳遇阴为合志，为志行，为得志，为得愿，为通""阳遇阳、阴遇阴为窒，为得敌，为敌刚，为失类""阳遇阳、阴遇阴为比之匪人、为不利涉、为征凶、为往不胜、为往厉"等种种表现形式。

由上可见，尚先生所阐明的《易》理，与所探明《易》象运用规律相辅相成，共同用以解《易》，而形成极具有自洽性的系统。

---

① 尚秉和：《周易尚氏学自序》，《尚氏易学存稿校理》第三卷，卷首第1~2页。
② 尚秉和：《周易尚氏学说例》，《尚氏易学存稿校理》第三卷，卷首第11页。

三 尚氏易学学术价值之评判

尚氏易学自 20 世纪 30 年代以《焦氏易诂》一书的刊行为起点而开始为人们所认识，至今已七八十年。早在 20 世纪三四十年代，对尚氏易学就颇有评论者。前文所举如王晋卿、陈散原之评价，以及王树枏《焦氏易诂叙》所言"节之考订此书，历十余年之久，得其象数，句疏字比，一一注之，使前汉之《易》说，晦而复明。不但为焦氏之功臣，而抑亦西汉先师之厚幸也"① 等，均属极力推崇者。当代新儒家的代表人物熊十力先生，曾作《略评尚易》一文，曰："其以《易林》与《易》，并《左传》等互证，而破斥东汉以来群儒误解。皆饶有义据，不为妄说。盖自西汉以后，谈《易》象者，果未有斯人。……吾于尚君之书，深佩其精思果力，振兹决绝学。独惜拟辅嗣、伊川太过。乃至《十翼》，亦疑其不出孔氏。此读其书者所不可不辨也。"②熊十力先生在其《读经示要》"第三讲略说六经大义"的《〈易经〉提要》中，又曾说："今人尚秉和，节之，专研《易》象。谓《易》辞，字字皆象。其说诚然。"③ 熊十力先生也曾有大量的与《易》相关的著述，但熊先生的主旨在于借《易》学阐发其哲学思想④，与尚先生的学术取向有所不同，不过，熊先生对尚先生的深研《易》象的成就还是肯定、推尊的。

1980 年，中华书局本《周易尚氏学》出版。于省吾先生在此本的"序言"中说："先生的主要成就是通过对《焦氏易林》的多年钻研，在极为错综复杂的情况下，用归纳方法，分析和总结了各种逸象的应用规律，进一步以之诠释《周易》，基本上都是吻合无间的。因此，《左传》、《国语》、《易林》和《易卦》（按：原文如此）的用象，才由前此的对立得到统一。由于《周易》无象外之辞，而先生的绝大发明则在乎象，解决了旧所不解的不可胜数的易象问题，可以说，先生对易象的贡献是空前的。"于省吾先生之"序言"，也对此书提出某些批评意见："先生对《周易》的作者，只沿袭传

---

① 王树枏：《焦氏易诂叙》，《尚氏易学存稿校理》第一卷，卷首第 3 页。
② 熊十力：《略评尚易》，《北平晨报》1935 年 7 月 15 日。
③ 熊十力：《读经示要》"第三讲略说六经大义"之《易经提要》，《熊十力集》，群言出版社，1993，第 210 页。
④ 参看黄黎星《熊十力易学思想评述》，《中国文化月刊》（台湾）第 224 期，1998。

统旧说；而且，对某些卦象，以及文字、声韵、训诂和史实方面，仍有许多可议之处。"①

中华书局本《周易尚氏学》出版以来，在学界引起较大的反响，研究、评论的文章颇多，杨庆中先生的《二十世纪中国易学史》一书，于"第一章经学家的易学研究"中，列专节"尚秉和及其尚氏易学"做介绍。杨庆中先生评价说："作为一代易学大家，尚氏治易，最有特色之处，是对易象的诠解。"他引用熊十力先生《略评尚易》的说法（文见上），并说"熊先生的评价基本可信"。杨庆中先生总结说："总的说来，尚氏易学，主易象而反对东汉以后的卦变、爻变及爻辰之说，主易理而反对王弼以至宋儒所谓的义理之学，颇具清代'正统派'之遗风。但他对宋易中的图书之学，先天、后天之学又很认可，故较'正统派'的视野为宽。与同时代的杭辛斋相较，则严谨有余而开新之气势不足。"②

除上述并不够全面的引例外，近几年来，对尚氏易学进行研究、评论的论文又颇有出现，或从总体上分析评说，或就具体的问题展开讨论，见仁见智，均有可观者。在此，笔者也提出对尚氏易学之学术价值的认识与评价：应该充分肯定尚氏易学体系的实证性与自洽性。

综观两千多年的易学史，阐释《周易》的众多学者及其著作，都离不开立解《易》之例。立例，实际上就是确定阐释的方法。从根本上说，立例都可视为阐释者观念的产物，都是阐释者之于《周易》经典的主观认识。当然，立解《易》之例，必然离不开对阐释对象——《周易》经典的理解和把握，只不过是在理解和把握上存在着或正或误、或全或偏、或精或粗的不同罢了。《周易》本身特殊性——特殊的象数符号、古奥的卦爻辞所运用的象征手法及其带来的模糊性，就决定了对《周易》的阐释一方面固然有更大、更灵活的空间，另一方面，也因歧路多亡羊而容易出现阐释的偏颇。

之所以应该充分肯定尚氏易学体系的实证性与自洽性，源于以下三个方面。

第一，对尚氏易学逻辑起点的考察。

前文已就尚氏易学的核心内容——"探《易》象"与"明《易》理"进行了具体的分析，我们看到，尚先生无论是在《左传国语易象释》中的以

① 于省吾：《周易尚氏学序》，《周易尚氏学》，中华书局，1980，卷首第 1~2 页。
② 杨庆中：《二十世纪中国易学史》，人民出版社，2000，第 59 页。

象解筮，还是在《焦氏易诂》《焦氏易林注》中以《易林》与《易》"回环互证而得其象是也"，抑或是撰著《周易尚氏学》以成系统之解说，尚氏易学的逻辑起点始终是统一的，这个逻辑起点就是尚先生反复强调的观点，即"《易》辞皆由象生"，"说《易》不可离象"。在《周易尚氏学说例》之第一则，尚先生就开宗明义道："韩宣子适鲁，见《易象》与《鲁春秋》。夫不曰见《周易》，而曰见《易象》，诚以《易》辞皆观象而系。《上系》云'圣人观象系辞而明吉凶'是也。故读《易》者，须先知卦爻辞之从何象而生，然后象与辞方相属。"① 在《左传国语易象释·绪言》中，尚先生也同样阐发道："《易》之为书，以象为本，故《说卦》专言象以揭其纲；《九家逸象》《孟氏逸象》一再引其绪；而象学宏深博大之义，唯《系辞》能发挥之。……今之《易》辞，固皆古圣人瞪目注视卦象而为者也。《易》之卦爻辞既由象而生，后之人释卦爻辞而欲离象，其不能识卦爻辞为何物，不待智者而决矣！"②

基于这种对逻辑起点的统一性的坚持，尚先生批评王弼与后来宋儒以义理解《易》的做法。尚先生说："至王弼扫象，李鼎祚目为野文，诚以说《易》而离象，则《易》辞概无所属，其流弊必至如宋人之空泛谬悠而后已。""自王弼扫象，以野文说《易》，兴于唐而大盛于宋。风气所播，'观象系辞'之义，至是遂亡。"③ 对于王弼"扫象阐理"的批判，颇有学者不以为然，或认为"过火"（如前引熊十力先生语），但我们如果从尚先生严谨的"象学"逻辑性的立场来看，尚先生绝非刻意否定王弼与宋儒的义理说，只不过是认为他们的解说不合乎"象学"和《易》理，何况，尚先生已经明确地说过："《易》理与义理不同。例如《程传》说'黄裳元吉'，云五尊位，臣居之则羿莽，女居之则女娲、武氏，故圣人著为大戒。陈义可谓正大矣，而于《易》理则大背，以《易》辞并无著戒之意也。此编只明《易》理，至其用则任人感触之。"④

总之，尚先生以《易经》本身及《左传》《国语》《易林》等典籍为理论依据，强调《易》象为解《易》之第一要素，并以此为贯彻始终的逻辑起

① 尚秉和：《周易尚氏学说例》，《尚氏易学存稿校理》第三卷，卷首第4~5页。
② 尚秉和：《左传国语易象释》，《尚氏易学存稿校理》第一卷，第205~206、212、214页。
③ 尚秉和：《周易尚氏学说例》，《尚氏易学存稿校理》第三卷，卷首第4~5页。
④ 尚秉和：《周易尚氏学说例》，《尚氏易学存稿校理》第三卷，卷首第4~5页。

点，建立起尚氏易学体系。

第二，对尚氏易学推论过程的考察。

逻辑起点的建立固然是理论阐释的关键所在，但是，欲建立"言之成理"的一家之说，在有了逻辑起点的"基石"后，还要有其合乎逻辑的展开。尚氏易学在推论过程中，仍坚持将"《易》辞皆由象生"及"说《易》不可离象"的观点一以贯之。在《左传国语易象释》、《焦氏易诂》、《焦氏易林注》以及《周易尚氏学》诸著述中，以象论说，以象释辞的推论过程，是全面的、彻底的。笔者感触尤深的有两例。其一，《左传国语易象释·秦筮与晋战》中，筮例占断有"岁云秋矣"一语，杜预《注》称："周九月，即夏七月孟秋也。"以为实言秦与晋战之季节，其说可通，但尚先生却仍以象解说："此处杜注仍不免疏。'岁云秋矣'者，以兑为秋，仍取卦象，非泛言也。杜注谓周九月，即夏七月孟秋也，而不言兑。又《易林》以震为岁，岁亦卦象。"① 其二，在《左传国语易象释·晋献公筮嫁伯姬于秦》注中，尚先生解说"西邻""六年"等语，亦不离《易》象，也用互卦为说："兑为西，互离为邻，故曰'西邻'；震主爻互坎，坎数六，故曰六年。"② 按一般的理解，秦国在晋国的西边，"西邻"可理解为实指地理方位，但尚先生仍寻绎出《易》象的根据。这种推论过程的一致性确实是异乎寻常的。

反观其他的解《易》之作，常见其因解说之需而立法则体例，普适性不足，遇到难以解说的词句，就用"变例"的方法偷梁换柱，暗度陈仓，往往难免繁杂乃至牵强之弊。试看历代解《易》之作，将一种原则、体例贯彻到底者，能有几许？明乎此，则思过半矣。

第三，对尚氏易学佐证材料的考察。

"言之成理"还需要"持之有故"的佐证材料的支持。尚氏易学以探《易》象、明《易》理为要义，为核心，其所发明之失传《易》象、内外卦象、互象、覆象、正覆象、伏象、正伏象、大象、半象等一百二十余例，其证成"同性相敌，异性相感"的"阴阳之理"，必定离不开佐证材料。从论据与论点的关系上看，一方面，对材料的选取和运用，有着选取运用者的主观性与某种自由度，所谓"六经注我"是也；另一方面，材料本身也有制约

---

① 尚秉和：《左传国语易象释》，《尚氏易学存稿校理》第一卷，第 205～206、212、214 页。

② 尚秉和：《左传国语易象释》，《尚氏易学存稿校理》第一卷，第 205～206、212、214 页。

作用。尚先生所选取和运用的材料，首先当然是《周易》经传本身，用以自证。但是，在尚先生看来，因象学失传已久，《周易》经传本身无法提供寻绎失传《易》象的的材料，所以他又主要是从先秦、汉魏的古籍中去钩沉索隐，揽精发微。尚先生在他的《易》象的寻绎、探究过程中，每发明一解《易》之象说，必选取相当的材料为佐证，且注意进行互为贯通、相资为用的证明，避免"孤证无凭"的论证。前面的分析，已经充分证明了这一点，毋庸赘言矣。

如果说，第一、二方面侧重于体现尚氏易学的自洽性，那么，这第三方面则充分体现了尚氏易学的实证性。

尚先生屡叹"象学宏深博大"，而他的寻绎、探究，则在所限定的"以象解《易》""明理阐《易》"的范围内实现了阐释的有效性。这种阐释的有效性，表现在对前人难以解说或曲为之解的关于《易》辞、《林》词的种种疑问上，给予"持之有故""言之成理"的一家之说，而且表现出解说与例则的深度的和谐吻合。

总而言之，尚氏易学以探《易》象、明《易》理为核心的解《易》体系，其阐释的自洽性与有效性，达到了一个相当高的水平，它对《易》学研究的贡献是不可忽视、不可低估、不可抹灭的。同时，尚氏易学的建立过程，它所彰显的治学方法、实证精神，对我们今天的易学研究乃至更广大领域的学术研究，都具有积极有益的启示意义。

笔者十六年之前写就的《以象解筮的探索——论尚秉和先生对〈左传〉〈国语〉筮例的阐解》①一文，其最后部分，曾有"尚氏说之外的追问"一节，当时主要是针对尚先生阐解《左传》《国语》筮例而发论，今天回视当年的思考，仍觉还有"狂夫之言，圣人择焉"的作用，今改易"追问"为"思考"，再陈说如下。

我们充分肯定了尚氏易学解《易》体系的自洽性与有效性达到了一个相当高的水平，但是，在尚先生所设定的阐释范围之外的更大的阐释界面上，我们还可以就"观象"与"用象"、"《易》理"与"义理"等问题进行思考。

---

① 黄黎星：《以象解筮的探索——论尚秉和先生对〈左传〉〈国语〉筮例的阐解》，《周易研究》2002 年第 5 期。

思考之一：无论是对"《易》辞皆观象而生"命题的分析，还是对《左传》《国语》筮例的阐释，"《易》象"作为尚氏易学的基础，必然涉及"观象"与"用象"的问题。但是，《易》象的多样性与《易》辞的特定性，却构成了一种矛盾。即使我们承认《说卦传》《九家易》所列之象，以及尚先生所发明的众多逸象（包括其用象规律）确实是古人"立以尽意"的，也仍然存在着对具体情境中取象之根据、取象之合理性做进一步追问的问题，这是一个看似简单实际上却极为关键的问题，即《易》象的多样性与取象的特定性的矛盾在《易》辞创制的过程中（包括在具体的占筮过程中）是如何解决的？何以在众多之象中舍此取彼而非相反？取象必定是有所选择的，有根据的，同时有一定的限制，那么，这些根据或者限制又是什么？尚先生对取象的内容、方法固然做出了推阐，但这些大都是"逆推"所致，其中取象的或然性的矛盾被跳过了，尚先生对此的相关解说是："《易》辞皆观象而生。象之所有，每为事之所无，故不能执其解……若泥其解，则《易》辞十八九不能通矣！故读《易》只可观象玩辞，而不可泥其解。"但这并没有明确地解决"取象""用象"的标准与根据的问题，所以，这也是值得我们继续研究探讨的。

思考之二：尚先生认为，《易》理非即等同于义理，"《易》辞本为占辞，故其语在可解不可解之间。惟其在可解不可解之间，故能随所感而曲中肆应不穷，所谓仁者见仁、智者见智也，此《易》理也。《易》理与义理不同"①。但是，《易》之创制，既是"圣人有以见天下之赜，而拟诸形容、象其物宜"者，则必然蕴含着"圣人"对宇宙自然、社会人生的哲理的认识，这就决定了"《易》理"应该是与"义理"有关联性的。那么，"《易》理"与"义理"之间的关联性及其转换关系是怎样的呢？尚先生"以象解《易》""以象解筮"，其关注点在于"还《易》辞之本来""明筮例之无讹"，他对"《易》理"与"义理"的关联性、转换关系未做解说，这大约是因为他的目标在"只明《易》理"，"至其用则任人感触之"吧。

当然，尚先生对《周易》的"大义"也是有所认识和评价的，他在《周易尚氏学总论》之"论周易大义之认识"中说：

---

① 尚秉和：《周易尚氏学说例》，《尚氏易学存稿校理》第三卷，卷首第5页。

《易》本用以为筮，故有卦辞，又有爻辞，其所言皆天地间公例公理。昔人谓专言天道者固非，谓专言人事者亦非。否泰往来，剥复循环，天道与人事，无二理也。包括万有，孕育深宏，凡哲学无不根源于是（着重号为引者所加）。而居易俟命，与时偕行，尤学《易》之准则。时而泰，即使飞龙在天，亦不必喜，时过则亢矣；时而否，潜龙勿用，亦不必忧，时及则舍（发也）矣。系辞云：危者使平，易者使倾。其有益于身心性命甚大。故自古深于易者，无不洞达天人，有自然之乐，如宋之邵雍，晋之郭璞，魏之管辂，其最著者也。①

只不过，尚先生没有在"哲学思想"的"大义"（或称"义理"）方面做更多的发挥罢了。我们已经反复强调，尚氏易学的特色和精义，在于一以贯之地以《易》象为根据，以《易》理为指导来解说《周易》，这是由其特定研究目标所决定的，但是，我们今天若要全面深入地认识《周易》这部博大精深、丰富多彩、影响中华学术文化各领域至深至广的古老而奇特的经典，则应该注意避免完全脱离义理阐释的倾向，即使是作为尚氏易学师门传承的后学，笔者也应该认识到这种局限性。

---

① 尚秉和：《周易尚氏学总论》，《尚氏易学存稿校理》第三卷，卷首第14页。

巡守的憧憬[*]

——"天王守（狩）于河阳"的诠释变化

黎汉基

（中山大学中国公共管理研究中心、
政治与公共事务管理学院）

摘　要： 早期中国政治叙述中，巡守（或巡狩）作为圣王视察各地的常规活动，通常不仅被视为真实发生的历史事实，而且是理论家（包括孔子在内）推许且倡导的政治理想。巡守作为历史实际与理想言说，原则上是两个不同层面的判断。"巡守"是相对晚近的概念，尽管《尧典》谈的是上古历史的事情，但巡守之实则可能早已有之。本文以《春秋》一则经文解读为例，说明"巡守"概念的形成如何导致影响经传的误读。笔者将会仔细辨析经传，指出为什么这些观点是不能接受的，并且说明相关的诠释变化如何产生。

关键词： 巡守（巡狩）　政治理想　《春秋》　经典诠释

　　早期中国政治叙述中，巡守（或巡狩）作为圣王视察各地的常规活动，通常不仅被视为真实发生的历史事实，还被视作理论家（包括孔子在内）推许且倡导的政治理想。巡守作为历史实际与理想言说，原则上是两个不同层面的判断。金景芳、吕绍纲讨论《尧典》中舜的巡狩，已经这么分拆："'巡守'之词当时可能没有，但巡守之事肯定是有的。"① 这是相当值得重视的思

---

　　* 基金项目：本文系国家社科基金一般项目"《春秋穀梁传》礼学思想研究"（20BZX046）的阶段性成果。

　　① 金景芳、吕绍纲：《〈尚书·虞夏书〉新解》，辽宁古籍出版社，1996，第109~110页。

路:"巡守"是相对晚近的概念,尽管《尧典》谈的是上古历史的事情。

本文奉献的研究案例,是《春秋》一则经文的解读,说明"巡守"概念的形成如何影响经传的误读。僖二十八年经:"天王守于河阳。"此"守",本于《穀梁传》,《左传》《公羊传》作"狩"。"守""狩"可通,周王之"守",宜解作狩猎。"巡守"作为一个后起的概念,与"守"或"狩"本无关系。但自范注以降,巡守的诠释逐渐抬头,很多论者不仅笃信《穀梁传》的"守"是巡守义,也认定《左传》《公羊传》的"狩"亦是如此。以下,将会仔细辨析经传,指出为什么这些观点是不能接受的,并且说明相关的诠释变化是如何产生的。

一 范注与范氏例之异

首先明确一点:《穀梁传》言"守",在文本上绝非毫无疑问。主要原因在于,《穀梁传》并无其他旁证显示"守"的巡守义属于传文的常规用法。僖二十八年经:"天王守于河阳。"《穀梁传》云:"全天王之行也,为若将守而遇诸侯之朝也,为天王讳也。"① 此经的"守",是唯一被诠释为巡守的孤证。通检《穀梁传》全传,言"守"者还有 8 例,其义有二:留守,如"知者虑,义者行,仁者守"(隐二年、桓十八年),"以其尝执重以守也"(文三年);② 守护,如"倍则攻,敌则战,少则守"(僖二十二年),"进不能守,退败其师"(僖三十三年),"与人之子守其父之殡"(宣十八年)③,"其民足以满城以自守也,杞危而不能自守"(襄二十九年)。

僖二十八年传的"行"和"守",俱指经中的"守",而"行"已含有周襄王必在物理移动之中之意,故留守义和守护义皆不适用于河阳之"守"。然则,这个移动中的"守",是什么意思呢?

可行的选择有二:一是解"守"为狩猎;另一是解"守"为巡守。二者同属外出活动,但性质有别。若仅就字面意思孤立地解读,貌似二者都是可通的,因为"为若将守而遇诸侯之朝也"的传文,意谓因为像是将要"狩"

① 杨士勋:《春秋穀梁传注疏》卷9,北京大学出版社,1999,第149页。(下引此书同此版本,不重复注明版本)
② 杨士勋:《春秋穀梁传注疏》卷1,第9页;卷4,第49页;卷10,第161页。
③ 杨士勋:《春秋穀梁传注疏》卷9,第142、155页;卷12,第208页。

而遇到诸侯来朝。"守"作为单一动词，不论解作狩猎抑或巡守，都是可以的，就看哪一诠释更有道理了。下文将要指出，狩猎之解，是可以成立的诠释选项，不亚于（甚至优于）巡守之解。

释"守"为狩猎，在《穀梁传》早期文本中，已有此解，非今人的私智。昭八年经："秋，蒐于红。"杨疏："范氏例云：蒐狩书时，其例有九。书狩有四，言蒐有五。称狩有四者，桓四年'狩于郎'，一也；庄四年'狩于郜'，二也；僖二十八年'狩于河阳'，三也；哀十四年'西狩获麟'，四也。"① 细读范氏例，明言僖二十八年经作"狩于河阳"，且将之置于蒐狩之列，与其他言"狩"并排。

为什么这样？在没有旁证的情况下，只能猜想。大概地说，有以下两个可能：一是范氏例的作者所见的版本，作"狩"非"守"；二是这个作者认为"守"与"狩"没有差别，以"狩"代"守"。由于范氏例径言"称狩"，未交代"守""狩"的诂释关系，且《左传》《公羊传》亦作"狩"，故似乎前一可能更为可取。但无论是哪一可能，"天王守于河阳"的"守"作"狩"，都是一个曾经存在的解读方式，实实在在，不容抹杀；尽管现在读者一般对"守"有直观认识，将之解作"狩"相对罕见。

"范氏例"最大的挑战，不是别的，而是范注。僖二十八年范注："时实晋文公召王。以臣召君，不可以训。因天子有巡守之礼，故以自行为文。"② 范注以"巡守之礼"解"守"，意味着此"守"绝非狩猎，而是巡守。范注与范氏例，二者扞格不入。

有关注例之异，柳兴恩尝试做出自己的解释，《穀梁大义述》云："此非范例之误，乃杨疏之误也。'天王守于河阳'字作'守'不作'狩'，故注以'巡守'释之，岂有注以为'巡守'之'守'，而例忽以为时田之'狩'者？故曰：非范例之误，实杨疏之误也。"③ 此"杨疏之误"已预设僖二十八年经原来作"守"，是杨士勋搞错了。

这一指责，立足于注高于疏的惯常认知，但为什么必是"'巡守'之'守'"而非"时田之'狩'"？柳兴恩除了坚持"守"只能解作巡守这个自

① 杨士勋：《春秋穀梁传注疏》卷17，第284页。
② 杨士勋：《春秋穀梁传注疏》卷9，第149页。
③ 柳兴恩：《穀梁大义述》30卷，载《续修四库丛书》第132册，上海古籍出版社，1995，第78页。

范注以来的流行认识以外，并无任何合理的论证；说到底，他拿得出手的依据，仅有范注与范氏例不可能自相矛盾这一个貌似合乎常识的判断。问题是，为什么范氏例出现了迥异于范注的说法？这不是完全责怪杨士勋便能得到合理说明的。理由很简单，当柳兴恩声称"杨疏之误"时，实际上已断定"天王守于河阳"的"守"不能算"书狩有四"的一例，那么读者不免要追问：范氏例怎么把错误的例子列在其中？

按上述引文观之，杨疏径言"范氏例云"，接着全是统计数字的列举：先言"蒐狩书时，其例有九"，然后是"书狩有四，言蒐有五"。然后，就是称狩4例的排列，殊无以意改写或夹杂他语的空间。如果说不是改写所致，那么有没有可能是笔误使然？倘说笔误，问题就更大了，因为这意味着杨士勋在抄录传例时一错再错，不仅讹"八"为"九"、讹"三"为"四"，还多了"僖二十八年'狩于河阳'"和"四也"两句，且误置"哀十四年'西狩获麟'"在"四也"之上。这样笔误是否太多、太频繁了？假如范氏例本来如杨疏所抄的面貌，那又如何？这不是说杨疏必无偏离范氏例的可能性，只是就现存有限的证据而言，除非杨疏所据文本重新面世以供对照，否则任何人也无法证明杨士勋所述真的违背范氏例。因此，像柳兴恩这样断定"杨疏之误"而非"范例之误"，其实是出于臆测且近乎武断的做法。

如果尊重现有文本而非盲目弃疏保注，其实没有必要急于否定杨疏。读者不妨保持开放态度，承认范注与范氏例二者不同，观点矛盾。这并非必然不能存在的现象。例如"正终生之卒"的解释，《穀梁注疏》便载有矛盾的说法：一方面引徐干"正卒"之说，另一方面引范答薄氏而言"正治其罪"之说。① 须知道，《穀梁集解》一书，是从范汪开始而范宁及其弟范邵，其子范泰、范雍、范凯诸人共同参与的事业。范氏家族是一个意见多元而又讨论自由的学术圈子，而范宁在其中"只是起到作为问题提出者，乃至意见归纳人的作用"。② 因此，范氏《穀梁集解》以及后来杨士勋采集其他说法而成的《穀梁注疏》，内含各种不同乃至矛盾的声音，不是不可理解的事情。就"守""狩"差别而言，如今已无法具体说明为何范注与范氏例出现分歧，也许是范宁自己存在不同的观点，也许是范宁与其他亲人或弟子各有所见，也

① 黎汉基：《〈穀梁〉政治伦理探微：以"贤"的判断为讨论中心》上册，中华书局，2019，第184页。（下引此书同此版本，不再注明）
② 〔日〕吉川忠夫：《六朝精神史研究》，王启发译，江苏人民出版社，2011，第104页。

许是其他原因。诸如此类，其实是相对不重要的。真正重要的是，当读者发现范注以外还有范氏例的异说，便已显示"守"可列在"书狩"之例。"守"不是只有巡守的唯一解释，也可解作狩猎。

二 "守"之为"狩"的诠释选项

不坚持巡守之解，最大的好处是当"守"实作"狩"，或读"守"即"狩"时，可以轻易找到旁证，从而印证"天王守于河阳"是《春秋》惯常使用的一种措辞。按《榖梁传》传文，"为若将守而遇诸侯之朝也"，是说《春秋》言"若"，目的是"为天王讳"，掩饰周襄王到河阳不由自主的尴尬事实。"若"，按照《榖梁传》的用法，都是用在一些貌似正常但实有隐藏的措辞，且看传中两例：

> [1] 宣八年经："夏，六月，公子遂如齐，至黄乃复。"又云："辛巳，有事于太庙。仲遂卒于垂。"《榖梁》云："为若反命而后卒也。"
> [2] 襄二年经："冬，仲孙蔑会晋荀䓪、齐崔杼、宋华元、卫孙林父、曹人、邾人、滕人、薛人、小邾人于戚，遂城虎牢。"《榖梁》云："若言中国焉，内郑也。"①

例［1］的"若"，是因为经文先记"至黄乃复"，后记"仲遂卒于垂"，读来好像公子遂返国后才死的样子。例［2］的"虎牢"，在郑国领土内，但"虎牢"前不记"郑"以示它属于郑国，就是把曾依附"夷狄"（楚）的郑国当"中国"来看待。仲遂的"卒"和"虎牢"无"郑"，乍看来都是正常的用语，却皆有内情。以此反观"天王守于河阳"，可以得到一个很多论者都未注意的信息：依《榖梁传》的思路，"若"的经文该是一种读起来像是正常的状况，只有深挖内情方见蹊跷。明乎此，便会发现以"守"为巡守义，是未经探查即知异常，因为《春秋》没有其他经文以"守"言巡守的情况。相反，"守"若为巡狩义，除僖二十八年传外，《榖梁传》言"狩"者还有3例：

---

① 杨士勋：《春秋榖梁传注疏》卷12，第195页；卷15，第244页。

[3] 桓四年经：“春，正月，公狩于郎。”传：“四时之田，皆为宗庙之事也。春曰田，夏曰苗，秋曰蒐，冬曰狩。”

[4] 庄四年经：“冬，公及齐人狩于郜。”传：“齐人者，齐侯也。其曰人，何也？卑公之敌，所以卑公也。”

[5] 哀十四年经：“春，西狩获麟。”传：“引取之也。狩地不地，不狩也。”①

例[3]说明一年四季的田猎活动，除《穀梁传》外，古籍多有记载，如《尔雅·释天》云：“春猎为蒐，夏猎为苗，秋猎为狝，冬猎为狩。”②夏、冬二猎，与例[3]相同，皆为苗、狩。例[4]的“狩”同样是田猎义，鲁庄公与齐襄公本为仇雠却共同狩猎，亦为冬狩之事。③例[5]“西狩获麟”的“狩”虽然貌似与“冬曰狩”略异，但经文“西狩”的“狩”泛指田猎活动，不是专指某一季的猎名。是故，“狩地不地”的规定，适用于例[3]和例[4]的“狩地”记载，不专就冬狩而言。无论如何，经中明言猎物（麟），其为狩猎，不在话下。

以上三例，无论从时间抑或从空间上说，对于印证“天王守于河阳”，助力甚大。在时间上，例[3]明言“冬曰狩”，而“天王守于河阳”上承“冬，公会晋侯、宋公、蔡侯、郑伯、陈子、莒子、邾子、秦人于温”而言，故“守”若为“狩”，故“守于河阳”亦发生在“冬”，正合冬狩的安排。相反，“守”若为巡守解，那就要追问“守”之“时”是不是适合的。《穀梁传》重视周王行动的记载，庄三年传：“天子志崩不志葬，必其时也。”④这是崩葬记载的规定。巡守既为天子极端重要的政治活动，那么它系于“冬”后算不算是正常的自是需要关注的要点。然而，僖二十八年传对“守于河阳”系于冬，并无正面解说，只是针对其后“壬申，公朝于王所”评

① 杨士勋：《春秋穀梁传注疏》卷3，第39页；卷5，第68页；卷20，第352页。
② 邢昺：《尔雅注疏》卷6，北京大学出版社，1999年，第183页。除《穀梁传》《尔雅》以外，郝懿行还列举了《国语》《诗》《周礼》《左传》《公羊传》等相似记载，同中有异，故说：“经典言此四猎，多有异文。”参阅郝懿行《尔雅义疏》下册，王其和、吴庆峰、张金霞点校，中华书局，2017，第590页。
③ 黎汉基：《〈穀梁〉政治伦理探微：以“贤”的判断为讨论中心》下册，第449~453页。
④ 杨士勋：《春秋穀梁传注疏》卷5，第66页。

说："其不月，失其所系也。"① 那是着眼于"朝"有时、有日而又无月的异常措辞，其中已默认"守于河阳"系于"冬"是正常的时间记载。须知道，"守"之为巡守义，全传就此一例，并无旁证可资解说其中疑窦。

在地理上，例［3］的"郎"和例［4］的"郜"，与"天王守于河阳"的"河阳"，三者皆是地点，结合例［5］"狩地不地"之说，可知"狩"通常需要记载某一地点。也就是说，"河阳"作为"守"的地理记载，是属于狩猎活动的正常用语。反之，若以巡守来解读天王之"守"，那么为何需要记载"守"的地点呢？于此完全找不到其他传义可资佐证。《穀梁传》僖二十八年传："水北为阳，山南为阳。温，河阳也。"又云："温，河北地；以河阳言之，大天子也。"② 这是只谈"河阳"的特征，完全没有解说"河阳"之为"守"的"地"是必须记载的内容，仿佛"守"载有地点已默认是正常的措辞。若天王之"守"作"狩"解，那么"河阳"既为"狩地"，"守于河阳"即为"狩于河阳"，纯粹是一种正常的狩猎用语，以此"全天王之行"，不待辞费。假如坚持巡守说，那么"河阳"是否为"守"该有的内容，完全不得而知。读者可以合乎情理地询问"河阳"作为"守"的"地"是不是必需的。须知道，《穀梁传》对于某一动词下的地点，笔墨甚多，传中关于"其地"的解释，计有10例。③ 像襄七年经："郑伯髡原如会，未见诸侯；丙戌，卒于操。"传："其地，于外也。"那是解释郑伯之卒不该载有地点，而"卒于操"描述其卒的异常性。周王若有巡守的记载，其重要性高于诸侯之卒，不在话下，那么为什么"守"要有"其地"？为什么记载"河阳"？这是坚持巡守说必须面对的疑问。然而，僖二十八年传没有"其地"或类似的答问，反而言说仅针对河阳的地理特征和象征意义，仿佛"其地"已是不必回答的常情似的。总之，"河阳"之为"地"，若"守"解作狩猎，《穀梁传》已有充分说明；若作巡守义，则没有相关的理论资源，这使这一传文对"为天王讳"的解释显得曲折生硬。

---

① 杨士勋：《春秋穀梁传注疏》卷9，第150页。
② 杨士勋：《春秋穀梁传注疏》卷9，第149～150页。
③ 这10例载于桓十八年、僖元年、文十四年、宣元年、宣九年、成二年、成十五年、成十七年、襄七年、昭五年诸传，参阅杨士勋《春秋穀梁传注疏》卷4，第48页；卷7，第106页；卷11，第179页；卷12，第188、197页；卷13，第215页；卷14，第234、240页；卷15，第249～250页；卷17，第281页。

三 《左传》的"狩"

《穀梁传》的"守"若作狩猎义，意味着它与《左传》《公羊传》并无差别，二传之经皆作"狩"而非"守"，其对天王之"狩"正是从田猎义来理解。鉴于后来论者为了印证"守"为周王巡守，往往牵合《左传》《公羊传》，故有必要在此略做辨正。

重读僖二十八年"天王守于河阳"范注："时实晋文公召王。以臣召君，不可以训。因天子有巡守之礼，故以自行为文。"① 引文中"以臣召君"之说，出自《左传》："是会也，晋侯召王，以诸侯见，且使王狩。仲尼曰：'以臣召君，不可以训。'故书曰：'天王狩于河阳。'言非其地也，且明德也。"②王崇燕《穀梁集解纠谬》评说"用《左氏》说，非传义"③，甚是。

更关键的是，范注援引《左传》，无裨于证成《穀梁传》的"守"就是因"巡守之礼"而"自行"。依《左传》叙述，晋文公做了三件事：召王；以诸侯见；使王狩。此"王狩"之"狩"，就是狩猎义，不能解作巡守。《史记·孔子世家》记载孔子作《春秋》的过程："践土之会实召周天子，而《春秋》讳之曰'天王狩于河阳'。"④ 比读《左传》推知，《史记》似据《左传》立言，作"狩"非"守"，当从狩猎义。杜预亦是如此理解："晋侯大合诸侯，而欲尊事天子以为名义。自嫌强大，不敢朝周，喻王出狩，因得尽群臣之礼，皆谲而不正之事。"⑤《左传》"且使王狩"是说晋文公使周襄王"狩"，"狩"为实事，而杜预"喻王出狩"却以"王狩"为比喻，或疑杜预参照《穀梁传》而有此言，因为《穀梁传》"为若将守而遇诸侯之朝也"仅把"守"当作一种貌似要做而未实做的行动，比较接近"喻王出狩"之说。尽管杜注不尽贴近《左传》本义，但他对"狩"的理解亦为狩猎，并未错谬。

---

① 杨士勋：《春秋穀梁传注疏》卷9，第149页。

② 孔颖达：《春秋左传正义》卷16，北京大学出版社，1999，第457页。（下不再注明版本）

③ 王崇燕：《穀梁集解纠谬》卷5，《山东文献集成》第3辑第6册，山东大学出版社，2009，第296页。

④ 司马迁：《史记》卷47，中华书局，2014，第2352页。（下不再注明版本）

⑤ 孔颖达：《春秋左传正义》卷16，第457页。

因此，孔疏亦主张狩猎义，而非巡守义："仲尼书曰'天王狩于河阳'，言天王自来狩猎于河阳之地，使若猎失其地，故书之以讥王然。"① 不仅对《左传》如此理解，孔疏亦引《穀梁传》为旁证："《穀梁传》曰：'全天王之行也，为若将狩而遇诸侯之朝也，为天王讳也。' 是使王狩之意也。"② 所引传文，亦作"狩"而非"守"，不清楚此乃孔疏所见《穀梁传》版本即如此，抑或改动所致。但很清楚的是，孔疏并未认为《穀梁传》的"守"意味着巡守，故以此印证《左传》注。

有一点需要分辨，《左传》载有周王巡守的记录。《左传》庄二十一年传："王巡虢守。虢公为王宫于玤，王与之酒泉。郑伯之享王也，王以后之鞶鉴予之。虢公请器，王予之爵。郑伯由是始恶于王。"③ 这是周惠王一次小规模的外交活动，竹添光鸿解释说："此巡守不过德虢公而亲之，非能遍历四方，行庆让黜陟之典也。"④ 根据《左传》的记载，周惠王因虢公为他建造行宫，所以特意到来亲近结好，而传文的重点是说明赏赐器物的不公，导致郑伯怀疑周惠王。究竟这次巡守在多大程度上符合周室的制度安排？现已难细考，而且也没有可靠的证据说明《春秋》为何没有此事的相关记载。但传文所用的句式是"A 巡 B 守"而非"A 守于 M"的句式，足证《左传》对"守"的理解是被巡守者（虢），"守"前主语不是周惠王，而且亦未载录"守"的地点，故"王巡虢守"很难印证"天王守于河阳"之"守"亦为巡守。

可是，出于天子巡守的憧憬，后世很多论者相信《左传》"且使王狩"的"狩"亦为巡守义。李廉《春秋会通》评说："案庄二十二年'王巡虢守'不书，则王狩之非狩审矣。非狩而曰狩，为尊者讳也。《春秋》书狩四，而此非讲武之狩，盖假巡狩之礼以为词也。《正义》曰：'言天王自来狩猎于河阳之地'，天子诸侯田猎皆于封内，不越国而取诸人，河阳实以属晋，非王狩所，故言'非其地'。若此，则又以狩为田狩之名。"⑤ 引文画线的部

---

① 孔颖达：《春秋左传正义》卷 16，第 457 页。
② 孔颖达：《春秋左传正义》卷 16，第 457 页。
③ 〔日〕竹添光鸿：《左氏会笺》卷 3，巴蜀书社，2008，第 300 页。
④ 孔颖达：《春秋左传正义》卷 9，第 265~66 页。
⑤ 李廉：《春秋会通》卷 11，《文渊阁四库全书》第 162 册，上海古籍出版社，1987，第 337 页。

分，被钟文烝引录，评说"是矣"，以此支持《穀梁传》的"守"亦为巡守之说。①

不过，李廉对孔疏的质疑，大可不必。首先，《春秋》没有"王巡虢守"的记载，在早期文献缺失的环境下，这几乎是一个无法找到确切答案的难题。毕竟，《左传》载有《春秋》未载之事太多，谁能说清楚其是否为孔子（若认定孔子就是《春秋》作者的话）删削的结果？事实上，李廉已预设《左传》都是孔子未整理《春秋》时的原始文本，故许多不在经文提及的事件皆被当作孔子笔削后舍弃的东西。大略地说，这一思路，是宋以后许多《春秋》研究的惯常套路，即按照自己的拟想来揣摩孔子的心意，摘取三传的叙事或观点来推出自己相信的结论。② 由于《左传》从未谈及什么性质的巡守该记载，什么不该记载，所以根本不能确定这是"非狩而曰狩"的结果。

"书狩四"的计算，出自范氏例。如上所述，范氏例把天王之守亦视同狩猎，方有4例之数。假如像柳兴恩那样，认定"守"异于"狩"，那就不该说"书狩四"，该说"书狩三"和"书守一"。不过，李廉所据经文，并非《穀梁传》，而是《左传》《公羊传》，认为"天王狩于河阳"，这样固然可能得出"书狩四"之数，但又衍生了一些令人费解的疑问：4例同样书"狩"，为什么只有河阳之"守"必然不是"讲武之狩"？像孔疏那样说是"天王自来狩猎于河阳之地"，为什么不可以？像孔疏那样坚持狩猎说，说是"假狩猎以为辞"亦可通（如果不是更说得通的话）。李廉说"盖假巡狩之礼以为词"，以"盖"言之，语调迟疑，显示他也没有十足把握。

李廉说河阳"属晋"，固然不错。③ 认为田猎不该超出辖境，此亦符合实

---

① 钟文烝：《春秋穀梁经传补注》卷12，骈宇骞、郝淑慧点校，中华书局，1996，第340页。

② 方妮安（Newell Ann Van Auken）说："宋代见证了拒绝先前不被质疑的《春秋》注释（尤其是《左传》）的更大趋向，而宋代学者改而鼓励重新着眼于孔子本人的著作。"参阅 Newell Ann Van Auken, *The Commentarial Transformation of the Spring and Autumn* (Albany: State University of New York, 2016), p. 27.

③ 《左传》僖二十五年传："与之阳樊、温、原、攒茅之田。……赵衰为原大夫，狐溱为温大夫。"参阅孔颖达《春秋左传正义》卷15，第429页。

际的早期历史经验。① 不过，《左传》和《穀梁传》皆未谈及狩地远近的问题，仅《公羊传》批判狩地太远。② 不管如何，《左传》仅说"非其地"，而却未交代"非其地"的理由，很难径自认定是河阳不在"封内"的缘故。尽管"非其地"的判断不一定符合《左传》原意，但李廉行文之时，已隐约感到"狩"若作"田狩之名"亦是可通的。无论他的信心如何，李廉否定"讲武之狩"，论证并不充分，根本无法证明周王河阳之"狩"是"假巡狩之礼以为词"。可是，钟文烝仅见其表，未测其里，过分相信李廉之论，殊不足以据此支持《穀梁传》的"守"亦为巡守。

四 《公羊》的"狩"

看完《左传》，再谈《公羊传》。依《公羊传》所解经文，其对河阳之狩，仅作狩猎解。《公羊传》僖二十八年传："狩不书，此何以书？不与再致天子也。鲁子曰：'温近而践土远也。'"何诂："使若天子自狩，非致也。"又云："温近狩地，故可言狩。践土远狩地，故不言狩也。"③ 询问为何不记载"狩"，早已默认"狩"是田猎义。何休解读鲁子之语，以"可言狩"与"不言狩"为说，亦已预设《公羊传》践土盟会亦可以狩言之，只是践土与温远近不同，遂有记载之别。

以上，《公羊传》所说的"狩不书"，是泛论所有狩猎的活动，认为《春秋》一般没有这方面的记载。且看以下三例：

[1] 桓四年经："春，正月，公狩于郎。"《公羊》云："狩者何？田狩也。……常事不书，此何以书？讥。何讥尔？远也。"

[2] 庄四年经："冬，公及齐人狩于郜。"《公羊》云："公曷为与微者狩？齐侯也。齐侯则其称人何？讳与雠狩也。"

[3] 哀十四年经："春，西狩获麟。"《公羊》云："然则孰狩之？

---

① 现在已有学者做出结合古文字来还原田猎辖区的尝试，参阅唐英杰、邹芙都《晚商"畿内田猎区"考论》，《历史研究》2022年第1期，第30～52页。

② 桓四年经："公狩于郎。"《公羊》云："何讥尔？远也。"参阅徐彦《春秋公羊传注疏》卷4，北京大学出版社，1999，第79页。（下文不注明版本）郎地处鲁国南郊，同在"封内"，亦嫌远而讥。可见《公羊传》对狩地的地理距离的判断不以"封内"为限。

③ 徐彦：《春秋公羊传注疏》卷12，第260页。

薪采者也。薪采者，则微者也。曷为以狩言之？大之也。"①

例[1]说明郎之狩，记载的原因是郎远示讥。例[2]指出"齐人"为鲁庄公的仇人齐襄公，因为事情的恶劣性而出现这一记载。例[3]表明狩者虽为打柴人（"薪采者"），但因为获麟"大之"，故有此记载。

归纳以上例子，更可证明《公羊传》认为《春秋》凡言狩者，背后皆有不寻常的理由。故可推知"狩不书"不专就某一类人而言，更不用说是专指王者的巡守。可是，陈傅良不这样理解，《春秋后传》云："王狩不书（书狩，本《公羊传》。据庄二十一年'王巡守虢'）。此何以书？非狩也。"② 这里所说的"王狩不书"，实为"狩不书"的增改，多了"王"字，就彻底改变了《公羊传》传例的原意。《公羊传》亦无其他传文说明"王狩"如何得不到记载，依《公羊传》僖二十八年传，天王之"狩"之所以被记载，是因为"不与再致天子"。此传交代"狩"之"书"，是立足于"狩不书"，并未另据"王狩不书"而言。更偏离《公羊传》的是，陈傅良援引"王巡守虢"，作为"王狩不书"的证据。如上所述，"王巡守虢"是《左传》的记载，《公羊传》未载其事，亦无证据显示这是"狩不书"参照的事件。陈傅良牵合《左传》《公羊传》，无非是想创立一个解经新例，从而印证"天王狩于河阳"的"狩"原为巡守义。但仔细比读二传，即知陈氏之解，是严重扭曲《公羊传》的误说。

不得不提，巡狩制度乃是《公羊传》与何诂的重要主张。《公羊传》隐八年传："天子有事于泰山，诸侯皆从泰山之下，诸侯皆有汤沐之邑焉。"何诂："有事者，巡守祭天告至之礼也。"又云："王者所以必巡守者，天下虽平，白不亲见，犹恐远方独有不得其所，故三年一使三公绌陟，五年亲自巡守。巡，犹循也；守，犹守也，循行守视之辞，亦不可国至人见为烦扰，故至四岳，足以知四方之政而已。"③ 何休不是不接受天子巡狩之事。依其言，巡狩是天下太平时的活动，而泰山之邑是为巡狩而备，但天王之狩却非如此。周襄王至践土和温晤见诸侯，《春秋》并未以巡狩记述其事。

① 徐彦：《春秋公羊传注疏》卷4，第79页；卷6，第125页；卷28，第619页。
② 陈傅良：《春秋后传》卷5，《文渊阁四库全书》第151册，上海古籍出版社，1987，第647页。
③ 徐彦：《春秋公羊传注疏》卷3，第58页。

五 "守"不等于"狩守"

以上两节，显示《左传》和《公羊传》的"狩"与《穀梁传》的"守"并无根本差别。三传对"天王守（狩）于河阳"的经文字面意义的理解，完全相同，皆认为周王正在河阳狩猎，而不是巡守。假如《穀梁传》的"守"不能解作巡守的话，在显示"守"之为狩猎义的诠释选项之后，现在应该检讨"守"解作巡守是不是可取。

再读范注，其言"因天子有巡守之礼，故以自行为文"①，这是认为《春秋》鉴于周襄王具有"巡守之礼"故采用"自行"的措辞。在此，范宁并未把"守"解为"巡守"，但是显然"自行为文"指的就是"守"字，但"守"为什么可以展示"天子有巡守之礼"呢？范宁没有进一步说明。这显然不能令人满意，因为作为"自行"之语，解作狩猎亦可，不必采用显得像是"巡守之礼"的措辞。

钟文烝大概了解这方面的缺陷，故尝试重新定义"守"的内涵，《春秋穀梁经传补注》云："守，巡守也。"② 径以"巡守"解"守"，可以吗？

如钟注之议，"守"可为"巡守"之省略语，单独言"守"亦可传达"巡守"之义。但在汉以前的文献中，"巡守"是一个复合词，"巡"与"守"各有所指，且看以下一例。

> [1]《孟子·梁惠王下》引晏子对齐景公曰："天子适诸侯曰巡狩；巡狩者，巡所守也。诸侯朝于天子曰述职；述职者，述所职也。"③

例[1]界定"巡狩"与"述职"的含义，二者句式相同。"巡"的对象是"守"，"述"的对象是"职"。"巡狩"与"述职"相对为文，说的是上对下的绩效管理。"巡"是天子观察的事情，而"守"是诸侯治理的绩效——这一点与上述《左传》的"王巡虢守"宜可相互参证。总之，"述"是诸侯报告的事情，而"职"是诸侯职掌的绩效。"所守"和"所职"的

---

① 杨士勋：《春秋穀梁传注疏》卷9，第149页。

② 钟文烝：《春秋穀梁经传补注》卷12，第340页。

③ 孙奭：《孟子注疏》卷2，北京大学出版社，1999，第40页。（下文不再注明版本）

"所"皆为代词，表示近指，分别是指天子所见的"守"和诸侯所说的"职"。由于天子所做的是"巡"而非"守"，诸侯所做的是"守"而非"巡"，故单言"守"不能说明反映天子的"巡"。刘敞洞察到这一点，故质疑《穀梁传》说："天子巡守者，巡所守也。云'天王巡于河阳'可矣，言'天王守于河阳'，何哉？"① 以上的诘难，主要是因为许多《春秋》学者受范注影响，遂以巡守制度来解读《穀梁传》。换个诠释的话，若以"守"为狩猎义，刘敞的批判便即落空，顿成无的放矢。

可是，钟文烝并非如此应对。他知悉《孟子》以上引文可能引起的疑问，故《春秋穀梁经传补注》特做申辩："所守为守，巡之亦为守。"② 如其说，"巡之"亦可为"守"，那么"天王守于河阳"和"为若将守"的"守"解作"巡守"，似乎毫无问题。不过，这一说法是不能成立的，因为孟子并未说过"巡之"等同"守"。"所守"是诸侯的"守"，"巡之"是天子观察诸侯的"守"。钟文烝避言二者归属不同，混淆二者之别，绝不可取。

为了佐证"守"亦为"巡之"，钟文烝举出两条旁证：

[2]《白虎通》云："王者所以巡狩者何？巡者，循也。狩，牧也。为天下循行守牧民也。"

[3]《文选注》引《礼记·逸礼》云："天子巡行守牧也。"③

以上二例，内容多有相同之处。例[2]之"巡"通"循"，其"循行"相当于例[3]的"巡行"，二者皆是说王者离都到诸侯国视察。《礼记·月令》云："命司徒巡行县鄙。"④ 其"巡行"用的正是视察义。因此，二例对"巡"的解释，与《孟子》之说完全相同。视察什么呢？就是"狩"。例[3]的"狩"通"守"，其以"牧"解，"牧"意谓饲养。以牧言人君，是早期中国的流行语，如《孟子》中即有2例：

[4]《梁惠王上》云："今夫天下之人牧，未有不嗜杀人者也。"

---

① 刘敞：《春秋权衡》卷16。
② 钟文烝：《春秋穀梁经传补注》卷12，第340页。
③ 陈立：《白虎通疏证》卷6，吴则虞点校，中华书局，1994，第289页。（下不注明版本）
④ 此句"巡"闽、监、毛本作"循"，参阅孔颖达《礼记正义》卷15，北京大学出版社，1999，第494页。（下不注明版本）

[5]《公孙丑下》云："今有受人之牛羊而为之牧之者，则必为之求牧与刍矣。求牧与刍而不得，则反诸其人乎？"①

言"牧"必有所养的对象，例［4］的"人"和例［5］的"牛羊"便是。引而言之，人君的"牧"就是牧他所牧的人民。故例［2］的"守牧民"和例［3］的"守牧"都是说统治人民的事情。然则，究竟谁的"守牧民"或"守牧"要被"循行"或"巡行"？不可能是王者或天子自己视察自己的"守牧民"或"守牧"。"守牧民"或"守牧"是他者之事。在中国上古分土建国的政治格局下，王者或天子之下该是诸侯负责"守牧民"或"守牧"，像孟子在例［4］、例［5］所言之"牧"，就是诸侯之事。如此一来，便可看见例［2］、例［3］所述，与例［1］大体相同，都是谈论最高统治者外出视察下属的治理状况。"守牧民""守牧""守"都是诸侯在境内负责的治理绩效，有待天子到来巡视。例［2］、例［3］，只能证明"巡"与"守"分属不同的主体，以此不足印证"巡之亦为守"的判断。

六　"狩守"说的补证

除了钟文烝外，廖平也是笃信周王之"守"为狩巡，《穀梁古义疏》引述了3则文献，尝试加以补证：

[1]《礼记·王制》云："天子五年一巡守：岁二月，东巡守，至于岱宗，柴而望，祀山川，觐诸侯，问百年者就见之。命大师陈诗，以观民风。命市纳贾，以观民之所好恶，志淫好辟。命典礼，考时月，定日，同律，礼乐制度衣服正之。山川神祇，有不举者为不敬；不敬者，君削以地。宗庙有不顺者，为不孝；不孝者，君绌以爵。变礼易乐者，为不从；不从者，君流。革制度衣服者，为畔；畔者，君讨。有功德于民者，加地进律。五月，南巡守至于南岳，如东巡守之礼。八月，西巡守，至于西岳，如南巡守之礼。十有一月，北巡守，至于北岳，如西巡守之礼。归，假于祖祢，用特。天子将出，类乎上帝，宜乎社，造乎祢。"

---

① 孙奭：《孟子注疏》卷1，第17页；卷4，第109页。

[2]《说苑·修文》云:"天子曰巡狩,诸侯曰述职。巡狩者,巡其所守也;述职者,述其所职也。春省耕,助不给也;秋省敛,助不足也。……入其境,土地辟除,敬老尊贤,则有庆,益其地。入其境,土地荒秽,遗老失贤,掊克在位,则有让,削其地。一不朝者黜其爵,再不朝者黜其地,三不朝者以六师移之。"

[3]《白虎通》:"王者巡守,诸侯待于竟者何?诸侯以守蕃为职者也。《礼·祭仪》曰'王者巡守,诸侯待于境'也。"①

廖平对例[1]和例[2]没有只字评论,完全是述而不作。例[1]是《王制》对巡守的说明,内容与《尚书·舜典》相合:"岁二月,东巡守,至于岱宗,柴……五月南巡守,至于南岳,如岱礼。八月西巡狩,至于西岳,如初。十有一月朔巡守,至于北岳,如西礼。"孔传:"诸侯为天子守土,故称守。巡,行之。"②《王制》和《舜典》一样,都是说舜往东、南、西、北四方巡察,各至某一山岳而止。依孔传之说,"守"是诸侯代天子守土,是被"巡"的对象。其对"巡"和"守"的理解,与《孟子》同,说详上文。无论如何,《王制》和《舜典》并未专门讨论《穀梁传》,亦未指出"守"之为"巡守"的所以然。

例[2]同样是简述巡狩的内容,与《穀梁传》没有多少关系。前一部分对"巡狩"与"述职"的说明,正是依照《孟子》所引晏子的主张,但前已述及,《孟子》对"巡狩"的理解,正好否定"守"等同"巡狩"的观点。廖平于此一言不发,不知何故。

例[3]指示巡守的相互关系,一边是王者"巡守",另一边是诸侯"守蕃"。以《孟子》"巡所守"的定义来看,此"巡守"相当于"巡","守蕃"相当于"所守"。"守"并不单独承载"巡守"之义。例[3]附有廖平的按语:"守在朝先,若实守,因而相朝。"③此"守"乃是巡守之义,但廖平的解释却无助于证明这一主张。以"守"为"狩",亦可以说是"若

---

① 孔颖达:《礼记正义》卷11,第360、363页;卷12,第368页;向宗鲁:《说苑校证》卷19,中华书局,1987,第488页。陈立:《白虎通疏证》卷6,第295页。廖疏于例[2]仅言"刘子",未交代《说苑》书名,参阅廖平《穀梁古义疏》卷4,郜积意点校,中华书局,2012,第300页。(下不注明版本)

② 孔颖达:《尚书正义》卷3,北京大学出版社,1999,第59~60页。

③ 廖平:《穀梁古义疏》卷4,第300页。

实狩"。"守在朝先"仅是《春秋》文句用词的次序排列，据此不足以断定"守"为巡狩义。

此外，《古义疏》又云："据言'王所'，知非实守。"① 这同样是以巡守为解，但僖二十八年经的"王所"，只能显示周王在不恰当的地点接受诸侯朝见，并不意味着"守"即巡守。

七 "巡守"概念的变化

钟文烝、廖平上述对"守"的误解，不能只归咎于他们个人，更多的是概念变化的结果。从政治话语的发展来看，早期文献描述王者巡狩的活动，并未专用"巡狩"一词。像《左传》昭十二年传："昔穆王欲肆其心，周行天下。"② 《史记》则说缪王"西巡狩，乐之忘归"。③ 可见，汉人称为"巡狩"的活动，东周时期不如此指称。同样道理，秦始皇灭六国后，先后进行五次长距离的巡狩，与《尧典》中舜的"巡守"极其相似，都是一种不断重复、跟随固定形态的仪式性活动。④ 王子今根据《秦始皇本纪》"多用'巡''行''游'等字而不称'巡狩'"，猜测"这应当是依据《秦记》的文字"所致，"或许体现了秦文化与东方六国文化的距离"。⑤ 事实上，《史记》记载秦始皇最后一次出行，亦称"巡狩"，《李斯列传》云："明年，又巡狩。"⑥ 究竟这些用语所依据的文本如何，现已难以稽考，但私意以为，与其说秦与六国的文化距离，不如说"巡狩"以外还有其他指称皇帝出行巡视的用语，以至《史记》亦无划一的措辞。⑦

---

① 廖平：《穀梁古义疏》卷4，第301页。

② 孔颖达：《春秋左传正义》卷45，第1307页。

③ 司马迁：《史记》卷43，第2147页。

④ Martin Kern, "Language and the Ideology of Kingship in the 'Canon of Yao'," *Origins of Chinese Political Philosophy: Studies in the Composition and Thought of the Shangshu*, ed. Martin Kern, and Dirk Meyer (Leiden: Brill, 2017), p. 42.

⑤ 王子今：《论帝舜"巡狩"》，《陕西历史博物馆论丛》第25辑，三秦出版社，2018，第5页。

⑥ 司马迁：《史记》卷87，第3091页。

⑦ 秦国与六国文化的对比，其底蕴是不相信和质疑秦国接受儒家经典而有巡狩之举，这样把秦与儒学对立的思路，是西汉末年经师所构造的，抑或是文化成见，不可尽信，参阅 Michael Nylan, "Han Views of the Qin Legacy and the Late Western Han 'Classical Turn'," *Bulletin of the Museum of Far Eastern Antiquities*, Vol. 79/80 (2018), pp. 73 – 121。

虽然用语尚未统一，但秦国的巡狩实践，对世人的"巡狩"构想，形成了一些潜移默化的指引作用。第一，与舜的巡狩不同，秦国没有分封领土，故地方长官向中央朝廷负责的方式，主要是通过文书行政，皇帝与郡守的面见绝非首要。像《孟子》所说的天子"巡所守"而诸侯"述所职"的互动关系，亦随着中央集权的格局的形成发展，被世人逐渐淡忘。第二，秦始皇和秦二世先后七次反复巡守全国的密集出行，已形成了主权宣示的深刻效应，透过肉身的移动而展现无与伦比的存在感。① 汉初时，曾在秦朝生活过的人都知道天子出游称为"巡狩"。《史记·淮阴侯列传》云："高帝以陈平计，天子巡狩会诸侯，南方有云梦，发使告诸侯会陈：'吾将游云梦。'"② 此"游"就是仿效古时天子"巡狩"，从"巡狩"与"会诸侯"分而言之，"巡狩"已不再是天子"巡"、诸侯"守"的二分构想。③

囿于早期文本存世有限，现在已无法判断"巡狩"专指皇帝出行的新义，在汉代社会究竟到了哪一程度。可以确定的是，像陈平之类的用法，已经相当流行。成书于东汉初年的《汉书》，叙述西汉皇帝的巡守活动，基本上是以"巡狩"指称其出行，如《汉书·武帝纪》云："武帝巡狩所幸之郡国，皆立庙。"④ 又《郊祀志》记载宣帝"尊孝武庙为世宗，行所巡狩郡国皆立庙"。⑤ 两处"巡狩"指称武帝的出行，出行地方是"郡国"，同样不是天子"巡"、被巡者"守"的构想。此外，《艺文志》载有《出行巡狩及游歌诗》十篇⑥，其以"出行""巡狩""游歌"并言，说的是以皇帝为中心的朝廷活动，大概亦以"巡狩"为天子的行动，不再强调"守"或"狩"的人进行述职之事。

---

① 有关秦始皇巡狩的政治信息，参阅 Charles Sanft, *Communication and Cooperation in Early Imperial China：Publicizing the Qin Dynasty*（Albany：State University of New York Press, 2014），pp. 77 – 100。

② 司马迁：《史记》卷 92，第 3184 页。

③ 《陈丞相世家》引陈平曰："古者天子巡狩会诸侯。南方有云梦，陛下第出伪游云梦，会诸侯于陈。陈，楚之西界，信闻天子以好出游，其势必郊迎谒。"参阅司马迁《史记》卷 56，第 2499 页。这一叙事，与《淮阴侯列传》略同，而陈平估计韩信听闻刘邦到云梦的用语，是"出游"，这亦是指"巡狩"而言，并非"巡"属天子、"狩"（通"守"）属诸侯的用语。

④ 班固：《汉书》卷 8，中华书局，1962，第 243 页。（以下不再注明版本）

⑤ 班固：《汉书》卷 25，第 1248 页。

⑥ 班固：《汉书》卷 30，第 1754 页。

　　这不是说《孟子》对"巡守"的构想已完全被遗忘了，主要是对经典诂释比较内行的人方才坚持这一古义。如《诗·周颂·时迈》郑注："巡守告祭者，天子巡行邦国，至于方岳之下而封禅也。"孔疏："武王既定天下，而巡行其守土诸侯，至于方岳之下，乃作告至之祭，为柴望之礼。"① 郑的"邦国"和孔的"守土诸侯"，都是继续诠释"守"为被巡者之事。与郑玄相比，杜预显得比较含糊，他这么解读《左传》的"王巡虢守"："巡守于虢国也。天子省方，谓之巡守。"② 如上所述，"巡"为王之事，"守"为虢之事，但杜预以"巡守"乃天子所为，而"巡守"所在的地点厘定在虢国，隐然把"守"由虢转嫁于王，这种解说似乎已受到"巡狩"全属出行的天子所为的诠释思路影响。

　　以巡狩为天子常事的流行构想来诠释《春秋》经传，在范宁以前已有相对完整的见解，不尽是范宁的发明。东晋虽然扎根在南方，但建康朝廷主流的政治话语基本上是哀叹中原丧乱，拥护王师收复。③ 晋室南移，犹如周王东迁，假如像弱势至被迫离洛的周襄王，在河阳"守"亦被孔子寄托着"狩守"之愿，不啻告诉世人，即使无法有效控制领土仍可以宣示主权!④ 东晋江熙便有这样的主张。僖二十四年经："冬，天王出居于郑。"《穀梁传》云："出，失天下也。"范注引江熙曰："天子必巡守然后行，故河阳之守，全天王之行也。平王东迁，其诗不能复《雅》，而列为《国风》。襄王奔郑，不得全天王之行，则与诸侯不异，故书出也。夫子祖述尧舜，宪章文武，斯文是作，不以道假人。传言'失天下'，阙然如有未备。"⑤ 江熙以"天王出居于郑"的"出居"与"天王守于河阳"的"守"相照，其背后的预设是天子之"行"属于"巡守"的性质。"出居"一事，暂不深论，但江熙对"全天王之行"的讨论，已在断定河阳之"守"乃是巡守，而非狩猎。对江熙这部

① 孔颖达：《毛诗正义》卷 19，北京大学出版社，1999，第 1302 页。
② 孔颖达：《春秋左传正义》卷 9，第 265 页。
③ 像谢灵运《劝伐河北书》便充分流露这样的情怀，参阅徐冲《观书辨音：历史书写与魏晋精英的政治文化》，北京大学出版社，2020，第 203～225 页。
④ 有关主权宣示的性质和条件，参阅黎汉基《主权宣示的四个条件：一个历史政治学的观察》，《中国人民大学学报》，待刊稿。有关建康朝廷扎根南方的政治文化的特质，参阅 Andrew Chittick, *The Jiankang Empire in Chinese and World History* (Oxford: Oxford University Press, 2020)。
⑤ 杨士勋：《春秋穀梁传注疏》卷 9，第 143 页。

分言论，杨疏进一步发挥说："旧解江熙此言，明夫子之修《春秋》，虽宪章前代，亦不可全与前代齐录，故云'夫子祖述尧舜，宪章文武'，言尧舜有巡守之礼，文武有省方之制，故仲尼因襄王之守全天子之行，是亦'祖述宪章'也。"[1] 当"守"被诠释为巡守，而且巡守是尧舜文武以来的制度规定，无形中已设定了一个令流亡者鼓舞振奋的信息：尽管像周襄王这样的君主无法控制领土，但有宣示主权的资格，即使河阳之行不由自主，但依《春秋》笔法，相关君主仍然以"巡守"的措辞维持体面。以"守"为"巡守"，较之以"巡守"为君巡臣守，可能更能抚慰当时建康士大夫的心灵。范宁以"巡狩之礼"来理解河阳之"守"，可能就是从上述见解转手而来。

八　巡守凌驾狩猎

范注对"守"的新诠释，虽然不合《榖梁传》传义，但若不追求字义解释的准确性，仅就政治诉求而论，却有异常的吸引力。狩猎与巡守，同是掩饰之辞，但站在回护主权者的政治考虑角度而言，巡守之辞肯定更有理想性。狩猎是一般诸侯皆可举行的常规活动，弱势如周襄王也能做到，河阳之"守"或"狩"若作狩猎解，那就是除了顾全天子颜面的掩饰作用以外，便无别的深意可言。相比之下，巡狩既有舜的先例，这样明显不可能施行于东周所有国家（虽然《左传》曾有一处记载"王巡虢守"）的主权性活动，居然加诸刚有流亡经验的周襄王（即"天王出居于郑"）身上，那就不仅是避免天子尴尬而已，在很多论者眼中，这是最能展示尊王理想的笔法。

唐宋以后，《春秋》研究不以恪守三传旧义为尚，过去的许多解经意见已不能满足论者的尊王理念。[2] 像任意废立君主的祭仲，宋元明以降对之多有骂辞，不复汉人的肯定和赞美。[3] 同样，周襄王河阳之"守"或"狩"，相比解作狩猎而言，解作巡守义更能彰显天子权力失坠的落差和不合理。除

① 杨士勋：《春秋榖梁传注疏》卷9，第143~44页。
② 牟润孙：《两宋〈春秋〉学之主流》，《注史斋丛稿》（增订本）上册，中华书局，2009，第69~87页。
③ 有关祭仲诠释的变化，参阅黎汉基《门户以外：〈春秋〉研究新探》，上海古籍出版社，2020，第237~61页。

了上文提及的陈傅良、李廉二人外，再看以下5例：

[1] 孙觉《春秋经解》云："夫以春秋之时，天王之弱，巡狩之礼，其能举乎？圣人以为臣之见君，未尝于外君之朝，臣必于其庙，惟巡狩之礼行而天王在外也，则诸侯见之，可以于外，而君之受朝不必于庙也。"

[2] 苏辙《春秋集解》云："仲尼曰：'以臣召君，不可以训。'然而其情不可不察也，故书曰'天王狩于河阳'，使若巡狩，然尊周且以全晋也。"

[3] 沈棐《春秋比事》云："《左氏》以谓'仲尼曰：以臣召君，不可以训。故书曰天王狩。'盖讳以天王之尊而从霸主之胁致，若王巡狩而诸侯会方岳也。"

[4] 李明复《春秋集义》引程氏学曰："践土之事，天王实劳晋侯，然王有巡狩之名，晋无召君之迹，非如河阳之行，反道害义，故特书言狩者，足以见其不成狩也。"

[5] 张洽《春秋集注》云："古有巡狩之礼，帝王以来，未之有改。王狩而诸侯朝，则名正而言顺，故书之。如察其实，则践土之盟，初无以异于河阳之狩，而晋文不能尽尊尊之义，犹前志也。"①

例[1] 孙觉哀叹天子巡狩之事难得在春秋重现，孙觉强调河阳仍能举行"巡狩之礼"，不因"天王之弱"而改变。例[2] 苏辙所言，多据《左传》，但又认定孔子对晋不尽是批判，故猜度"尊周且以全晋"，但其言"使若巡狩"，实为范注的故智，而无视《左传》之"狩"并非巡守。例[3] 与例[2] 颇为接近，差别仅在于沈棐批判晋文公"胁致"天王，而他对"狩"的理解与苏辙相同。例[4] 比较于践土和河阳天王两次接见诸侯之事，二程对"河阳之行"力辩其非巡狩，实际上是预设周襄王之"狩"实乃"巡狩之名"。例[5] 亦是对于践土和河阳天王接见诸侯之事的对比，而张

① 孙觉：《春秋经解》卷6，《文渊阁四库全书》第147册，上海古籍出版社，1987，第686页。苏辙：《苏氏春秋集解》卷5，《文渊阁四库全书》第148册，上海古籍出版社，1987，第45~46页。沈棐：《春秋比事》卷2《晋文公》，《文渊阁四库全书》第153册，上海古籍出版社，1987，第27页。李明复：《春秋集义》卷24，《文渊阁四库全书》第155册，上海古籍出版社，1987，第488页。张洽：《春秋集注》卷4，陈岷点校，中华书局，2021，第179页。

洽申论"巡狩之礼"亦已预设"河阳之狩"属于巡守的性质。

总结以上,可以发现一点:这些各具见解的《春秋》学者所面对和思虑的焦点,并非"狩"是不是巡守之义;更准确地说,他们几乎已预设"守"意谓巡守,不待问难,仿佛这是普遍接受的真理。他们是不是都不知道《孟子》"巡"与"守"二分的构想?随着孟子地位的上升,《孟子》已成为读书人必读的教科书,而书中有关"巡守"的意见,自非罕见难得的秘义。令人纳罕的是,一些论者明知《孟子》的相关主张却仍继续主张河阳之"守"为巡守。且看以下3例:

> [6] 叶梦得《春秋传》云:"狩者何?天子适诸侯曰巡狩,诸侯见天子曰述职。巡狩者,巡所守也。何以书?前以王之自往则不书,今以晋侯召王而往则书,盖王以巡狩为之名也。……使晋侯实召王而往,《春秋》虚假之狩,是加王以无实之名而免晋以当正之罪,孰有如是而可为《春秋》乎?"

> [7] 张大亨《春秋通训》云:"礼,天子非展义不巡守。襄王不能巡晋守而从晋侯之召,是不君也。"

> [8] 焦袁熹《春秋阙如编》云:"必更言河阳者,狩即巡狩之,狩所省巡地。天子巡狩,当以五方之一为率。"①

例[6]叶梦得对"巡狩"的说明依据《孟子》,但又径自断定《春秋》的"狩"必是巡狩义,而没有想过若按照孟子的思路推敲,河阳之"狩"若放在巡狩的语境上解读,只能是"巡所守"的"守"而非"巡"。叶梦得对"巡狩"的理解,更接近汉人的构想而非孟子的原意。例[7]的"天子非展义不巡守",出自《左传》庄二十七年传。②此"展义"与"天王守于河阳"的"守"并无实质关系。"巡晋守"本自"巡所守",张大亨对《孟子》的构想显然有一定的了解,不过仅依"巡晋守"也无法证成河阳之"守"就是巡守。例[8]颠倒了《孟子》的意思,"巡所守"的"守"是被巡的对

---

① 叶梦得:《叶氏春秋传》卷10,《文渊阁四库全书》第149册,上海古籍出版社,1987,第118~119页;张大亨:《春秋通训》卷4,《文渊阁四库全书》第148册,上海古籍出版社,1987,第592页;焦袁熹:《春秋阙如编》卷5,《文渊阁四库全书》第177册,上海古籍出版社,1987,第854页。
② 孔颖达:《春秋左传正义》卷10,第285页。

象，但在焦袁熹的解说中，"狩"已等同于"巡狩之"，且仅"狩"字具有"巡狩"之意。

透过叶、张、焦三人的解经意见，可以进一步确定"狩"或"守"为巡守的构想不知不觉已成为《春秋》研究人尽皆知的流行意见，学者即使参照《孟子》的观点也往往得出以"守"为巡守的结论。除非认真审核三传的语脉，否则一些主张"巡"为狩猎的观点反而遭到质疑，例如程端学《春秋本义》云："襄王失道，播迁于郑。诸侯纳之，正当感激奋励，迁善改过之时，今未入京师，未谢宗庙，而事游猎焉，且河阳非其常狩之所，故《春秋》书之，又为公朝王所起文也。"① 张自超对之极其反感，说"程氏遂以狩为狩猎，责襄王播迁于外"，其评价是"语似无稽，全不信《左氏》，恐亦不免于强撰也"。② 无疑，程端学未谢宗庙等说法，多有臆测，但他说周襄王"事游猎"，是比许多经师更符合经传的判断。张自超没能做出较客观的评价，反而暴露了他受"守"之巡守义左右而不自知。

必须强调的是，认定河阳之"守"为巡守，不仅仅是轻忽对待文本的结果。一些标榜回归三传旧义的《春秋》学者，不知不觉间亦扭曲了传义的原貌。上文提及的钟文烝和廖平都致力钻研《穀梁传》且成果卓越，但其不仅以"守"为巡守义，而且曲为之辩。接着，多举一个例子说明巡守的构想如何影响学者对《左传》和《公羊传》的"狩"的认识。

[9] 张尚瑗《左传析诸》云："《孟子》曰：'巡狩者，巡所守也。'《虞书》：'岁二月，东巡守'，孔氏传亦因之。然古者天子朝会诸侯，往往遂兼田猎，宣王《车攻》之诗是也。伍举告楚灵曰'成有岐阳之蒐'，汉高帝伪游云梦，陈平亦引'古天子巡守会诸侯'，曹操举荆州使，使告孙权曰：'请与将军会猎于吴。'传云'以诸侯见，且使王狩'，正是会诸侯选车徒之义。"③

---

① 程端学：《春秋本义》30卷，《文渊阁四库全书》第160册，上海古籍出版社，1987，第221页。
② 张自超：《春秋宗朱辨义》卷5，《文渊阁四库全书》第178册，上海古籍出版社，1987，第115页。
③ 张尚瑗：《左传析诸》卷7，《文渊阁四库全书》第177册，上海古籍出版社，1987，第181页。

以上画线的部分，被陈立《公羊义疏》略做改写："古者巡守、朝会诸侯，每兼田猎，宣王《车攻》之诗是也。传云'以诸侯见，且使王狩'，正是会诸侯选车徒之事。"①

从张尚瑗引用《孟子》和《尚书》有关巡守的记载可见，他是相信河阳的"守"解作巡守的，但他显然知道《左传》的"狩"该解作狩猎，故强作折中，认为"朝会诸侯"夹杂"田猎"，仿佛巡守包含狩猎，然后引用4个例子佐证"使王狩"亦是如此。究其实，他的举证都不能成立。

第一，《小雅·车攻》是表现周宣王在东都朝会诸侯举行狩猎典礼的乐章，《毛诗序》云："宣王内修政事，外攘夷狄，复文、武之境土，修车马，备器械，复会诸侯于东都，因田猎而造车徒焉。"② 东都是王畿，宣王在东都等待诸侯来朝，不是宣王自己跑到四方巡守，而诗中所言亦是狩猎而非巡守。

第二，"成有岐阳之蒐"出自《左传》昭四年传："夏启有钧台之享，商汤有景亳之命，周武有孟津之誓，成有岐阳之蒐，康有酆宫之朝，穆有涂山之会，齐桓有召陵之师，晋文有践土之盟。君其何用？宋向戌、郑公孙侨在，诸侯之良也，君其选焉。"③ 椒举向楚灵王进言，商量会合诸侯的礼仪安排，列举了启、汤、武、成、康、穆、齐桓、晋文八个例子以供选用，会合诸侯不等于巡守，椒举把齐桓、晋文也算在其中，便足以否定这是巡守的性质。而且，成王在王畿内的岐山蒐猎，能够算是巡守吗？

第三，前已述及，陈平向汉高帝献计伪游云梦一事，只能证明汉人觉得巡守与出游相关，很难以此证明《春秋》的"守"亦是如此。

第四，"请与将军会猎于吴"出自《三国志》裴注引《江表传》所载曹操与孙权书："今治水军八十万众，方与将军会猎于吴。"④ 曹操语此时，尚是汉献帝的臣子，他威吓与孙权"会猎"，参照经典这只能算是诸侯之间的共同狩猎的性质（想一想上述鲁庄公与齐襄公的共同狩猎），与巡守没有什么关系。

尽管张尚瑗的论证不足以支持《左传》的"狩"为巡守，但陈立却引录

---

① 陈立：《公羊义疏》卷35，刘尚慈点校，中华书局，2017，第1324页。
② 孔颖达：《毛诗正义》卷10，北京大学出版社，1999，第647页。
③ 孔颖达：《春秋左传正义》卷42，第1200页。
④ 陈寿：《三国志》卷47，中华书局，1959，第1118页。

其说和第一项例子，目的再明显不过，就是想显示同样述"狩"的《公羊传》亦是如此主张。除了张尚瑗以外，陈立还引用惠栋的说法："栋谓天子巡守，有朝诸侯之礼，故《尚书》云：'五载一巡守，群后四朝。'马融、王肃皆云：'四面朝于方岳之下。'王巡守而朝之，正也；召王，非正也。故仲尼书云'天王守于河阳'，所以正君臣之礼。"① 以上见解，出自《穀梁古义》，不知什么原因，陈立将之改为《公羊古义》②，仿佛惠栋也主张《公羊传》的"狩"是巡守。事实上，惠栋以"守"为"天子巡守"，不过是沿承过去经师的流行观点，谈的是《穀梁传》的"守"。而《尚书》和马、王的见解也无助于说明《春秋》的"守"或"狩"是巡守义。陈立坚守《公羊传》的立场相当坚决，但在对"守"的理解上，一再杂引《公羊传》以外的不相干的观点，这表明他像许多清末经师一样，对很多问题的认识，已受到过去诠释意见的影响，绝非直接继承汉人的解经意见。

巡守，既是历史事实，又是政治理想。河阳的"守"或"狩"，原作狩猎义，三传相同，无涉于巡守。"守"和"狩"被理解为巡守，是出于后人的憧憬，而非经传的解诂。假如上述论证大体成立，似乎有理由相信经典文本与诠释拟想之间的缺口往往比想象的更大。许多自以为是公论的诠释意见，其实都在不断发展和调整之中，而且充满各种漏洞。这些都需要仔细地比较和清理，侈言什么微言大义、经学体系或简单地挪用经学史教科书的常识不能解决什么问题。

① 惠栋：《九经古义》卷15，《文渊阁四库全书》第191册，第492～493页。除引文中三个"云"字改写为"曰"外，陈立全引惠氏之语。参阅《公羊义疏》卷35，第1326页。刘尚慈点校时，应该没有查阅《九经古义》，引号截至"群后四朝"后止，甚误。

② 陈立：《公羊义疏》卷35，第1326页。

孔子、孟子、荀子对礼的合理性论证比较研究

李宗敏

（西北大学中国思想文化研究所）

摘　要： 春秋末期，由于周礼与社会现状不相适应，孔子以周礼为主要论据，"纳仁于礼"试图消弭周礼中的宗教因素，赋予其道德性；而孟子则在强化礼的道德性，将礼与人的四心相结合。与孟子相反，荀子基于德、刑各自存在的不足，将二者相结合，弱化礼的道德性，呈现出道德的工具属性倾向。从孔子到荀子对礼的合理性的不同论证，可以看到人的主体性在先秦儒家思想的演变中的变化，由周礼到孟子，人的主体性强化，由孟子到荀子，人的主体性则弱化。这种转变也反映出，在周秦之变的社会大背景下，王权不断集中，民众对依附于士、卿大夫向依附于君王转变。

关键词： 去宗教化　道德性的强化　道德工具属性的倾向　主体性

　　春秋末期，由于整个社会"礼坏乐崩"，传统的周礼已经不能实现国家的有效治理。因而以孔子为代表的先秦儒家对于礼的合理性从不同角度进行了论证。礼是先秦儒家政治哲学的重要内容，学界对先秦儒家礼的思想研究成果颇多①，但对礼的合理性问题却鲜有涉猎。孔子、孟子、荀子在理论构建的过程中也

---

① 学界研究诸如曹兴江《荀子礼思想研究》（中国社会科学出版社，2017）；吴丽娱主编《礼与中国古代社会·先秦卷》（中国社会科学出版社，2016）；姚小鸥《诗经三颂与先秦礼乐文化》（北京广播学院出版社，2000）；惠吉兴《荀子礼论研究》（《河北学刊》1995年第4期）；胥仕元《秦汉之际的礼治与礼学研究》（人民出版社，2013）；王正《先秦儒家道德哲学十论》（世界图书出版有限公司北京分公司，2022）。在书中，王正对先秦儒家的仁与礼进行了辨析。

常常将"礼治"视为国家治理中最好的政治模式，但是他们在对礼的合理性进行论证的过程中却表现出不同，不同的论证方式体现出孔子、孟子、荀子不同的价值取向。

一　孔子、孟子：礼的去宗教化与礼的内在化

对于礼的合理性论证，孔子讲："夏礼，吾能言之，杞不足征也；殷礼，吾能言之，宋不足征也。文献不足故也，足，则吾能征之矣。"（《论语·八佾》①）这里孔子从史学的角度出发，认为周礼相较于夏、殷二代的礼而言，更完善，内容更丰富。周朝的礼仪制度来自殷、商二代，以二代的礼仪制度为依据，孔子讲："周监于二代，郁郁乎文哉！吾从周。"（《论语·八佾》）对于孔子而言，周礼是当时最先进的、最完备的礼仪制度，即使其已经不能适用于国家的治理，但是并没有一个现存的制度或者法律条文能够更为完善，并作为国家法度治理整个社会。因而，与文艺复兴时期人们打着恢复古希腊罗马文化的旗帜宣扬人文主义的精神一样，孔子提出"恢复周礼"并非主张要回到过去，而是要借着恢复周礼的外衣去宣扬"仁""义""礼""智""信"等思想主张，试图通过提高君王的道德修养，以道德教化的方式，实现社会的有效治理。

春秋时期，周天子势微，礼坏乐崩，周礼作为国家法制已无法维系周天子、诸侯、卿大夫之间的尊卑等级秩序，在孔子看来，周礼相对于夏礼、殷礼更具先进性②，因而孔子对周礼进行了改造。周礼作为周天子统治的主要依据，实际上常被作为维系统治者与"祖先""神"的纽带。而孔子则试图去除周礼的宗教性，发挥周礼的道德性，从而将"仁"作为"礼"的本质，

---

① 本文所引《论语》皆出自程树德撰，程俊英、蒋见元点校《论语集释》，中华书局，2014。

② 在孔子看来，相比殷礼、夏礼而言，周礼的"先进性"主要体现在两个方面。在体系内容上，孔子讲："殷因于夏礼，所损益，可知也。周因于殷礼，所损益，可知也。其或继周者，虽百世可知也。"（《论语·为政》）三代的统治者都在批判继承前代的基础上将作为国家制度的"礼"不断完善。在史料方面，孔子讲："夏礼，吾能言之，杞不足征也；殷礼，吾能言之，宋不足征也。文献不足故也，足则吾能征之矣。"（《论语·八佾》）随着时间的推移，关于殷礼与夏礼的史料已然不足以证明人们对夏礼、殷礼的理解是否合理。就是说相对于殷礼、夏礼，周礼在体系上、内容上是相对完备的。应该说，周礼可以视为春秋战国时期诸子百家所能接触到的体系最完备、内容最完善的"法"。

他讲："克己复礼为仁。一日克己复礼，天下归仁焉。"（《论语·颜渊》）这里孔子将克己复礼视为仁，也就是说仁包含了礼的范畴，孔子云："人而不仁，如礼何？人而不仁，如乐何？"就说若一个人不能去践行"仁"的理念，那么他也必然不会行礼乐。在孔子看来，践行"仁"是人们自觉的结果，"吾欲仁，斯仁至矣"（《论语·述而》），这实际上便将"周礼"中的强制性意蕴转化为教化性意蕴。就是说，"周礼"不再是强迫人们遵守的社会规范，而是人们主动自觉遵守以体现其道德性的社会规范。

众所周知，周礼以宗法血缘为纽带从而维系人与人之间的团结，而关于仁，在《论语》当中，"仁"的内涵极为丰富，李泽厚将孔子的仁学思想以及仁学结构分为血缘基础、心理原则、人道主义、个体人格，其整体特征则是实践理性①。孔子赋予了"仁"血缘基础的内涵，为仁与礼的结合提供了可能。孔子讲："夫仁者，己欲立而立人，己欲达而达人。能近取譬，可谓仁之方也已。"（《论语·雍也》）以及当仲弓问仁时，子曰："己所不欲，勿施于人。"（《论语·颜渊》）可以看到，孔子看待人与人之间的关系是以人自身为出发点的，体现出孔子仁学思想中由己到亲人再到非血缘人群的逻辑链条。

应该说当孔子"仁"与"礼"相结合时，"礼"便不再只是"外在于人而规范人的文明制度，也是内在于人性的基本因素"②。孔子将"仁"视为包罗众德的最高的道德以及人所要追求的道德的最高境界，这也为其"恢复周礼"的主张提供了道德依据。实际上，从孔子所讲的"天生德于予"（《论语·述而》）中所体现出的作为人应有的历史责任感来看，其所谓的"志于道"（《论文·述而》）实际上指孔子要恢复的以"仁"作为本质的周礼，而非西周时期的周礼③。而孔子纳仁于礼的做法在一定程度上强化了礼的道德性④，从而将这种

---

① 参见李泽厚《新版中国古代思想史论》，天津社会科学院出版社，2008，第18页。

② 张岂之主编《中国思想文化史》，高等教育出版社，2012，第98页。

③ 李泽厚在评价西周礼治时讲道，"这是一幅以伦理道德为轴心，上通祖先神明，下为治理百姓'顺理成章'的理想化的美妙图画，这也就是'由巫到礼'，以伦理为中心所构成的'宗教、伦理、政治'的'三合一'的礼治。"见李泽厚：《由巫到礼 释礼归仁》，生活·读书·新知三联书店，2015，第56页。依据李泽厚所言，周礼即为宗教、伦理、政治的结合体。

④ 勾承益认为，在《论语》当中礼学表现形式呈现出高度道德化的特征。参见勾承益《先秦礼学》，巴蜀书社，2002，第362页。

礼的道德性应用于政治之中。而孟子相较于孔子，在对"礼"的合理性论证的过程中，更是进一步发挥礼的道德性，并直接将其与人的心、性相结合，将礼进行内在化处理。

孟子认为，人有"四心"，即恻隐之心、羞恶之心、恭敬之心、是非之心，又将儒家所讲的仁、义、礼、智分别与四心对应，从而认为"仁义礼智，非由外铄我也，我固有之也"（《孟子·告子上》①）。在孟子看来，礼并非独立于人，它是由人的内心所延伸出来的，人们只需要尽其心，扩充自身的本心，礼的形式便是人扩充本心的体现。正因如此，人们才要守礼，国家才要推行礼治。这里实际上暗含着孟子关于礼的论证的三条逻辑：（1）由内到外，礼发端于人心，"辞让之心，礼之端也"（《孟子·公孙丑上》）。因为人有四心，并且人们以"诚"来不断扩充自己的本心，"万物皆备于我矣。反身而诚，乐莫大焉"（《孟子·尽心上》），礼便产生了。也就是说礼是道德的体现，道德是礼的本质。（2）由上到下、纵向延伸，人性本善并且人都有四心，但是并不是人人都能够主动去扩充自己的本心，之所以如此"非天之降才尔殊也，其所以陷溺其心者然也"（《孟子·告子上》）。这就需要在个体的带动下，从而使一家、一国之人都能去扩充自己的本心，《礼记·大学》②中就讲："古之欲明明德于天下者，先治其国；欲治其国者，先齐其家；欲齐其家者，先修其身。"从修身到平天下，正是由个体到群体再到国家的逻辑过程，这实际上是从君王的角度来阐发的。孟子云："人皆有不忍人之心。先王有不忍人之心，斯有不忍人之政矣。以不忍人之心，行不忍人之政，治天下可运之掌上。"（《孟子·公孙丑上》）就是说如果君王能够以恻隐之心、羞恶之心、辞让之心、是非之心去推己及人，行仁政、省刑罚，那么治理国家便会很容易。（3）由个体到群体、再到国家，横向扩充。这是先秦儒家思想中的主要逻辑，孟子亦持之，他讲："老吾老，以及人之老；幼吾幼，以及人之幼。天下可运于掌。诗云：'刑于寡妻，至于兄弟，以御于家邦。'言举斯心加诸彼而已。故推恩足以保四海，不推恩无以保妻子。古之人所以大过人者无他焉，善推其所为而已矣。"（《孟子·梁惠王上》）以尊敬自己家的长辈，从而推广到尊敬别人家里的长辈，以爱护自己家的子

---

① 本文所引《孟子》皆出自焦循撰，沈文倬点校《孟子正义》，中华书局，2015。

② 本文所引《礼记》皆出自（汉）郑玄注，（唐）孔颖达正义，吕友仁整理《礼记正义》，上海古籍出版社，2008。

女扩充到爱护别家的子女。先给自己亲人、兄弟树立榜样，再成为整个国家的道德榜样。这里不只是君王应如此，普通民众也应保持自己的本心、扩充自己的本心。这三条逻辑实际上最本质的便是由内而外的论证逻辑，无论是由上到下还是由个体到群体，事实上都是以每个人的心、性为逻辑起点，对礼的合理性进行论证。

可以看到，孟子对于礼的合理性论证进一步发挥了孔子"纳仁于礼"的道德论证。在孔子那里，礼还是政治性的阐述，只是赋予其道德的内涵，而孟子则直接将礼视为人的道德在政治领域的延伸，礼则成为人心扩充的产物，这是孟子对于孔子思想的突破，当礼由人心之四端扩充到社会规范之上时，礼的道德功用也就与社会功用相结合了①，虽然理论上道德功用与社会功用是两个范畴，但事实上二者已密不可分。基于孟子对礼的合理性的论证，可以说在孟子看来政治是道德的体现，道德则成为政治的本质，也就是说君王的有效统治不在于权力的稳固而在于君王自身的道德修养，这与韩非将"权力"视为政治的本质，将道德视为君王统治的工具和政治的延伸的主张大相径庭②。

二 道德性的强化与道德工具属性的倾向

从上文关于孔、孟对礼的合理性探讨中可以看出，孟子在孔子的基础上进一步强化礼的道德性，并从心、性两个角度去为礼的合理性提供依据。而且孔、孟在对礼的合理性论证的过程中，常常借助"天"的范畴加以论证。如孔子所讲"天生德于予"（《论语·述而》），以及孟子所言："尽其心者，知其性也。知其性，则知天矣。存其心，养其性，所以事天也。"（《孟子·尽心上》）不仅孔、孟如此，诸如《礼记·礼运》："礼必本于天。"将礼产生的原因归结于天。子产讲："夫礼，天之经也，地之义也，

---

① 郝长墀讲："'事父母'是道德之心扩充的第一个果实，治理天下是它的最高实现。"（郝长墀：《政治与人：先秦政治哲学的三个维度》，中国政法大学出版社，2012，第174页）而在孟子的政治哲学中，礼则是治国的最高依据。

② 韩非讲"人臣之不可借权势"（《韩非子·备内》），"虚名不以借人，况实事乎！"（《韩非子·外储说右下》）。当尧、舜丧失了权力以后"不能治三人"（《韩非子·难势》），这都说明在韩非看来权力是政治的体现，即使像尧、舜那样道德高尚的人，丧失了权力以后，也没人再服从他们。

民之行也。"① 应该说，自孔子到孟子，先秦儒家在礼的合理性论证方面，仍然呈现出礼由人的内心向外延伸的思维特征，而荀子则不同，在他看来礼的产生并非由于人心、性的扩充，而是由于养人之欲的客观需要。关于这一点，荀子在《礼论》篇中进行了论证：

> 礼起于何也？曰：人生而有欲，欲而不得，则不能无求。求而无度量分界，则不能不争；争则乱，乱则穷。先王恶其乱也，故制礼义以分之，以养人之欲，给人之求。使欲必不穷于物，物必不屈于欲。两者相持而长，是礼之所起也。②

在荀子看来，礼之所以会产生，是因为人们生而有欲望，但是当他们的欲望不能得到满足时，便会陷入无休止的追求之中，去实现这个欲望。圣王制礼的目的便是要在既能满足民众的欲望的同时，也能使民众不失去财物。王正讲："荀子的学说实际上是为了实现大众的普遍教化而提出的，他更着眼于社会效应的层次。"③ 依据王正所讲，荀子所言之礼的产生独立于人之外，与人自身的道德性并无固有关联，这种关联是后天由圣王强行施加于人身的，它的存在是为了针对人因内在欲望而可能发生的"恶"，这就呈现出由外向内的思想特征。君王、圣人制定的礼仪规范针对的是人可能因欲望造成的社会紊乱，这就使得在荀子的思想体系内，礼的合理性建立在其社会功用上，而非道德功用上，人在知礼、守礼这一过程中实际上呈现出先被动后主动的特点。

人们对欲望的追求是无休止的，满足民众合理的欲望有利于君王对国家的统治，但是民众在追求自己的欲望的过程中，往往超越边界，以至于引发社会混乱。礼在这个过程中实际上起着调节的作用，在荀子看来，人生而有欲，当人们纵其欲之时，社会便产生了混乱，礼实际上便是要将人的欲望规范化，使人们在满足自己欲望的同时不使社会发生混乱④。

---

① （周）左丘明撰，（晋）杜预注，（唐）孔颖达正义，李学勤主编《春秋左传正义》，北京大学出版社，1999，第1447页。
② 本文所引《荀子》皆出自（清）王先谦撰，沈啸寰、王星贤整理《荀子集解》，中华书局，2012。
③ 王正：《先秦儒家道德哲学十论》，世界图书出版有限公司，2022，第87页。
④ 《荀子·性恶》云："今人之化师法，积文学，道礼义者为君子；纵性情，安恣睢，而违礼义者为小人。"礼便是要节制人纵性情的行为，通过师法教化使人们实现由小人到君子的转变。

在荀子看来，"礼法"是治理国家的最佳方案，法家所倡导的"法治"并不能兼顾人们的欲望与物质财产，也并不能发挥"礼"的教化作用。荀子认为，法家的治国方式过于强调政治权力的有效性，而忽略了仁义道德在政治中的作用，当李斯盛赞秦国"兵强海内，威行诸侯，非以仁义为之也，以便从事而已"（《荀子·议兵》）之时，荀子讲"女所谓便者，不便之便也；吾所谓仁义者，大便之便也"（《荀子·议兵》）。这里李斯所言是典型的结果论，从结果出发追求一种简单、有效的统治方式，但是正是这种缺乏道德性的统治方式，给了其他人推翻君王统治的合理性。虽然在《商君书》《韩非子》里，法家一再强调树立君王的独尊地位、维护君王的有效统治只能依靠"法治"，从而将君王的亲人、臣民都纳入防范的对象之列①，但是当他们承认权力是政治的根本，谁有权力谁就有话语权时，任何人都可以觊觎君权，去通过一切手段去推翻现有的君王统治②，虽然韩非也讲"忠臣不危其君"（《韩非子·忠孝》），但是在以法家为统治思想的政治模式之下，所谓忠臣、奸臣并不是选人、用人的标准，他们的标准只有"法"。也就是说，服务于秦统治者的臣子并不追求成为一个忠臣，秦统治者任用他们也并非因为他们的忠诚，秦统治者在治国中也并不将其统治的稳定寄希望于臣子的忠诚。从这里也就能明白，为什么在秦朝末年，陈胜能说出"王侯将相，宁有

---

① 君王在防范大臣上，韩非讲："爱臣太亲，必危其身；人臣太贵，必易主位。"（《韩非子·爱臣》）"近爱必诛，则疏贱者不怨，而近爱者不骄也。"（《韩非子·主道》），韩非在《八奸》篇中指出奸臣篡夺君权的八种手段，并就此提出了一系列的应对措施。在驾驭臣子上，韩非主张"术治"，君主通过"术治"来判断臣子的忠心，韩非又在《八经》篇中具体阐释了君主驾驭臣子的八种方法，从而维护君主的权势地位。其妻子与孩子"或有欲其君之早死"（《韩非子·备内》），因而在法家看来为了维护君权"骨肉可刑，亲戚可灭，至法不可缺"（《慎子·佚文存疑》）。

② 何永军讲："法家的君臣关系是一种绝对不平等的关系，君对臣除了权利外没有任何义务，而臣对君除了义务外没有任何权利，臣要绝对地忠于君主，法家取消了臣民对于君主的任何反抗权利。"（何永军：《中国古代法制的思想世界》，中华书局，2020，第332页）这便是先验地认为，臣子就应该成为一个忠臣，但这是儒家的主张，在韩非的思想里，由于现实的原因，韩非主张君主任用的臣子并一定要是忠臣，"今贞信之士不盈于十，而境内之官以百数，必任贞信之士，则人不足官"（《韩非子·五蠹》）。他认为："人臣之于其君，非有骨肉之亲也，缚于势而不得不事也。"（《韩非子·备内》）也就是说臣子服从于君主，并不是因为臣子之忠，而在于畏惧君主之势。在韩非看来，君王所任用之官员并非都是道德高尚之人，他是以"用"为选官依据，而非以"德""才"为选官、用官的依据。因而，法家剥夺的从来是忠臣反抗的权利，而非臣子反抗的权利。

种乎"（《史记·陈涉世家》①），项羽能讲"彼可取而代也"（《史记·项羽本纪》）等造反言论。

荀子反对法家"以势服人"的治国方式，他在《强国》篇中，分别论述了道德之威、暴察之威、狂妄之威。② 从荀子关于道德之威与暴察之威、狂妄之威的论述来看，只有道德之威才能使国家富强，这也就是说，荀子关于政治理论的构建还是以道德为核心，君王在治理国家的过程中所依仗的并非权势，而是道德。但是在荀子看来，道德在政治中不足以实现国家治理，还需要刑罚，正如荀子所讲"德虽未至也，义虽未济也，然而天下之理略凑矣，刑赏已、诺，信乎天下矣"（《荀子·王霸》），这里荀子承认道德在政治中存在不足，于是"纳刑于礼"，他所讲的"刑"是为了维护以道德为中心所构建的政治体系，君王仅靠教化不足以治国，还要依靠刑罚的作用。《荀子·性恶》："礼义生而制法度。"这便是说荀子所言之法是基于礼义，而礼的核心又是道德，因而荀子所言之法实际上是以道德为核心的礼法。正如俞荣根所讲："礼法论是荀子法思想的理论核心。他的法思想就是礼法思想。……所重之法乃是礼法之法，不是刑名法术之法。"③ 应该说，当荀子所言之礼延伸为礼法之时，礼便由一种道德规范转变为社会规范。在荀子的理论构建中，当人们在选择是否要遵守礼法时，由于其本身带有了一种强制性以及惩罚性特征，人们在选择时更加倾向于遵守礼法。正如康德所讲，因为政府力量"在强有力地抑制着公民们相互施暴的偏好，且这样不仅给予整体一种道德的色彩，而且由于违法偏好的发作受到了阻挠，道德禀赋向对法权的直接敬重的发展也实际上变得容易多了"，④ 康德所讲与荀子"纳刑于礼"的

---

① 本文所引《史记》皆出自（汉）司马迁撰，（宋）裴骃集解，（唐）司马贞索引，（唐）张守节正义《史记》，中华书局，1959。

② 荀子讲："威有三：有道德之威者，有暴察之威者，有狂妄之威者。此三威者，不可不孰察也。礼义则修，分义则明，举错则时，爱利则形。如是，百姓贵之如帝，高之如天，亲之如父母，畏之如神明。故赏不用而民劝，罚不用而威行，夫是之谓道德之威。礼乐则不修，分义则不明，举错则不时，爱利则不形；然而其禁暴也察，其诛不服也审，其刑罚重而信，其诛杀猛而必，黭然而雷击之，如墙厌之。如是，百姓劫则致畏，赢则敖上，执拘则最，得间则散，敌中则夺，非劫之以形执，非振之以诛杀，则无以有其下，夫是之谓暴察之威。无爱人之心，无利人之事，而日为乱人之道，百姓讙敖则从而执缚之，刑灼之，不和人心。如是，下比周贲溃以离上矣，倾覆灭亡，可立而待也。"《荀子·强国》

③ 俞荣根：《儒家法思想通论》（修订本），广西人民出版社，1998，第497~498页。

④ 李秋零主编《康德著作全集》（第8卷），中国人民大学出版社，2010，第381页。

意图有着一致性。

荀子一方面认为"道德之威成乎安强,暴察之威成乎微弱,狂妄之威成乎灭亡"(《荀子·强国》),倡导"罚不用而威行"(《荀子·强国》)的道德权威,另一方面又讲"夫为人主上者……渐庆赏、严刑罚以戒其心"。这就说明,荀子还是延续了早期儒家的王道理想,试图构建以道德权威为核心的政治模式,实现天下大治,但正如其所说"德虽未至也,义虽未济也"(《荀子·王霸》),道德在政治中存在着不足,因而只能依靠刑罚来弥补。应该说,荀子将刑罚纳入其政治哲学并非荀子之本意,而是屈从于现实的结果。在先秦儒家思想中,"刑罚本不得已之举"①,正如孔子讲:"听讼,吾犹人也,必也使无讼乎?"(《礼记·大学》)孔子虽然承认刑罚、诉讼存在的现实性,但是他并没有将其纳入治国理论当中。孟子的仁政主张则呈现出强化道德、弱刑罚的特征,他讲:"王如施仁政于民,省刑罚,薄税敛,深耕易耨。……可使制梃以挞秦楚之坚甲利兵矣。"(《孟子·梁惠王上》)君王若能施行仁政、减轻民众刑罚、减免赋税等政策,那么即使是手持木棍也能够击败秦、楚的军队。而荀子虽也主张道德政治,但他承认刑罚对于君王治国的正面意义,主张在治国中礼、刑并重,他讲"治之经,礼与刑,君子以修百姓宁"(《荀子·成相》),刑罚、礼义教化在君主治国中都处于同等重要的地位。应该说,刑罚的存在是为了君王更好地施行道德教化。也就是说,在荀子看来"道德教化是一个从外而内,并非从内而外的过程"②。这与孟子的思路截然相反。

从孟、荀所言"善""恶"也可以看出,二人对礼的合理性论证呈现出不同的思想特征。孟子以四心来证明性善论,又讲"今人乍见孺子将入于井,皆有怵惕恻隐之心……无恻隐之心,非人也"(《孟子·告子章句上》)。这种以恻隐之心、辞让之心、羞恶之心、是非之心等为判断标准的评价事实上是一种道德评价,即符合道德规范的即为善、违背的即为恶。而荀子则不同,荀子讲:"凡古今天下所谓善者,正理平治也;所谓恶者,偏险悖乱也。是善恶之分也已。"(《荀子·性恶》)这里荀子认为"善"即为合乎法度、遵守秩序,"恶"即为偏邪阴险、悖道作乱。那么荀子所谓的法度是什么呢?

---

① 李安宅:《〈仪礼〉与〈礼记〉之社会学研究》,上海人民出版社,2005,第72页。
② 〔美〕克莱恩、〔美〕艾文贺编《荀子思想中的德性、人性与道德主体》,陈光连译,东南大学出版社,2016,第145页。

即所谓的礼法、礼义之道。荀子在这里规定了凡是符合礼法以及社会公序良俗的，即为善，背离此的，即为恶。在荀子看来，符合礼法的行为有利于社会稳定，而违背礼法的行为却会造成社会紊乱，也就是说，荀子所讲的善、恶是基于社会治乱意义上的善恶角度进行阐发。

从这里也可以看出，孟、荀在对善、恶范畴的认识上出现了分歧，一个是从人的主体性出发来论述善、恶，一个是从社会规范角度来论述善、恶。当我们将孟、荀二人对礼的不同认识置于二者的政治思想当中时，便会发现正如上文所指出的，孟子将道德视为政治的核心，而权力则成为表象。而荀子所言之道德呈现出工具属性的倾向。如《荀子·强国》讲"道德之威"，言君王也要提高自身的道德修养："请问为国？曰闻修身，未尝闻为国也。君者仪也，民者景也，仪正而景正。"（《荀子·强国》）实际上重点都在其承认道德的有效性，正如上文所指出的，荀子恰是看到道德在政治中的不足，才纳刑于礼。韩非进一步发展了荀子的思想，他否认了道德在政治中的有效性，使得道德成为政治在意识形态领域的延伸，完全沦为君王统治的工具。对此郝长墀在论述韩非关于道德与政治的关系时也讲："道德的价值不在于它本身，而在于如何服务于利益。"① 应该说这个结论是十分贴切的。

综上，孔子、孟子、荀子在对礼的合理性论证的过程中，整体呈现出去宗教化的思想特征，也就是说他们都在试图使礼摆脱宗教的影响。不同的是，孔子、孟子在对礼的论证中，发掘了个人的道德价值，强调人对礼的主动性，而荀子虽然也尝试使礼摆脱宗教的影响，但从他的论证中可以看出，人虽然在思想上进一步摆脱了古代宗教的束缚，但人在身体上进一步受到了政治的束缚。孔子、孟子在对礼的合理性论证中更加倾向于以人的道德性来论证礼的合理性，从而赋予礼以道德内涵。而荀子则在对礼的论证中倾向于以道德的有效性为依据来论证礼的合理性，从而赋予礼以刑罚的内涵。礼作为政治的重要组成部分，无论礼是从何处而来，它都作为国家制度的一部分规范着人的行为。因而人与礼的关系也反映着人与政治的关系。孔子、孟子、荀子不同的论证方式，在一定程度上也反映三人对人的主体性②地位认

---

① 郝长墀：《政治与人：先秦政治哲学的三个维度》，中国政法大学出版社，2012，第44页。

② 所谓主体性，按照马克思主义理论概括即"人作为活动主体在对客体的作用过程中所表现出的能动性、自主性和自为性"。詹艾斌：《论人的主体性——一种马克思哲学视点的考察》，《社会科学研究》2007年第2期。

识的不同。

三 由孔子到荀子：人的主体性演变

君王如何对待民众以及民众在政治中的地位与作用是政治哲学中的重要问题，也是先秦诸子在理论构建中时常涉及的问题。孔子、孟子、荀子在对礼的合理性论证的过程中，延续"民为邦本"政治传统的同时，在关于人（民众）与政治（君王）之间的关系的认识上也在发生变化。孔子、孟子在对礼的合理性论证的过程中，不断强化礼的道德性。孟子进一步认为礼是人心的扩充与发展。礼虽然作为政治的内容，却发端于人心。这就是说，礼作为政治的主要内容，是顺从人心、人性的产物，是道德在政治中的体现，也是政治运行的最高依据。

孔子将君王视为民之父母，对于"民之父母"的内涵，孔子在不同情境下有着不同的回答。《礼记·大学》云：

> 民之所好好之，民之所恶恶之。此之谓民之父母。

这也就是说，民众虽然有着服从君王的义务，但是君王在治国中也要遵从民众的好、恶。要说明的是，孔子所言好、恶有着一个前提，那便是这里的民已经服从了儒家所倡导的仁义礼智信的伦理道德，就是说这里孔子认为君王要遵从民众的好、恶并不是要遵从民众"好勇"（《论语·泰伯》）、"好色"（《论语·子罕》）、"好田好女"（《礼记·郊特牲》）。君王遵从民众好、恶的前提是君王要通过礼乐教化引导民众明好、恶 ["天子乃命将帅选士厉兵……诘诛暴慢，以明好恶，顺彼远方。"（《礼记·月令》）]。《礼记·孔子闲居》载：

> 孔子曰："夫民之父母乎。必达于礼乐之原，以致五至而行三无，以横于天下。'四方'有败，必先知之。此之谓'民之父母'矣。"

这里孔子认为，君王首先要明白礼的来源，"善推其所有，以与民共之"[1]，在危机来临之前能够察觉到。这段话的核心内涵即君王要施行礼治，

---

[1]　（汉）郑玄注，（唐）孔颖达正义，吕友仁整理《礼记正义》，上海古籍出版社，2008，第1942页。

对民众施以君恩，遵民好恶，爱护民众。《说苑·政理》载：

> 鲁哀公问政于孔子，对曰："政有使民富且寿。"哀公曰："何谓也?"孔子曰："薄赋敛则民富，无事则远罪，远罪则民寿。"公曰："若是，则寡人贫矣。"孔子曰："《诗》云：'凯悌君子，民之父母。'未见其子富而父母贫者也。"①

就是说，君王施政的目的在于使民众生活富裕、健康长寿。民众生活富裕，国家便也会富裕。这些言论虽然并不一定出自孔子之口，但在一定程度上能够反映出孔子思想特征。这里孔子将民富视为国富的前提与基础，体现着孔子由民富实现国强的发展逻辑。也就是说，在孔子看来君王与民众之间并不是对立的关系，而是相互依存的关系，以民富实现国富，再以国富保障民富。这种发展模式说明，在孔子的思想框架内，民众并不是君王统治的对象而是君王守护的对象，统治只是守护的表现形式。

综上，通过孔子关于"民之父母"的回答的探讨，可以看到，在孔子看来，民众与君王（个人与政府）之间是相互依存的关系，民众的利益被视为国家整体利益的一部分，鲁哀公之言实际上便是将民众利益与国家利益对立，其所施行的实际上是一种民穷国富的政治。其后孟子对孔子的思想主张做进一步发展。

孟子将礼视为人心的扩充，这种扩充没有任何外在的约束与强迫，由于人性之善，人心的扩充与完善完全是人自愿的结果。这进一步强化了人在政治中的主体性，当人的个人情感与国家制度发生冲突时，孔子只是讲"父为子隐，子为父隐"（《论语·子路》），强调了"隐"，而孟子则是提出"窃负而逃"（《孟子·尽心上》），在"隐"的基础上提出"逃"的范畴。孔子虽然提出"隐"，即违法者的父母、子女不会去告发违法者的罪行，执法者询问违法者父母、子女违法者的下落时，其父母、子女可以进行隐瞒。但是孔子没有回答当执法者来抓违法者时，违法者的父母、子女应如何做的问题，而孟子提出"逃"的命题，即执法者来抓违法者，违法者的父母、子女不仅可以对执法者进行隐瞒，在辞去与政府相关的工作后也可以协助违法者逃

---

① （汉）刘向撰，向宗鲁校正《说苑校正》，中华书局，1987。本文所引《说苑》皆出自此书。

跑。孟子的主张很明显是将个人的道德情感置于国家制度之上，即伦理道德优先于国家制度。

"逃"本身相对于"隐"实际上是进一步强调人自身伦理道德的实践，而由于道德源自人自身，因而在道德与政治发生冲突时，强调人自身的道德便是强化人在政治中的主体性。孟子言"逃"法却并不"抗"法，其所言"窃负而逃"是舜在辞让天子之位之后，与其父逃走，这里并不涉及舜以天子之权位抗法、违法的问题。应该说"逃"处于"隐"与"抗"的中间地带，既没有"隐"的退让，也没有"抗"的激烈，这是孟子试图消弭孝与法冲突的方案，这种方案虽具有一定的理想性①，但它没有法家强调有效政治那般激烈，既能够从根本上符合人的道德情感，使民众认可君王的统治，也不侵害法律的权威。以至于孟子讲"民为贵、社稷次之、君为轻"（《孟子·尽心下》），更是直接将民众利益置于君王利益、国家利益之上，正如王正所讲，在孟子看来"衡量政府好坏和统治者优劣的标准，不在于霸道层面的制度法令的制定、各种工作的开展，而在于王道层面的百姓利益的实现和百姓幸福感的达成"②，当我们从人的主体性层面思考王正这句话时，便会发现孟子进一步强化了人在政治中的主体性地位。

由上文我们从荀子关于礼的合理性论证中，可以看出荀子虽然与孟子一样承认道德在政治中的重要作用，但是在荀子思想中道德工具属性的倾向明显。人们对道德修养的追求不再是人主动的追求，而是人受制于环境、社会规范被动选择抑或不得不进行的结果。他讲："今人之性恶，必将待圣王之治、礼义之化，然后皆出于治、合于善也。"（《荀子·性恶》）然而在回答人们为什么要接受礼义之化这种问题时，荀子则是以"苟有之中者，必不及于外"（《荀子·性恶》）进行回答。礼作为独立于人之外的产物，由圣王制定［"凡礼义者，是生于圣人之伪，非故生于人之性也。"（《荀子·性恶》）］人们只能外求于礼从而提升自己的道德修养。实际上荀子是将"礼"视为实现"人向善"的主要方式，人们只有通过学习、遵守礼才能提高道德修养。荀子在《劝学》开篇便讲，"学不可以已"便是要求人们去学习礼义。而当荀子将礼视为圣王之"伪"时，民众便成为礼所要针对的对象，这个时候外

---

① 参见李宗敏《论"孝"与"法"——以"秦鸾犯盗"案例为研究重点》，《湖北工程学院学报》2022年第2期。

② 王正：《先秦儒家道德哲学十论》，世界图书出版有限公司，2022，第182页。

在于人的社会规范必然与人的自然属性产生对立，正如荀子所言之礼便是针对人性之恶而存在的〔"今人之性恶，必将待师法然后正，得礼义然后治。"（《荀子·性恶》）〕。荀子又讲："学也者，固学一之也。一出焉，一入焉，涂巷之人也。"（《荀子·劝学》）学习本应是专心致志、坚持如一的事，但是大多数人都是学一会、停一会。大多数人之所以会如此，实际上是因为对礼不接受，而依据荀子所言，圣人又都是由最开始的涂巷之人经后天不断学习而成为圣人的。这也就是说，在人们从不知礼到学礼、进而知礼、守礼以至于实现对礼的认同的过程中，人在认同礼之前的诸多过程都是一种被动学习的过程，美国学者克莱恩也认为，"最开始的教化是功能性的教化。人类没有因为礼仪指引了我们做人的道路而对其产生自发的爱并感到快乐。遵循礼节只是为了获得其他好处的途径，这些好处包括管理者掌握权力，避免伤害和冲突，抑或操控一个混乱的局面。但是，不懈的努力和有经验的老师最终会使人的思想和欲望改变……在这一点上，人们会因为礼节自身而喜欢上礼节，而非因为它是获得其他好处的工具。礼节将不仅仅是一个工具，它也是内在想法的表达"①。依据克莱恩的这一说法，我们可以说，人们被动地接受礼、学习礼、遵守礼的过程是人的主体性弱化的过程。人们在基于一些诸如社会制度、环境的影响被迫地去学习、去实践，而当人的主体性弱化时，也暗示着君王权力的扩大。

另外，我们也可从《荀子》文本中的其他诸多言论出发，对荀子思想中人的主体性进行分析。荀子讲："君者，舟也；庶人者，水也。水则载舟，水则覆舟。"（《荀子·王制》）将民众视为君王统治的基础，君王要维系自身统治必然要爱护民众，兼顾民众利益，这里强调的实际上则是君王的统治问题。正如他讲"君者，国之隆也"（《荀子·致士》），"君者，民之原也"（《荀子·君道》）。荀子在政治理论的构建中凸显出其思想"尊君"的色彩。而孟子讲："民为贵，社稷次之，君为轻。"（《孟子·尽心下》）孟子直接将民众的利益置于君王自身的利益之上，也强化了民众的政治地位。相较而言，荀子弱化了人在政治中的主体性地位。韩非更是进一步弱化人的主体性地位，将人之于法的主动遵守转化为由于"畏法"而

---

① 〔美〕克莱恩、〔美〕艾文贺编《荀子思想中的德性、人性与道德主体》，陈光连译，东南大学出版社，2016，第 145 页。

被动遵守。

思想作为社会现实的反映，孔子、孟子、荀子思想中人的主体性演变也反映出战国时期政治权力的变化。从西周灭亡到战国晚期这段时间内，中国政治结构大致发生了三次转变。西周时期"民—士—卿大夫—诸侯—天子"的政治结构随着西周的灭亡被打破。春秋时期整个社会礼坏乐崩、私田逐渐兴起并进一步发展，周天子的共主地位逐渐成为一种象征，但是各诸侯国一方面想要扩张领土、加强王权，另一方面又受到旧世族（宗族）的影响，尤其是世卿世禄制的存在与王权扩大之间存在的矛盾①，在新旧政治结构的转型中，春秋到战国初期的政治结构呈现出"民—地主—诸侯"与"民—卿大夫—诸侯"并存的复杂特征。战国初期到战国中期，随着各诸侯国在变法中对世卿世禄制予以废除以及"为田开阡陌封疆"（《史记·商君列传》），各国诸侯也纷纷称王，这一时期的政治结构呈现出"民—地主—王"的特征。从战国中期到战国晚期，伴随着诸侯国之间兼并战争的开展以及诸侯国领土面积的增大，君王的权力也不断扩大，在秦昭襄王时期甚至开始称帝②。因而这一时期的政治结构呈现出"民—地主—帝"的特征。值得说明的是，这些政治结构只是反映当时社会的整体特征或者整体趋势，如战国初期至中期的政治结构"民—地主—王"中还存在世卿世禄制，君王依旧会赐予卿大夫土地③，但是这一时期，各诸侯国的变法大都呈现出废除世卿世禄制的特点。如战国初期，魏国李悝在变法中主张"食有劳而禄有功"（《说苑·政理》），楚国吴起变法主张"废公族疏远者"（《史记·孙子吴起列传》），都在试图打破世卿世禄制。

---

① 如春秋时期鲁国三桓与鲁定公的矛盾，《史记·鲁周公世家》记载："（定公）十二年，使仲由毁三桓城，收其甲兵。孟氏不肯堕城，伐之，不克而止。"三桓作为世卿世禄制的受益者，定公毁其城，没收其兵甲，便是加强王权的措施，虽然鲁定公最终以失败而告终，但也体现出春秋时期王权在扩张的过程中与旧势力的斗争。

② 《史记·秦本纪》记载："十九年，王为西帝，齐为东帝，皆复去之。"秦、齐是战国中晚期各诸侯国中最强大的两个国家，二王的称帝反映出这一时期王权的扩大趋势。这实际上也为王权走向皇权奠定了政治基础。从这点来看，由王权走向皇权是权力扩张的必然结果。

③ 如秦孝公因商鞅变法功绩，赐予其商地。《史记·商君列传》载："卫鞅既破魏还，秦封之于商十五邑，号为商君。"

四　结语：周秦之变视野下先秦儒家思想的演变

从孔子到荀子对礼的合理性论证过程中，呈现出一种复杂的演变特征。从西周时期礼的宗教性特征到孔子"纳仁于礼"，礼的道德化趋势明显，孟子则进一步将礼与人的"四心"相联系。荀子则另辟蹊径，从实现根本稳定与快速稳定相结合的思维模式出发，"纳刑于礼"，将礼与法都视为君王统治的手段。就孟子、荀子而言，二者在对礼的合理性论证实际上呈现出截然相反的逻辑。以孔子为参考，孟子是在孔子思想的基础上进一步发挥礼的道德性，而荀子则以刑罚来弥补礼的道德性的不足。先秦儒学是春秋战国时期的显学，由孔子到荀子，对礼的合理性的转变，也反映出先秦时期整个社会的演变趋势。

春秋战国时期，功利思想在政治理论构建中的地位不断被强化，韩非将其极端化。《论语·子罕》："子罕言利与命与仁。"孔子虽然不排斥利，但是其思想构建主要倾向于道德，对于功利则鲜有涉及；到战国初期，墨子提出选拔贤良之士要"富之贵之，敬之誉之"（《墨子·尚贤上》[1]），从财富、地位、精神、名声四个方面使贤良之士得到满足。这一时期墨子的思想开始具有功利性特征。《礼记·大学》中也讲"德者本也，财者末也"；战国中期孟子在继承发扬孔子道德思想的基础上，也关注民众的物质基础，他在与梁惠王交谈时讲："五亩之宅，树之以桑，五十者可以衣帛矣。"（《孟子·梁惠王上》）郝长墀也讲，在孟子看来"统治者不应该仅仅考虑自己的利益，更应该考虑如何与民一起分享物质的快乐。……与民同乐同忧，才能获得最大的快乐和长久的幸福。"[2] 如果说，孔子、墨子、思孟学派、孟子所言功利还只是经济物质层面上的功利，到了战国末期，荀子在对经济物质利益的认可的基础上［"足国之道，节用裕民而臧其余。节用以礼，裕民以政。"（《荀子·富国》）］进一步认可政治上的功利，也即政治的有效性。荀子以"德"与"刑"都存在不足［"德虽未至也，义虽未济也。"（《荀子·王霸》）］为由，弱化人的主体性，孟子到荀子的思想演变实现了由"民为贵"向"尊

---

① 本文所引《墨子》皆出自吴毓江撰，孙启治点校《墨子校注》，中华书局，2006。
② 郝长墀：《政治与人：先秦政治哲学的三个维度》，中国政法大学出版社，2012，第128页。

君"的转变。

这种转变也反映出，在整个战国时期，尤其是战国中期到末期的这个时间段内，各个诸侯国呈现出了王权集中，地方权力不断被弱化的特点。而之所以会发生如此巨变，主要原因则是这一时期各国进行变法，尤其是战国初期，各诸侯国的变法都试图打破世卿世禄制。虽然各国变法的深刻性参差不齐，甚至诸如楚国在楚哀王逝世后，楚国的变法遭到了楚宗亲势力的反对，但是这些变法都直接加快了整个社会由周制走向秦制的发展进程。各诸侯国君王的权力不断集中。战国中期，伴随着各国变法热潮的退去，各诸侯国都已经初步构建了中央集权制。这一时期，无论是经济上，还是政治上，在各诸侯国内，民众皆由依附士、卿大夫都逐渐转向依附于君王。传统的卿大夫、士所占有的经济权力（对土地的占有）伴随着各诸侯国的变法都落入了新兴地主（尤其是各诸侯国的君王）手里。民众在经济上对卿大夫、士的依附也随之发生转变，经济基础决定上层建筑，伴随经济上的依附而来的便是政治上对君王的依附。倡导"学而优则仕"的先秦儒家为了使其主张被统治者接纳，思想主张因而也随之向实现统治者的有效统治转变，主张既要强调政策的有效性也要兼顾从根本上解决问题。从孔子、孟子、荀子对礼的合理性论证可以看出，先秦儒家在转变的过程中，虽然儒家对政治的依附性不断加强，但依旧保持着先秦儒家固有的道德理想。

思想与文化

李贽与佛教[*]

——论李贽思想之基本立场与其会通儒、释之取径

戴景贤

（清华大学国学研究院）

摘　要：李贽思想自来以为乃出入于儒、释，而终究非儒、非释。本文以此议题出发，探究其中最重要的三个关键。次说李贽思想立场——其兼涉儒、释，固自泰州来；其最终脱出泰州之外，则系被受当时禅风所影响，有其自身循议题而进展之脉络。后则探究卓吾思想之基本属性与其佛法观点，指出其以"道学"概念，统合儒、释、道三教，表明其核心之理念，本出于儒。末则为李贽思想做出定位，指出卓吾自始至终，皆自信己之所言，与己之所实践者，为"真道学"，并最终衡论其所处之思想环境，与彼所以参合"儒"、"释"之观点，从"思想史"角度总结其要。卓吾之变化"儒"、"释"，就其择用佛义而言，虽似有所掺和，依根本之性质论之，则仍应将之判归为"跻佛于儒"，而非"跻儒于佛"。

关键词：李贽　佛教　道学　阳明学　会通儒释

一　李贽议题

李卓吾（贽，字宏甫，号温陵居士，1527～1602）思想自来以为乃出入

* 初稿刊登于新竹《清华学报》新 46 卷第 3 期。

于儒、释，而终究非儒、非释。① 所谓"出入于儒、释"，意指在其思想之运
作中，有一为彼所认知之"理论规范"，即是"儒""释"各成之系统；而
其本人则以特殊之议题"进""出"之。而所谓"终究非儒、非释"，则指
其最终完成之立义宗旨，于"儒""释"所能容受之极限，皆有所逾越，故
为"正统论者"所排斥。

推究卓吾之以特殊议题"进""出"儒、释，其所秉持之问题意识，核
心之关键有三。一在以依"人之本质"（basic human nature）与"个体性"
（individuality）② 而构成之"自我"，作为具有"存有学意义"（ontological
significance）之"主体"（subject）；③ 以此面向人与万物之"存在"（exist-

① 沈瓒（字子勺，1558～1612）《近事丛残》卷一记卓吾事云："致仕后，祝发住楚黄州府
龙潭山中，儒释从之者几千、万人。其学以解脱直截为宗，少年高旷豪举之士，多乐慕
之。后学如狂，不但儒教溃防，而释宗绳检，亦多所清弃。"〔见厦门大学历史系《李
贽研究参考资料》（第一辑）（福建人民出版社，1975，据清乾隆五十九年刻本排印），
第74页〕文中所释卓吾之影响，可区别为两类：凡云"儒教溃防"，即是儒义之
"狂"；由"狂"而至于不受名教约束。而所谓"释宗绳检，亦多所清弃"，则是以未悟
言悟、未得言得，从而不守绳检，此是释教义之"狂"；其病由禅来，故谓之"狂禅"。
二者近，而非是一事。至于卓吾本人究竟乃"狂"，抑或已入"狂禅"，则又另当别论。
近人议此，多引嵇文甫（原名嵇明，1895～1963）之说。然嵇氏因于万历风气，遂谓当
时有一种似儒非儒似禅非禅之"狂禅运动"，风靡一时，此一运动以李卓吾为中心，既可
上溯于泰州派下之颜（钧，字子和，号山农，1504～1596）、何（心隐，原名梁汝元，字
柱乾，1517～1579），而其流波，则又及于明末之一般文人（说详嵇文甫《晚明思想史
论》，东方出版社，1996，第50页）；其说则是将黄梨洲（宗羲，字太冲，1610～1695）
论述王学之言，所谓"泰州（王艮，字汝止，号心斋，1483～1541）、龙溪（王畿，字汝
中，1498～1583）时时不满其师说，益启瞿昙（Gautama the Buddha）之秘而归之师，盖
跻阳明（王守仁，字伯安，1472～1529）而为禅矣。然龙溪之后，力量无过于龙溪者；
又得江右为之救正，故不至十分决裂。泰州之后，其人多能赤手以搏龙蛇，传至颜山农、
何心隐一派，遂复非名教之所能羁络矣"〔黄宗羲：《泰州学案一》，见《明儒学案》，卷
三十二，收入（清）黄宗羲撰，沈善洪（1931～2013）主编《黄宗羲全集》浙江古籍出
版社，2005，第7册，第820页〕云云之论，增益、变说为一整体性、单一性之"思想
运动"（thought movement），而未曾于其间，析分出"现象""事因"与"动态效应"间
之关连；以是其说虽值注意，难为确论。
② 所谓"个体性"于哲学论域中之意义，若依"存在主义哲学"（existentialism）之主张，
应在个人面对"命运"时，具有"自我选择"之自由意志（free will），且能依自身之需
求，定义"自我"（self）与"环境"（circumstances）间之关联，从而建构"责任"（re-
sponsibility）与"价值"（value）之理念。
③ 此一"主体"之"存有学意义"，主要依据阳明学之基本设论而加以发展。关于阳明立论
之基础，与其展现之"近代哲学"（modern philosophy）之特质，参见拙作《王阳明哲学之
根本性质及其教法流衍中所存在之歧异性》，《文与哲》2010年第16期，第283～366页；
收入戴景贤撰《明清学术思想史论集》上编，中文大学出版社，2012，第29～112页。

ence）。一在以"能生化"与"所生化"中间无隔，而求心之能以"自然"证"空"；以此而问心之"取""舍"。一在以"原无生死"作真实之第一义，以此为"遮""诠"之依据；以此证心之"无生忍"（*anutpattika－dhar-ma－kṣānti*）。① 以下分层叙之。

第一层所谓"以依人之本质与个体性而构成之自我，作为具有存有学意义之主体；以此面向人与万物之存在"。

此第一层之义，就基本之着眼而言，不仅确认作为"主体"之"我"具有"自性"（*sva－bhāva*）；② 且将自我之"自觉"（self－awareness）与"自由意志"，放置于"哲学"建构之核心。此点显示其思想之出发点，不仅为儒家之立场，且为"明代儒家"之立场，并非佛教。卓吾与阳明学之关联，由此可以见出。而其中有一极重要之观点，即确认"我"与"我以外之'*存有者*'（*ens/Seiendes*）"之切割。此一切割，确认"私"之"执有"而为人之心志所系，为"主体意识"（subjective consciousness）建构之所不可无。卓吾云：

> 李生曰：圣人之学，无为而成者也。然今之言无为者，不过曰无心焉耳。夫既谓之心矣，何可言无也！既谓之为矣，又安有无心之为乎！农无心则田必芜，工无心则器必窳，学者无心则业必废。无心安可得也！解者又曰："所谓无心者，无私心耳，非真无心也。"夫私者人之心也，人必有私而后其心乃见，若无私则无心矣。如服田者，私有秋之获而后治田必力；居家者，私积仓之获而后治家必力；为学者，私进取之获而后举业之治也必力。故官人而不私以禄，则虽召之，必不来矣；苟无高爵，则虽劝之，必不至矣。虽有孔子之圣，苟无司寇之任，相事之摄，必不能一日安其身于鲁也决矣。此自然之理，必至之符，非可以架空而臆说也。③

---

① 《论》云："菩萨先住柔顺忍中，学无生无灭，亦非无生非无灭，离有见无见、有无见、非有非无见等。灭诸戏论，得无生忍。"（见龙树菩萨造，〔姚秦〕鸠摩罗什译《大智度论》，《大正新修大藏经》第25册，（台北）新文丰出版公司，1983，总第62页。

② 《论》："如诸法自性，不在于缘中；以无自性故，他性亦复无。"（见龙树菩萨造，梵志青目释，鸠摩罗什译《中论》，收入《大正新修大藏经》第30册，中观部全、瑜伽部上，第1564号卷一，总第2页。卓吾以"私"为本有，与此不合，故云其说乃主张"有自性"。

③ 见李贽《德业儒臣后论》，收入（明）李贽撰，张建业主编《李贽文集》第2卷《藏书》，社会科学文献出版社，2000，第626页。

所谓"人必有私而后其心乃见",以其文中所举"如服田者,私有秋之获而后治田必力"之言例之,可以见出:依其说,"心"不仅依主体之"自觉"而见有,且亦是因主体之"为己"而见有。

然何以"心"不能无私,亦不能去私,而终究得以成其"无为"?以卓吾之说析之,则是因人之"主体性"(subjectivity),必建构于其"个体性"之上,无人之"个体性"即无人之"主体性";① 然人之得以建构其"主体性",并非仅展现"个体"之自由与"自主"之可有,亦须自身拥有"生命之动力",以是"私"之为某种程度之"执有",乃必有,与另一层次之"破执而无为",并不相冲突。

第二层,所谓"以'能生化'与'所生化'中间无隔,而求心之能以'自然'证'空';以此而问心之'取''舍'"。

此点关键在于:彼系以其所设立之"由用以见体"之义,进而深化为"体必由用中见"之说。卓吾云:

> 若无山河大地,不成清净本原矣。故谓山河大地即清净本原,可也。若无山河大地,则清净本原为顽空无用之物,为断灭空不能生化之物,非万物之母矣,可值半文钱乎?然则无时无处无不是山河大地之生者,岂可以山河大地为作障碍,而欲去之也?清净本原,即所谓本地风光也。视不见,听不闻,欲闻无声,欲嗅无臭,此所谓龟毛兔角,原无有也。原无有,是以谓之清净也。清净者,本原清净,是以谓之清净本原也。岂待人清净之而后清净耶?是以谓之盐味在水,唯食者自知,不食则终身不得知也。又谓之色里胶青。盖谓之曰胶青,则又是色;谓之曰色,则又是胶青。胶青与色合而为一,不可取也。是犹欲取清净本原于山河大地之中,而清净本原已合于山河大地,不可得而取矣。欲舍山河大地于清净本原之外,而山河大地已合成清净本原,又不可得而舍矣。故曰取不得,舍不得,虽欲不放下,不可得也。龟毛兔角,我所说

---

① "主体"作为一独立之"实体"(*substantia*/substance),其必有之精神面相之一,即成为一具有"意向"(intention)之"心理主体"(psychological subject),从而面对"非我"(nonego)之存在,并以所能经验或想象者为"对象"。因此"主体"不仅内在地自觉其存在,而且可依此产生源自"自我"之行动;且亦时时感觉到"客体"(object)之存在,并以此反向认知自身之"个体性"。

与佛不同：佛所说以证断灭空耳。①

夫所谓"'断灭空'不能生化之物，非万物之母"，即是不取"净""染"之分说，而以"能生化"者为"道体"，此一义。"欲取清净本原于山河大地之中，而清净本原已合于山河大地，不可得而取矣。欲舍山河大地于清净本原之外，而山河大地已合成清净本原，又不可得而舍矣。故曰取不得，舍不得，虽欲不放下，不可得也"，则是谓"能生化"即在"所生化"之中，其间无隔，此另一义。

以是而言，卓吾之主"体""用"不二，仅主"体"有"遍在"（omni-presence）义，不主有"先在"义；② 特此"遍在"义之本体，可同时为"超绝"（transcendental），故仍属"清净"。③

然此处当辨者为：卓吾此之谓"能生化与所生化不隔"，与"舍用则无所谓体"之说是否相同。而此清净之体，终究为何？

卓吾曰：

> 无相、无形、无国土，与有相、有形、有国土，成佛之人当自知之，已证涅槃（Nirvāṇa）之人亦自知之，岂劳问人也？今但有念佛一路最端的。念佛者，念阿弥陀佛也。当时释迦金口称赞有阿弥陀佛，在西方极乐国土，专一接引念佛众生。以此观之，是为有国土乎，无国土乎？若无国土，则阿弥陀佛为假名，莲华为假相，接引为假说。互相欺诳，佛当受弥天大罪，如今之衙门口光棍，当即时败露，即受诛夷矣，

---

① 见李贽《观音问十七条·答自信》，收入李贽撰，张建业主编《李贽文集》第 1 卷《焚书》卷四《杂述》，社会科学文献出版社，2000，第 160～161 页。

② "先在"必属"超绝"，"超绝"依东方哲学之说，则不必然"先在"。如朱子之于"存有学"（ontology）论"理"之先在，即属前者；阳明之主"良知"为造化精灵，义兼"遍在"与"超绝"，而非"先在"，则属后者。说详拙作《王阳明哲学之根本性质及其教法流衍中所存在之歧异性》，《文史哲》2010 年第 16 期。

③ 卓吾既主"私"具有"本质性存有"之义涵，又于"本体"之说，主张"道体"［即"法身"（Dharmakāya）］具有"超绝"与"遍在"之义。此种若依西方哲学为准，看似层层矛盾之论法之所以可能，来自阳明以山河大地俱是良知发用之说（阳明云："夫良知，一也。以其妙用而言谓之神，以其流行而言谓之气，以其凝聚而言谓之精，安可以形象方所求哉？真阴之精，即真阳之气之母；真阳之气，即真阴之精之父；阴根阳，阳根阴，亦非有二也。苟吾良知之说明，则凡若此类皆可以不言而喻。"见王守仁《答陆原静书》，（明）王守仁撰，吴光等编校《王阳明全集》（新编本），浙江古籍出版社，2013，第 68 页），而卓吾则更益之以彼对于所谓"佛具三身"之诠义，故成其说如此。

安能引万亿劫聪明豪杰同登金莲胜会乎？何以问我有无形、相、国土为也？且夫佛有三身：一者清净法身，即今问佛问法与问有无形、相、国土者也，是无形而不可见，无相而不可知者也。是一身也。二者千百亿化身，即今问佛问法问有无形、相、国土，又欲参禅，又欲念佛，又不敢自信，如此者一日十二时，有千百亿化现，故谓之化身。是又一身也。即法身之动念起意，变化施为，可得而见，可得而知，可得而状者也。三者圆满报身，即今念佛之人满即报以极乐，参禅之人满即报以净土，修善之人满即报以天堂，作业之人满即报以地狱，悭贪者报以饿狗，毒害者报以虎狼，分厘不差，毫发不爽，是报身也。报身即应身，报其所应得之身也。是又一身也。今但念佛，莫愁不到西方，如人但读书，莫愁不取富贵，一理耳。但有因，即有果。但得本，莫愁末不相当；但成佛，莫愁佛不解语，不有相，不有形，不有国土也。又须知我所说三身，与佛不同。佛说三身，一时具足，如大慧（释宗杲，字昙晦，号妙喜，又号云门，1089～1163）引儒书云："'天命之谓性'，清净法身也。'率性之谓道'，圆满报身也。'修道之谓教'，千百亿化身也。"最答得三身之义明白。然果能知三身即一身，则知三世即一时，我与佛说总无二矣。①

依其所释义，修之至极，"念本无动"，即是清净法身，"念随缘起"，即是千百亿化身，而"因地生果"，② 成佛圆满，即是报身；而作业者，恶由念造，各有报应，亦皆三身为一。此非佛说，乃卓吾说，而卓吾自信与佛说无别。

而其所以讽劝当时以"念佛""参禅"为取径者，应先有"自信"。若无自信，必有依傍；有依傍，必无真解。至于"何以可有自信"，则因"三身即一身""三世即一时"。卓吾盖以之合于禅门教法，故引大慧宗杲之言以为论助。依其意，"自然"之率性，无取无舍，即是证空。

---

① 见李贽《观音问十七条·答自信》，收入李贽撰，张建业主编《李贽文集》第1卷，《焚书》卷四《杂述》，社会科学文献出版社，2000，第161～162页。

② 五祖弘忍（？601～？675）偈语云："有情来下种，因地果还生。无情既无种，无性亦无生。"见（元）宗宝《六祖大师法宝坛经》，收入《明版嘉兴大藏经》，（台北）新文丰出版公司，1987，总第400页。

最后释第三层，所谓"以'原无生死'作真实第一义，以此为'遮''诠'之依据；以此证心之'无生忍'"。

卓吾云：

> 既自信，如何又说放不下？既放不下，如何又说自信也？试问自信者是信个甚么？放不下者又是放不下个甚么？于此最好参取。
>
> 信者自也，不信者亦自也。放得下者自也，放不下者亦自也。放不下是生，放下是死；信不及是死，信得及是生。信不信，放下不放下，总属生死。总属生死，则总属自也，非人能使之不信不放下，又信又放下也。于此着实参取，便自得之。然自得亦是自，来来去去，生生死死，皆是自，可信也矣。
>
> 来书"原无生死"四字，虽是诸佛现成语，然真实是第一等要紧语也。既说原无生死，则亦原无自信，亦原无不自信也；原无放下，亦原无不放下也。"原无"二字甚不可不理会。既说原无，则非人能使之无可知矣，亦非今日方始无又可知矣。若待今日方始无，则亦不得谓之原无矣。若人能使之无，则亦不得谓之原无矣。"原无"二字总说不通也。故知原无生者，则虽千生总不妨也。何者？虽千生终不能生，此原无生也。使原无生而可生，则亦不得谓之原无生矣。故知原无死者，则虽万死总无碍也。何者？虽万死终不能死，此原无死也。使原无死而可死，则亦不得谓之原无死矣。故"原无生死"四字，不可只恁么草草读过，急着精彩，便见四字下落。①

所谓"放不下是生，放下是死；信不及是死，信得及是生"，即是以"来"为"生"，"去"为"死"，来而未来，去而无去，即是"无生死"。

然欲明得"原无生死"，亦须由"千生""万死"之所以"不妨""不碍"之理上达，以是而有"原无生死"之说。此一由"诠"而"遮"，由"遮"以至"无遮"之过程，依其说，皆因"诠""遮"由心，而心即"自体"故。而此"自体"，即心是佛。故又云：

---

① 见李贽《观音问十七条·答自信》，收入李贽撰，张建业主编《李贽文集》第 1 卷，《焚书》卷四《杂述》，社会科学文献出版社，2000，第 159～160 页。

圣人不责人之必能，是以人人皆可以为圣。故阳明先生曰："满街皆圣人。"佛氏亦曰："即心即佛，人人是佛。"夫惟人人之皆圣人也，是以圣人无别不容已道理可以示人也。故曰："予欲无言"。夫惟人人之皆佛也，是以佛未尝度众生也。无众生相，安有人相？无道理相，安有我相？无我相，故能舍己；无人相，故能从人。非强之也，以亲见人人之皆佛而善与人同故也。善既与人同，何独于我而有善乎？人与我既同此善，何有一人之善而不可取乎？故曰："自耕稼陶渔以至为帝，无非取诸人者。"后人推而诵之曰：即此取人为善，便自与人为善矣。舜初未尝有欲与人为善之心也，使舜先存与善之心以取人，则其取善也必不诚。人心至神，亦遂不之与，舜亦必不能以与之矣。舜惟终身知善之在人，吾惟取之而已。耕稼陶渔之人既无不可取，则千圣万贤之善，独不可取乎？又何必专学孔子而后为正脉也。①

此文中以阳明与佛同论，倘以前引"三身"之说释之，则见依其意，佛之变化施为、亿万其身者，皆属"念"；执念之所有而落"相"，则无所"与"，亦无所"可与"。能不落"相"，则千佛万佛即是一佛，此即"满街皆圣人"② 之义。

---

① 见李贽《答耿司寇》，收入李贽撰，张建业主编《李贽文集》第1卷，《焚书》卷一，《书答》第28～29页。
② 阳明《语录》载弟子之记云："先生锻炼人处，一言之下，感人最深。一日，王汝止出游归，先生问之：'游何见？'对曰：'见满街人都是圣人。'先生曰：'你看满街人是圣人，满街人倒看你是圣人在。'又一日，董萝石（沄，字复宗，号从吾道人，1459～1534）出游而归，见先生曰：'今日见一异事。'先生曰：'何异？'对曰：'见满街人都是圣人。'先生曰：'此亦常事耳，何足为异？'盖汝止圭角未融，萝石恍见有悟，故问同答异，皆反其言而进之。洪（钱德洪，初名宽，字汝甫，号绪山，1496～1574）与黄正之（弘纲，号洛村，1492～1561）、张叔谦（元冲，号浮峰，1502～1563）、汝中丙戌会试归，为先生道途中讲学，有信有不信。先生曰：'你们拿一个圣人去与人讲学，人见圣人来，都怕走了，如何讲得行！须做得个愚夫愚妇，方可与人讲学。'洪又言：'今日要见人品高下最易。'先生曰：'何以见之？'对曰：'先生譬如泰山在前，有不知仰者，须是无目人。'先生曰：'泰山不如平地大，平地有何可见？'先生一言剪裁，剖破终年为外好高之病，在座者莫不悚惧。"（王守仁：《传习录》下，收入王守仁撰，吴光等编校《王阳明全集》（新编本）第1册，第127～128页）此为王门"满街皆圣人"义之出处。后心斋多言之，遂成特色。

以上所述，为推究卓吾之以其特殊之议题"进""出"儒、释之关键。以下说明卓吾之思想立场。

二　李贽之思想立场

依前说，卓吾之种种问题意识，所以见为特出，在于其立义之"由用以见体"，乃合"心"于"气"，合"性"于"心"，而无"别性于气质之外"之设论；此点不唯与佛家辨"种子"（*bīja*）区分"无漏种子""有漏种子"存在差异，亦与程（程颐，字正叔，号伊川，1033～1107）朱（朱熹，字元晦，一字仲晦，号晦庵，1130～1200）论"性"有"义理之性""气质之性"之说迥殊。唯对于卓吾而言，则系其立说之根本。

盖依程朱一脉之朱子说，心虽属"气"，然"心"有"道心""人心"；一出义理之性，一则为知觉嗜欲；必"人心"得"道心"为之主宰，而卒至于从心之所欲，亦不逾矩，然后为"自然"。[①] 故于其说中，人之"主体性"之建构，于其初始，即由超越"生活意识"层次之"道德意志"（moral will），所启导、或支配。"我"（ego）之概念之尊严性，来自显豁之"生命意义"，而非仅来自作为"位格"（person）本身之独立性。"性"字之哲学位阶，明显高于"心"。

至于"理学"之发展中，亦有提高"心"字之地位，赋予"心"以"完整体"、"不可分割性"与"位格"自身之"尊贵性"者，此即与朱子同时之陆象山（九渊，字子静，1139～1193）。于其说中，"道德意志"与"生活意

[①] 《语类》载或人问："人心本无不善，发于思虑，方始有不善。今先生指人心对道心而言，谓人心'生于形气之私'，不知是有形气便有这个人心否？"朱子曰："有恁地分别说底，有不恁地说底。如单说人心，则都是好。对道心说着，便是劳攘物事，会生病痛底。"（见（宋）黎靖德辑《朱子语类》，卷六十二，收入（宋）朱熹撰，朱杰人（1945～）等主编《朱子全书》（修订本）（上海古籍出版社、安徽教育出版社，2010），第16册，郑明等校点，庄辉明审读，第2012页）又曰："人心是此身有知觉有嗜欲者，如所谓'我欲仁'、'从心所欲'、'性之欲也，感于物而动'，此岂能无？但为物诱而至于陷溺，则为害尔。故圣人以为此人心，有知觉嗜欲，然无所主宰，则流而忘反，不可据以为安，故曰危。道心则是义理之心，可以为人心之主宰，而人心据以为准者也。……故当使人心每听道心之区处，方可。然此道心却杂出于人心之间，微而难见，故必须精一之，而后中可执。然此又非有两心也，只是义理与人欲之辨尔。"（同上书，第2014～2015页）

志"，是一非二，无生活即无道德；① 由此开启明学中之陈白沙（献章，字公甫，号石斋，1428～1500）与王阳明。而阳明之所以成为此一分衍发展后之宗主，其因则是：彼以"良知之体"作为"最高实体"（highest entity）之特有之"形而上学"（metaphysics）建构，有效支撑"道德不离于生活"② 此一观点之正当性。阳明称之为"知、行合一"。③

唯对于阳明而言，"个体性"之成就于人之位格，虽属"良知"之发用；其意义并不等同于指言人之"主体性"即建构于个人之"个体性"之上。

阳明曰：

> 性一而已，仁、义、礼、智，性之性也；聪、明、睿、知，性之质也；喜、怒、哀、乐，性之情也；私欲、客气，性之蔽也。④

文中分论"性之性"、"性之质"、"性之情"、"性之蔽"，唯"性之性"乃人人所同，其它"性之质"与"性之情"，则是由良知流行所产生之"气化"，⑤ 以此形塑人之殊异；此殊异，不唯建构人之"个体性"，亦于此确立人之位格。唯"情"、"质"之用，可以发挥人之才具、成就人之价值，亦可能障碍人迈向更高之可能，故又有所谓"性蔽"之说。

---

① 象山于答友人书云："来书举程明道（颢，字伯淳，1032～1085）先生静亦定、动亦定之语，此非子之所知也。定之于动静，非有二也。来书自谓静而定，亦恐未能果如是也，是处静处动不同矣。子之意，岂不自谓静时尚或能定，独难于动而定耶？凡子之所谓定者，非果定也，岂有定于静而不能定于动邪？至又谓近虽未能不动，而于动中之定颇庶几焉，此正是檐版处。"（陆九渊：《与张辅之》，见（宋）陆九渊撰，钟哲点校《陆九渊集》（中华书局，2010 年三刷），卷三，《书》，第 36 页）论中所谓"定之于动静，非有二"，即是于义理之践履处，将"道德意志"与"生活意志"（此处所谓"生活意志"，指支撑生活之充足意愿；非叔本华（Arthur Schopenhäuer，1788～1860）于其哲学系统中所指称之"生存意志"（will to live）合之于一。
② 阳明云："与愚夫愚妇同的，是谓同德。与愚夫愚妇异的，是谓异端。"见王守仁《传习录》下，收入王守仁撰，吴光等编校《王阳明全集》（新编本）第 1 册，卷三，《语录三》，第 117 页。
③ 阳明云："我今说个'知行合一'，正要人晓得一念发动处，便即是行了。"（《王阳明全集》（新编本）第 1 册，卷三，《语录三》，第 106 页）又云："知是行之始，行是知之成。若会得时，只说一个知，已自有行在；只说一个行，已自有知在。"（见王守仁《传习录》上，《王阳明全集》（新编本），卷一，《语录一》，第 5 页）
④ 见王守仁《答陆原静书》，《传习录》中，《王阳明全集》（新编本）第 1 册，卷二，《语录二》，第 75 页。
⑤ 参本文前引阳明论"造化"语。

由阳明学出发，而将"主体性"之概念与"个体性"之概念充分结合，从而为"圣人之道不离于百姓日用"之义涵，作出新义之诠解者，为王心斋。心斋曰：

> 知得"身"是天下国家之本，则以天地万物依于己，不以己依于天地万物。[①]

又云：

> 识得此理，则见见成成，自自在在。即此不失，便是庄敬；即此尝存，便是持养。真不须防险。不识此理，庄敬未免着意，纔着意，便是私心。[②]

引文所举出"依身不依物"之观点，若换一说法，即是主张"身"既是"存在之个体"，亦于"形上"之义，展现作为"个体"之"存有之全体"。否则，于另一种说法，"依身"必仍须"兼物"；朱子之"格物"说中，于心之终境，有所谓"豁然贯通"，即是如此。[③]

心斋之释此义，自与阳明之说相近。唯阳明之论"良知"作用，有"照"、"妄"之分别，"无妄无照而不贰"，乃悟后境界；[④] 并不即以当前现在之"见成"、"自在"，即说为"本体"。心斋据程明道"识得此理，以诚

---

① 见（明）王艮撰《重刻心斋王先生语录》（收入《四库全书存目丛书·子部》（齐鲁书社，1995），第10册，据中国科学院图书馆藏明刻本影印）卷上，分页5a，总页5。

② 王艮：《答问补遗》，《四库全书存目丛书·子部》第10册，分页42，总页23。

③ 朱子云："所谓致知在格物者，言欲致吾之知，在即物而穷其理也。盖人心之灵莫不有知，而天下之物莫不有理，惟于理有未穷，故其知有不尽也。是以《大学》始教，必使学者即凡天下之物，莫不因其已知之理而益穷之，以求至乎其极。至于用力之久，而一旦豁然贯通焉，则众物之表里精粗无不到，而吾心之全体大用无不明矣。此谓物格，此谓知之至也。"（见朱熹《四书章句集注·大学章句》，收入朱熹撰，朱杰人等主编《朱子全书》（修订本），第6册，徐德明校点，第20页）论中所谓"天下之物"，皆是就气化中所见者而言，故彼意之指言"全然可知"，亦有其设定之范围。

④ 阳明云："'照心非动'者，以其发于本体明觉之自然，而未尝有所动也。有所动即妄矣。'妄心亦照'者，以其本体明觉之自然者，未尝不在于其中，但有所动耳。无所动即照矣。无妄无照，非以妄为照，以照为妄也。照心为照，妄心为妄，是犹有妄有照也。有妄有照则犹贰也，贰则息矣。无妄无照则不贰，不贰则不息矣。"（见王守仁《答陆原静书》，《传习录》中，收入王守仁撰，吴光等编校《王阳明全集》（新编本），第1册，卷二，《语录二》，第71页）关于此说之释义，参见拙作《王阳明哲学之根本性质及其教法流衍中所存在之歧异性》、《论姚江学脉中之龙溪、心斋与其影响》（刊登《台大中文学报》第22期（2005年6月），第359~412页；收入戴景贤撰《明清学术思想史论集》上编，第157~212页）二文。

敬存之而已，不须防检，不须穷索"① 之语，而益进之以"随顺之自然"，遂并"持养"之功亦去之；此中则有极大转手。② 泰州之为泰州，关键在此。

所以此处谓心斋于阳明之教言有所转移，系因阳明之言"致良知"有一先决之条件，即是必待"觉体"之呈露，而后其功可施；若以心识心，而谓即能于纷扰中见出"见成"、"自在"，而谓更无功之可施，则于"良知"之义，必有新解。故心斋又云：

> 只心有所向，便是欲。有所见，便是妄。既无所向，又无所见，便是无极而太极。良知一点，分分明明，亭亭当当，不用安排思索。圣神之所以经纶变化，而位育参赞者，皆本诸此也。③

此所谓"无所向，又无所见"，即"知觉"中之"纯一"；依其说，即是"良知"本然之体段，未有一刻不在，故云"分分明明，亭亭当当"。

然如必于"无所向，又无所见"，乃见为分明亭当，则是以"有所动"者，反观其"无所动"，不免于"觉"之体外另说有"识"，二者难期一致。此泰州之所以易流于"误认"。④

今若以此而回视卓吾之言，以其所谓"人必有私而后其心乃见"之意，持与心斋"既无所向，又无所见，便是无极而太极"之言相较，则卓吾明显于同一路向更进一步；其说盖仅以明"物物之各一太极"，而不必于此语后，更说"太极之本无极"。

而依余之所见论之：卓吾尝受学于心斋之子东崖（王襞，字宗顺，1511～1587），尊视阳明、二王，且论交耿楚倥（定理，字子庸，1534～1584）、耿楚侗（定向，字在伦，1524～1597）、罗近溪（汝芳，字惟德，1515～1588）、焦澹园（竑，字弱侯，1540～1620）等一时王门俊彦，受泰州风气；彼所谓

---

① 见《元丰己未吕与叔东见二先生语》，《河南程氏遗书》卷第二上，《二先生语二上》，收入（宋）程颢、程颐撰，王孝鱼（永祥，1900～1981）点校《二程集》（中华书局，2008年二版五刷）上册，第16～17页。

② 同时龙溪虽亦有"良知是天然之灵窍，时时从天机运转，变化云为，自见天则。不须防检，不须穷索，何尝照管得？又何尝不照管得？"之言（见王畿：《过丰城答问》，收入（明）王畿撰，吴震编校整理《王畿集》（凤凰出版社，2007），卷四，第79页，然由于二人之论，立说之结构不同，故其意旨仍有差异。参见拙作《王阳明哲学之根本性质及其教法流衍中所存在之歧异性》一文。

③ 王艮：《与俞纯夫》，见王艮撰《重刻心斋王先生语录》卷下，分页1a，总页28。

④ 参见拙作《论姚江学脉中之龙溪、心斋与其影响》一文。

"人必有私而后其心乃见"云云，或正是于心斋"动"、"静"未协之处有所见，故说之如此。① 卓吾之论"心"云：

> 德性之来，莫知其始，是吾心之故物也。是由今而推之于始者然也。更由今而引之以至于后，则日新而无敝。今日新也，明日新也，后日又新也，同是此心之故物，而新新不已，所谓"日月虽旧，而千古长新"者是矣。日月且然，而况于德性哉？其常故而常新也如此，又不可以见德性之尊乎？博厚如地，虽足为厚，未足比吾德性之厚也。是犹为自上而之下也。更由下而之上，则可以筑九层之台也，可以造凌霄之宫也，可以建凌云之阁也，所谓弥坚而愈不可钻，又极高而愈不可仰者矣。何其所厚者愈敦愈固，其所谓礼者又日隆日崇乎！是谓忠信之足以进德也，充实之可以光辉也，敦化之自然川流也，德性之尊又不可见乎？合而观之，皆德性也。而人不知所以尊之，是故有道问学之功焉。苟不知问学之功，则广大谁为之致，精微谁为之尽，高明谁为之极，中庸谁为之道？而所以温、所以敦，又谁为之哉？故圣人重问学焉。
>
> 重问学者，所以尊德性也。能尊德性，则圣人之能事毕矣。于是焉或欲经世，或欲出世，或欲隐，或欲见，或刚或柔，或可或不可，固皆吾人不齐之物情，圣人且任之矣。故曰："以人治人。"
>
> 若夫不骄不倍，语默合宜，乃吾人处世常法。此虽不曾道问学，而尊德性者或优为之。故圣人之意若曰：尔勿以尊德性之人为异人也。彼其所为，亦不过众人之所能为而已。人但率性而为，勿以过高视圣人之为可也。尧舜与途人一，圣人与凡人一。②

文中论"德性"，而以"故物日新"言之，倘依其观念之建构予以分析，其义盖可分说为二层：一即"心"、"性"不分，同为动态。此"动态"之义，不仅乃于"流行中见本体"，亦是"流行即本体"。其次则是以"自然川流"之说，支撑"于个体见全体"义。以下分释之：

第一层，所谓"心、性不分"，即是以"良知"之本体流行，贯串"心"、"性"二义。以"故物"表阳明所谓"性之性"，以"日新"表

---

① 关于卓吾与泰州之关系，余曾有详论，参同前注。
② 李贽：《道古录》，卷上，收入李贽撰，张建业主编《李贽文集》第7卷，第360~361页。

"性"之本于"质"而有"情"之变化;"蔽"与"不蔽"皆涵在内。于此说"动"、"静"之"一如"。

第二层,所谓"自然川流",则是以同一源之水自然分流,说明"存在"与"存有"(being)之关系。此一"自然川流"之观念,粗看虽似取阳明"良知是造化的精灵"之义为推衍,① 从而有"圣、凡一体"之论;实则已将"合一"之本体,以"分殊"之方式说之,近于佛家"性、相一如"② 之义。

由上论之诠可知,卓吾之兼涉儒、释,固自泰州来;其最终脱出泰州之外,则系被受当时禅风所影响,有其自身循议题而进展之脉络。至于此一立场,究竟属儒、属佛,或真所谓"非儒"、"非佛",则须进而有所辨义。以下续论之。

三　卓吾思想之基本属性与其佛法观点

前文引卓吾说,有谓"尧舜与途人一,圣人与凡人一",其论佛亦如是。卓吾云:

> 盖言成佛者,佛本自成,若言成佛,已是不中理之谈矣。况欲发愿以成之哉!成佛者,成无佛可成之佛,此千佛万佛之所同也。发愿者,发佛佛各所欲为之愿,此千佛万佛之所不能同也。故有佛而后有愿,佛同而愿各异,是谓同中有异也。发愿尽出于佛,故愿异而佛本同,是谓异中有同也。然则谓愿由于佛可也,而谓欲发愿以成佛可乎?是岂中理之谈哉!③

又曰:

---

① 阳明语云:"良知是造化的精灵。这些精灵,生天生地,成鬼成帝,皆从此出,真是与物无对。人若复得他完完全全,无少亏欠,自不觉手舞足蹈,不知天地间更有何乐可代。"见王守仁《传习录》下,收入王守仁撰,吴光等编校《王阳明全集》(新编本)第1册,卷三,《语录三》,第115页。

② 云栖莲池大师(释袾宏,字佛慧,1535～1615)《竹窗三笔·性相》云:"相传佛灭后,性、相二宗学者各执所见,至分河饮水,其争如是,孰是而孰非欤?曰:但执之则皆非,不执则皆是。性者何?相之性也;相者何?性之相也。非判然二也。譬之一身然:身为主,而有耳目口鼻、脏腑百骸,皆身也。是身者,耳目等之身;耳目等者,身之耳目等也。譬之一室然:室为主,而有梁栋椽柱、垣壁户牖等,皆室也。是室者,梁栋等之室;梁栋等者,是室之梁栋等也。夫岂判然为二者哉?不惟不当争,而亦无可争也。"见(明)释袾宏撰《云栖法汇》(收入《明版嘉兴大藏经》,第33册),分页68a,总页70～71。

③ 李贽《观音问十七条·答澹然师》,收入李贽撰,张建业主编《李贽文集》第1卷,《焚书》卷四,《杂述》,第156页。

大乘（Mahayana Buddhism）圣人尚欲留惑润生，发愿度人，况新发意菩萨哉！然大乘菩萨实不及新发意菩萨，大愿众生实不及大心众生，观之龙女、善财可见矣。故单言菩萨，则虽上乘，犹不免借愿力以为重。何者？见谛未圆而信心未化也。唯有佛菩萨如观音、大势至、文殊、普贤等，始为诸佛发愿矣。①

卓吾文中以泰州"人人成圣"之论，谈"人人成佛"之理；其义乃释其心目中之"佛理"，而非以诠法脉相承之"佛法"。于此处，其说实以"儒"义通之于"佛"，而非以"佛"义通于之"儒"。其论中所增益之"发愿者，此千佛万佛之所不能同"之说解，则更是以"主体性"与"个体性"合一之方式，确认人人"独立性位格"之实有。其区分"大愿众生"与"大心众生"为二，亦是欲将佛之"三身"义，于"己心"归一；故不藉"愿力"。

卓吾此所主张"个体之私，不仅依主体之'自觉'而存在，且亦是因主体之'为己'而存在"之观点，不仅与佛教不于"识境"说"证境"之教义不符；与宋儒如明道所言之"廓然而大公，物来而顺应"② 之义理原则，亦明显抵触。

盖以"自然"为"符理"，此本儒、释、道三教同有之说；特如何方始为"自然"？则不唯三教之理论结构形态不同，即三教各自之内部，亦尚存有诠义上之歧异。以"程朱"一脉中，朱子之说为论，必"气质"于"性"之障蔽尽去，"心"与"理"一，然后成其"自然"；"心识"之当下，因有气质之扰，故依"常境"而论，无法皆据之以为心体发用之本然。此种论述方式，其设义之基础，不唯等同"性体"与"理体"，③ 且亦视"理体"为先在；至于"心"于"功能"上所言之"觉知"，则仅以"气之虚灵"为论。④

① 李贽《观音问十七条·答澹然师》，《李贽文集》第1卷，《焚书》卷四，《杂述》，第156～157页。

② 见程颢《答横渠张子厚先生书》，《河南程氏文集》卷第二，《明道先生文二·书记》，收入程颢、程颐撰，王孝鱼点校《二程集》上册，第460页。

③ 关于朱子立论之哲学形态与结构，参见拙作《朱子理气论之系统建构、论域分野及其有关"存有"之预设——兼论朱子学说衍生争议之原因及其所含藏之讨论空间》［刊登《文与哲》第25期（2014年12月），第217～301页］。

④ 朱子云："心之虚灵知觉，一而已矣。而以为有人心、道心之异者，则以其或生于形气之私，或原于性命之正，而所以为知觉者不同，是以或危殆而不安，或微妙而难见耳。"见朱熹《四书章句集注·中庸章句》，收入朱熹撰，朱杰人等主编《朱子全书》（修订本）第6册，徐德明校点，第29页。

而若以阳明之说为解义，则"良知"之体，于人乃当下俱在，"心"无"良知"之外之用。特"念"之所向，因用而成偏，发不及持，故见有"善"与"不善"，而心亦自知之；以是不皆说为乃"本体之流行"。然"本体当在"，与"于当下而自主"，固是可以构成一以"个体"建构其"主体性自我"之基础；由是提升"自我"之地位，如前论阳明时所释。

特就阳明之本意而言，"出于本体"不即是"本体流行"，故"个体"之概念与"个体性"无从合一；"个体"虽依主体之"自觉"而存在，"主体"之"主体性"，则并非因"个体"之"为己"而存在。故于最终义之"自然"，仍须是"天"、"人"之合一；于此消解"个体"之"为己"。

与上述各说相异，卓吾之主"有佛而后有愿，佛同而愿各异"，则自始即是确认"主体"之"个体性"乃无须化解，亦无从化解；"心"之为主体，乃自"心"之为"个体"而成立，但求其"真"，即是"自然"。而此"自然之真"，卓吾称之曰"童心"。① 卓吾云：

> 夫童心者，绝假纯真，最初一念之本心也。若失却童心，便失却真心；失却真心，便失却真人。人而非真，全不复有初矣。
>
> 童子者，人之初也；童心者，心之初也。夫心之初曷可失也！然童心胡然而遽失也？盖方其始也，有闻见从耳目而入，而以为主于其内而童心失。其长也，有道理从闻见而入，而以为主于其内而童心失。其久也，道理闻见日以益多，则所知所觉日以益广，于是焉又知美名之可好也，而务欲以扬之而童心失；知不美之名之可丑也，而务欲以掩之而童心失。夫道理闻见，皆自多读书识义理而来也。古之圣人，曷尝不读书哉！然纵不读书，童心固自在也，纵多读书，亦以护此童心而使之勿失焉耳，非若学者反以多读书识义理而反障之也。夫学者既以多读书识义理障其童心矣，圣人又何用多著书立言以障学人为耶？童心既障，于是发而为言语，则言语不由衷；见而为政事，则政事无根柢；著而为文辞，则文辞不能达。非内含于章美也，非笃实生辉光也，欲求一句有德之言，卒不可得。所以者何？以童心既障，而以从外入者闻见道理为之心也。

---

① 关于泰州学由心斋"百姓日用即道"之路径，发展而为颜山农之"率性所行，纯任自然"，乃至罗近溪之"保任赤子之心"之论，其间之历程，乃至卓吾说与各家间之关连与差异，参见拙作《论姚江学脉中之龙溪、心斋与其影响》一文。

夫既以闻见道理为心矣，则所言者皆闻见道理之言，非童心自出之言也。言虽工，于我何与？岂非以假人言假言，而事假事文假文乎？盖其人既假，则无所不假矣。由是而以假言与假人言，则假人喜；以假事与假人道，则假人喜；以假文与假人谈，则假人喜。无所不假，则无所不喜。满场是假，矮人何辩也？然则虽有天下之至文，其湮灭于假人而不尽见于后世者，又岂少哉！何也？天下之至文，未有不出于童心焉者也。①

此即卓吾有名之《童心说》。其说中以"童心"为本真，举凡闻见、识理而障其心者，皆系以"客心"为心，而童心者以亡。虽则如此，童心者固未尝不在，成佛、成圣皆在于是。

卓吾之说，以其观点之基本性质而言，实乃以"本心"为"良知"之所从出，而非以"本心"为"良知之体"于人所展现；其说并不上推"良知"之体，以为化本，如阳明本人之所设论。

且正由于"本心"乃于生化中见其实然，而非能知其所以然，故凡闻见之所积累，与由思惟而识之道理，凡落于"相"者，皆仅具有"经验"之价值；而一切真正之指引，则须来自无所矫饰之本始之真诚。卓吾于此，既排斥"世俗之价值"，若以今日学界之观念，为之表述，实亦排斥依"思辨"（speculation）而成立之"系统性思惟"（systematic thinking）之建构。

然如依此论，只由"良知学"推衍而即可，何须牵连佛法？此则因彼所欲药救者，一在道学之蔽，另一则在禅门之病。卓吾云：

> 李温陵曰：儒释道之学一也，以其初皆期于闻道也。必闻道然后可以死，故曰："朝闻道，夕死可矣。"非闻道则未可以死，故又曰："吾以汝为死矣。"唯志在闻道，故其视富贵若浮云，弃天下如敝屣然也。然曰浮云，直轻之耳，曰敝屣，直贱之耳，未以为害也。若夫道人，则视富贵如粪秽，视有天下若枷锁，唯恐其去之不速矣。然粪秽，臭也，枷锁，累也，犹未甚害也。乃释子则又甚矣。彼其视富贵若虎豹之在陷阱，鱼鸟之入网罗，活人之赴汤火然：求死不得，求生不得，一如是甚

---

① 见李贽《童心说》，收入李贽撰，张建业主编《李贽文集》第1卷，《焚书》卷三，《杂述》，第92页。关于此一"童心"概念之来历，参见拙作《论姚江学脉中之龙溪、心斋与其影响》一文。

也。此儒释道之所以异也，然其期于闻道以出世一也。盖必出世，然后可以免富贵之苦也。尧之让舜也，唯恐舜之复洗耳也。苟得摄位，即为幸事，盖推而远之，唯恐其不可得也，非以舜之治天下有过于尧，而故让之位以为生民计也。此其至著者也。孔之疏食，颜之陋巷，非尧心欤！自颜氏（回，字子渊，公元前 521 ~ 前 481）没，微言绝，圣学亡，则儒不传矣。故曰："天丧予。"何也？以诸子虽学，未尝以闻道为心也。则亦不免士大夫之家为富贵所移尔矣。况继此而为汉儒之附会，宋儒之穿凿乎！又况继此而以宋儒为目标，穿凿为指归乎！人益鄙而风益下矣。无怪其流弊至于今日，阳为道学，阴为富贵，被服儒雅，行若狗彘然也。夫世之不讲道学而致荣华富贵者不少也，何必讲道学而后为富贵之资也？此无他，不待讲道学而自富贵者，其人盖有学有才，有为有守，虽欲不与之富贵而不可得也。夫唯无才无学，若不以讲圣人道学之名要之，则终身贫且贱焉，耻矣。此所以必讲道学以为取富贵之资也。然则今之无才无学，无为无识，而欲致大富贵者，断断乎不可以不讲道学矣。今之欲真实讲道学以求儒道释出世之旨，免富贵之苦者，断断乎不可以不剃头做和尚矣。①

盖卓吾之以"道学"概念，统合儒、释、道三教，表明其核心之理念，本出于儒，此但观本篇所辑入之《初潭集》一书之序言而可证。② 而其所以落发为僧，则是以士大夫之家不免为富贵所移，而讲"道学"以为取富贵之资者为尤然，故云"欲真实讲道学以求儒道释出世之旨，免富贵之苦者，断断乎不可以不剃头做和尚"。③

若是言之，"道学"之可忧，在于易伪；而释氏之教，可以遵戒习忍，故为对治。此种对于当时风气中"阳为道学，阴为富贵，被服儒雅，行若狗彘然"之批判，显示依彼所观察，儒学流衍中，士夫常有之蔽，并未因"良知"之教而稍戢，而仅是变换头目。

---

① 见李贽《释教》，收入李贽撰，张建业主编《李贽文集》第 5 卷，《初潭集》卷之十一，《师友一》，第 88 ~ 89 页。
② 卓吾云："《初潭》者何？言初落发龙潭时即纂此，故曰《初潭》也。夫卓吾子之落发也有故，故虽落发为僧，而实儒也。是以首纂儒书焉，首纂儒书而复以德行冠其首。然则善读儒书而善言德行者，实莫过于卓吾子也。"见李贽《初潭集序》，《李贽文集》第 5 卷，《初潭集》卷之十一，序页 1。
③ 见李贽《释教》，《李贽文集》第 5 卷，《初潭集》卷之十一，《师友一》，第 89 页。

于其说中，"戒持抑贪"之所以可与"体认初心"互用，正是欲人于同一"私念"之发用中，区别"必有"与"可无"；并非求绝其所不可绝，而终不免潜滋暗长于不可抑，从而流为自欺而欺人。①

至于禅门之病，依其言，则在未认得"本生至亲父母"。卓吾云：

> 昨有客在，未及裁答。记得尔言："若是自己，又何须要认？"我谓此是套语，未可便说不要认也。急写"要认"数字去。夫自己亲生爷娘认不得，如何是好，如何过得日子，如何便放得下，自不容不认得去也。天下岂有亲生爷娘认不得，而肯丢手不去认乎？决无此理，亦决无此等人。故我作寿丘坦之诗有云："劬劳虽谢父母恩，扶持自出世中尊。"尊莫尊于爷娘，而人却认不得者，无始以来认他人作父母，而不自知其非我亲生父母也。一旦从佛世尊指示，认得我本生至亲父母，岂不畅快！又岂不痛恨昔者之不见，而自哀鸣与流涕也耶！故临济（义玄禅师，？~867）以之筑大愚（守芝禅师），非筑大愚也，喜之极也。夫既认得自己爷娘，则天来大事当时成办，当时结绝矣。盖此爷娘是真爷娘，非一向假爷娘可比也。假爷娘怕事，真爷娘不怕事。入火便入火，烧之不得；入水便入水，溺之不得。故唯亲爷娘为至尊无与对，唯亲爷娘能入于生死，而不可以生死；唯亲爷娘能生生而实无生，能死死而实无死。有此好爷娘，可不早亲识认之乎？然认得时，爷娘自在也；认不得时，爷娘亦自在也。唯此爷娘情性大好，不肯强人耳。②

所谓"本生至亲父母"，即是本心本性，然此本心本性但认得，却说不得；说得，即是于"藏识"（ālaya – vijñāna）之所含藏中，留系"见闻"之影响。禅门以"直指"破执，此为其要。

然依卓吾之说，说"实性"与说"空身"，本不同指；说"实性"乃说其本有，"空身"乃空其所本无。如得其本有，身不必空而自空；以其本无。学禅者欲"空身"而并"实性"亦不认得，则所谓"禅法"，亦转成"顽

---

① 卓吾尝为书覆耿定向楚侗，中言其所以执迷不返者，其病在"多欲"（见李贽《答耿司寇》，收入李贽撰，张建业主编《李贽文集》第1卷，《焚书》卷一，《书答》，第33页），耿氏衔之，致欲使人害之。以此例之，则见凡卓吾之谓此，皆有实指。
② 见李贽《观音问十七条·答明因》，《李贽文集》第1卷，《焚书》卷四，《杂述》，第162~163页。

空"。此所以为病。故又曰：

> 夫既说实性，便不可说空身；既说空身，便不宜说实性矣。……即说"父母未生前"，则我身尚无有；我身既无有，则我心亦无有；我心尚无有，如何又说有佛？苟有佛，即便有魔，即便有生有死矣，又安得谓之父母未生前乎？然则所谓真爷娘者，亦是假立名字耳，莫太认真也！真爷娘不会说话，乃谓能度阿难，有是理乎？佛未尝度阿难，而阿难自迷，谓必待佛以度之，故愈迷愈远，直至迦叶时方得度为第二祖。当迦叶时，迦叶力摈阿难，不与话语，故大众每见阿难便即星散，视之如雠人然。故阿难慌忙无措，及至无可奈何之极，然后舍却从前悟解，不留半点见闻于藏识之中，一如父母未生阿难之前然，迦叶方乃印可传法为第二祖也。设使阿难犹有一毫聪明可倚，尚贪着不肯放下，至极干净，迦叶亦必不传之矣。盖因阿难是极聪明者，故难舍也。然则凡看经看教者，只要舍我所不能舍，方是善看经教之人，方是真聪明大善知识之人。莫说看经看教为不可，只要看得蟬脱乃可。①

又曰：

> 诸相原非相，是也。然怎见得原非相乎？世间凡可得而见者，皆相也。今若见得非相，则见在而相不在，去相存见，是又生一相也。何也？见即是相耳。今且勿论。经云："若见诸相非相，即见如来。"既见了如来，诸相又向何处去乎？抑诸相宛尔在前，而我心自不见之耶？抑我眼不见之也？眼可见而强以为不见，心可见而谬以为不见，是又平地生波，无风起浪，去了见复存不见，岂不大错！②

又曰：

> 弃有着空，则成顽空矣。即所谓断灭空也，即今人所共见太虚空是也。此太虚空不能生万有。既不能生万有，安得不谓之断灭空，安得不谓之顽空？顽者，言其顽然如一物然也。然则今人所共见之空，亦物也，与万物同矣，安足贵乎！六祖当时特借之以喻不碍耳。其实我之真空岂若是耶？唯豁

---

① 见李贽《观音问十七条·答明因》，《李贽文集》第 1 卷，《焚书》卷四，《杂述》，第 163 页。
② 见李贽《观音问十七条·答明因》，《李贽文集》第 1 卷，《焚书》卷四，《杂述》，第 164 页。

达空须细加理会，学道到此，已大段好了，愿更加火候，疾证此大涅槃之乐。①

又曰：

真空既能生万法，则真空亦自能生罪福矣。罪福非万法中之一法乎？须是真晓得自无罪福乃可，不可只怎么说去也。二祖（慧可禅师，号神光，487～593）当时说心说性，亦只为不曾认得本心本性耳。认得本心本性者，又肯说心说性乎？故凡说心说性者，皆是不知心性者也。何以故？心性本来空也。本来空，又安得有心更有性乎？又安得有心更有性可说乎？故二祖直至会得本来空，乃得心如墙壁去耳。既如墙壁，则种种说心说性诸缘，不求息而自息矣。诸缘既自息，则外缘自不入，内心自不惴，此真空实际之境界也，大涅槃之极乐也，大寂灭之藏海也，诸佛诸祖之所以相续慧命于不断者也。可以轻易而错下注脚乎？②

依上引卓吾诸说，所谓"实性"，乃于本心见之，无"命"外之性，无"性"外之心，但因心能攀缘，故生种种法，为罪为福；以此而于"藏识"中积累种种熏习种子。佛说以"假立名字"破种种妄相，而最终并"所以扫之者"亦去之，以此生慧，而得大涅槃之极乐、大寂灭之藏海。故以进阶而论，"禅法"亦法，若不悟本来之空，而但以自觉之"光景"为空者，亦非真空实际。以是即禅门故事、禅门话头，于未透者轻言，亦是错下注脚。

以此而合之前文卓吾论"念佛"之义，则亦可谓："念佛"者，即是"息缘"；缘息则于"念佛"之"念"中，亦得所以为"体空"之义。此即所谓"三身即一身，三世即一时"。

由上所析论可知，卓吾之所以牵连佛法，在于自信虽佛法之圣人，亦不过"自信"之圣人，"无自信，无道学"，儒、释同理。故取孔子之言而同之，即我与孔子同道；取佛祖之言而异之，则亦必有"不异"者在，久则自能证之。卓吾不唯自信之，亦自谓能证之；而其意，则可见于所作之《豫约》。

卓吾云：

---

① 见李贽《观音问十七条·答明因》，《李贽文集》第1卷，《焚书》卷四，《杂述》，第164页。
② 见李贽《观音问十七条·答明因》，《李贽文集》第1卷，《焚书》卷四，《杂述》，第164～165页。

余年已七十矣，旦暮死皆不可知。然余四方之人也，无家属僮仆于此，所赖以供朝夕者，皆本院之僧，是故豫为之约。

约曰：我在则事体在我，人之敬慢亦在我。我若有德，人则敬我，汝等纵不德，人亦看不见也。我若无德，人则我慢，纵汝等真实有德，人亦看不见也。所系皆在我，故我只管得我立身无愧耳。虽不能如古之高贤，但我青天白日心事，人亦难及。故此间大贤君子，皆能恕我而加礼我。若我死后，人皆唯尔辈之观矣，可复如今日乎？且汝等今日亦自不暇：终年修理佛殿，塑像请经，铸钟鞔鼓，并早晚服事老人。一动一息，恐不得所，固忙忙然无有暇刻矣。今幸诸事粗具，塔屋已成，若封塔之后，汝等早晚必然守塔，人不见我，只看见汝，则汝等一言一动可苟乎哉！汝等若能加谨僧律，则人因汝敬，并益敬我，反思我矣。不然，则岂但不汝敬，将我此龙湖上院即同兴福等寺应付僧一样看了也。其为辱门败种，宁空此院，置此塔，无人守护可矣。吾为此故，豫设戒约，付常融、常中、常守、怀捷、怀林、怀善、怀珠、怀玉等。若余几众，我死后无人管理，自宜遣之复还原处，不必强也。盖年幼人须有本师管辖，方可成器；又我死后势益淡薄，少年人或难当抵也。若能听约，忍饥和众，则虽十方贤者，亦宜留与共聚，况此数众与下院之众乎？第恐其不肯或不能，是以趁早言之。……①

此文作于卓吾"自裁"②之前数年，卓吾已感年寿之不可期，而自谓"我青天白日心事，人亦难及"，则其从来所砥砺者可知。文中无一事及于

---

① 见李贽《豫约·小引》，《李贽文集》第1卷《焚书》，第165～166页。

② 袁中道《李温陵传》："初，公病，病中复定所作《易因》，其名曰《九正易因》。常曰：'我得《九正易因》成，死快矣。'《易因》成，病转甚。至是逮者至邸舍，匆匆公以问马公（经纶，字主一，号诚所，1562～1605）。马公曰：'卫士至。'公力疾起，行数步，大声曰：'是为我也！为我取门片来！'遂卧其上，疾呼曰：'速行！我罪人也，不宜留！'马公愿从。公曰：'逐臣不入城，制也。且君有老父在。'马公曰：'朝廷以先生为妖人，我藏妖人者也，死则俱死耳，终不令先生往，而己独留。'马公卒同行。至通州城外，都门之牍尼马公行者纷至。其仆数十人，奉其父命泣留之。马公不听，竟与公偕。明日，大金吾实讯。侍者掖而入，卧于阶上。金吾曰：'若何以妄著书？'公曰：'罪人著书甚多，具在，于圣教有益无损。'大金吾笑其崛强，狱竟无所實词，大略止回籍耳。久之，旨不下，公于狱舍中作诗读书自如。一日，呼侍者薙发。侍者去，遂持刀自割其喉，气不绝者两日。侍者问：'和尚痛否？'以指书其手曰：'不痛。'又问：'和尚何自割？'书曰：'七十老翁何所求？'遂绝。时马公以事缓，归觐其父。至是，闻而伤之曰：'吾护持不谨，以致于斯也，伤哉！'乃归其骸于通，为之大治冢墓，营佛利云。"见（明）袁中道撰，钱伯城点校《珂雪斋集》（上海古籍出版社，1989）中册，卷十七，第721～722页。

"名"，无一事及于"利"；而谆谆然告诫寺众，其生前所曾受之敬礼及于此院者，皆将趋于淡薄，皆当豫知而为之备。则其心迹可知。

至于此一自信而自证者，究竟于儒所合者何在？于释所不合者，又何在？以下当进一步分疏之。

四　关于卓吾思想之定位

卓吾自始至终，皆自信己之所言，与己之所实践者，为"真道学"。此若以彼所"诚然而求之"者论之，固亦不可谓不是。卓吾之能于其时，得人之信重与遭人忌恨，皆是为此。然辨其"道学"之真，与辨其"道学"之性质是否于儒、于释亦为真？于何为真，于何为不真？乃属不同之议题。亦不能不论之。

今若以"儒"义论之：卓吾辨"道学"之核心观念，在于"本心"、"本性"，而此"本心"、"本性"之于人，有其所同受，亦有其各自之殊异，以是说人人为圣。故就理论之架构言，乃成于阳明"良知作用"之说，应归于阳明学之流衍；此无可疑。

唯阳明论"性"，有分于"性之性"与"性之质"，故其论"心"与"性"，"良知"之用，不与"气质"并论；而所谓"悟境"，亦非与"心识之常能"等科。卓吾因心斋"见成"、"自在"之说，而欲合"动"、"静"于一，故说有"童心"之自然；等同物物之各有太极而能生化，而不必于"生化"之外，别说"太极"之本无极。此意俱见前文所释。故以"学脉"而言，卓吾之论，仍应属"现成良知"说之变局；归之"泰州"可，不归之"泰州"亦可。

所以谓"不归之泰州亦可"，主要乃因卓吾之合"动"、"静"于一，在于彼能以"动"说"不动"，而非以"不动"说"动"。亦即：以"不动"说"动"，乃设"体"之概念于"用"之先；此犹是"道学"之初阶。待明得同为心之所用，有因偏用而生之习气，而善体之于"虽用而未尝动之本初之心"，则此良知，现成自在，不受物扰，即是本体流行。虽"善"、"恶"之见，亦将无所可施。此一不同于心斋之所得，以余之见，或乃出于王龙溪"四无"之说之影响。

龙溪之《天泉证道纪》云：

181

　　阳明夫子之学，以良知为宗，每与门人论学，提四句为教法："无善无恶心之体，有善有恶意之动，知善知恶是良知，为善去恶是格物。"学者循此用功，各有所得。绪山钱子谓："此是师门教人定本，一毫不可更易。"先生谓："夫子立教随时，谓之权法，未可执定。体用显微只是一机，心意知物只是一事，若悟得心是无善无恶之心，意即是无善无恶之意，知即是无善无恶之知，物即是无善无恶之物。盖无心之心则藏密，无意之意则应圆，无知之知则体寂，无物之物则用神。天命之性，粹然至善，神感神应，其机自不容已，无善可名。恶固本无，善亦不可得而有也。是谓无善无恶。若有善有恶，则意动于物，非自然之流行，着于有矣。自性流行者，动而无动，着于有者，动而动也。意是心之所发，若是有善有恶之意，则知与物一齐皆有，心亦不可谓之无矣。"绪山子谓："若是，是坏师门教法，非善学也。"先生谓："学须自证自悟，不从人脚跟转。若执着师门权法以为定本，未免滞于言诠，亦非善学也。"

　　时夫子将有两广之行，钱子谓曰："吾二人所见不同，何以同人？盍相与就正夫子？"晚坐天泉桥上，因各以所见请质。夫子曰："正要二子有此一问。吾教法原有此两种：四无之说，为上根人立教；四有之说，为中根以下人立教。上根之人，悟得无善无恶心体，便从无处立根基，意与知物，皆从无生，一了百当，即本体便是工夫，易简直截，更无剩欠，顿悟之学也。中根以下之人，未尝悟得本体，未免在有善有恶上立根基，心与知物，皆从有生，须用为善去恶工夫，随处对治，使之渐渐入悟，从有以归于无，复还本体，及其成功一也。世间上根人不易得，只得就中根以下人立教，通此一路。汝中所见，是接上根人教法；德洪所见，是接中根以下人教法。汝中所见，我久欲发，恐人信不及，徒增躐等之病，故含蓄到今。此是传心秘藏，颜子、明道所不敢言者。今既已说破，亦是天机该发泄时，岂容复秘？然此中不可执着。若执四无之见，不通得众人之意，只好接上根人，中根以下人无从接授。若执四有之见，认定意是有善有恶的，只好接中根以下人，上根人亦无从接授。但吾人凡心未了，虽已得悟，不妨随时用渐修工夫。不如此，不足以超凡入圣，所谓上乘兼修中下也。汝中此意，正好保任，不宜轻以示人，概而言之，反成漏泄。德洪却须进此一格，始为玄通。德洪资性沈毅，汝中资性明朗，故其所得，亦各因其所近。若能互相取益，使吾教法上下皆通，始为善学耳。"自此海内相传天泉证悟之论，道脉始归于一云。①

文中龙溪所谓"体用显微只是一机，心意知物只是一事，若悟得心是无善无恶之心，意即是无善无恶之意，知即是无善无恶之知，物即是无善无恶之物。盖无心之心则藏密，无意之意则应圆，无知之知则体寂，无物之物则用神"云云，重点在于"悟"与"未悟"；悟得时，则"体用""显微"只是一机。此正是前文所叙卓吾所谓"能知三身即一身，则知三世即一时"之理路。卓吾尝谓：

> 《龙溪王先生集》共二十卷，无一卷不是谈学之书；卷凡数十篇，无一篇不是论学之言。夫学问之道，一言可蔽。卷若积至二十，篇或累至数十，能无赘乎？然读之忘倦，卷卷若不相袭，览者唯恐易尽，何也？盖先生学问融贯，温故知新，若沧洲瀛海，根于心，发于言，自时出而不可穷，自然不厌而文且理也。而其谁能赘之欤！故余尝谓先生此书，前无往古，今无将来，后有学者可以无复著书矣，盖逆料其决不能条达明显一过于斯也。而刻板贮于绍兴官署，印行者少，人亦罕读。又先生少壮至老，一味和柔，大同无我，无新奇可喜之行，故俗士亦多不悦先生之为人，而又肯读先生之书乎？学无真志，皮相相矜，卒以自误。虽先生万语千言，亦且奈之何哉！②

卓吾生平不服人，③而赞龙溪至于"前无往古，今无将来，后有学者可以无复著书"，④则其所谓"读之忘倦"，必有领受。龙溪《绪山钱君行状》，

---

① 见王畿《天泉证道纪》，收入王畿撰，吴震编校整理《王畿集》卷一，第1~2页。
② 见李贽《龙溪先生文录抄序》，收入李贽撰，张建业主编《李贽文集》第1卷，《焚书》卷三，《杂述》，第110页。
③ 有关卓吾秉性之不服人管，可参详其自述。见李贽《豫约·感慨平生》，《李贽文集》第1卷，《焚书》卷四，《杂述》，第173~176页。
④ 卓吾自述生平云："余自幼倔僵难化，不信学，不信道，不信仙、释，故见道人则恶，见僧则恶，见道学先生则尤恶。……不幸年甫四十，为友人李逢阳（字惟明，号翰峰）、徐用检（字克贤，号鲁源，1528~1611）所诱，告我龙溪王先生语，示我阳明王先生书，乃知得道真人不死，实与真佛、真仙同。虽倔僵，不得不信之矣。"（李贽：《阳明先生年谱后语》，见王守仁撰《阳明先生道学钞》（收入《续修四库全书》，上海古籍出版社，1997，第937册，据明万历三十七年武林继锦堂刻本景印）卷之八，《年谱下》，分页1a，总页699）。

尝记"天泉桥辨义"一事甚详，而另及所谓"严滩之问"。其文云：

> 夫子赴两广，予与君送至严滩。夫子复申前说，二人正好互相为用，弗失吾宗。因举"有心是实相，无心是幻相；有心是幻相，无心是实相"为问，君拟议未及答，予曰："前所举是即本体证功夫，后所举是用功夫合本体。有无之间，不可以致诘。"夫子莞尔笑曰："可哉！此是究极之说，汝辈既已见得，正好更相切劘，默默保任，弗轻漏泄也。"二人唯唯而别。①

文中阳明之谓"有心是实相，无心是幻相；有心是幻相，无心是实相"，其"有"、"无"之辨，即是以"本心"之概念为主轴，故可以"正"、"反"言之。而阳明之举佛家"实"、"幻"之说为言，依《传习录》所录，本即是因龙溪之问语而然。② 若然，则正可见：不唯卓吾之由泰州变化，其中若干关键乃与龙溪相关；即以"良知"之说合之佛义，亦是龙溪之学中，本有之路径；并非全由卓吾独创。③ 关于卓吾思想之渊源，此点亦系可以确认。

然则卓吾之说与龙溪，究竟属一、属二，差异果在何处？亦当有所说明。

大体而言，卓吾说与龙溪之最大差异，在于龙溪之论"良知"，仍维持阳明依"本体"之义论"心体"之主轴，以是而言"本体流行"；故"意"之发于形气之私者，虽不必然障蔽本体，并不以"意动之所向"云云自身，归于"本体"之概念内。此点保留其说与释氏之论之"可相通"。若以"唯识"（*Vijñānavāda*）之学之术语明之，可谓"末那"（*manas - vijñāna*）之我执（*ātma - grāha*），于阳明与龙溪之意，皆属可化；以是而有"照心非动"之义。阳明云：

---

① 见王畿《刑部陕西司员外郎特诏进阶朝列大夫致仕绪山钱君行状》，收入王畿撰，吴震编校整理《王畿集》卷二十，第586页。

② 《全书》本《传习录》，记此事云："先生起行征思、田，德洪与汝中追送严滩，汝中举佛家实相幻想（按：《四部丛刊》所收明隆庆六年谢廷杰刊本《王文成公全书》，"想"字作"相"，是）之说。先生曰：'有心俱是实，无心俱是幻；无心俱是实，有心俱是幻。'汝中曰：'有心俱是实，无心俱是幻，是本体上说工夫。无心俱是实，有心俱是幻，是工夫上说本体。'先生然其言。洪于是时尚未了达，数年用功，始信本体工夫合一。但先生是时因问偶谈，若吾儒指点人处，不必借此立言耳！"（见王守仁《传习录》下，收入王守仁撰，吴光等编校《王阳明全集》（新编）第1册，卷三，《语录三》，第136页）

③ 论详拙作《论姚江学脉中之龙溪、心斋与其影响》一文。

"照心非动"者，以其发于本体明觉之自然，而未尝有所动也。有所动即妄矣。"妄心亦照"者，以其本体明觉之自然者，未尝不在于其中，但有所动耳。无所动即照矣。无妄无照，非以妄为照，以照为妄也。照心为照，妄心为妄，是犹有妄有照也。有妄有照则犹贰也，贰则息矣。无妄无照则不贰，不贰则不息矣。①

今卓吾之说，主"人必有私而后其心乃见，若无私则无心矣"，则是将"照"、"妄"之分别，另以"本有"与"增益"予以区隔；并未于"本心"之概念中，排除"末那"之我执。于卓吾之自是，虽仍可依"能生化即在生化之中"之逻辑，说明"有心是实相，无心是幻相；有心是幻相，无心是实相"之理，并以是区隔"实"与"非实"；然如本此而为论，于其说中，实将仅有龙溪所云之"解悟"，而无其所谓"证悟"与"彻悟"。② 此但观卓吾于论中，称可杨慈湖（简，字敬仲，1141～1226）之"屡疑而屡悟"而可知。③ 即此一点，便无从谓卓吾乃真有得于龙溪之门径。后人因泰州、龙溪之学风行天下，遂并一切影响而皆归之，而于其中种种殊异，未加分别；以是梳理脉络，其间亦有不尽明晰之处。④

其次当以"佛学"与"佛说"为论。

夫前引卓吾说，其论中曾明言己说与佛义不同，而自信其理则一；并谓"三身一时具足"之义，可依儒家"本心"、"本性"之理同证，从而引大慧宗杲之说以为据。而其所力斥，则转在禅门流弊中所谓"弃有着空"之说。⑤

---

① 见王守仁《答陆原静书》，《传习录》中，收入王守仁撰，吴光等编校《王阳明全集》（新编本）第1册，卷二，《语录二》，第71页。

② 龙溪云："师门尝有入悟三种教法：从知解而得者，谓之解悟，未离言诠；从静坐而得者，谓之证悟，犹有待于境；从人事练习而得者，忘言忘境，触处逢源，愈摇荡愈凝寂，始为彻悟。"（见王畿《留别霓川漫语》，收入王畿撰，吴震编校整理《王畿集》，卷十六，第466页）关于此段引文之解义，参见拙作《王阳明哲学之根本性质及其教法流衍中所存在之歧异性》一文。

③ 卓吾云："闻师又得了道，道岂时时可得耶？然真正学者亦自然如此。杨慈湖先生谓大悟一十八遍，小悟不记其数。故慈湖于宋儒中独为第一了手好汉，以屡疑而屡悟也。学人不疑，是谓大病。唯其疑而屡破，故破疑即是悟。"见李贽《观音问十七条·答澹然师》，收入李贽撰，张建业主编《李贽文集》第1卷，《焚书》卷四，《杂述》，第158页。

④ 关于龙溪、泰州之学之差异，论详拙作《论姚江学脉中之龙溪、心斋与其影响》一文。

⑤ 参注（48）所揭引文。永嘉玄觉禅师（665～712）《永嘉证道歌》云："豁达空，拨因果，莽莽荡荡招殃祸。弃有着空病亦然，还如避溺而投火。"见（唐）玄觉撰，魏静序，无相大师行状《禅宗永嘉集》（收入《明版嘉兴大藏经》第4册），分页35a，总页148。

此点显示卓吾之将"儒说"与"佛论"结合，约有二义：

一主"性"、"相"圆融。

此即是"能生化"不离于"生化"之义。于此，将"宇宙构成论"（cosmology）、"存有学"之种种纠葛，一体扫除。

一在将净土念佛，融入"参话"；而以"自信"破"疑"。

盖禅、净归一，本是当时佛门潮流，而所谓"话头上疑破"，[①] 则是"提"、"审"[②] 关键。卓吾于此提出"自信"二字，以"自"破"疑"，以"破"至"无可破"处起"信"；遂有参、靠。[③] 此当时卓吾之所以能以其恳切，说动缁、素之处。

虽则如此，对于佛门而言，"性宗不精，则不免堕事障褵愦；相宗不精，则不免堕理障褵愦；禅宗不了，则不免堕叶公画龙褵愦"。[④] 轻言"性"、"相"圆融，而又摄禅归净，失却纲宗，理似而不了，易于致病。[⑤] 紫柏之评卓吾云：

> 闻卓吾有年数矣，未遑一见，适读《耿子庸传》，始心见卓吾也。

---

① 大慧宗杲云："千疑万疑，只是一疑。话头上疑破，则千疑万疑一时破，话头不破，则且就上面与之厮崖。若弃了话头，却去别文字上起疑、经教上起疑、古人公案上起疑、日用尘劳中起疑，皆是邪魔眷属。"（释宗杲：《答吕舍人（居仁）》，见（宋）释宗杲撰《大慧普觉禅师语录》（收入《明版嘉兴大藏经》，第 1 册），卷二十八，分页 32b，总页765）

② 憨山（释德清，字澄印，1546～1623）云："毕竟要齐古人，方不负此生平。如是，乃可名为真学道人。不然，又何取于虚尚哉！子今纵有决定学道之志，若不知用心之方，亦汗漫无处摄取。从今用心，要如古人，必一则公案以为参究话头。如永明大师'念佛审实'的公案，最为稳当。若以念佛为参究话头时，即将心中从前一切夙习知见，一切杂乱妄想思算，一齐放下。放下又放下，放到无可放处，单单提起一声阿弥陀佛。即看此念起处，审实这念佛的是谁？且念且审，又审又念。靠定一念，审实得力处，便觉心如墙壁。究到究不得处，便是得力时节。如此久久参究，参到心无用处，如老鼠入牛角时，忽然一念迸裂，便是了生死的时节也。"（释德清：《示履初崇禅人》，见（明）释德清撰：《憨山老人梦游集》（收入《明版嘉兴大藏经》，第 22 册）卷五，分页 5，总页783～784）

③ "参""靠"二字，借憨山语，参见前注（65）引文。

④ 释真可（达观，号紫柏，1543～1603）：《与吴临川始光居士》，见（明）释真可撰，释德清阅《紫柏老人集》（收入《明版嘉兴大藏经》，第 22 册）卷十二，分页 55，总页337。

⑤ 紫柏云："近世黑白，并乏忧身虑远之心，所以性不性，相不相，禅不禅。且性、相、禅三宗，各有纲宗。如天台八教、贤首五教，皆毫不可紊者也。岂禅宗独无纲宗乎？"（《紫柏老人集》卷十二，分页 55b，总页 337。）

卓吾谓天台子以人伦为至，卓吾以未发之中为人伦之至，以故互执而不相化，殆十年所，乃今始化。其自叙如此。夫人伦犹波也，未发犹水也。执波为至固非矣，执水为波之至，宁不非乎？良以已发外未发，则已发无源矣，必谓未发至于已发，则未发似可取。殊不知已发、未发皆不可取，皆不可舍者也。如已发可取，何异离水求波也？未发可取，何异离波求水也？已发、未发既皆不可取，又皆可舍乎？故曰：取不得，舍不得，不可得中只么得。若然者，卓吾、天台始相执而不化，泊相化而不执，何异太末虫自取自舍于火聚之上耶？古德有言曰：死水固不可藏龙，活水亦岂藏龙之所？盖就假龙言耳。如真龙，则死死活活，在龙而不在水矣。夫龙之为物也，处空若水，触石则石化为水。触林木、触火，皆不旋尾而化。即此观之，谓空可取，则太虚有剩矣；谓空可舍，则太虚有外矣。空为色影，尚不可以取舍彷佛之，况有大于此者乎？卓吾！卓吾！果真龙也耶？果叶公之所画者耶？①

盖以卓吾之见而云，其所谓"未发"，虽是心无所向，即水是波，但见得平静耳。至于以"未发之中"，即是"人伦之至"，此即是彼所谓"本心"、"童心"之说；乃合"心"与"气"而一之，亦是合"性"与"命"而一之。凡此，本是其主张如此。唯对于佛教之论者如紫柏而言，所谓"已发、未发皆不可取，皆不可舍"，乃因佛说有"净"、"染"义；以是"水"之与"波"，虽云"不二"、"不一"，终有"二重"之义。此"性""相"之所以判为二宗。故依紫柏说，学者之参合"性""相"以为圆融，须有修证，而非可径以禅法之"不滞边义"，轻言其合。

以上述卓吾说之大义竟，今若进而以一综括之"思想史"角度，衡论其所处之思想环境，与彼所以参合"儒""释"之观点，则可约说为下列数项要点。

其一，以儒学而言，卓吾之由阳明学流衍，开出自己一路；显示阳明学具有一种发展之可能，即是将"良知"之"本体"论，区分为"存有学"与"宇宙构成论"两种层次：于"存有学"层次，将"良知"之"本体"说为"存有"自身之"唯一"；于"宇宙构成论"层次，将气之变合与"性

---

① 释真可：《卓吾天台》，同前注，卷十一，分页7b～8，总页314。

体"之赋予,分述为二,而以"心体"之实体存在,说为"性"、"气"之"合一"。① 此一新义之发挥,能为"个体"之存在,设置一种依据"个体性"而建构之"主体性"理论。此一发展,可与明代社会之逐步展现若干"早期近代"(early modern)之特质相应。②

其二,阳明学与佛学之可能关连,在于:阳明以一儒学之义理立场,建构一可归属为广义之"唯心论"之"形而上学"系统,其主要之参照模式,本即是佛家"性、相融通"之论。而二者主要之差别,则在于:佛家有"异熟"(vipāka)之因果观,而儒家无之。阳明主"气化"亦是"良知发用"之说法,将"净"、"染"隔绝之义,调整为一"诚体流行"之论。③ 此说虽亦展现有"二重"之义,其为"二重"之论之结构,则与佛说不同。故无论阳明之流衍,如何取用佛家"性、相"之义,乃至禅、净之法,止要"良知"之宗旨未变,皆仅是以"儒义"为主而有之方便。其最终所说,即使认可儒、释相通,亦并非儒、释不分。

其三,明代儒学学界与佛教教界之互动,乃至"居士佛学"之炽盛,虽非专缘于"阳明学"发达之影响,王学学风之广被,仍是重要之一因。而明季儒、释二者间之交涉,其中实有三种:一种为跻儒为佛,一种为跻佛为儒,一种为摒儒于佛。此三者俱有其所宜辨之特质。

所谓"跻儒为佛",即是以佛说为主,宽解儒家之义,将儒学中之"良知"一脉,说为一种"近道"之方便。所谓"跻佛为儒",则是虽于意识之中,尊说佛义,却于实际之内涵,将佛家"出世"之义,合于"世间",因而趋近儒说。至于"摒儒于佛",则是以佛说之究竟义,厘清儒、释之"可通"与"不可通";严守佛家作为"出世"宗教之立场。

就此三者而言,第一种趋向,显示禅学潜伏于学界之影响,于经历宋代理学中"程朱"一脉之"对抗性"发展后,其思想因素,逐渐透过"心体"观念之确认,将理学中之"心"、"性"问题,由"理""气"之分、合,导

① 参见拙作《王阳明哲学之根本性质及其教法流衍中所存在之歧异性》一文。
② 关于"中国史"之阶段分期问题,余前此曾有一说,主张中国之进入"早期近代",应始于明帝国之确立,说详拙作《市镇文化背景与中国早期近代智识群体——论清乾隆嘉庆时期吴皖之学之兴起及其影响》[刊登《文与哲》第 13 期(2008 年 12 月);收入戴景贤《明清学术思想史论集》下编(中文大学出版社,2012),第 181~240 页]一文。
③ 参见拙作《王阳明哲学之根本性质及其教法流衍中所存在之歧异性》一文。

引至"知"与"觉"之分、合，从而提升"心体"观念之理论位阶。"跻儒为佛"于是成为一种可能之思想形态。此点深化佛教教界对于"儒学内涵与其义理架构"之哲学式之解读。

第二种之趋向，则显示阳明学之发达，由于其内部具有一种借佛义"性、相一如"之论法，以证成"自然之理"与"名教之理"本质合一之思惟；因而亦于其流行之势之影响下，模糊化佛义中"世间义"与"出世义"之分别，从而助长佛学中因禅学之发达而启动之欲融"性"、"相"与"禅"为一之风气。此种思想发展，具有导引佛教趋向"现世化"发展之可能。而其所展示之思想脉络，亦提供民国以后中国佛界风气中，若干"去宗教化"之发展，予彼辈以论述上之启示。

至于第三种趋向，则是对于前二种趋向之汇流，产生忧虑；从而期待以一种"梳理"之方式，析论"性""相""禅"三宗各有之义旨，并针对三宗各殊之纲宗，如何于"法门"之意义得以参合，作出判解。此项"梳理"与"判解"，最要之说义，在于将佛论中之"境界语"，与应机而有之"工夫语"一一疏别，于其间指出"心悟"之关键；① 由此消解因"性、相融通"、"禅、净合流"所可能产生之流弊。至于所谓"儒"、"道"、"释"间应如何相通与区隔之问题，虽非可于同一说义下，出现明确化之论述，然此一梳理方式，仍是可作为一发展之起点；明末四僧紫柏、莲池、憨山、蕅益（释智旭，1599～1655），彼辈之所以为教、学二界所重，盖即缘此。

---

① 憨山大师云："尝观世之百工技艺之精，而造乎妙者，不可以言传；效之者，亦不可以言得。况大道之妙，可以口耳授受、语言文字而致哉？盖在心悟之妙耳。是则不独参禅贵在妙悟，即世智辩聪、治世语言、资生之业，无有一法不悟而得其妙者。妙则非言可及也。故吾佛圣人说《法华》，则纯谭实相；乃至妙法，则未措一词。但云如是而已。至若悟妙法者，但云善说法者，治世语言、资生业等，皆顺正法。而华严五地圣人，善能通达世间之学。至于阴阳术数、图书印玺、医方辞赋，靡不该练；然后可以涉俗利生。故等觉大士，现十界形，应以何身何法得度，即现何身何法而度脱之。由是观之，佛法岂绝无世谛？而世谛岂尽非佛法哉？由人不悟大道之妙，而自画于内外之差耳。道岂然乎？窃观古今卫道藩篱者，在此则曰彼外道耳，在彼则曰此异端也。大而观之，其犹贵贱偶人、经界太虚、是非日月之光也。是皆不悟自心之妙，而增益其戏论耳。盖古之圣人无他，特悟心之妙者，一切言教，皆从妙悟心中流出，应机而示浅深者也。故曰：无不从此法界流，无不还归此法界。是故吾人不悟自心，不知圣人之心；不知圣人之心，而拟圣人之言者，譬夫场人之欣戚，虽乐不乐，虽哀不哀，哀乐原不出于己有也。哀乐不出于己，而以己为有者，吾于释圣人之言者见之。"见释德清《论教源》，收入释德清撰《观老庄影响论》（台北：广文书局，1974，据光绪十二年金陵刻经处刊本景印），第1b～3a 页。

其四，卓吾之由阳明学流衍，涉猎佛学，从而产生其所定义之"会通"，对于其原本之儒学立场而言，其实乃是参取"性、相融通"之论述，与"禅、净合流"之法门，将工夫集中于"破疑"与"看话"；而其所以"破疑"，则是出于"良知学"中精炼之"自信"，以是仍承认"私"之必有。于此与佛义殊途。然而由于卓吾本人主张"道学无二"，① 故彼最终自信其说可与佛说证同。

其五，就阳明学而言，卓吾以"童心"为"本心"之说，于嗣后之发展，并未取代"良知"之概念；以是对于阳明学所能有之效益，实际仍属有限。然其结合"个体性"与"主体性"之论点，却透过明代一种广泛之具有"美学"（aesthetics）意义之思想风潮，对文人群体产生巨大之影响；直至今日，依然持续受到学界之关注。②

其六，卓吾在世之日，风光藉甚，③ 其所转移，不仅学界，亦在教界。学界之影响，因受"东林"以下之批判，④ 故遭受限缩；而教界之影响，则亦因紫柏等人之梳理，逐渐消解。然无论学界、教界，皆因讨论、批判卓吾，获得一种思想上之刺激，从而产生因"议题"而生发之动能，此则为无从抹杀。

以上依"思想史"之角度，衡论卓吾之所以会通"儒""释"。

综括而言，卓吾之变化"儒"、"释"，就其择用佛义而言，虽似有所掺和，依根本之性质论之，则仍应将之判归为"跻佛于儒"，而非"跻儒于佛"。此中缘由，凡所当深辨者，皆已申论之如上。

---

① 卓吾《续焚书》中有《三教归儒说》（见李贽撰，张建业主编《李贽文集》第 1 卷，《续焚书》卷二，第 72~73 页），其说亦见《初潭集》之《释教》篇。

② 相关之研究，参见拙作《论明代美学思想发展之结构性质及其与形上学之关系》（初稿发表于哈佛大学东亚语言及文明系、中央研究院中国文哲研究所、上海复旦大学中国古代文学研究中心所联合举办之《中国近代文学国际学术研讨会》（复旦大学，2009 年 1 月 7~8 日）；后刊登《中国文学研究》第 14 辑（中国文联出版社，2010），第 1~46 页；收入戴景贤撰《明清学术思想史论集》上编，第 213~255 页）一文。

③ 卓吾与紫柏于万历间并称，沈德符（字景倩，1578~1642）于其书《二大教主》条云："温陵李卓吾，聪明盖代，议论间有过奇。然快谈雄辨，益人意智不少。秣陵焦弱侯、泌水刘晋川（东星，字子明，1538~1601），皆推尊为圣人。"见（明）沈德符撰，谢兴尧断句《万历野获编》（中华书局，2004 年四刷）下册，卷二十七，第 691 页。

④ 东林于卓吾之批评，有因护持名教而嫉其为人者，有出于私心而攻讦之者，亦有本于学术而不容其说者；关键在于第三类。盖当时之抨击卓吾，不仅视之为儒义之"狂"，抑且视之为佛义之"狂禅"，故即梨洲《明儒学案》之于明儒之学，条分缕析，不拘门户，亦摒其人其书于不列。

"回向三代"的政治理想与诗文革新运动

——以王安石为核心

李　哲

（清华大学国学研究院　清华大学哲学系）

　　摘　要：作为儒家知识分子，北宋士大夫们承续了儒家文化传统。作为国家政治体制中的重要节点，他们又深入地参与社会事务。儒生、官员的叠合角色让北宋士大夫们将儒家传统与当下的政治践履紧密地结合起来，而政治践履又与文学观念相互碰撞、相互影响。在"回向三代"的号召下，北宋士大夫们从制度建构到礼乐教化，从政治践履到文学变革，不断以"回向三代"的政治理想重塑社会的肌理和框架。王安石作为熙宁变法的主导者和诗文革新运动的悍将，其"回向三代"的理想追求在时人之中更具有独特性与复杂性。

　　关键词：回向三代　诗文革新运动　王安石

一　"三代"的经典化路径

　　顾名思义，"三代"即夏、商、周上古三代的代称，最早见于《论语·卫灵公》："斯民也，三代之所以直道而行也。"此处，孔子以"直道"赞誉"三代"之德。《礼记·礼运》篇也模仿孔子的口吻："大道之行也，与三代之英，丘未及逮也，而有志焉。"① 可见在儒家先圣孔子的眼中，"三代"有

---

　　① 陈戍国：《礼记校注》，岳麓书社，2004，第154页。

如柏拉图理想国一般，"选贤与能，讲信修睦。故人不独亲其亲，不独子其子，使老有所终，壮有所用，幼有所长，矜、寡、孤、独、废疾者，皆有所养。男有分，女有归"。①自孔子后，历代儒者不断对"三代"的历史内涵进行重构，一方面是凸显圣主贤君的人格作用，另一方面是对上古神话进行历史转型。前者主要体现在王道谱系的传承以及表达踵武前圣的政治意愿上，正如《荀子·王制》中所说："道不过三代，法不贰后王。"后者则是将颂扬圣王的神话传说纳入历史实录，所以司马迁在撰写《史记·三代世表》时以"黄帝以来讫共和"统称"三代"；司马贞也在《史记索隐》中提及："其实叙五帝、三代，而篇唯名《三代系表》者，以三代代系长远，宜以名篇；且三代皆出自五帝，故叙三代要从五帝而起也。"②这种书写方式将神话传说中的五帝时期与夏商周三代相连接，实现了从扑朔迷离的神话传说到皇皇在册的历史实录的过渡。

（一）北宋以前的"三代"接受

先秦两汉时期，神话传说逐渐渗透"三代"历史，三代在史家诠释的过程中不断被神圣化，并且在政统、道统、法统上都更具典范意义。正如《孟子·离娄上》中所言"三代之得天下也以仁，其失天下也以不仁"，历史的因革损益完全取决于君临天下的统治者能否施行仁政，以"三代"作为教化范本昭明后世就此有了实质意义，所以《孟子·滕文公上》中说："孟子道性善，言必称尧舜。"在儒家的力倡下，即便韩非早就表露过三代之说不可信的态度，其《韩非子·显学》更是直接勘破三代之说的问题所在："孔、墨俱道尧、舜，而取舍不同，皆自谓真尧、舜；尧、舜不复生，将谁使定儒、墨之诚乎？"但广大儒生依旧根据现实需要，对三代历史不断进行重构。事实上，"回向三代"从初始就不是单纯地追慕"三代"历史，而是以托古改制的方式，在三代的宏大结构中嵌入自身的理论主张，换言之，就是将"三代"作为道德教化或政治实践的历史依据。

魏晋隋唐时期，这种对于三代的向往之情，在诗文中得到了进一步的印证。从陈子昂《蓟丘览古赠卢居士藏用七首》"大运沦三代，天人罕有窥"，

---

① 陈戍国：《礼记校注》，岳麓书社，2004，第154页。
② （唐）司马贞：《史记索隐》，陕西师范大学出版总社，2018，第71页。

到杜甫《奉赠韦左丞丈二十二韵》"致君尧舜上，再使风俗淳"，从韩愈《丰陵行》"臣闻神道尚清净，三代旧制存诸书"，到元稹《人道短》"尧舜留得神圣事，百代天子有典章"，无一不彰显着儒家正统话语体系中"三代"的导向意义。

（二）北宋的"三代"接受

及至宋代，士人普遍以"回向三代"为政治理想，既渴望轨范"圣人之迹"，通过三代制度解决现实困境，又希冀从"六经"中解读前人未发的"圣人之意"，实现由内圣而外王的目的。在重重构建中，上古三代早已超越了私有制"家天下"的历史现实，而成为一个"礼乐达天下"的"公天下"盛世模本。究其根本，不仅是因为周、孔在经学上塑造的社会典范，同时也与唐宋变革中韩、柳、欧、苏等人对三代社会的再度美化相关联。而随着"回向三代"意识的集体认同不断加深，这种政治理想在文学世界中也得到充分表达。通过文学书写，宋人在经论、史论、政论中建构的三代理想社会得到了更加鲜活立体的呈现。

朱熹说："国初人便已崇礼义，尊经术，欲复二帝三代，已自胜如唐人，但说未透在。直至二程出，此理始说得透。"① 点明了"回向三代"是北宋复兴儒学运动的圭臬与内在动力。细究宋人"回向三代"的大举兴盛，应以仁宗朝为起点。

> 列圣传心，至仁宗而德化隆洽，至于朝廷之上，耻言人过，谓本朝之治，独与三代同风。此则祖宗之家法也。（李心传《建炎以来朝野杂记》乙集卷三"孝宗论用人择相"条）

士大夫们就是在这样的背景之下，大举"回向三代"之旗帜。比如石介、尹洙、欧阳修、李觏等人，其主要活动时期基本都是在仁宗朝，并且几人同样抱持复归三代的政治倾向。下面分而述之。

1. 石介

石介在《汉论上》中开门见山、开宗明义："噫嘻！王道其驳于汉乎？

---

① （南宋）朱熹著，（南宋）黎靖德编，王星贤点校《朱子语类》卷一二九，中华书局，1986，第3085页。

汤革夏，改正朔，易服色，以顺天命而已，其体尽循禹之道。周革商，改正朔，易服色，以顺天命而已，其余尽循汤之道。汉革秦，不能尽循周之道，王道于斯驳焉。"① 批评三代之下，道已驳杂不纯，未尽循周道。但紧接着他在《汉论下》中提出疑问："或曰：'时有浇淳，道有升降，当汉之时，固不同三代之时也，尽行三王之道，可乎？'"对此，他的答案是肯定的。在石介的高自标置中，其"三代之道"实则是一种托古改制的变革，并非上古三代的政治制度。这在宋人的"回向三代"中非常具有普适性和典型性。石介的《汉论》言近旨远，意在推动其时的改革："噫！汉顺天应人，以仁易暴，以治易乱，三王之举也。其始何如此其盛哉！其终何如此其卑哉！三王大中之道，置而不行，区区袭秦之余，立汉之法，可惜矣！"② 石介在这里颇有以古喻今之慨，以汉喻宋，以秦比五代，有感于宋代在制度上未能一鼓作气直追三代，反而承袭了晚唐五代的衰敝，令人扼腕。石介以三代为蓝本，希望从井田制、封建制、宗法制和礼乐教化等方面入手，构筑社会基础：

> 夫井田，三王之法也；什一，三王之制也；封建，三王之治也；乡射，三王之礼也；学校，三王之教也；度量以齐，衣服以章，宫室以等，三王之训也。三王市廛而不税，关讯而不征，林麓川泽以时入而不禁。用民之力，岁不过三日。五十者养于乡，六十者养于国，七十者养于学，孤寡鳏独，皆有常饩。周衰，王道息。秦并天下，遂尽灭三王之道。③

2. 尹洙

与石介同时代的尹洙也在《岳州学宫记》中写道："三代何从而治哉？其教人一于学而已。……滕公凡为郡，必兴学、见诸生，以为为政先。庆历四年守巴陵……会京师倡学，诏诸郡置学官，广生员，公承诏。忭曰：'天子有意三代之治，守臣述上德，广风教，宜无大于此，庸敢不虔。'于是大其制度以营之。"④"诏诸郡置学官"本是庆历变法中的重要教育政策，出自范仲淹"复古劝学，兴学校"的条陈。尹洙此言不但表明自己回向三代的态

---

① （北宋）石介撰，陈植锷点校《徂徕石先生文集·汉论上》，中华书局，1984，第111页。
② （北宋）石介撰，陈植锷点校《徂徕石先生文集·汉论上》，中华书局，1984，第111页。
③ （北宋）石介撰，陈植锷点校《徂徕石先生文集·汉论上》，中华书局，1984，第111页。
④ （北宋）尹洙撰《河南先生文集》卷四，文渊阁四库全书本。

度，更显示出时人对范仲淹主持的庆历新政同样怀揣着回向三代的期待。

3. 欧阳修

此时段非常重要的代表人物欧阳修在其《本论》中指出："尧舜三代之际，王政修明，礼义之教充于天下。于此之时，虽有佛无由而入。"① 他认为只有重修三代政教之本，才能真正行之有效地排佛。《问进士策三首》（其二）承续了《本论》的思路：

> 夫礼以治民，而乐以和之，德义仁恩，长养涵泽，此三代之所以深于民者也。政以一民，刑以防之，此其浅者尔。今自宰相至于州县有司，莫不行文书、治吏事。其急在督赋敛、断讼狱而已。此特浅者尔。礼乐仁义，吏不知所以为，而欲民之被其教，其可得乎？②

"深于民者""浅者""特浅者"的划分，恰恰是欧阳修乃至当时士大夫们的群体共识，即"礼以治民""乐以和之""德义仁恩"才是三代的主要特征，比"政以一民""刑以防之""督赋敛""断讼狱"更加重要。所以托古改制的革新者们都首重"讲道兴学"，文化重于政治才是时人对于三代的基本定位。庆历新政如是，熙宁变法亦如是。

欧阳修《新唐书·礼乐志》开篇的议论十分耐人寻味。在这里，欧阳修判定"三代"时"凡民之事，莫不一出于礼"：

> 由三代而上，治出于一，而礼乐达于天下；由三代而下，治出于二，而礼乐为虚名。古者，宫室车舆以为居，衣裳冕弁以为服，尊爵俎豆以为器，金石丝竹以为乐，以适郊庙，以临朝廷，以事神而治民。其岁时聚会以为朝觐、聘问，欢欣交接以为射乡、食飨，合众兴事以为师田、学校，下至里闾田亩，吉凶哀乐，凡民之事，莫不一出于礼。由之以教其民为孝慈、友悌、忠信、仁义者，常不出于居处、动作、衣服、饮食之间。盖其朝夕从事者，无非乎此也。此所谓治出于一，而礼乐达天下，使天下安习而行之，不知所以迁善远罪而成俗也。③

---

① （北宋）欧阳修著，李逸安点校《欧阳修全集》卷一七，中华书局，2001，第288页。
② （北宋）欧阳修著，李逸安点校《欧阳修全集》卷四八，中华书局，2001，第675页。
③ 《新唐书》，中华书局，1975，第307页。

4. 李觏

李觏和同时代人对于三代的定位大致相同，其在《典章秘校书》中言及："昔三代之人，自非大顽顿，尽可以为君子。何者？仁义礼乐之教，浸淫于下，自乡徂国则皆有学。师必贤，友必善，所以养耳目鼻口百体之具，莫非至正也。"① 但他的回向"三代"却有着迥异于他人的路径方式。他根据《周礼》创作了《周礼致太平论》五十一篇，提出了自己的改革措施，并向其他当朝士大夫推荐自己的学说，以期经世致用，得君行道，实现改革的夙愿。

石介、尹洙、欧阳修、李觏四人，皆以文章鸣世。而且除却欧阳修，另三人皆为北宋儒学复兴的发端人物。对此，朱熹的眼光十分老辣："如二程未出时，便有胡安定、孙泰山、石徂徕，他们说经虽是甚有疏略处，观其推明治道，直是凛凛然可畏！"② 北宋的诗文革新运动肇始于柳开、孙何，繁盛于仁宗朝的庆历时期，在此过程中，回向三代一直都是思想领域的主流风向。石介、尹洙、欧阳修、李觏四人，都是诗文革新运动的重要成员，他们对于回向三代的思考，在很大程度上代表了当时儒学的整体风向，所以朱熹才有"国初人便已崇礼义，尊经术，欲复二帝三代"的论断。

（三）荆公的"三代"理想

回向三代的呼声自仁宗朝以来始终未曾间断，这也是庆历之后熙宁变法的思想背景。王安石身处时代浪潮之中，受到时风浸染亦不足奇。遍观荆公《临川文集》，三代之说俯拾皆是：

《兼并》："三代子百姓，公私无异财。"③

《上五事书》："保甲之法，起于三代丘甲，管仲用之齐，子产用之郑，商君用之秦，仲长统言之汉，而非今日之立异也。"④

---

① （北宋）李觏：《盱江集》卷二七，文渊阁四库全书本。
② （南宋）朱熹著，（南宋）黎靖德编、王星贤点校《朱子语类》卷八三《春秋·经》，中华书局，1986，第2174页。
③ （北宋）王安石著，唐武标校《王安石文集》，上海人民出版社，1974，第577页。
④ （北宋）王安石著，唐武标校《王安石文集》，上海人民出版社，1974，第19页。

《乞政科条制》："以俟朝廷兴建学校，然后讲求三代所以教育选举之法，施于天下。"①

《进邺侯遗事札子》"伏惟陛下天纵上智卓然之材，全有百年无事万里之中国，欲创业垂统，追尧、舜、三代，在明道制众，运之而已。"②

《上运使孙司谏书》："伏惟阁下常立天子之侧，而论古今所以存亡治乱，将大有为于世，而复之乎二帝、三代之隆，顾欲为而不得者也。如此等事，岂待讲说而明？"③

《虔州学记》："尧舜三代，从容无为，同四海于一堂之上，而流风余俗咏叹之不息，凡以此也。"④

不仅如此，王安石在《上皇帝万言书》中，不吝笔墨，反复铺陈："夫二帝三王，相去千有余载，一治一乱，其盛衰之时具矣。其所遭之变，所遇之势，亦各不同，其施设之方亦皆殊。而其为天下国家之意，本末先后，未尝不同也。臣故曰：当法其意而已。"⑤"法其意"三个字点破了回向"三代"的精神内核。清代蔡上翔在为荆公编年谱的过程中，指出《上皇帝万言书》中的具体条陈多出自范仲淹的"十事"；其实上述石介、尹洙、欧阳修、李觏四人的言论基调也与范仲淹《答手诏条陈十事》相一致，其回向"三代"的鹄的恰为荆公"道夫先路"。尤其是李觏的《周礼致太平论》对荆公新法更是有着直接的启发作用。⑥庆历新政与熙宁变法其实都是回向"三代"的直接结果，在此一大纛的麾下，时人可谓一呼百应，云集影从。其中就包括朱熹的师承程颢："新法之行，诸公实共谋之，虽明道先生不以为不是，盖那时也是合变时节。但后来人情汹汹，明道始劝之以不可做逆人情底事。及王氏排众议行之甚力，而诸公始退散。"⑦

① （北宋）王安石著，唐武标校《王安石文集》，上海人民出版社，1974，第363页。
② （北宋）王安石著，唐武标校《王安石文集》，上海人民出版社，1974，第242页。
③ （北宋）王安石著，唐武标校《王安石文集》，上海人民出版社，1974，第41页。
④ （北宋）王安石著，唐武标校《王安石文集》，上海人民出版社，1974，第402页。
⑤ （北宋）王安石著，唐武标校《王安石文集》，上海人民出版社，1974，第2页。
⑥ 可参考胡适《记李觏的学说——一个不曾得君行道的王安石》，《胡适文存》第二集第一卷，1924。
⑦ （南宋）朱熹著，（南宋）黎靖德编、王星贤点校《朱子语类》卷一三〇，中华书局，1986，第3097页。

　　既然回向"三代"为天下士大夫之共识，那么"三代"之治的核心准则"大中之道"也就成为普遍的精神追求。所谓"大哉乾乎！刚健中正纯粹精也"（《周易·乾》），"需有孚，光亨贞吉，位乎天位，以正中也"（《周易·需》），"文明以健，中正而应，君子正也，唯君子为能通天下之志"（《周易·同人》）。儒家承继了此种观点，强调"中庸之为德也，其至矣乎"（《论语·雍也》），并认为"中也者，天下之大本也；和也者，天下之达道也。致中和，天地位焉，万物育焉"（《礼记·中庸》）。北宋初，种放《述孟志》①中将"大中之道"视为圣人之道，并将其与"皇王"之说相关联，凸显其在"三代"政治架构中的地位与作用。他在《送任明远东还序》中提出"外夷貊偏邪之法，即皇极大中之道，弃怪诞诡杂之迹，由忠孝雅正之途"②，如此才能合于三代圣王之道。仁宗时期，对于"大中之道"的重视愈发普遍。阮逸《文中子中说·序》："大哉，中之为义，在《易》为二五，在《春秋》为权衡，在《书》为皇极，在《礼》为中庸。谓乎无形非中也，谓乎有相非中也，上不荡于虚无，下不局于器用，惟变所适，惟义所在，此中之大略也。"③士大夫们在寻求三代之治的历程中，始终受到"大中之道"的深刻影响。

二　"回向三代"的政治理想与现实处理

　　理论主张上以"回向三代"为旗帜并没有问题，不过在政治践履中，这样的口号更多体现为理论意义与价值评判。以欧阳修为例，尽管他曾表明"凡为天下国家者，莫不讲乎三代之制"④，但在实际事务的处理中，并不赞成恢复井田制："诸侯井田，不可卒复，施于今者何宜？"（《问进士策二》）⑤"井田什一之法，不可复用于今。"（《原弊》）⑥再比如，王安石熙宁执政期

---

①　曾枣庄、刘琳主编《全宋文》第 5 册，卷二〇六，巴蜀书社，1989，第 559 页

②　曾枣庄、刘琳主编《全宋文》第 5 册，卷二〇六，巴蜀书社，1989，第 557 页。

③　曾枣庄、刘琳主编《全宋文》第 12 册，卷四七九，巴蜀书社，1990，第 26 页。

④　（北宋）欧阳修著，李逸安点校《欧阳修全集·崇文总目叙释》卷一二四，中华书局，2001，第 1888 页。

⑤　（北宋）欧阳修著，李逸安点校《欧阳修全集·崇文总目叙释》卷四八，中华书局，2001，第 675 页。

⑥　（北宋）欧阳修著，李逸安点校《欧阳修全集·崇文总目叙释》卷六〇，中华书局，2001，第 869 页。

间也同样认为:"其势固不可行(井田),纵可行,亦未为利。"① 但是欧阳修、王安石二人亦有争端,二者在达至"三代"的路径选择上有着极大的差异。以诗文革新运动的标志人物欧阳修与荆公做对比,辨析二者的不同,更能凸显诗文革新运动中,在回向"三代"的纲领之下,荆公的个体特性与价值。

(一)欧阳修与王安石的理论分歧

欧阳修认为想要达到三代之治,需要改变世风,实现人人向善,与其坐而论道,把关注点放到学理上的"性"之探讨上,不如积极从政治践履入手教化民众。他在《答李诩第二书》中提出:"修患世之学者多言性,故常为说曰:夫性,非学者之所急,而圣人之所罕言也。……今之学者,于古圣贤所皇皇汲汲者学之行之,或未至其一二,而好为性说,以穷圣贤之所罕言而不究者,执后儒之偏说,事无用之空言。此予之所不暇也。"② 认为圣人罕言性与天道,并举例说明"性者,与身俱生而人之所皆有也。为君子者,修身治人而已,性之善恶不必究也"。在他看来,当前之务并非探讨"性"本身,而是力求扭转晚唐五代以来士人反复无常的节操缺失问题。亟须大力兴学,通过儒家的礼乐刑罚振兴社会风气。更何况,人性并非不能通过引导教化而发生改变,"然非行之以勤,浸之以渐,则不能入于人而成化",需要循序渐进、循循善诱。可见欧阳修更重人事的天命观,正如他在《新五代史·伶官传序》中所说:"虽曰天命,岂非人事哉?"欧阳修的《易或问》亦阐释了其对天人关系的看法:

> 或曰:"易曰:'君子顺天休命。'又曰:'自天祐之,吉无不利。'其系辞曰:'一垂象,见吉凶,圣人象之。'易之为说一本于天乎?其兼于人事乎?"曰:"止于人事而已矣,天不与也,在诸否、泰。"……"否、泰,君子小人进退之间尔,天何与焉?"问者曰:"君子小人所以进退者,其不本于天乎?"曰:"不也。上下交而其志同,故君子进以道;上下不交而其志不通,则小人进以巧。此人事也,天何与焉?"③

---

① (南宋)李焘:《续资治通鉴长编》卷二一三,文渊阁四库全书本。
② (北宋)欧阳修著,李逸安点校《欧阳修全集》卷四七,中华书局,2001,第669页。
③ (北宋)欧阳修著,李逸安点校《欧阳修全集》卷一八,中华书局,2001,第302页。

欧阳修在对人事和天命的探讨中，一直强调勤修人事、无待天命的有为精神。王安石与之不同，他更重视道德性命之说的作用，并从道德性命之说推演出道在政事、礼合天道的政治理论，进而与其回向"三代"、效仿周制的改革理念相衔接。王安石在《致一论》中谈及"万物莫不有至理焉，能精其理，则圣人也。精其理之道，在乎致其一而已。致其一，则天下之物可以不思而得也。易曰：'一致而百虑。'言百虑之归乎一也。"① 只有周制才真正顺应了天道，"制而用之存乎法，推而行之存乎人。其人足以任官，其官足以行法，莫盛乎成周之时"。二者学术观念与政治上的分歧也在日后递变为双方政治观念的歧异，以及围绕熙宁变法而形成的政治矛盾。

（二）欧阳修与王安石文学观念的分歧

回向"三代"的政治声音散播到文学领域，壮大了文学复古运动的声势，呼应着中唐时期韩柳等人的古文运动。唐代古文运动虽经韩愈、柳宗元等人的大力倡导，取得了一定的成就，后由李翱、皇甫湜等人的嗣响，得以延续，但并未使得古文在文坛上取得与骈文写作等量齐观的地位。晚唐时期科举取士依旧以诗赋写作为纲目。及至宋初，西昆体骈俪文风大炽，骈文写作亦有愈演愈烈之势。为了矫正"西昆"流弊，北宋诗文革新运动肇始，便以"追两汉之余，而渐复三代之故"为目标（《谢南省主人启五首·欧阳内翰》）②。在此背景之下，柳开、石介、孙复等人都强调文以载道、经世致用，表现出重道轻文的明显倾向。柳开在《上王学士第三书》中说："文章为道之筌也。"③ 所谓得鱼忘筌、得意忘言，以文章作为道之筌，在文道关系的处理上已然将文设定为道的工具与附庸。石介《上蔡副枢密书》："两仪，文之体也；三纲，文之象也；五常，文之质也；九畴，文之数也；道德，文之本也；礼乐，文之饰也；孝悌，文之美也；功业，文之容也；教化，文之明也；刑政，文之纲也；号令，文之声也。"④ 此段文字堪为柳开"文章为道之筌也"的注脚，从方方面面论述了治教政令之文与儒家教化的关联。

及至欧阳修执文坛牛耳，与梅尧臣、苏舜钦等人声应气求，将诗文革新

---

① （北宋）王安石著，唐武标校《王安石文集》，上海人民出版社，1974，第339～340页。
② （北宋）苏轼著，李之亮笺注《苏轼文集编年笺注》卷四九，巴蜀书社，2011，第351页。
③ 曾枣庄、刘琳主编《全宋文》第6册，上海辞书出版社、安徽教育出版社，2006，第282页。
④ （北宋）石介撰，陈植锷点校《徂徕石先生文集》，中华书局，1984，第143～144页。

运动推向高潮,其文学观念与创作诉求都有了新的发展。文学的审美特性与外在形式得到了重视,文质并重、衔华佩实的健康文风重新成为主流。欧阳修受到儒家"文质彬彬"观念的影响,在景祐元年所作的《代人上王枢密求先集序书》中提出"言以载事,而文以饰言。事信言文,乃能表见于后世也……甚矣,言之难行也。事信矣,须文,文至矣,又系其所恃之大小,以见其行远不远也"①。他认为文学家之所以能够"不假良史之辞、不托飞驰之势,而声名自传于后",是因为做到了"事信""言文""所恃之大小"。正如刘勰《文心雕龙·风骨》所论"若风骨乏采,则鸷集翰林;采乏风骨,则雉窜文囿",只有做到风力弥满、情兼雅怨、骨气奇高、词采华茂,方可谓文学典范。身处诗文革新运动的时代思潮之下,王安石也受到了文坛宗主欧阳修与至交好友曾巩等人的诸多影响。比如王安石的七古名篇《哭梅圣俞》:

> 诗行于世先春秋,国风变衰始柏舟。
> 文辞感激多所忧,律吕尚可谐鸣球。
> 先王泽竭士已偷,纷纷作者始可羞。其声与节急以浮。
> 真人当天施再流,笃生梅公应时求。
> 颂歌文武功业优,经奇纬丽散九州。
> 众皆少锐老则不,公独辛苦不能休,惜无采者人名道。
> 贵人怜公青两眸,吹嘘可使高岑楼,坐令隐约不见收。
> 空能乞钱助馈馏,疑此有物可诸幽。
> 栖栖孔孟葬鲁邹,后始卓荦称轲丘。
> 圣贤与命相楯矛,势欲强达诚无由。
> 诗人况又多穷愁,李杜亦不为公侯。
> 公窥穷厄以身投,坎轲坐老当谁尤。
> 吁嗟岂即非善谋,虎豹虽死皮终留。
> 飘然载丧下阴沟,粉书轴幅悬无旒。
> 高堂万里哀白头,东望使我商声讴。②

---

① (北宋)欧阳修著,李逸安点校《欧阳修全集》卷六八,中华书局,2001,第984页。
② (北宋)王安石著,(南宋)李壁笺注,高克勤点校《王荆文公诗笺注》,上海古籍出版社,2010,第323页。

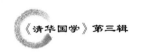

荆公此处点明《春秋》问世以前，《诗经》承担了反映社会现实与表达情感哀乐的功用。后代诗人背离了初衷，使用浮华之辞夸饰炫耀，而梅尧臣却能以"经奇纬丽散九州"的形式"颂歌文武功业优"，秉笔直书社会现实。在《祭欧阳文忠公文》中，王安石高度赞誉了欧阳修在诗文革新运动中的重要作用，并表达了自己对欧阳修的钦敬推崇之情："如公器质之深厚，智识之高远，而辅学术之精微，故充于文章，见于议论，豪健俊伟，怪巧瑰琦。其积于中者，浩如江河之停蓄；其发于外者，烂如日月之光辉。其清音幽韵，凄如飘风急雨之骤至；其雄辞闳辩，快如轻车骏马之奔驰。世之学者，无问识与不识，而读其文，则其人可知。"① 将欧阳修的人格境界、识见学养、主体风格、表达技巧都囊括其中。

作为文学前辈的欧阳修，通过自己的得意门生曾巩，关注到后起之秀王安石，并与之开始了交游唱酬。欧阳修在赞赏介甫文学造诣的同时，对其文风提出了一些恳切的建议，都记载于曾巩《与王介甫第一书》中："此人文字可惊，世所无有，盖古之学者有或气力不足动人。使如此文字不光耀于世，吾徒可耻也……欧公更欲足下少开廓其文，勿用造语及模拟前人，请相度示及。欧云：孟韩文虽高，不必似之也，取其自然耳。"② 可见欧阳修希望王安石能够像自己一样，追寻平淡自然的文风，但明显没有得到王安石的接受。

虽然王安石在《题张司业诗》中夸赞张籍诗风"看似寻常最奇崛，成如容易却艰辛"，但总体而言，荆公并不肖似六一风神。如果说欧公的主体文风是简而有法、笔墨含情、婉曲多姿而又具有仁者之态的一团和气，那么荆公的主体文风则是文思峻拔、精炼有力、雄深雅健而又彰显法家议论透辟的入木三分。在北宋诗文革新运动中，王安石是一个特殊的存在，他的文学观念受到政治主张、身份地位的影响，也与同时代诸家呈现出不同的样貌，可谓独树一帜。

荆公《上人书》云："且所谓文者，务为有补于世而已矣。所谓辞者，犹器之有刻镂绘画也。诚使巧且华，不必适用；诚使适用，亦不必巧且华。要之以适用为本，以刻镂绘画为之容而已。"③ 在"以适用为本"的大前提

---

① （清）姚鼐编，边仲仁标点《古文辞类纂》，岳麓书社，1988，第971页。

② （北宋）曾巩著，陈可珍、晁继周点校《曾巩集》卷十六，中华书局，1984，第255页。

③ （北宋）王安石著，唐武标校《王安石文集》，上海人民出版社，1974，第45页。

下，荆公虽然也反对雕馈满眼的铺陈夸饰，但出发点并非欧阳修、梅尧臣等人所追寻的"作诗无古今，唯造平淡难"（《读邵不疑学士诗卷杜挺之忽来因出示之且伏高致辄书一时之语以奉呈》）①，而是力求"有补于世"，所以后面才会提出"文者，礼教治政云尔"的观点：

> 尝谓文者，礼教治政云尔。其书诸策而传之人，大体归然而已。而曰"言之不文，行之不远"云者，徒谓"辞之不可以已也"，非圣人作文之本意也。……韩子尝语人以文矣，曰云云，子厚亦曰云云。疑二子者，徒语人以其辞耳，作文之本意，不如是其已也。②

正是在这样的文学观念指导下，荆公在《与祖择之书》中才会进一步阐发："治教政令，圣人之所谓文也。书之策，引而被之天下之民，一也。圣人之于道也，盖心得之，作而为治教政令也，则有本末先后，权势制义，而一之于极。其书之策也，则道其然而已矣。"③ 文的政治教化功能被无限放大，承担了与治教政令相同的功能。从这一点上来说，荆公更像是越过了欧阳修，直承宋初石介等人的文学追求。南宋陈善在《扪虱新话》中曾概括北宋文坛："唐文章三变，本朝文章亦三变矣；荆公以经术，东坡以议论，程氏以性理，三者要各立门户，不相蹈袭。"④ 此处不论苏轼与二程，其所言经术一脉，正是着眼于石介、范仲淹等人经由欧阳修、曾巩再到王安石的宗经崇术一派，以文学阐述政教。

小　结

宋代的士大夫们如同先辈般不断重温回向"三代"的美梦，以"三代"社会的理想蓝图指导重整山河、教化人心的浩大工程。在这一过程中，从制度建构到礼乐教化，从政治践履到文学变革，无一不渗透着"三代"理想的积极因子。王安石作为庆历新政后的政治新星，从北宋初诸子手中接过"三代"大旗，整合了前辈们的理论主张，又以自身的独特站位重拾旗鼓，通过

---

①　朱东润选注《梅尧臣诗选》，人民文学出版社，1980，第 227 页。
②　（北宋）王安石著，唐武标校《王安石文集》，上海人民出版社，1974，第 45 页。
③　（北宋）王安石著，唐武标校《王安石文集》，上海人民出版社，1974，第 62 页。
④　（南宋）陈善：《扪虱新话》卷五，商务印书馆，1939，第 93 页。

熙宁变法将北宋中叶的制度改革推向了新的高潮。与此同时，作为诗文革新运动的一员悍将，王安石在向欧阳修、梅尧臣等前辈学习的过程中，又突破了文学独立性的判断，将文学与政治更加紧密地捆绑到一起，凸显了自身作为政治改革家的独特身份。在一定程度上，王安石隐去了创作主体的主观精神，而意在突出创作客体，将创作主体与客体的矛盾重新激发出来，而这二者的对立要在后来苏轼手中才得以消解，届时诗文革新运动亦将发展到新的阶段，并最终得以完成。

"德性所知"亦萌于见闻

——再论张载的两种"知"及其关系

焦德明

（江苏省社会科学院哲学与文化研究所）

摘　要：学界从朱子慎言德性之知的角度，又开始讨论张载的见
闻之知与德性所知的关系问题。以往的哲学史研究把二者理解为感性
认识和理性认识的区别，而后来又有把德性所知理解为整全性道德直
觉的观点。张载有"德性所知不萌于见闻"的说法，传播广泛，但从
张载诠释"穷理尽性以至于命"所具有的次序性可以看出，"穷理"
"尽性""至命"正对应见闻之知、德性之知和德性所知三个阶段。因而
见闻之知作为德性所知的"启之之要"的观点更值得重视。德性所知，
主要是指对于超越具体物的理念的直觉性认识，其中并不包含现代哲学
对知识与道德的割裂。既然我们不必在道德本心的直觉与认识论对于理
念的直觉之间做出本质区分，那么朱子、王阳明、刘宗周等人关于两种
知是同一种心知能力的不同运用的观点，便也是解决二者关系问题的一
个途径。

关键词：张载　德性所知　见闻之知　启之之要　朱子

　　对于张载提出的"德性所知"与"见闻之知"的两种"知"，学界已经
进行了相当充分的研究。而有关这一问题最近的讨论，主要涉及朱子对于德
性之知的态度问题。杨儒宾指出，朱子慎言德性之知，表明朱子否定另类的

超越性之知。①田智忠既而在杨儒宾的基础上提出了另一角度的理解。② 笔者认为，两位学者对于朱子的"知"论的基本判断是正确的，但是相关问题尚有余韵可以发掘：见闻之知与德性之知的内涵在现代哲学的观念下应该如何判定？二者的关系如何？张载的"德性所知"是否意味着另类的心知能力？既往学者对于此一问题的诸种观点得失如何？本文即拟对这些问题进行探讨。

一 "德性所知不萌于见闻"：现代学者的几种区分

张载在《正蒙》中提出两种"知"，是毋庸置疑的。③但是问题在于对这两种"知"应该如何理解，应该如何界定二者之间的关系，以及又该如何用现代哲学的观念和术语诠释。对于这些问题学界有很多不同的看法。

首先，对于见闻所知或见闻之知，张载最常借用耳目感官来加以表述④，所以它肯定包含有今人所谓"感性认识"的部分。因此，一些学者认为见闻之知与德性所知的差异就是感性认识和理性认识的差异。⑤例如冯友兰先生说："'见闻之知'限制在见闻的范围之内，相当于感性认识。""'德性之知'，是人的认识的又一次飞跃，可以称为哲学认识。"⑥陈来先生也说："感官所能直接把握的对象是十分有限的……张载的大心之知是指人的理性认识。"⑦ 然而，这又产生了两个问题：一是见闻之知是否只包含感性认知，即感官的知识，还是也包含知性的作用，进而包括推理而来的间接经验的知识。这个问题之所以重要，乃是因为它涉及下一个问题，也就是若德性所知是理性认识，那么它是仅仅包含康德所谓真理论意义上的实证知识或经验知

---

① 杨儒宾：《理学工夫论的"德性之知"》，《中国文化》2018 年第 1 期。
② 田智忠：《为何朱子慎言德性之知》，《哲学动态》2020 年第 7 期。
③ 张载在《正蒙·诚明篇》中说"诚明所知乃天德良知，非闻见小知而已"，又在《大心篇》中说"德性所知，不萌于见闻"。见章锡琛点校《张载集》，中华书局，1978，第 20、24 页。为行文方便，注释信息只在第一次出现时注明版权信息。
④ 《大心篇》："人谓己有知，由耳目有受也。"又有"天之明莫大于日，故有目接之""天之声莫大于雷霆，故有耳属之""耳目虽为性累"等说法。具见章锡琛点校《张载集》，第 25 页，不一而足。
⑤ 崔树刚：《理学家的"见闻之知"和"德性所知"》，《河北理工大学学报》（社会科学版）2006 年第 4 期。
⑥ 冯友兰：《三松堂全集》第 10 册，河南人民出版社，2001，第 156～157 页。
⑦ 陈来：《宋明理学》，三联书店，2011，第 79 页。

识，还是也包含没有经验对象的先验知识呢？

如果我们把见闻之知与德性之知对应感性认识和理性认识，那么首先我们不能认为见闻之知只是没有理性参与的感性直观。因为如果按照康德的说法，所谓感性认知中其实已经包含有知性范畴，没有知性范畴的参与的纯然的感性杂多，无法构成我们的经验。在古代哲学家中只有王夫之对此有明确的意识。他将思虑之知从见闻之知中区分出来①，便是有意识地从感性直观中看出知性的作用。这可能得自其研究唯识学的经历。因为唯识学中认为与前五识相应的还有五俱意识。但船山这样的细分，就使得他的见闻之知的概念小于张载了。而当我们以理性认识去理解德性所知的时候，张岱年先生和杨立华却认为德性所知不包含先验知识。②但是不包含先验知识的理性认识，实际上与见闻之知不能区分，除非我们把见闻之知只理解为感性直观。冯友兰先生的看法则与张、杨两位先生不同，冯友兰先生用柏拉图的"理念"来说明这种认识从感性飞跃到理性的过程。可见冯友兰先生理解的德性所知是包含关于"理念"的知识的。众所周知，康德对于柏拉图式的理念虽然表示赞赏与尊重，但他所谓的理性认知是不包含知性的先验运用的，也就是不能达到"理念"的境界。因此，如果我们用康德的认识论来帮助剖析，那么尽管以上几位学者都是用感性认识和理性认识来区分见闻之知和德性所知，但是仍然有两种细微的差异：一种认为见闻之知是纯粹的感性直观，德性所知是有知性参与的理性认识；一种认为见闻之知是已经包含知性作用的感性认识，而德性所知则是理性的先验运用，甚至上达"理念"的境界。

但是，即使达到"理念"的境界，在康德那里也是知性的推理。而张岱年先生则注意到，德性所知是一种"直觉"，因而认为德性所知不仅是超感

---

① "且见闻之知，止于己见己闻，而穷于所以然之理，神则内周贯于五官，外泛应于万物，不可见闻之理，无不烛焉。"（《正蒙注·参两篇》）"耳目之官，视尽于色，无色即无所视，听尽于声，无声即无所听，聪明尽于闻见之中，所闻所见之外，便无聪明，与心之能彻乎形而上者不同。"（《孟子·告子上》，《读四书大全说》卷十）"心之官，思则得之，原不倚于物而无涯量。"

② "张子所谓德性所知，与西洋哲学中的所谓先验知识不同。德性所知并不必是先于经验的，而乃经过甚深修养之后方有的。"张岱年：《中国哲学大纲》，《张岱年全集》第 2 册，河北人民出版社，1996，第 531 页。"德性所知这一概念的提出，并不意味着张载在认识论上有所谓先验论的倾向。"杨立华：《气本与神化：张载哲学述论》，北京大学出版社，2008，第 121 页。

觉的,而且是超思辨的。①牟宗三先生其实持类似的观点,认为德性所知也是一种直觉。但不同的是,他认为无论是感性认识还是理性认识都是认识论的,而德性所知与认识论没有关系。用认识论来理解见闻之知尚可,而以之来理解德性所知,则完全没有体现出"德性"的意义。他认为认识论虽然也是超感官的,也不萌于见闻,但是却与德性无涉。他的这个德性专指超越的道德本心。②因此这就构成了对于两种知的又一重理解,即以认识论全属见闻之知,另起一道德论解释德性所知。这样理解此问题的学者也不在少数。③但其实,牟宗三先生还是承认康德的纯粹知识的也是超感官的看法,只不过与儒家的德性论传统旨趣不同,因而属于另一种形态(其判朱子即属于此种形态)。而牟宗三先生以后的学者,却有把此一种分别发挥到极致的倾向。例如杨儒宾的诸多表述中,就透露着这样的区分:只有道德本心的直觉是整全的,无能所的,而知性的分析必然是有能所的,有对象。因此,只有道德本心朗现才能把握万物一体的境界,故而德性所知是由超越日常知性分析的另一种能够通达物自身的超越性的心知能力所获得直觉体验。④牟宗三先生这样把德性所知关联到所谓"智的直觉"上去,被丁为祥批评。丁为祥认为,

---

① 张岱年:《张岱年全集》第 3 册,第 261 页。

② "见闻之知是属于'知识意义'者,即所谓经验知识。无论是粗朴材料之获得,或进而究知外物之质、量与关系,总是经验知识也。从认知活动言,见闻之知所表示之心灵活动是'萌于见闻',是在感触知觉中呈现,是囿于经验而受制于经验。若依真正经验知识之成立言,心灵之认知活动必囿于经验而限于经验之范围,始有真正知识或积极知识(或实证知识)之可言。康德所说之先验知识实不是经验知识之'知识'义,而是其所说之成功经验知识之先验原则,或是纯形式之知识,如数学与几何等。此先验知识亦可以说是不'萌于见闻',但却并不是横渠所说之德性之知。在此并无德性的意义,其所表示之心灵活动亦非德性的,乃是纯认知的,不过是纯形式的而已。横渠虽分出见闻之知,却亦并未积极探究经验知识之构成,因而亦并未在此成一积极的知识论。"牟宗三:《心体与性体》,《牟宗三先生全集》第 5 册,联经出版事业有限公司,2003,第 571 页。

③ 例如,蒙培元认为:"张载区分两种知识并强调德性之知不萌于见闻,在于提倡道德理性的自我认识、自我觉悟,以确立人的道德主体原则。但是这种区分,也有其积极意义,这就是把心性问题和认识问题,把道德论和认识论做了某种区分。""从根本上说,这是两种不同性质的知识。德性之知是自我直觉型的道德知识,属于人性论、价值论的范畴;见闻之知是以客观事物为对象的经验认识,属于真理论的范畴。"蒙培元:《理学范畴系统》,人民出版社,1989,第 371、373 页。

④ "德性之知所知者乃为非思虑所及的本体论概念下的物之本性,它不能被认知,只能被朗现。朗现的德性之知的知则只能是无知之知,无知之知没有知识意义的功能,但它却使得一切知识所以可能,它提供了一切物'超越地存在'的依据,它带来了一种切入意识深层的意义感。"见杨儒宾《理学工夫论的"德性之知"》,《中国文化》2018 年第 1 期。

德性所知的"所"字就意味着这种知也是向外的知，是有对象的，并不会是无外的。①但是杨儒宾的这个理解其实是有所本的，那就是 20 世纪上半叶在中国曾一度流行的柏格森的直觉论。柏格森认为，我们习以为常的知性的运作方式只是被我们的实用需要所引导的，对事物进行分析，只能得到相对的知识（分析性知识的综合也只是碎片的观念的综合），而只有直觉，才能倒转知性的运用，超脱实用的束缚，进入事物本身。②柏格森虽然没有从道德论与知识论的角度做区分，但是这样两种心知能力的分判很契合中国人的思维方法，使得我们可以借此把道德与知识从心知能力的根源上进行割裂。

因此我们看到，学者们对张载两种知的区分的诠释，逐渐把德性所知的地位推高，从对事物的理性认识推到纯粹理性的纯粹运用，又推到道德本心的朗现的整全性直觉。而到了这个层次，也就不复是百姓日用的心知能力，而是进入冥契主义者的领域了。

二 "知其为启之之要"：从"穷理"说看两种"知"的关系

其实，很多学者都发现张载对于两种"知"的关系的说法有一些矛盾之处。例如，丁为祥就发现，"就见闻之知与德性所知的具体关系而言，张载的论述中并存着两种看似相互矛盾的提法。如当他论及二者的对立时，曾认为'德性所知，不萌于见闻'（《正蒙·大心》）；但当他论及知之合内外的特征时，又认为'耳目虽为物累，然合内外之德，知其为启之之要也'（《正蒙·大心》）。这样，对德性所知来说，似乎就既存在着'不萌于见闻'的一面，又存在着以耳目见闻为'启之之要'的一面"③。冯友兰先生也提到二者的关联："见闻之知也有沟通主观与客观的一定作用，由这个意义说，见闻之知也可以给人一种启发，使之进入德性所知。"④但是很可惜，由于学者

---

① "将客观的天德天道规定为德性所知的对象了，其所知之所的规定，本身也蕴含着外向的认知义。"丁为祥：《虚气相即——张载哲学体系及其定位》，人民出版社，2000，第 142 页。

② Lawlor, Leonard and Valentine Moulard Leonard, "Henri Bergson", *The Stanford Encyclopedia of Philosophy* (Fall 2020 Edition), Edward N. Zalta (ed.).

③ 丁为祥：《虚气相即——张载哲学体系及其定位》，第 141 页。

④ 冯友兰：《中国哲学史新编》第 5 册，人民出版社，1988，第 162 页。

过多强调两种心知能力的本质差异，尽管张载所谓"不萌于见闻"的说法传播很广，但"启之之要"的说法却被埋没了。

第一节中现代学者对于两种"知"的几种分析，哪一个能够把张载本人解释透彻呢？一般讨论德性所知的问题，除了涉及与见闻之知进行区别的那几段材料以外，张载的穷理说也是很有意义的。因为"穷理尽性以至于命"，正好既涉及见闻之知，也涉及德性之知。穷理是穷物之理，有见闻之知的意味，而尽性至命则又有德性的意义。尽管曹树明认为张载所谓穷理与格物不同，穷理属于知识论和天道论，格物属于德性论和天德论①，但是张载对于孔子"五十而知天命"，却是用"穷理尽性以至于命"来解释的②，显然不能只以知识论来理解。因此两种"知"的区分只有能够融贯地解释张载的穷理说，才说明这个解释符合对于张载哲学的正解。

我们首先要判定，张载"穷理"说中的心知能力，究竟是属于见闻之知还是德性之知。张载认为穷理亦当有渐：

> 穷理亦当有渐，见物多，穷理多，从此就约，尽人之性，尽物之性。天下之理无穷，立天理乃各有区处，穷［理］尽性，言性已是近人言也。既穷［物］理，又尽［人］性，然后至于命，命则又就己而言之也。③

首先可以看出，张载所谓穷理指的是穷"物理"。"见物多，穷理多"这本身就是广见闻的意思。"从此就约"，也可以看出穷理以广博为基础，再抓住精要，有一些朱子所谓"泛观博览然后归之约"的意味。可见穷理时所应用的心知能力是见闻之知，而不是德性之知。方旭东认为，穷理有渐也并不只对穷理而言，而是"指从穷一物之理到穷多物之理，然后到尽人之性、尽物之性，再到至于己命这样一个整体过程，这与二程所说的由积累而成的穷理不同"④。但是二程对于穷理的效果却有更高的评价："格物穷理，非是要

---

① 曹树明：《修养工夫论视域下的张载"格物"说》，《深圳大学学报》（人文社会科学版）2013 年第 3 期。
② "穷理尽性，然后至于命；尽人物之性，然后耳顺；与天地参，无意、必、固、我，然后范围天地之化，从心而不逾矩；老而安死，然后不梦周公。"见章锡琛点校《张载集》，第 40 页。
③ 章锡琛点校《张载集》，第 235 页。
④ 方旭东：《张载的"穷理"说》，《中国哲学史》2006 年第 3 期。

尽穷天下之物，但于一事上穷尽，其他可以类推。"①张载也表示穷理之后需
要类推到尽人之性②，但是二者的起点不同。二程批评张载"'穷理尽性至于
命'，三事一时并了，元无次序，不可将穷理作知之事，若实穷得理，即性
命亦可了"③。因为了性命需要的是德性之知，所以连"性命亦可了"的穷
理，也应该以德性所知即本心直觉来穷得。在二程看来，穷理既然能了性
命，可见穷理也是德性之知（朱子的豁然贯通之意。此处体现程朱之别，不
详论）。如果这样理解，在二程看来，张载的穷理不能瞬时了性命，就意味
着张载的穷理不是德性之知，而只是见闻之知。所以才说"不可将穷理作
（见闻之）知之事"。而且，张载言知命与至于命不同④，也可以理解为知命
是见闻所知，至命是德性所知。否则，如果知命即是德性所知，那么这种本
心之朗现的整全的直觉，为什么还不能说是"至于命"呢？

可见，穷理尽性以至于命，在张载这里是从见闻之知开始的。但是张载
认为不能满足于见闻之知，而要尽性，不能止于见闻之知，以"坏的无限
性"的方式增加，就在于"尽心"，由此便有一种从见闻之知过渡和转移到
德性所知的意味：

> 尽天 [下] 之物，且未须道穷理，只是人寻常据所闻，有拘管局杀
> 心，便以此为心，如此则耳目安能尽天下之物？尽耳目之才，如是而
> 已。须知耳目外更有物，尽得物方去穷理，尽了 [心]。⑤

> 言尽物者，据其大总也。今言尽物且未说到穷理，但恐以闻见为心
> 则不足以尽心。人本无心，因物为心，若只以闻见为心，但恐小却心。

① 《遗书》卷十五，王孝鱼点校《二程集》，中华书局，1981，第157页。
② 二程解"穷理尽性以至于命""只穷理便是至于命"。子厚谓："亦是失于太快，此义尽
有次序。须是穷理，便能尽得己之性，则推类又尽人之性；既尽得人之性，须是并万物
之性一齐尽得，如此然后至于天道也。其间煞有事，岂有当下理会了？学者须是穷理为
先，如此则方有学。今言知命与至于命，尽有近远，岂可以知便谓之至也？"王孝鱼点校
《二程集》，第115页。
③ 王孝鱼点校《二程集》，第15页。
④ "知与至为道殊远，尽性然后至于命，不可谓一；不穷理尽性即是戕贼，不可至于命。然
至于命者止能保全天之所禀赋，本分者且不可以有加也。既言穷理尽性以至于命，则不
容有不知。"章锡琛点校《张载集》，第234页。
⑤ 章锡琛点校《张载集》，第311页。

今盈天地之间者皆物也，如只据己之闻见，所接几何，安能尽天下之物？所以欲尽其心也。穷理则其间细微甚有分别，至如遍［礼］乐，其始亦但知其大总，更去其间比较，方尽其细理。若便谓推类，以穷理为尽物，则是亦但据闻见上推类，却闻见安能尽物！今所言尽物，盖欲尽心耳。①

这些"尽心"的表述，更多的是具有超越直接经验的意味。而对于直接经验的超越越多，就越会从物返回到心，即从认识的对象返回主体的认识能力。因此，尽心也就是对于纯粹理性进行最大可能的运用，也就是先验运用。由此所得来的"知识"，便是那种理念的知识，是能够尽物的知识（任何经验中的物都无法完全达到理念的标准）。方旭东认为"张载对见闻之知与德性之知的区分是受到孟子尽心说的影响"②。尽心便开启了德性所知。因为尽心便是大其心③，视天下无一物非我，这不是关于任何物的知识，因为任何物都不是万物一体之物，万物一体是理念。德性所知在超越对"物"的知识、把握理念的境界的意义上，可以说是一种直觉。冯友兰先生说："张载认为，人的知识是最低一层，是从耳目得来的，成为见闻之知，较高一层的知识是从穷理得来的。穷理靠思，思是心的官能……真正得到合内外的精神境界，那就不是一种知识，所以是不可知，那就必须超过心和思；若要勉强说这也是一种知识，那就只可称为德性所知。"④

张载说"德性所知不萌于见闻"，程颐说"德性之知不假闻见"，这两种说法值得仔细推敲。首先，我们注意到张载与程颐使用了看似相近实则不同的术语。张载的表述是"德性所知"，而程颐所说的则是"德性之知"。一字

① 章锡琛点校《张载集》，第 333 页。
② 方旭东：《张载的"穷理"说》，《中国哲学史》2006 年第 3 期。
③ 曹树明探讨了"虚心""尽心""大其心"三种达到德性所知的修养方法，值得参考："其实，三者之间还是有层次之分的。'虚心'之'虚'侧重心的主观心理状态，'尽心'之'尽'侧重心的主体能动性，'大其心'之'大'侧重心的至上超越功能，故而'虚心'相对的是'格去物''外其物'，'尽心'相对的是'尽物'，'大其心'相对的则是'体天下之物''合天心'。更进一步，可以说'虚心'为'尽心'扫除了外物之蔽障：'虚心则无外以为累''虚心然后能尽心'，'尽心'则为'大其心'提供了内在动力。"曹树明：《修养工夫论视域下的张载"格物"说》，《深圳大学学报》（人文社会科学版）2013 年第 3 期。
④ 冯友兰：《中国哲学史新编》第 5 册，第 165 页。

之差，可能差之千里。因此，对于两种"知"的名称，有学者提出应该精确地表述。王黔首认为，除了张岱年、余英时和丁为祥以外，绝大多数学者对此都没有给予应有的重视。① 德性所知，表示德性所了解和把握的东西；而德性之知，则是指关于德性的知识。因此在清楚界定两种"知"的内涵与界限之前，不应该加以混淆。因为德性之知很可能只是以"德性"为对象的"见闻之知"。"所"用在动词前，与动词组成一个词组，表示接受动作的事物；而"之"是一个介词，表示隶属和领有。由于这个差异，这个问题所涉及的内容其实可以排列组合出四种表述：见闻所知、见闻之知、德性所知、德性之知。有了这个区分，我们便可以继续分析"不萌"与"不假"的差异。其实，如果我们默认两种心知能力有本质的差异，那么程颐的说法其实是不准确的。德性之知在与德性所知对照的时候，应该被理解为关于德性的知识，那么获取这种知识的途径也应该是通过认识论意义上的见闻。其实，程颐的意思表述为"德性所知，不假闻见"就更准确了。（当然，程颐的术语可以在其自己的体系中自圆其说，与此处的讨论不矛盾）假，是直接的凭借，而萌却可以是间接的引发。因此，张载的说法也不准确，因为德性所知虽然不直接凭借见闻，但是却可以间接地由见闻之知引发。②这就是"启之之要"的意思。因此我们说，见闻所知、见闻之知、德性之知、德性所知，这四者之间可能存在一个链条，即首先由对物的知识过渡到对德性的知识（认识论意义上的），而后在对德性的知识（认识论意义上的）中猛醒，转向，从中超拔，因而另一种心知能力——德性的直觉发动，而获得德性所知。"穷理、尽性、至命"的阶段论，就有这个链条过渡的意义。我们如此理解张载所谓"穷理尽性以至于命"的次第性，也是有依据的。正如前面已经引用的这段话：

> 言性已是近人言也。既穷［物］理，又尽［人］性，然后至于命，命则又就己而言之也。③

---

① 王黔首：《"德性所知"与"德性之知"之区别及其意义——张载〈大心篇〉解读兼论其知识论》，《贵州大学学报》（社会科学版）2011 年第 5 期。
② 陈来先生指出，"他说的'德性所知不萌于见闻'，主观上是企图强调理性认识的相对独立性，但在表述上却给人一种隔断感性认识与理性认识联系的印象"。陈来：《宋明理学》，第 79 页。
③ 章锡琛点校《张载集》，第 235 页。

"性"是近人言，表明所尽之性已是德性，而又尽人之性，表明这个尽性并非自身认识，所以是知识形态的"德性之知"。"至于命"是德性所知。因此，德性所知并非劈头从空中出现的，而是以见闻之知、德性之知为基础。可见，即使我们承认有异质性两种心知能力，我们也可以通过考虑不同的心知能力之间可能有着紧密的关联，来解决它们之间的关系问题。"德性所知"亦萌于见闻。

三 "德性、闻见本无二知"：另一种理解

以上是对于两种"知"的关系的一种解决方案。这种解决方法是默认两种知确实是不同的心知能力，只是二者之间有联系。但此问题还可能有另外的解法。因为我们并不一定要预设见闻之知与德性所知一定是两种不同的心知能力的运用。在第一节讨论现代学者的几种区分时，我们已经看到，诸家对于见闻之知与德性所知究竟在哪里分界，看法并不完全一致。因而我们就不必一定以其中一种说法为准绳。况且，其中也蕴含着一种可能性，即表面上是两种知，可能只是同一种心知能力的不同运用。

在上一节中，我们已经从对"尽心"的分析看到，德性所知是对于超越任何具体物的理念的一种"知"。但是，我们是否要像牟宗三先生那样，把德性所知的范围限定在道德领域，而把认识论的意义排除在外呢？牟宗三先生是根据下面这段话来说明儒家思想中的"智的直觉"的，这段话与我们前面所引的几段话有相同的旨趣：

> 天之明莫大于日，故有目接之，不知其几万里之高也；天之声莫大于雷霆，故有耳属之，莫知其几万里之远也；天之不御莫大于太虚，故必［心］知廓之，莫究其极也。人病其以耳目见闻累其心而不务尽其心，故思尽其心者，必知心所从来而后能。①

对这段话的解释很重要。但是他太快地认为"天之不御"是天德生生之不停止。似乎跳脱了对文本本义的解读。②从"心知廓之，莫究其极"，这句

---

① 章锡琛点校《张载集》，第 25 页。
② 牟宗三：《智的直觉与中国哲学》，《牟宗三先生全集》第 20 册，第 237～260 页。

话，我们不能看出张载所说的是一种拣别认识论意义的道德直觉。如果我们
不能从文本中直接找到把认识论和道德论所依据的把心知能力区分开来的根
据，那么我们还是要考虑另外一种可能性，那就是二者本是同一的可能性。
例如朱子说"虽在见闻，亦同此理"，便不承认有不同的心知能力。朱子说
"知则心之神明，妙众理而宰万物者也"，"人莫不有"，只不过"而或不能
使其表里洞然，无所不尽"①。因此凡圣之间不存在不同的心知能力，只是在
于同一种心知能力是否能够得到充分发挥与彰显。因此，朱子慎言德性之
知，实际上几乎不言，因为既然无所谓见闻之知与德性之知的差异，便没有
必要独言德性之知。②理学史上与朱子持相同或相近观点的儒者大有人在③，
例如王阳明就说"良知不由见闻而有，而见闻莫非良知之用，故良知不滞于
见闻，而亦不离于见闻"（《传习录》中）。"若主意头脑专以致良知为事，
则凡多闻多见，莫非致良知之功。盖日用之间，见闻酬酢，虽千头万绪，莫
非良知之发用流行。除去见闻酬酢，亦无良知可致矣，故只是一事。"刘宗
周也说"德性、闻见本无二知"，亦"无内外精粗"（《答右仲三》，《刘子全
书》卷十九），罗钦顺曾与欧阳德讨论良知与知觉，也持与朱子一致的立
场。④当然，我们可以说，虽然阳明与朱子类似，都把二者归为一种知，但是

---

① 朱熹：《大学或问》，《朱子全书》第 6 册，上海古籍出版社、安徽教育出版社，2002，第
511 页。
② 唐君毅先生对于朱子何以不区分德性之知与见闻之知，有一个解释："穷理固以当然之理
为要，而知当然之理者，固唯是德性之知也。然吾人应具体事物，以何者为当然，恒有
待于吾人先知事物之实然及其所以然，由是而吾人知实然与其所以然之理，亦可助成吾
人之知种种具体行为上之当然之理。此即朱子言穷理，而于当然之理与实然之理，未严
加分别，而其注大学，唯统之以一理字之故。缘是而朱子于德性之知与闻见之知，亦平
等加以重视。"见唐君毅《原致知格物下》，《中国哲学原论·导论篇》，学生书局，第
351 页。关于朱子慎言德性之知的理由，田智忠教授给出了更为全面的说明："我们对于
朱子何以慎言德性之知的问题，可以予以回答：其一，朱子思想以'理一分殊'为范式，
强调'理之本然'的周遍性，故抹平德性之知与对物之知的对立；其二，朱子担心强调
德性之知与见闻之知的区分会导致人专求本心、遂遗物理，流于佛老之学；其三，朱子
慎言德性之知，与其以'格物致知'论为入圣之方的工夫论架构有关，他主张穷理无所
拣择，故不强调德性与见闻的对立。"田智忠：《为何朱子慎言德性之知》，《哲学动态》
2020 年第 7 期。
③ 蒙培元《理学范畴系统》一书中有一节专讲宋明理学史上对于德性所知与见闻之知的观
点，在诸多研究者中，该书能够对此问题进行全面梳理，值得参考。
④ 关于这个讨论，参见林月惠《良知与知觉——析论罗整庵与欧阳南野的论辩》，《中国文
哲研究辑刊》2009 年第 34 期。

实际上王阳明将其归为德性之知①；而朱子由于其认识论的倾向，似乎将之归为见闻之知。但杨儒宾认为，朱子之学的"知"也是一种心的本性与物的本性同时全幅朗现的知，朱子的豁然贯通，也可以视同德性之知的朗现，也可以说是朱子之学领域的"悟"。而朱子的主敬集中在现实意识的整体层次上，类似于"此心之常惺惺状态中即有一种整全性的非认知之觉知"。如果我们的这些说法成立，那么从见闻之知到德性所知的过渡，就不应该是异质的心知能力之间的跳跃，而是同一种心知能力的纯熟或转进。②因此，所谓"自诚明"与"自明诚"的关系就迎刃而解。冯友兰先生说"这种境界就是诚，懂得这种道理就是明"，"道学家认为，通往一天人，合内外的境界，有两个途径：一是道德的行为，一是知识的扩大。前者是这里所说的自诚明，后者是这里所说的自明诚。然二种途径也非可以截然分开"③。只有我们承认诚与明并不是两种不同的心知能力，诚与明之间才只是方向性的差异，才可以真正贯通。其实，这一点表明，古人把对于世界整全性的知识、对"理念"的体悟本身都看作"道德的"，在那里没有"理论理性"与"实践理性"的分隔，因而也可以说是超道德的。④实际上，康德本人虽然区分了这两个领域，但是并未认为二者是两种不同的理性。在康德来看，这只是同一个理性在理论和实践不同领域的运用。显然，应用在感觉材料上的知性，与先验的纯粹的理性，也是同一种理性。我们之所以固化了对这种分隔的理解，或许与以柏格森式的直觉论来理解直觉与思维的关系有关。当我们透过柏格森来理解康德，又透过康德来理解张载的时候，道德与知识的分隔就坐实了。但是在康德看来，直观与思维之所以是两种不同的能力，是因为前者是

① "王阳明用良知代替了一切知识，实际上只讲德性之知。"见蒙培元《理学范畴系统》，第381页。

② 朱子对于两种知不做分别，与他对"气质之性"的解释也有关。张载的两种知的观点来源于其两种性的理论前提，丁为祥说："如果说见闻之知是基于气质之性对具体物象的认识，那么德性所知也就是基于天地之性对天道及其本体的认知。正是这一区别，德性所知与见闻之知才在主客双方都有了大与小不同的表现特征。"（丁为祥：《虚气相即——张载哲学体系及定位》，第139页）而朱子则认为，气质之性是天理堕在气质之中，仍然是本然之性，因此不存在由气质之性发为见闻之知，天地之性发为德性所知的情况。

③ 冯友兰：《中国哲学史新编》第5册，第163、167页。

④ 冯友兰先生说："人是自然的异化，从自然生出，而又与自然对立。社会是人的异化，是人所组织的，而又与人相对立。……把对于社会的道德行为理解为对宇宙的道德行为，这也是顺理成章的。如果人能理解这些道德行为，就不只是道德行为，而且有超道德的意义。"冯友兰：《中国哲学史新编》第5册，第157页。

接受性的，而后者是自发性的。康德把思维与直观相区别，是以自发性拣别接受性，并不是以分析性拣别直接性。因此我们并不能说，凡是知识论的就都是分析性的。康德显然会承认我们可以有对于理念的直接的表象。因此，柏格森所说的那种分析性的知性与整全性的直觉的区分，与康德的思维和直观的区分，不能直接对应。

因此，见闻之知与德性所知，在主体条件上是同一个心知能力，在内容上也应该是融贯的。杨立华发现二者之间的差异仅仅在于"独见独闻"与"共见共闻"的区分："德性所知，不萌于见闻，强调的是德性所知的内容不是从见闻中生发出来的。德性之知不能从见闻中生发出来，是不是就意味着其中也不包含经验内容呢？而如果德性之知中不包含经验内容，那么德性所知的到底是些什么东西呢？张载对'独见独闻'与'共见共闻'的区分，对于我们了解德性所知的内容是至为关键的。……既然这一德性之知不是从经验中生发出来的，那么就只能来自对于自己内在固有的某种普遍的超越性本质的觉察。但德性之知并不因此而流于抽象，而总是体现为有具体经验内容的感知。……事实上，德性之知与闻见之知的区别从根本上源于看待和感受事物方式的差异。……当我们放弃此种自我中心主义的立场，从天地万物一体之仁的角度来理解和看待身边的人和事时，我们的所见所闻也就成了德性之知。"①实际上，要想精确地将见闻之知的内容与德性所知的内容彻底剥离开来，是很困难的。唐君毅先生对于德性之知与见闻之知的关系，在《中国哲学原论·导论篇》之《原致知格物下》一文中还有更多讨论。高玮谦《唐君毅先生先生论"德性之知"与"知识之知"的关系之检讨》一文讨论甚详。其举出唐君毅先生之四种说法："俱时而呈现之同一关系"，主要是说见闻之知开发良知之流露；"更迭而呈现之相斥关系"，这便是坎陷论，良心暂忘自身而转变为认识心；"目的与手段之相从关系"，实际上是实用理性的表现；"交互并在之关系"，是在道德冲突中，得之我幸失之我命之知。②这四种区分，固然是很好的解释，但是这四种观点，是否也昭示着，德性所知与见闻之知，实际上不是不同的心知能力，而是对同一种心知能力的不同运用呢？这样，我们就能看出，虽然表面上唐君毅先生、牟宗三先生在道德论与

---

① 杨立华：《气本与神化：张载哲学述论》，第 121～122 页。
② 高玮谦：《唐君毅先生先生论"德性之知"与"知识之知"的关系之检讨》，《鹅湖月刊》2001 年总第 316 期。

认识论之间划一区隔，但良知坎陷论还是显示出二者本来是一贯的。既然二者本来是一贯的，我们不如大方承认二者本来就是同一种心知能力，而且我们只有这一种心知能力（心知能力作为心之官，只与耳目等五官相区别）。在这个意义上理解德性，才真正认识体用一源，才能尊德性而道问学，而以知识为大用。而这一切都因为我们没有割裂德性所知与见闻之知。

结　语

学界从朱子慎言德性之知的角度，又开始讨论张载的见闻之知与德性所知的关系问题。以往的哲学史研究把二者关系理解为感性认识和理性认识的区别，而后来又有把德性所知理解为整全性道德直觉的观点。张载有"德性所知不萌于见闻"的说法，传播广泛，但从张载诠释"穷理尽性以至于命"所具有的次序性可以看出，"穷理""尽性""至命"正对应见闻之知、德性之知和德性所知三个阶段。因而见闻之知作为德性所知的"启之之要"的观点更值得重视。德性所知，主要是指对于超越具体物的理念的直觉性认识，其中并不包含现代哲学对知识与道德的割裂。既然我们不必在道德本心的直觉与认识论对于理念的直觉之间做出本质区分，那么朱子、阳明、刘宗周等人关于两种知是同一种心知能力的不同运用的观点，便也是解决二者关系问题的一个途径。因此我们可以说，德性所知，亦萌于见闻。

论朱子对《中庸》"致中和"的诠释[*]

——兼与船山之诠释的比较

李　彬（郑州大学哲学学院）

李明燏（郑州大学哲学学院）

摘　要："中和问题"是《中庸》诠释的中心问题，但以往研究缺乏对"致中和"与"天地位焉，万物育焉"之关系的讨论。朱子从工夫论的立场出发，将"致中和"之"致"解为"推致其极"，认为基于"万物一体"的本体论前提，"致中和"的工夫可以产生"天地位""万物育"的效验。船山进一步指出"天地位、万物育"不能仅从"效"上看，更应从"功"上看，圣人于此须有施功之处。针对朱子提出的"吾身之天地万物"，船山将"吾身"解为"切于身"，即只有在我们的生活世界中，我们与之打交道的事物，才是所谓的"吾身之天地万物"。从"功"的角度，船山更强调"达而在上者"需要施展"裁成辅相""赞育天地"之功，朱子则认为不管是"位育天地"之圣人，还是"燮理阴阳"之三公，或者一般的学者，都需要"随一个地位去做"，不管在"功"，还是"效"上都须循序渐进，不可躐等。

关键词：朱子　《中庸》　致中和　天人关系　工夫论　船山

《中庸》一书在中国古代哲学史上居于一个特殊的地位，它原本是《礼

---

* 2022 年度国家社科基金青年项目"清代礼学与理学的互通性研究"（批准号：22CZX032）；2022 年度河南省社科联调研课题"社会主义核心价值观建设中的'工夫论'问题研究"（编号：SKL－2022－285）。

记》中的一篇，由于其极高的哲学思辨水平，① 后被单独挑出，逐渐成为儒家最重要的经典之一。② 《中庸》大量文本涉及了"性与天道"的形而上问题，其中的"中和"问题尤其被宋明新儒家所重视，宋明新儒家认为其中所蕴含的性命义理之学，足以与佛学相抗衡。

按照朱子《中庸章句》的分章，《中庸》首章提出了著名的"中和"问题：

> 喜怒哀乐之未发，谓之中；发而皆中节，谓之和。中也者，天下之大本也；和也者，天下之达道也。致中和，天地位焉，万物育焉。③

从司马光著《中和论》讨论《中庸》"中和"问题开始，宋代儒者于此"中和"问题便聚讼不已。朱子究心于此，从"中和旧说"到"中和新说"，完成了其学问的转向。船山则谓"'喜怒哀乐之未发谓之中'，是儒者第一难透底关"④。但是，稍微进行梳理，就会发现，对"中和"问题的讨论大多延续了一个心性论的路向，其争论的焦点也集中在了"未发""已发""心""性""情"等问题之上。

因此，考察《中庸》的诠释史，不管是气化论的诠释路向，还是心性论的诠释路向，⑤ 对首章末三句"致中和，天地位焉，万物育焉"的关注都不够。考察《中庸》的历代注疏，对"位育"问题也往往是轻轻带过，少有着重的论述。相比之下，朱子和船山对这一问题的讨论比较深入。

一 "致中和"与"天地位、万物育"

为何历代学者对《中庸》首章末三句关注不够呢？个中原因，可能如杨儒宾教授所言："学者'致中和'，即可体证'天地位焉，万物育焉'，这样

---

① 当代学者陈荣捷认为《中庸》很可能是儒家经典中最具哲学性的著作。（参见陈荣捷编著《中国哲学文献选编》，杨儒宾等译，江苏教育出版社，2006，第106页。为行文方便，仅在注释第一次出现时注明版权信息。）

② 关于《中庸》的经典化过程，参见杨儒宾《〈中庸〉怎样变成了圣经》，载吴震主编《宋代新儒学的精神世界——以朱子学为中心》，华东师范大学出版社，2009。

③ 朱熹：《四书章句集注》，中华书局，2010，第18页。

④ 王夫之：《读四书大全说》（上册），中华书局，1976，第79页。

⑤ 杨儒宾教授认为对《中庸》历来有两种诠释系统，即主流的心性论诠释系统和非主流的气化论诠释系统。（参见杨儒宾《〈中庸〉怎样变成了圣经》，第490页。）这两种诠释系统都必须放在天人关系的大系统中才足够全面。

的论述也很容易令人联想到这是证体之果地风光。既然是果地风光，此处无工夫可做。可以做工夫的，乃落在从'喜怒哀乐未发'到'已发中节'间的空白地带。"①

也就是说，"天地位焉，万物育焉"乃是工夫之效验、体证之"果地"，"无工夫可做"，或曰"非君子用功之处"②。既然如此，《中庸》的作者如此行文的用意何在呢？朱子在《或问》中是这样解释的：

> 此万化之本原，一心之妙用，圣神之能事，学问之极功，固有非始学所当议者。然射者之的，行者之归，亦学者立志之初所当知也。故此章虽为一篇开卷之首，然子思之言，亦必至此而后已焉，其指深矣。③

可见，在朱子看来，"致中和，天地位焉，万物育焉"固为"圣神之能事，学问之极功"，初学者不当以此为望，但子思之所以又在《中庸》开篇言之，即所谓开宗明义：学者为学，固有次第，但学者为学首重立志，而其立志之初，必须为之指明为学之归宿与鹄的。此三句所言，正是所谓"射者之的，行者之归"。

因此，《中庸》首章诚如丁为祥教授指出的，从"未发之中"到"发而中节之和"，"由于其既存在着'天命'与'人性'之超越维度的依据，同时又有'天地位焉，万物育焉'这种可以见之于客观的总体指向，因而这就构成了这一问题的复杂性"④。

基于问题的复杂性，"这种可以见之于客观的总体指向"不能被轻轻放过。《中庸》对天人关系的处理，既不同于"蔽不天而不知人"（《荀子·解蔽》）的老庄道家自然观，⑤ 也不同于后世新儒家所构建的超越的道德形上学。⑥

---

① 杨儒宾：《〈中庸〉怎样变成了圣经》，第 506 页。
② 王夫之：《读四书大全说》（上册），第 85 页。
③ 朱熹：《中庸或问》，《朱子全书》第六册，上海古籍出版社、安徽教育出版社，2002，第559 页。
④ 参见丁为祥《学术性格与思想谱系——朱子的哲学视野及其历史影响的发生学考察》，人民出版社，2012，第 74、75 页。
⑤ 荀子对庄子的评价"蔽于天而不知人"可能未必十分公允，泛读《庄子》之书，足以见其对人性、对人世洞见之深刻，《老子》更不必说，后世更有以权谋家目之者（如钱穆），足见其对人事之洞察。
⑥ 此处之所谓新儒家构建的道德形上学，乃指后世新儒家对宋代新儒家之形上学的诠释，至于宋代新儒家，其义理规模并不能完全用道德形上学概括，至少这个术语的含义要突破近代所谓的道德哲学和心性论的藩篱。

传统的中国思想，不论是先秦、汉唐还是宋明，其实都并不排斥那种"充满道德理想与道德价值的自然界"①的世界图景，甚至某种意义上，那本来就是古人眼中天人关系的本来面目：所谓天人合一，万物一体。

因此，不管是心性论诠释还是气化论诠释，实际上并无泾渭分明的界限，基于问题和文本的复杂性，这两种诠释传统在不同的解释者那里可能有侧重点的差异，但总体上是交织在一起的。《中庸》首章末三句所谓的"致中和，天地位焉，万物育焉"，将在人之工夫与在天之效验放在一起讨论，将天与人、自然与人的关系问题凸显了出来。

因而，本文拟从天人关系的视角出发，以天与人、人与自然的互动问题为重点，以朱子与船山的诠释为中心，结合相关传统注疏和现代解释，对"致中和，天地位焉，万物育焉"的义理内涵进行抉发，充分展示问题的复杂性，以期对《中庸》所言的天人关系的具体内涵，做一番梳理和解答。

二　作为工夫论概念的"致"与"致中和"疑难

在朱子的思想体系中，"致"是一个重要概念，对"致中和"中"致"字的理解是切入本文主题的关键。接下来以朱子对"致"字的诠释为中心，对"致"这一概念做一番梳理，以便进一步考察"致中和"问题。

朱子在他对经典的诠释过程中，对"致"这个概念做了创造性的阐释和发挥，将经典中"致"字的含义做了一个一贯性的解释，即将"致"解释为"推至其极"（《朱子语类》）。如将《大学》中"致知"之"致"解为：致，推极也。② 将《中庸》中的"致中和"之"致"解为：推而极之也。③ 将"致曲"之"致"解为：推致也。④ 将《论语》中的"君子学以致其道"之"致"解为：致，极也。⑤ 将"丧致乎哀"解为：致极其哀。将"亲丧而自致"之"致"解为：尽其极也。⑥

---

① 参见丁为祥《学术性格与思想谱系——朱子的哲学视野及其历史影响的发生学考察》，第107页。
② 参见朱熹《四书章句集注》，第4页。
③ 参见朱熹《四书章句集注》，第18页。
④ 参见朱熹《四书章句集注》，第33页。
⑤ 参见朱熹《四书章句集注》，第189页。
⑥ 参见朱熹《四书章句集注》，第191页。

考察《朱子语类》可见，朱子在阐明"格物致知"的过程中对"致"的含义做了深入的阐释，可以说，朱子是把由诠解《大学》"格物致知"中得来的对"致"的"推至其极"的工夫论含义，推而广之地用在了对其他经典中出现的"致"字的理解中。恰恰在"致"字上可看出朱子"致知"工夫的绵密细致之处。

如朱子云："致之为义，如以手推送去之义。凡经传中云致者，其义皆如此。"又曰："'致'字有推出之意，前辈用'致'字多如此。"而当有学生问"致知"之"致"与"知至"之"至"有何分别时，朱子认为"致"是"推致"，是开始的动作行为，用工夫处（"方为也"），而"至"则是已经达到的目的和效果（"已至"），"致"的构字方式是"先著'至'字，旁著'人'字"，意思则是"人从旁推至"。①

这里朱子只强调了"致"字"推致"的含义，但"推致"的目的是"已至"，"致知"的目的是"知至"，"致知者，须是知得尽，尤要亲切。寻常只将'知至'之'至'作'尽'字说，近来看得合作'切至'之'至'"，"所以贵致知，穷到极处谓之'致'"②。所以"致"之一字就同时包含了作为工夫的"推致"和作为效验之"至极"的双重含义。

朱子也正是在上述意义上理解和应用"致中和"之"致"的，将之作为一个工夫论概念：

> 周朴纯仁问"致中和"字。曰："'致'字是只管挨排去之义。且如此暖阁，人皆以火炉为中，亦是须要去火炉中寻个至中处，方是的当。又如射箭，才上红心，便道是中，亦未是。须是射中红心之中，方是。如'致和'之'致'，亦同此义。'致'字工夫极精密也。"
>
> "然而经文所谓'致中和，则天地位焉，万物育焉'，'致'之一字，岂全无所用其力耶？"曰："致者，推至其极之谓。凡言'致'字，皆此意。如《大学》之'致知'，《论语》'学以致其道'，是也。致其中，如射相似，有中贴者，有中垛者，有中红心之边晕者，皆是未致。须是到那中心，方始为致。致和亦然，更无毫厘丝忽不尽，如何便不用

---

① 朱熹:《朱子语类》卷15,《朱子全书》第十四册。
② 朱熹:《朱子语类》卷15,《朱子全书》第十四册。

力得！"①

在"郑注孔疏"那里，"致"则仅仅被解为中规中矩的"至"，没有特别突出工夫论的含义：

> 郑氏曰：致，行之至也。位，正也，育，生也，长也。
>
> 孔氏曰：致，至也。位，正也。育，生长也。言人君所能致极中和，使阴阳不错，则天地得其正位焉。生成得理，故万物得其养育焉。（《礼记正义》卷五十二）

如果我们认为郑注孔疏由于去古未远，保留了更多的古义，那么朱子对"致"的解释就是一种创造性的阐释，当然这种创造性的阐释实际上也是渊源有自，上述所引的孔疏将"致中和"疏解为"人君所能致极中和"，程门高第游酢将之解为"极中和之理"，② 吕大临则将之解作"致中和者，至诚尽性之谓"，③ 用《中庸》原文内部的"尽性"来解"致中和"。这些实际上都已经在将"致"往"极"和"尽"的方向上引导，朱子实际上继承和发展了前人的诠释，从"格物致知"的工夫论角度将之体系化："'致中和'，致，极也，与'尽'字同。致中和，便是尽性。此说亦是。然'致'字是功夫处，有推而极之之意。"④ 朱子一方面强调了"致"的工夫论意味，另一方面强调了"致"的功效意味。

朱子将"致"理解为"推致其极"，在此意义上，"致中和"所蕴含的逻辑难题在于，"中"与"和"已经是最高的根本和原则（"大本""达道"），只能说"达到"（"行而至之"），如何能说将这个"大本"和"达道""推而极之"呢？

一个可能的解释是，"中和"作为"大本""达道"，并不是一个现成的原则和标准，不是一个静态的至善或真理，不是一个万能钥匙，一旦寻得或达到就可以使得"天地位，万物育"。"中和"乃是一个动态的过程，在体的层面"中"作为"大本"乃是"不偏不倚"，在用的层面"和"作为"达

---

① 朱熹：《朱子语类》卷62，《朱子全书》第十六册。

② 卫湜：《礼记集说》卷124，钦定四库全书本，第27页。

③ 参见卫湜《礼记集说》，第33页。

④ 朱熹：《朱文公文集三》，《朱子全书》第二十二册，第935页。

道"乃是"无过不及"。① 周敦颐说"中也者,和也,天下之达道也",正是在"时中"和"随时处中"的意义上讲的。② 因此"致"作为"推而极之"的工夫,乃是明体以达用。

将"致"理解为"推而极之"这样一个有工夫论含义的概念,实际上就预设了一个去"致"的施为者(agent)。在孔疏那里,这个施为者就是"人君",在宋儒那里范围得到了扩大,既指"君子"或"圣人",③ 又更多地指向一般的"学者",④ 在有的解释者那里也指向"人君",⑤ 朱子认为不仅"达而在上者"需要"致中和","穷而在下者"亦须努力。⑥

如果说在汉唐的天人感应系统中,能够与天产生感应的是人君或圣王,宋儒则认为唯圣人能够感天动地。在《中庸》的天人关系系统中,圣人是天地的效法者,圣人亦须"法天则地":"仲尼祖述尧舜,宪章文武;上律天时,下袭水土。"⑦ "祖述""宪章""上律""下袭"都说明圣人也不过是传统的继承者和天道的模仿者。即使到了宋代,儒者将圣人的地位提到一个度越前代的高度,但圣人仍然只能"配天"⑧ 而不能"同天"或"齐天",⑨ 即如朱子所说,圣人能够"与天地同体""与天地同用",⑩ 也是在圣人能够自

---

① 参见朱熹《四书章句集注》,第17页。

② 因说:"周子云:'中也者,和也,天下之达道也。'别人也不敢恁地说。'君子而时中',便是恁地看。"(《朱子语类》卷62,《朱子全书》第十六册。)

③ 如高要谭氏(惟寅)说:"故中者,君子用力之处。"(参见卫湜《礼记集说》,第46页。)广安游氏(桂,字符发)说:"天地本有定位,万物本有发育所以失其位而不能育者,人乱之也。故圣人能致中和,则天地位,万物育。"(参见卫湜《礼记集说》,第47页。)

④ 新定顾氏(元常,字平甫)说:"舍中和,则无以为天地,无以为万物矣。推中和之极致,乃至于此,学者可不从事乎?"(参见卫湜《礼记集说》,第50页。)

⑤ 如真德秀说:"为人君者,但当恪守一敬,静时以此涵养,动时以此省察,以此存天理,以此遏人欲,工夫到极处,即所谓致中和,自然天地位、万物育。"(参见卫湜《礼记集说》,第48页。)

⑥ "然人各随一个地位去做,不道人主致中和,士大夫便不致中和!"(《朱子语类》卷62,《朱子语类》第十六册)。

⑦ 参见朱熹《四书章句集注》,第37页。

⑧ 参见朱熹《四书章句集注》,第38页。

⑨ "天之为天,不已其命而已。圣人之为圣人,不已其德而已。其为天人德命则异,其所以不已则一。故圣人之道,可以配天者,如此而已。"(吕大临:《中庸解》,陈俊民辑校《蓝田吕氏遗著辑校》,中华书局,2012,第491页。)可见,圣人并非与天无别的存在者,圣人只是在"不已其德"层面与天"一",配天者乃"圣人之道"而非圣人本身。

⑩ 参见朱熹《四书章句集注》,第34页。

觉主动地去效法或模仿天道，在人去合天的意义上来讲的。①

因此，"致中和"的主体与其说是"人君"或"圣人"，不如说是"天地"或天道（"中和"）本身。某种意义上，可能只有天地或天道本身才能够真正地致"中和"。

但是这种解读可能面临的质疑是，如果"致中和"的主体是"天地"或"中和"自身，那么，天人关系中的"人"似乎就消隐了，容易流于"蔽于天而不知人"（《荀子·解蔽》），并且学者在"致中和"上做工夫的可能性便消失了。进一步，从文本表达的一致性上来分析，如果"致中和"的主体是"天地"，则跟下句"天地位焉"重复；如果是天道或"中和"自致，则表述方式应该是像后面两句的"天地位焉""万物育焉"式的"中和致焉"。但"中和"一方面属于天道层面（"大本""达道"），另一方面又密切关涉"喜怒哀乐"之未发与已发，无论如何应该是与"人"密切相关的。因此，朱子一再说"'致'字是工夫处"②，"致字工夫极精密"，实际上都是想指出"致中和"讨论的应该是"在人工夫"。③

既然"致中和"是"在人工夫"，那是否我们可以"极吾中以尽天地之中，极吾和以尽天地之和"④，充分发挥人的主观能动性，将人之"中和"推而极之，尽天地之"中和"？如若可能，也就解决了"致中和"与"天地位焉，万物育焉"之间看似天地悬隔的联系问题。这种诠释理路实际上暗含了"我之中和"，即"天地之中和"，"中和"之标准在我，在天人关系中以人为中心。

---

① 朱子的圣人观比较复杂，一般认为，在朱子那里圣人就是天，但考察《四书章句集注》，在圣人与天的关系问题上，朱子还是比较谨慎的，只是承认圣人在体、用上同于天地。吕大临在《中庸解》中宣称"圣人诚一于天，天即圣人，圣人即天"，朱子尽管在《四书章句集注》中对吕氏的说法多有采纳，但对吕氏的这段解读仅采纳了"诚即天道"的见解，对"圣人即天"的说法并未采纳，而由前引吕解所说，天与圣人"其为天人德命则异"，也可看出即便是吕大临，对天人之间的差别也是了然于胸的。（参见陈俊民辑《蓝田吕氏遗著辑校》，第487页；朱熹《四书章句集注》，第31页。）

② 朱熹：《文集三》，《朱子全书》第二十二册，第1935页。

③ 参见朱熹《朱子语类》卷62，《朱子全书》第十六册。实际上，这两种说法并不冲突，"致中和"的主体虽然是"天地"，但人本来就是天地中之一物，"中和"的推及和展开，也必须通过人来实现。真正的天人关系，既不能只强调天，也不能只强调人。所谓"人能弘道，非道弘人"，在天人关系中，人是"赞天地之化育""与天地参""知天地之化育"的主动者，但必须效法天道，以人配天、以人合天，而不能任意妄为。

④ 吕大临：《中庸解》，陈俊民辑《蓝田吕氏遗著辑校》，第481页。

实际上，朱子某种程度上也受到吕大临这种思路的影响，在《四书章句集注》和《中庸或问》中都有"吾之心正，则天地之心亦正""吾之气顺，则天地之气亦顺"① 这样的表述。"我"与"天地万物"能够如此这般互动，乃是因为"天地万物本吾一体"②。

但与吕大临不同的是，朱子从未引用或说过"极吾和以尽天地之和，极吾中以尽天地之中"，而只说"若致得一身中和，便充塞一身；致得一家中和，便充塞一家；若致得天下中和，便充塞天下。有此理便有此事，有此事便有此理"（《朱子语类》）。在《四书章句集注》中他有意识地将"极吾中""极吾和"这种凸显主体性的表达，改成了更加客观的"极其中""极其和"③ 这样的说法。

"致中和"虽然是"在人工夫"，但人不能一下子就达到"天下中和"，其间甚有次第节目，人要做的工夫无非是"戒慎恐惧"和"慎独"，或者用朱子的术语叫"存养"和"省察"。在这里，朱子将"致中和"的工夫，进一步细化为"致中"与"致和"，④ 而将《中庸》的"戒慎恐惧"看作"致中"工夫，而"慎独"则为"致和"工夫，同时，"天地位"对应的是"致中"工夫之效验，"万物育"对应的是"致和"工夫之效验。

能做到"戒惧""谨独"则能达到"心正""气顺"，循序渐进，扩充推广，"致得一身中和""一家中和""天下中和"。这中间的"善恶感通之理"（《四书或问》语）其实相类似于汉儒所谓的"天人感应"模式，"形和气

---

① 参见朱熹《四书章句集注》，第 18 页；亦可参见朱熹《中庸或问》，第 558 页。两处的表述略微有差异。
② 参见朱熹《四书章句集注》，第 18 页。
③ 参见朱熹《四书章句集注》，第 18 页。
④ 当然这种区分并非朱子首创，杨龟山即分言"致中""致和"："致中则范围而不过，致和则曲成而不遗。"（参见卫湜《礼记集说》，第 28 页。）吕大临也说："故与天地合德而通乎神明者，致中者也；察乎人伦、明乎庶物、体信以达顺者，致和者也。"（参见卫湜《礼记集说》，第 33 页。）但两人并未像朱子一样将之置于《中庸》首章的工夫结构中理解。但对于这种有些过于"精细"的区分，也不乏反对意见，如吕祖谦即委婉地指出："自其天地之位，而以中言；自其万物之育，而以和言。朱氏如此区别，固未有害也。深观其所从来，则天地之所以位，万物之所以育，盖有不可析者。子思曰：'致中和，天地位焉，万物育焉。'龟山曰：'中，故天地位焉；和，故万物育焉。'参观二者之论，则气象自可见矣。"（卫湜：《礼记集说》，第 43 页。）

和，则天地之和应"，并没有其他高妙难解之处。①

在朱子的工夫论诠释视野中，此一章之义理结构井然有序，工夫节目也层层递进。在朱子这里，其工夫论的本体论基础是"万物一体"的"天人感应"论："盖天地万物本吾一体，吾之心正，则天地之心亦正矣，吾之气顺，则天地之气亦顺矣。故其效验至于如此。"② 他将"天地位""万物育"看成了"致中""致和"工夫的效验："致中"乃指在"未发之中"上做"存养"工夫，"致和"乃是于"已发之和"处做"省察"工夫。正是基于这样一个"万物一体""天人感应"本体论基础，"致中和"的工夫才可能达到"天地位""万物育"的效验。

但问题并未彻底解决，这种天人感应式的解释也不足以餍服现代读者。

三　"以理言"还是"以事言"？

"天人感应"的思维模式到了宋代已经逐渐式微。关于"致中和，天地位焉，万物育焉"，在朱子之前的理学解释传统中，大多认为此"以理言"，非实指其事。

如程子说："中和，若只于人分上言之，则喜怒哀乐未发既发之谓也。若致中和，则是达天理，便见得天尊地卑、万物化育之道，只是致知也。"③ 程门弟子游酢说："极中和之理，则天地之覆哉，四时之化育，在我而已，故曰：'天地位焉，万物育焉。'"④ 南宋的谭惟寅认为："极中和之理，广大精微，靡不该备，故天地之所以奠位，万物之所以生育，皆不外乎此理也。"⑤

即使是朱门后学，也多有以理言之者，如真德秀说：

---

① "'致中和，天地位，万物育'，便是形和气和，则天地之和应。今人不肯恁地说，须要说入高妙处。不知这个极高妙，如何做得到这处。汉儒这几句本未有病，只为说得迫切了，他便说做其事即有此应，这便致得人不信处。"（朱熹：《朱子语类》卷62，《朱子全书》第十六册。）

② 朱熹：《四书章句集注》，第18页。

③ 程颢、程颐：《河南程氏遗书》卷15，载王孝鱼点校《二程集》，中华书局，2012，第160页。

④ 卫湜：《礼记集说》，第27页。

⑤ 卫湜：《礼记集说》，第46页。

致中和而天地位、万物育，此参天地、赞化育之事也，可谓难矣。然求其所以用功者，不过曰敬而已。……以此存天理，以此遏人欲，工夫到极处，即所谓致中和，自然天地位、万物育。如箕子《洪范》所谓肃乂圣哲谋而雨旸燠寒风应之，董仲舒所谓人君正心以正朝廷、正百官、正万民，则阴阳和，风雨时，诸福百物，莫不毕至，皆是此理。①

朱子虽然强调要"以事言"，但并不否认"以理言"的解释模式：

此是说理，理必须是如此。且如'致中和，天地位，万物育'。然尧有九年之水，想有多少不育之物。大德必得名位禄寿，也岂个个如此！只是理必如此。②

在《或问》中，朱子对为何"以事言"的原因做了回应和说明：

曰："天地位，万物育，诸家皆以其理言，子独以其事论。然则自古衰乱之世，所以病乎中和者多矣，天地之位，万物之育，岂以是而失其常耶？"

曰："三辰失行，山崩川竭，则不必天翻地覆，然后为不位矣；兵乱凶慌，胎殰卵殈，则不必人消物尽，然后为不育矣。凡若此者，岂非不中不和之所致，而又安可诬哉！今以事言者，固以为有是理而后有是事；彼以理言者，亦非以为无是事而徒有是理也。但其言之不备，有以启后学之疑，不若直以事言，而理在其中之为尽耳。"③

朱子的要点有二，一是天地失位，万物不育之事，历史上确实时有发生；二是言事可以包理，只言理则不足以包事，易启后世学者之疑。对此，船山在《读四书大全说》中，进一步从逻辑的角度对"以理言"之不尽处做了说明：

盖天地所以位之理，则中是也；万物所以育之理，则和是也。今但言得位育之理于己，是亦不过致中而至于中，致和而至乎和，而未有加

---

① 卫湜：《礼记集说》，第47、48页。
② 朱熹：《朱子语类》卷15，《朱子全书》第十四册。
③ 参见朱熹《中庸或问》，《朱子全书》第六册，第559、560页。

焉，其词不已赘乎？①

尽管有种种解释和辩护，但实际上，对于《中庸》首章所阐述的"致中和"即可以有此"位育"之功的说法，不管是"以理言"还是"以事言"，后世学者之疑虑并未被预先解除。比较典型的如成书于元代的《四书辨疑》说：

> 又云："盖天地万物本吾一体，吾之心正，则天地之心亦正，吾之气顺，则天地之气亦顺。"义愈难通。天地万物与吾同在阴阳大气中，谓同一气则可，谓为一体则不可，天下万物何所不有？岂能同为一体哉？天地之气固有顺不顺时，天地之心未尝不正也，岂待吾之心正，然后天心地心始正哉？天地之气有时而不顺者，盖由国家失德，则有恒雨、恒旸、恒燠、恒寒、恒风之应，此皆天地不顺之气也。普天之下惟吾一身之气顺，便能使此气皆顺，久雨则能使之晴，久旱则能使之雨，断无此理。（《四书辨疑》卷十四）

此段话直接针对朱子《四书章句集注》中的说法提出了驳难，对"万物一体""天人感应"的存在论模式提出质疑。这样的批评其实在当代思想语境中更容易被理解和接受，比如近代中国学者接受马克思主义哲学，从唯物主义的立场上，很容易将《中庸》看成一种"唯心主义"的形上学体系，侯外庐在其《中国思想通史》中指出：

> 按照《中庸》的说法，精神胜利的微处隐处在于"正己"而不求于人，然而其显处著处居然就可以与天地同流！这是多么轻举宇宙的唯心观点！因此，"时中"之德在主观情操的动机上只要立起了基础，那就居然可以通达天地万物。②

面对唯物主义者的这种批评，一些新儒家则试图为这一逻辑困难做出辩护。杜维明认为，这是由《中庸》的表达方式所致的，他把这种表达方式称为"诗学的精神"（spirit of poetics），并认为《中庸》"既不是神中心的，也不

---

① 王夫之：《读四书大全说》（上册），第84页。
② 侯外庐：《中国思想通史》，人民出版社，1957，第279~280页。

是人类中心的。毋宁说，它指向了天人之间的一种互动性"。《中庸》所述天人不同于基督教传统的是天人关系，它并非一种创造与被创造的关系，天的创化过程的一个有机部分不仅赋予人以宇宙之"中"，而且也要求人身承担起促成实现宇宙转化圆成的使命。①

但实际上，新儒家的这种辩护方式并没有在实质上解决问题。"诗学的表达方式"并不必然和逻辑是相排斥的。而说《中庸》讨论的是天人之间的互动关系，人要参与天地的创化，这种解释我们是赞成的，问题是人是如何参与天地化育的？天人如何互动？人有限，天无限，人和天的互动无论如何不是一个人与人之间那种对等的互动关系。

在我们看来，天人合一有两个前提，一是"天人"在本体论基础上"不二"，一个是"天人"在工夫论层面上"有分"；前者从本体论上保证了天人之间能够合一，后者从工夫论上预设了人需要通过工夫去与天合一。因此程子"天人所为，各自有分"的一说法被朱子极力赞赏。② 实际上，在《荀子》那里就已经强调要"明于天人之分"（《天论》），认为"天地生君子，君子理天地""无君子，则天地不理"（《王制》）。朱子在与弟子讨论《中庸》里面与"致中和，天地位焉，万物育焉"关系极为紧密的"赞天地之化育"的时候，进一步指出："人在天地中间，虽只是一理，然天人所为，各自有分，人做得底，却有天做不得底。如天能生物，而耕种必用人；水能润物，而灌溉必用人；火能爆物，而薪爨必用人。裁成辅相，须是人做，非赞助而何？""盖天下事有不恰好处，被圣人做得都好。丹朱不肖，尧则以天下与人。洪水泛滥，舜寻得禹而民得安居。桀纣暴虐，汤武起而诛之。"③

可见，天人互动也好，天人合一也好，在天人关系的模式中，人总是处在参赞、协助的地位，人按照天道的要求去仿效天、与天互动，人去合天，而非天来合人，人不能贪天功为己用，甚至以人代天。人不能好高骛远，责人而不求己，而要"素其位而行"，"各随一个地位去做"（《朱子语类》卷62），"但能致中和于一身，则天下虽乱，而吾身之天地万物不害为安泰；其不能者，天下虽治，而吾身之天地万物，不害为错乱"。④

---

① 参见杜维明《〈中庸〉洞见》，人民出版社，2008，第5~7页。
② 程子说赞化处，谓"天人所为，各自有分"。（《朱子语类》卷64）。
③ 朱熹：《朱子语类》卷62，《朱子全书》第十六册。
④ 朱熹：《中庸或问》，第86页。

在上引《或问》的论述中，朱子通过将"致中和"之功归于"吾身之天地万物"之效，从天人互动的角度上巧妙地解决了"致中和"与"天地位、万物育"之间的关系难题。

正如我们上文指出过的，船山是赞成朱子"以事言"的解释模式，并为之做出了辩护。但船山并不满足于朱子的这一解释，而是进一步指出，"但以事言之，而又有功与效之别"①。证据是，《中庸》"本文用两'焉'字，是言乎其功"，而《四书章句集注》改用两"矣"字（"极其中而天地位矣""极其和而万物育矣"），"则是言乎其效"。朱子的诠释是将"天地位""万物育"看成"致中和"功夫所产生的效验，这一点我们前文已经指出过了。但这里船山所提出的"功"与"效"区别用意何在呢？②

表面看来，船山这是对朱子的这一功夫—效验的诠释模式提出了质疑和批评。在他看来，那种认为"圣神功化之极"就能"感天地而动万物"的理解实际上并不符合《中庸》之原义，所谓"考之本文，初无此意"③。

船山认为，即使是朱子，在《或问》中也有不同于《四书章句集注》中但言效验之处："《或问》云'于此乎位，于此乎育'，亦言中和之德所加被于天地万物者如是。又云'圣神之能事，学问之极功'，则不但如《四书章句集注》之言效验。"④ 即便《四书章句集注》侧重从效验角度讲，而"推致其效，要归于修道之教，则亦以礼乐刑政之裁成天地、品节万物者言之，固不以三辰河岳、麟凤芝草之祥为征。是其为功而非效亦明矣"⑤。

要之，船山区分"功"与"效"，是想表明《中庸》所谓的"致中和，天地位焉，万物育焉"并非什么"主观唯心主义"或神秘主义的论述，而是符合《中庸》一贯的天人论述模式的：

其云"配天"者，则"莫不尊亲"之谓尔；其云"譬如天地"者，

① 王夫之：《读四书大全说》，第84页。
② 朱子在《或问》中也有这样的论述："天地位，万物育，则所以极此实理之功效。"（朱熹：《中庸或问》，第594页。）将"天地位，万物育"看成"功效"，由于朱子并未像船山一样区分"功"与"效"的不同意涵，朱子这里的"功效"实际上仍是侧重于"效验"义。
③ 参见王夫之《读四书大全说》，第84、85页。
④ 参见王夫之《读四书大全说》，第86页。
⑤ 参见王夫之《读四书大全说》，第86页。

则"祖述"、"宪章"之谓尔;其云"如神"者,则"前知"之谓尔;其云"参天地"者,则"尽人、物之性"之谓尔"。①

《中庸》所谓之天人互动关系,乃是"援天治人""推人合天",无非"率道""修教"之事,"未尝有所谓三辰得轨,凤见河清也"②。

从"功"而非"效"的角度出发,我们可以在动词意义上理解"位"和"育",将"天地位""万物育"理解为"位天地""育万物",郑玄的注"位,正也。育,生也,长也"在此仍然适用。只把"致中和"看作工夫,除了在"未发""已发"的"心性"上做"存养、省察"工夫外,还缺乏生活实践中的践履,未免有落入空洞玄虚的危险。其流弊极易导致重内轻外、重内圣("心性")轻外王、重道德修养轻政治事功,甚至在当时就有学生质疑"致中和,位天地,育万物,与喜怒哀乐不相干,恐非实理流行处"③。

其实,朱子对此亦有所警觉,在《朱子语类》中他也有这样的论述:"'天地位,万物育',便是'裁成辅相','以左右民'底工夫。"(《朱子语类》)也强调要从工夫的角度去理解"天地位,万物育",而不能只将其作为效验:"裁成辅相""赞天地之化育"之功实际上就是"位天地,育万物"之功。

四 何谓"吾身之天地万物"?

但"位育"天地之功非圣人不能,④ 一般的学者似乎于此无下手处。对此,船山首先注意到了朱子在《中庸或问》中提出的"吾身之天地万物"这

---

① 参见王夫之《读四书大全说》第84、85页。
② 参见王夫之《读四书大全说》,第84、85页。
③ 针对学生的质疑,朱子回应道:"公何故如此看文字!世间何事不系在喜怒哀乐上?如人君喜一人而赏,而千万人劝;怒一人而罚之,而千万人惧;以至哀矜鳏寡,乐育英才,这是万物育不是?以至君臣、父子、夫妇、兄弟、朋友、长幼相处相接,无不是这个。即这喜怒中节处,便是实理流行,更去那处寻实理流行!"由于对"已发""未发"工夫的强调,学生将关注的重点放在了"喜怒哀乐"之上,很容易将"喜怒哀乐"看作主体内在之"性情",朱子则强调世间之万事万物都系在这"喜怒哀乐"之上,不能拘执于一己之"喜怒哀乐"。但如果只强调在"性情"上做工夫,内在化的流弊似乎是不可避免的。
④ 陈氏(陈淳)曰:"此乃有位者之功,非泛就君子说。"参见赵顺孙《中庸纂疏》,(台北)文史哲出版社,1986,第304页。

一说法：

> 但能致中和于一身，则天下虽乱，而吾身之天地万物不害为安泰；其不能者，天下虽治，而吾身之天地万物，不害为乖错。①

可见，朱子始终强调工夫的下手处在己而不在人："人各随一个地位去做，不道人主致中和，士大夫便不致中和。"（《朱子语类》）针对朱子的这一说法，船山做出了厘定、分殊和发明。首先，船山指出，朱子在《中庸或问》中所谓的"吾身之天地万物"乃专以"穷而在下者言之"，但凡"达尔在上者"，"必于吾身以外之天地万物，著其位育之效"，② 可以看出，船山对朱子之诠释可能流于过度内在化和主观化的警惕。

其次，船山认为"万物"可以说"一家有一家之万物、一国有一国之万物"，但用来说"天地"，则不合适（"真是说梦"），"或穷或达，只共此一天地"，③ 此"天地"乃"不为尧存，不为桀亡"的无限者和超越者，是无时不在、无所不包的大全。

最后，船山认为，朱子所谓"吾身之天地万物"，不能照字面理解，而应理解为"切于吾身者"，即与我切身相关者，"夫其不切于吾身者，非徒万物，即天地亦非圣人之所有事。而不切于吾身之天地万物，非徒孔、孟，即尧、舜亦无容越位而相求"④。

因此，朱子讲的"格物穷理""致中和"，不是要穷事物的客观规律，不是要"致"与人无涉的天地万物之"中和"。"吾身之天地万物"的具体所指，用朱子自己的话说："尊卑上下之大分，即吾身之天地也；应变曲折之万端，即吾身之万物也。"（《朱子语类》）此"分"、此"端"，无非人在与世界打交道过程中的事物之"宜"。

船山也正是在这个意义上将朱子"吾身之天地万物"理解为"切于吾身之天地万物"，只不过朱子更多是在事物之"宜"层面谈，船山则径直落脚于事物本身。也正是在这个意义上，船山将"尽人物之性"理解为尽与我们具有实践关系的人物之性："于吾所接之人、所用之物以备道而成教。"于其

---

① 朱熹：《中庸或问》，第86页。
② 王夫之：《读四书大全说》，第86页。
③ 王夫之：《读四书大全说》，第87页。
④ 王夫之：《读四书大全说》，第85页。

他不相干之事物，如"东海巨鱼，南山玄豹，邻穴之蚁，远浦之萍，虽天下至圣，亦无所庸施其功"①。

甚至我们可以说，即便是"东海巨鱼，南山玄豹"等事物，虽未与我们的生活实践直接发生关系，但其因与我们的生活世界的关联，而对我们具有了意义。事物"是"什么，即它们的所以然，不取决于它们本身，而取决于它们在与我们共处的生活世界（"共此一天地"）中的意义或关系，事物本身并不是作为纯粹事物出现在我们面前作为静观的对象，而是在日常实践活动中与我们打交道。②

因而，"切于身"与否的标准，不仅在于事物与我空间距离上的远近，首先，是看其是否符合天理人道，是否符合作为整体的人类生活之道，此"切于身"之"身"不仅指我之身，更多是指他人，指人民之身：

> 帝尧之时，洪水未治，所谓天下之一乱也。其时草木畅茂，禽兽繁殖，则为草木禽兽者，非不各遂其育也，而圣人则以其育为忧。是知不切于身之万物，育之未必为利，不育未必为害。③

其次，"达而在上"和"穷而在下"，由于所处地位之不同，故其切身之天地万物亦不同：

> 达而在上，用于天下者广，则其所取于万物者弘；穷而在下，用于天下者约，则取于万物者少；要非吾身之所见功，则亦无事于彼焉，其道一也。④

一方面，"天地万物"非外于"我"而自在存在的，乃是"切于身"或"吾身所有之天地万物"；另一方面，"天地位焉，万物育焉"不能仅仅被看作"功夫之效"，还须被看作"圣人之功"，那么圣人"位天地""育万物"就必须有施功之节目次第。

---

① 王夫之：《读四书大全说》，第66页。
② 参见张汝伦《关于格物致知的若干问题——以朱熹的阐释为中心》，载吴震主编《宋代新儒学的精神世界——以朱子学为中心》，华东师范大学出版社，2009，第67、68页。
③ 王夫之：《读四书大全说》，第85页。
④ 王夫之：《读四书大全说》，第85页。

若其为吾身所有事之天地万物，则其位也，非但修吾德而听其自位，圣人固必有以位之。其位之者，则吾致中之典礼也。非但修吾德而期其自育，圣人固有以育之。其育之者，则吾致和之事业也。①

船山亦将"致中和"区分为"致中"和"致和"两个方面，不过不同于朱子强调学者要从"涵养""省察"层面做工夫，船山则从具体的礼乐政治制度层面强调圣人要如何施展"位天地""育万物"之功。

因此，船山一再强调，圣王、君师切实行位育天地之功，即"修道之谓教"之事，需要"以礼乐刑政裁成天地、品节万物"，② 而非"但修吾德而期其自育"，但务内圣忽视外王，需要在制度层面施行"祀帝于郊""奠名山大川""正沟洫田畴"等一系列具体的"事业"和"典礼"。

但在朱子看来，"裁成辅相"非独圣王，学者亦可有用功之处：

又问：'辅相裁成，学者日用处有否？'曰：'饥食渴饮，冬裘夏葛，耒耜罔罟，皆是。'"③

可见朱子对学者日用工夫之强调。相比之下，船山的诠释更加强调圣人政教之功：

今请为引经以质言之曰："会通以行其典礼"，"以裁成天地之宜，辅相天地之道"，"位焉、育焉"之谓也，庶不诬尔。自十二章至二十章，皆其事也。④

《中庸》第十二章至第二十章之言，从天人关系方面说乃修人道以达天道之事，从政教方面说，即是"以礼乐刑政裁成天地、品节万物"之事业，也就是"位天地、育万物"之功。

但对于"致中和，天地位焉，万物育焉"的问题，朱子有更全面和立体的考虑：

---

① 王夫之：《读四书大全说》，第85、86页。
② 王夫之：《读四书大全说》，第86页。
③ 朱熹：《朱子语类》卷70，《朱子全书》第十六册。
④ 王夫之：《读四书大全说》，第86页。

问:"'致中和,天地位焉,万物育焉。'只'君君、臣臣、父父、子子'之分定,便是天地位否?"曰:"有地不得其平,天不得其成时。"问:"如此,则须专就人主身上说,方有此功用?"曰:"规模自是如此。然人各随一个地位去做,不道人主致中和,士大夫便不致中和!"学之为王者事。问:"向见南轩上殿文字,多是要扶持人主心术。"曰:"也要在下人心术是当,方可扶持得。"问:"今日士风如此,何时是太平?"曰:"即这身心,亦未见有太平之时。"三公燮理阴阳,须是先有个胸中始得。①

首先,"天地位、万物育"不仅在于人道、人伦之"分定",仍然要考虑到天地、自然的真实状况;其次,作为工夫的"致中和",须"人各随一个地位去做",责己厚而求人薄;再次,学者论士风、论学,须切己反省,不可泛论天下之事,却不从自己身上用功,天下之太平,亦系于一己身心之太平,故于己身用功不可缓;最后,即使是圣王位育天地、三公燮理阴阳,亦须循此身、家、国、天下之序:"若致得一身中和,便充塞一身;致得一家中和,便充塞一家;若致得天下中和,便充塞天下",(《朱子语类》)不可躐等而求。

小　结

经过我们上文的考察,对《中庸》的天人关系模式的具体所指和"致中和,天地位焉,万物育焉"的义理内涵有了一个更加全面和深入的认识。

首先,我们认为必须在一个天人关系的大框下来讨论《中庸》的义理问题,在此前提下,气化论、心性论、工夫论的讨论才不孤立而有意义。

其次,不同于郑注孔疏将"致中和"的主体看作君主或圣王,朱子将通过将"致中和"之"致"理解为"推至其极",把"致中和"看作普遍的"在人工夫","天地位焉,万物育焉"则是工夫之效验。

再次,朱子不仅"以理",更"以事"言"致中和,天地位焉,万物育焉",船山同意朱子"以事言"的观点,但又进一步提出了以"天地位,万

---

①　朱熹:《朱子语类》卷62,《朱子全书》第十六册。

物育"为"功"与"效"的区分，并且认为，"天地位，万物育"乃需要圣王"以礼乐刑政"行"裁成辅相、左右民"之事功，并不能期其"自位""自育"。

复次，船山将朱子提出的"吾身之天地万物"进一步发挥为"切于吾身之天地万物"，"切于身"与否不在于其与我们空间距离上的远近，而是看其与我们生活实践的相关性，看万物之繁育是否符合人群生存之道。这一解读既解决了"致中和"则"天地位""万物育"这一看似不可能的难题，又仍将工夫的主动性系于人之身。

最后，船山从政教制度层面讨论圣人"位育天地"之功，这固然有助于纠理学流于内在化之偏，但朱子从"身—家—国—天下"的工夫和效验之等级次第出发，对"致中和，天地位焉，万物育焉"的问题，考虑得更加全面、立体和细致。

清代帝王与儒家文化[*]

——由乾隆石经谈起

王琳琳

（中国国家博物馆研究馆员）

摘　要： 清乾隆五十六年（1791），为勘正经典，统一教材，乾隆皇帝谕旨以江苏金坛贡生蒋衡耗时十二年手书"十三经"为底本刻石，该古经被称为"乾隆御定石经"，简称"乾隆石经"。深入分析乾隆石经刊刻的动因、意义，以及清朝帝王的儒学活动，认识到清朝统治者通过研习、诠释儒家经典，继承儒家"道统"，证明其"治统"的合法性，儒家文化在中华民族多元一体格局的形成中具有无法替代的重要作用。

关键词： 乾隆石经　儒家文化　道统　治统　中华民族多元一体化

一　乾隆石经概况

儒家思想是中华民族传统文化的主干，"十三经"则是儒家典籍的核心。伴随儒家思想在中国传统社会主导地位的确立，经书备受历代统治者推崇，成为学子必读之书和步入仕途的考核标准，影响之深远，是其他任何典籍无法比拟的。为长久保存典籍，规范经典，我国历史上曾七次大规模将儒家经典刻之于石：东汉灵帝"熹平石经"、三国曹魏"正始石经"、唐文宗"开成石经"、五代十国后蜀孟昶"广政石经"、北宋仁宗"嘉祐石经"、南宋高宗"绍兴石经"和清高宗的"乾隆石经"。"乾隆石经"是历代儒家石经最

＊　［基金项目］国家社科基金后期资助"乾隆石经整理与研究"（21FZSB078）。

后一部，也是现今保存最完整的一部。

清乾隆五十六年（1791），为勘正经典，统一教材，乾隆皇帝谕旨以江苏金坛贡生蒋衡耗时十二年手书"十三经"为底本，"刊之石版，列于太学，用垂永久"，该古经被称为"乾隆御定石经"，简称"乾隆石经"或"清石经"。并设立石经馆以和珅、王杰为总裁，董诰、刘墉、金简、彭元瑞为副总裁，完成石经的校对、刊刻工作。

乾隆石经包括经文：《周易》6碑、《尚书》8碑、《诗经》13碑、《周礼》15碑、《仪礼》17碑、《礼记》28碑、《春秋左传》60碑、《春秋公羊传》12碑、《春秋穀梁传》11碑、《论语》5碑、《孝经》1碑、《尔雅》3碑、《孟子》10碑，共189碑；1通"圣谕及进石刻告成表文"；以及乾隆皇帝《御制说经文》石刻13通，乾隆六十年的《御制石刻蒋衡书十三经于辟雍序》清汉文石刻各1通，乾隆皇帝的《御制丁祭释奠诗》1通。共计206通。乾隆石经中经文189通碑，约63万字。石碑均为圆首方座，高305厘米，宽106厘米，厚31.5厘米。碑额篆书"乾隆御定石经之碑"，钤乾隆御玺"表章经学之宝"和"八征耄念之宝"。碑文为楷书，两面刻字，每面分6栏刻写。乾隆石经刊刻后，一直陈列于北京国子监，保存完好，少有损坏。

图1 国子监乾隆石经

乾隆皇帝任命彭元瑞为副总裁，"校订厘正，皆系彭元瑞专司其事"，根据校勘情况，彭元瑞撰写《石经考文提要》一书，乾隆皇帝表彰彭元瑞之功"着加太子少保衔，并赏大缎二匹"。此事引起和珅嫉妒与不满，"和珅乃使人撰《考文提要举正》以攻之，冒为己作进上，訾《提要》不便士子，请销毁，上不许。馆臣疏请颁行，为和珅所阻，中止，复私使人磨碑字，凡从古者尽改之"。嘉庆八年（1803）和珅被贬，嘉庆皇帝命学者纪晓岚、董诰等人重新校订并补齐被和珅挖去的字。光绪十一年至十三年（1885～1887）因"乾隆石经""字迹岁久受损"，国子监学录蔡赓年根据《石经考文提要》对石经进行改刻，并据此撰书《奏修石经字像册》。

光绪十年至十五年（1884～1889），宗室盛昱出任国子监祭酒，在东西六堂设置了栅栏，使得乾隆石经得到更好的保护。1956 年为给图书馆腾出更多的收藏和借阅空间，将原六堂内的乾隆石经以及彝伦堂、敬一亭等处的所有碑刻，统一迁移至国子监与孔庙之间的埂垣。20 世纪 80 年代首都博物馆曾为乾隆石经建造了一个简易石灰瓦棚。2011 年孔庙和国子监博物馆对乾隆石经陈列环境进行了全面的修缮整治，为石经修建现代化展厅。

二　清帝重要儒学活动

清朝自建立以来，统治者为维护其统治地位，证明其统治的合法性，几代帝王一直自觉倡导"稽古右文""崇儒重道"，力求在文教发展中得到汉族士子的认同。

1. 顺治皇帝

顺治皇帝是清朝第三位、清军入关后的第一位皇帝。顺治九年（1652）九月，顺治皇帝亲自到国子监孔庙释奠先师孔子。"顺治九年秋九月辛卯，世祖章皇帝视学。亲诣先师庙释奠后，御彝伦堂。"① 这是清军入关后皇帝首次来京师孔庙祭拜孔子，行释奠礼。顺治在给国子监祭酒、司业的谕旨中肯定儒家学说、圣人之道可以治国安邦，官师要严格要求监生遵守圣人之道，监生也当身体力行。顺治皇帝还训示学生，其中"军民一切利病，不许生员上书陈言"，"生员不许纠党多人，立盟结社"② 等，反映清初统治者对教育的高压管制。

2. 康熙皇帝

康熙皇帝是清朝第四位皇帝，也是清朝政府定都北京后的第二位皇帝。

---

① （清）文庆、李宗昉等纂修《钦定国子监志》，北京古籍出版社，2000，第355页。
② （清）文庆、李宗昉等纂修《钦定国子监志》，北京古籍出版社，2000，第355页。

康熙皇帝在其青少年时期，主动接受儒家经典的教育，首开经筵日讲，学习儒家四书五经，尤其重视对"四书"之首《大学》的学习，以修身为本，进而治国平天下，建立其"帝王之学"。

康熙八岁登基，自幼一直由祖母孝庄皇太后教育抚养。但康熙幼年所受的教育偏重于满洲部族的文化习俗。所受的汉文教育并不完整。据朝鲜李朝实录记载，孝庄皇太后"甚厌汉语语文，或有儿孙辈习汉俗者。则以为汉俗盛而胡运衰，而辄加禁抑"①。其对康熙幼年时的教育并不重视汉文化学习，康熙皇帝也没有打下一个坚实深厚的汉文化基础。但其在登基尤其是十四岁亲政之后，有意学习儒家经典，尊孔崇儒，勤勉于学问。

> 朕八岁登极，即知黾勉学问。彼时教我句读者，有张、林二内侍，俱系明时多读书人。其教书惟以经书为要。至于诗文则在所后。及至十七八，更笃于学。逐日未理事前，五更即起诵读，日暮理事稍暇，复讲论琢磨，竟至过劳，痰中带血，亦未少辍。②

康熙最初汉文教育启蒙老师仅是张、林二位太监，不够精深，张、林的教导远远不能满足其要求。"于康熙九年（1670），即着手准备经筵日讲，经筵日讲官则以内阁大学士、学士、六部侍郎、尚书等熟悉儒家经典的儒臣为主。"③ 也就是在康熙十七八岁的青少年时期，他有意识地注重对儒家经典的学习，选拔熟读儒家经典和历史典籍的翰林官员充任讲官讲授儒家经典。研习儒家经典对于康熙来说不仅仅是学习汉文化知识那般简单，他要以儒家"内圣外王"的政治理想治理国家，并以继承儒家的"道统"来证明清朝"治统"的合法性。康熙尊崇孔子、学习儒家典籍的做法有极强的政治目的性。

经筵日讲由翰林院掌管，每日于弘德殿举行日讲，进讲"四书"。康熙皇帝认为"四书"《论语》《大学》《中庸》《孟子》体现了孔子、曾子、子思、孟子的思想，"四子之书得五经之精意而为言者也"，所以对其尤为推崇，在日讲诸书中首先刊刻"四书"。康熙十六年（1677），康熙皇帝命儒臣

---

① 刘家驹：《儒家思想与康熙大帝》，台湾学生书局，2002，第8页。
② 《钦定四库全书荟要·卷七千八百三十一史部·圣祖仁皇帝庭训格言》，第2~3页。
③ 刘家驹：《儒家思想与康熙大帝》，台湾学生书局，2002，第37页。

喇沙里、陈廷敬等将日讲精解和经筵讲义整理编撰刊刻成《日讲四书解义》，并亲自写序。该书共二十六卷：卷一为《大学》，卷二、卷三为《中庸》，卷四至卷十二为《论语》，卷十三至卷二十六为《孟子》。逐段训讲，不分大小字，经文顶格，训解文字另起行低一字。

图2 《日讲四书解义·大学》

图3 康熙手书《大学》石经拓片

在《日讲大学解义》中《大学》被列入首卷，将《大学》分为"大学之道"等三十六章节，开篇即言：

> 大学一篇，为古帝王立学垂教之法，孔子详举其次第以示人，曾子复分为十传以解之，规模广大而本末不遗，节目详明而终始不紊，在初

学为入德之门，而极其至，则内圣外王不越乎 。①

明确指出《大学》是"古帝王立学垂教之法"，一心开创盛世的康熙定然要学习《大学》。"在初学为入德之门，而极其至，则内圣外王不越乎"更是康熙孜孜以求的"内圣外王"之道。

康熙三十三年（1694）夏，康熙皇帝将手书《大学》刻石立于国子监彝伦堂。在国家最高学府国子监立石《大学》，意在笼络士子，凝聚人心，维系统一。国子监是元、明、清三代最高学府，全国最优秀的知识分子都在此读书。凝聚士子使之为我所用的最好办法就是让天下士子都看到，清朝的最高统治者不仅研习儒家经典，而且以儒家思想治国安邦。康熙掌权后，不仅巩固其先祖"武功"上的成就，更重视开创"文治"的局面，重用汉族知识分子修《明史》，编《康熙字典》，进而缓解民族矛盾，巩固其统治。

除了研习儒家经典外，康熙皇帝开清代帝王祭孔颁匾之先河。康熙二十三年（1684），康熙临幸山东阙里，亲诣曲阜孔庙，行三跪九拜之礼，书"万世师表"匾，下诏颁发全国各省学宫孔庙悬挂。此后清朝历代皇帝都要来孔庙祭孔题匾，北京孔庙大成殿至今悬挂着从康熙至宣统九方御制匾额。

孔庙国子监康熙御制的"万世师表"匾和康熙御书《大学》石刻是清朝统治者尊孔重儒之先导，康熙御书《大学》石刻更是清朝统治者学习儒家典籍、继承儒家"道统"、以儒家"大学之道"治国安邦的重要实物佐证。

康熙皇帝非常推崇朱熹，崇尚程朱理学。康熙五十一年（1712），命李光地编纂《朱子全书》，朱熹的学说被康熙接受和肯定，并将朱子列祀于十二哲之末，入孔庙大成殿配享孔子。康熙五十四年（1715），《性理精义》编纂完成，士子科举考试，均以朱子所注经书为准。康熙时期朱子学占据治国思想的主导地位。康熙深入研读儒家经典，推崇理学。"上有所好，下必效之"。在康熙的推动下，清廷重用陆陇其、李光地、熊赐履、吕留良等一批理学名臣。

3. 乾隆皇帝

乾隆皇帝继承先祖崇文重道的传统：在北京孔庙祭拜孔子、为孔庙大成殿题写悬挂匾额楹联、为国子监修建辟雍、刻制乾隆石鼓、刻立乾隆石经、

① 《钦定四库全书·经部·日讲大学解义·卷一》，第1页。

设经筵讲学、下令编纂图书……

"经筵讲学为文治攸关，素为帝王所重。"① 经筵是中国古代帝王为讲经论史而特设的御前讲席。经筵讲学是帝王宣扬文教政策，崇儒重道的重要方式。皇帝在朝堂之上讲经论道，这种导向和影响力是任何儒生所无法比拟的，皇帝的经筵讲学无异于整个朝廷的学术风向标。清朝自顺治，历经康熙、雍正二朝，到乾隆时期经筵讲学制度趋于完备。乾隆在经筵中增加了皇帝发表御论的环节，这成为经筵讲学的重点。乾隆皇帝将自己对儒家经典的议论和阐发刻碑立石于国子监，即列入乾隆石经的 13 通"御制说经文碑"。"自乾隆三年（1738）首举经筵，至乾隆六十年（1795）逊位，经筵讲学凡举 51 次。"②

乾隆十八年（1753）之前的经筵讲学，乾隆继承其祖父衣钵，弘扬程朱理学；而此后至"乾隆六十年（1795）的 32 次经筵讲学中，明显地向朱子学提出质疑，竟达 17 次之多"③。与此同时，乾隆皇帝极力倡导经学：乾隆元年（1736）以经学考试士子，乾隆十四年（1749）谕旨令内外大臣荐举潜心经学之士。经学日益凸显，并逐渐成为学术主流。"乾嘉汉学的出现，一方面是明代以来学术发展的内在理路，另一方面，它的兴盛也是契合了当时清朝帝王学术好尚之下的经学导向，可以作为帝王学术道统传承和正统建构的另一面向，清朝前期帝王种种提倡经学的政策，无疑是宣示自身的学术好尚才是儒家道统学术的正统。"④

乾隆继承先祖的文教政策，大力征集图书，编纂书籍。清朝 276 年的统治时间里共出现 4 个版本的十三经，其中 3 个版本出现在乾隆朝时期：乾隆四年（1739）武英殿刊刻的《十三经注疏》，简称"殿本"；乾隆四十六年（1781）编纂的《四库全书》中《十三经注疏》据武英殿本校写，简称"四库全书本"；乾隆五十九年（1794）刊刻完成的乾隆石经；嘉庆二十一年（1816）阮元主持完成的南昌学堂重刊宋本《十三经注疏》，简称"阮本"。乾隆组织完成了百科全书式的《四库全书》的编纂。在大量图书的编纂工作中，需要组织大批学者对原有图书进行考证和甄别，这在客观上促进了考据

---

① 陈祖武：《清代学术源流》，北京师范大学出版社，2012，第 204 页。
② 陈祖武：《清代学术源流》，北京师范大学出版社，2012，第 191 页。
③ 陈祖武：《清代学术源流》，北京师范大学出版社，2012，195 页。
④ 刘方玲：《清朝前期帝王道统形象的建立》，博士学位论文，南开大学，2011，第 157 页。

学的发展。梁启超《中国近三百年学术史》在提到清代乾嘉汉学之所以兴盛的原因时说："露骨地说四库馆就是汉学家大本营，四库提要就是汉学思想的结晶体。"① 整理出版图书的过程，也是乾嘉学派酝酿产生的过程。皇帝主导的图书编纂出版活动，体现了帝王对经学的积极倡导，同时体现了皇权对学术文化的把控。在重考据、讲实证的学风下，乾隆石经诞生了。正是在这样的学术风气下，在乾隆皇帝欲建立"文治武功"的背景下，即使已经进入印刷术完备的时代，也还要校勘儒家经典，刊刻石经。乾隆石经虽以蒋衡手书"十三经"为底本，但在刊刻之前，乾隆皇帝组建"石经馆"，网罗彭元瑞、阮元、洪亮吉、邵晋涵等通经之士前来校勘。这些人饱读经书，在乾嘉学风的浸润下成长起来，对儒家经典的训诂考证了然于胸。阮元负责校勘《仪礼》，并完成《仪礼石经校勘记》。阮元在浙江主持校勘《十三经注疏》。不得不承认乾隆石经是乾嘉学派重要成果——《十三经注疏》的先导。

三　乾隆石经刊刻动因和意义

清朝统治者须证明自身统治的合法性，他们甚至比汉族统治者更加"崇儒重道"，想以此来获得汉族知识分子的认同，摘掉身上"异族"的标签。清廷深知若要让人真心臣服，除了武力，必须在"文治"上下功夫。从清太宗皇太极开始，到顺治皇帝、康熙皇帝，以及雍正皇帝，都推行崇儒尊孔的国策。与元相比，清廷一直举办科举考试，笼络汉族士人，以此延续两百多年国祚。乾隆石经正是在这样一个崇儒重道、笼络士子的背景下刊刻而成的。

乾隆石经是乾隆晚年多项文化工程中的重要一项。老年的乾隆皇帝热衷于各项大型文化工程：编修《天禄琳琅》《四库全书》《石渠宝笈》《满文大藏经》，修建辟雍，刻乾隆石鼓，刻乾隆石经……清朝统治者借助文化工程来树立中华正统文化继承者的形象，以文化的正统性表明其政权的正统性。儒家思想是中国传统文化的主干，"十三经"则是儒家典籍的核心。再也没有比刊刻儒家"十三经"更能表明其文化正统性的了。乾隆皇帝在刊刻石经的圣谕中说："自汉唐宋以来。皆有石经之刻。所以考定圣贤经传。使文字

① 梁启超：《中国近三百年学术史》，东方出版社，1996，第 27 页。

异同。归于一是。嘉惠艺林，昭垂奕禩。甚盛典也。……我朝文治光昌。崇儒重道。朕临御五十余年，稽古表章，孜孜不倦。前曾特命所司，创建辟雍，以光文教。并重排石鼓文。寿诸贞珉。而十三经虽有武英殿刊本，未经勒石。因思从前蒋衡所进手书十三经，曾命内廷翰林，详核舛讹，藏弆懋勤殿有年。允宜刊之石版，列于太学，用垂永久。"① 继承汉唐石经传统，正定文字，嘉惠艺林。而这还不是刊刻石经的根本原因，最重要的是要"用垂永久"，以"经"之正统性与"石"之永久，昭示其政权的正统性和永久性。在《石刻蒋衡书十三经于辟雍序》中乾隆更加明确："盖凡物有其成必有其坏，所为石鼓、石经者是也。然向不云乎，经者常也，道也，天不变，道亦不变。依圣人之门墙，示万世之楷则，孰谓沧桑幻化，能移我夫子不朽之道也哉！"② 海会枯，石会烂，儒家经典，恒常不变。"天不变，道亦不变"，夫子之道不朽，清廷之治不变！这恐怕才是乾隆皇帝刊刻石经的最根本原因。

道统与治统合一或君师合一是儒家的理想政治模式。儒家的传统认为只有在"三代"时期才达到了道统与治统的统一，此后治统在君主手中，道统在士人手中。王夫之说："天子之位也，是谓治统；圣人之教也，是谓道统。"（《读通鉴论》）孟子认为道统的传承："由尧舜至于汤，五百有余岁，若禹、皋陶，则见而知之若汤，则闻而知之。由汤至于文王，五百有余岁，若伊尹、莱朱，则见而知之若文王，则闻而知之。由文王至于孔子，五百有余岁，若太公望、散宜生，则见而知之若孔子，则闻而知之。由孔子而来至于今，百有余岁，去圣人之世若此其未远也，近圣人之居若此其甚也，然而无有乎尔，则亦无有乎尔。"（《孟子·尽心下》）唐代韩愈《原道》云："尧以是传之舜，舜以是传之禹，禹以是传之汤，汤以是传之文武周公，文武周公传之孔子，孔子传之孟轲，轲之死，不得其传焉。"韩愈明确了儒家"道统"，由禹、汤、文、武、周公、孔子、孟子这样一条儒学传承谱系。朱熹在《中庸章句序》中言："自是以来，圣圣相承，若成汤、文、武之为君，皋陶、伊、傅、周、召之为臣，既皆以此而接夫道统之传。"儒家的终极理想就是道统治统合一、君师合一，内圣外王。在漫长的道统、治统分割状态

---

① （清）文庆、李宗昉等纂修《钦定国子监志》，北京古籍出版社，2000，第1036页。
② （清）文庆、李宗昉等纂修《钦定国子监志》，北京古籍出版社，2000，第1039页。

下，士人一方面希冀与帝王共治天下，得君行道；另一方面更希冀通过对帝王传输儒家的道统理念来塑造帝王道统与治统兼具合一的形象。

清朝统治者谙熟儒家的道统、治统之说。康熙亲自为《日讲四书解义》作序曰："朕惟天生圣贤，作君作师，万世道统之传、即万世治统之所系也。"乾隆在一次上谕中把康熙的意思更为明确地表达为"治统原于道统"①，在乾隆石经体系中除了十三部儒家经典外，还有乾隆皇帝自己对儒家经典的解读——说经文。乾隆皇帝以治统来规范道统，校订儒家经典，刊刻立石；同时又以拥有道统的合法性——对儒家经典的裁定权和解释权来表明其治统的合法性。"通过应用儒家经典论述以合理化其政治行动，往往视其政治需求去选取儒家经典中的字句，并透过儒家经典的再诠释，建构有利于己方的理论体系来控制士人的道统意识，让政治行动具备道德的合理性，也赋予皇权独尊的正当性。"② 乾隆皇帝研读儒家经典，刊刻儒家石经，阐释儒家典籍，借文字来阐述自己的政治观念，建立理想道统形象，以获得士大夫认同，稳固其统治，维系大一统的政治局面。

余 论

较其他少数民族统治者而言，清朝统治者更加自觉自愿地学习汉文化，汉文化程度较高。他们以儒家之道治理国家，通过祭拜孔子、刊刻儒家石经、编纂图书、举办科举等方式继承儒家"道统"来证明入主中原"治统"的合法性，主动将政权纳入中原王朝的"治统"体系，主动进入中华民族多元一体格局。文化认同是中华民族多元一体形成的重要因素，儒家文化无疑是最具凝聚力和向心力的。大量儒家典籍出现满文译本或满汉译本，如《四书集注》《易经》《弟子规》《三字经》《孔子史家图册》等；上至帝王下至百姓都研习孔孟之道，科举以"四书"取士；清朝皇帝亲自跪拜祭祀孔子、为大成殿题写匾额……儒家文化在清朝统治中有着广泛而深刻的影响。儒家文化在中华民族多元一体格局的形成、中华民族共同体意识的形成中具有无法替代的重要作用。

---

① 刘方玲：《清朝前期帝王道统形象的建立》，博士学位论文，南开大学，2011，第10页。
② 刘方玲：《清朝前期帝王道统形象的建立》，博士学位论文，南开大学，2011，第2页。

近现代国学研究

罗振玉、王国维在日本发表刻印的敦煌书籍跋文

孙宝山

（中央民族大学哲学与宗教学学院）

　　摘　要：笔者在日本的《东亚研究》杂志发现了罗振玉、王国维发表的关于敦煌书籍的六篇跋文，这是较早的关于敦煌学的专业研究论文，有助于弥补罗振玉、王国维的年谱及敦煌学史在记载方面所存在的不足。本文首先对发表跋文的情况加以介绍，然后对发表跋文及收录发表跋文的《鸣沙石室佚书》版本进行考辨补充，最后对王国维的两篇跋文前后改动进行分析比较。

　　关键词：罗振玉　王国维　日本　敦煌书籍

　　笔者于2012年4月至2013年3月在日本京都大学访学期间进行资料调查，在大正二年（1913）九月出版的《东亚研究》第三卷第九号发现了罗振玉、王国维发表的关于敦煌书籍的六篇跋文，其中四篇为罗振玉（字叔言，号雪堂，1866～1940）所作，两篇为王国维（字静安，号礼堂、观堂等，1877～1927）所作。本文首先对发表跋文的情况加以介绍，然后对发表跋文及收录发表跋文的《鸣沙石室佚书》版本进行考辨补充，最后对王国维的两篇跋文前后异同进行分析比较。

一　关于发表跋文的情况

　　这六篇跋文中的四篇即《春秋后国语跋》、《诸道山河地名要略跋》、

《张延绶别传跋》（附录《张义潮传》①）、《水部式跋》是罗振玉所作，其他两篇即《春秋后语背记跋》《太公家教跋》是王国维所作。罗振玉于癸丑年九月②（1913 年 10 月）在日本刻印《鸣沙石室佚书》时将这六篇跋文全文收入，后来于乙丑春③（1925 年春）在国内再次刻印时将《张延绶别传跋》附录《张义潮传》及《春秋后语背记跋》全文删除，同时将其他五篇跋文做了删节，删节部分具体如下。

《春秋后国语跋》由"孔衍《春秋后国语》略出残卷""《春秋后秦语第一》残卷""《春秋后魏语》残卷百二十行"三部分组成，"孔衍《春秋后国语》略出残卷"在"至此书与《国策》、《史记》异同，别校录之，而第考其传佚与其可贵者于卷尾"后删除"癸丑六月望，上虞罗振玉记"，"《春秋后秦语第一》残卷"在"卷背记张义潮事实，爰附印于《张延绶传》后，而以此卷与略出本同印之"后删除"癸丑六月十七日，上虞罗振玉记"，"《春秋后魏语》残卷百二十行"在"延津之合，期诸异时展对之余，已为神往矣"后删除"六月二十日，上虞罗振玉记"。

《太公家教跋》在"行书拙率，殆出中唐以后矣"后删除"宣统辛亥六月，海宁王国维记"，在"书中所用古人事止此，或后人因是取'太公'二字冠其书，未必如王仲言'曾高祖'之说也"后删除"国维又记"。

《诸道山河地名要略跋》在"略举于此，以谂读是书者"后删除"癸丑五月晦，上虞罗振玉记"。

《张延绶别传跋》在"殊不可解，附箸之以俟考"后删除"上虞罗振玉记"。

《水部式跋》在"附载于此，俾言唐代史事者，有所稽焉"后删除"癸丑六月九日，上虞罗振玉记于白川侨居"。

二　关于发表跋文的考辨

这六篇跋文都附有写作时间及作者，从而为跋文的考辨提供了依据。根据《春秋后国语跋》的"孔衍《春秋后国语》略出残卷""《春秋后秦

---

① 附录标题排版出现错误，误为"潮义张传"。
② 罗振玉：《鸣沙石室佚书》，上虞罗氏宸翰楼印，1913。
③ 罗振玉：《鸣沙石室佚书》，东方学会影印，1928。

语第一》残卷""《春秋后魏语》残卷百二十行"三部分篇末所附的"癸丑六月望，上虞罗振玉记""癸丑六月十七日，上虞罗振玉记""六月二十日，上虞罗振玉记"，可以断定这篇跋文的三部分是由罗振玉分别于癸丑六月十五日即 1913 年 7 月 18 日、癸丑六月十七日即 1913 年 7 月 20 日、癸丑六月二十日即 1913 年 7 月 23 日完成。《春秋后语背记跋》被全文删除，根据其篇末所附的"叔言先生既跋《春秋后语》，乃以此事属国维考之，因书于后。至此背记中之与沙洲时事相关者，则见于叔言先生所补《张义潮传》矣。癸丑夏日，海宁王国维跋"，可以断定这篇跋文是王国维受罗振玉委托而作，于癸丑夏日即 1913 年夏季完成。根据《太公家教跋》篇末所附的"宣统辛亥六月，海宁王国维记"，可以断定这篇跋文是由王国维于辛亥六月即 1911 年 7 月完成。根据《诸道山河地名要略跋》篇末所附的"癸丑五月晦，上虞罗振玉记"，可以断定这篇跋文是由罗振玉于癸丑五月一日即 1913 年 6 月 5 日完成。《张延绶别传跋》篇末只有"上虞罗振玉记"，未附写作时间，但篇中有注"详予所作《张义潮补传》中"，据此判断，这篇跋文应在《张义潮补传》之后最终完成；根据被全文删除的《张义潮传》篇末所附的"予既印《张延绶别传》，以《春秋后国语背记》存张氏事实爰附印之，并作此传，以彰显之，亦附卷尾，俾当代学者之考沙洲故实者有所稽焉。癸丑六月三日，上虞罗振玉记于比叡侨居之大云精舍""然则予之补成此传，固乌可以已耶？十四日，振玉又记"，可以断定《张义潮补传》是在癸丑六月三日即 1913 年 7 月 6 日初步完成，在癸丑六月十四日即 1913 年 7 月 17 日又略做补充。综上判断，《张延绶别传跋》应是由罗振玉于癸丑六月即 1913 年 7 月完成。根据《水部式跋》篇末所附的"癸丑六月九日，上虞罗振玉记于白川侨居"，可以断定这篇跋文是由罗振玉于癸丑六月九日即 1913 年 7 月 12 日完成。

这六篇跋文发表在《东亚研究》第三卷第九号，《东亚研究》的前身是由东亚学术研究会于明治四十三年（1910）五月创刊的《汉学》，因为范围扩大、内容改进而于明治四十四年十一月改称《东亚研究》，以"发扬东亚文明的光辉"为宗旨。① 日本京都大学教授内藤湖南（1866～1934）、狩野直

---

① 『東亜研究發刊の辭』，『東亜研究』第一卷第一號，1911。

喜（1868～1947）都是东亚学术研究会的评议员①，罗振玉、王国维在辛亥革命后避居日本就是他们邀请的，在日本京都侨居期间也与他们经常往来。②内藤湖南、狩野直喜对敦煌文献具有浓厚的兴趣，曾专程到中国做过调查，狩野直喜还远赴欧洲进行调查抄录，罗振玉在《鸣沙石室佚书序》中曾谈到狩野直喜从欧洲调查归来的情况："敦煌之游，斯丹前驱，伯氏继武。故英伦所藏，殆逾万轴；法京所弆，数亦略等。吾友狩野君山，近自欧归，为言诸国，典守森严，不殊秘阁，苟非其人，不得纵览。"③在狩野直喜赴欧调查临行前，王国维也曾作七言古诗赠送。④由此判断，这六篇跋文很可能是由内藤湖南、狩野直喜等京都大学教授推荐在《东亚研究》上发表的。其后，日本学者林泰辅（1854～1922，东京高等师范学校教授）先后两次在《东亚研究》上发表论文，就《洛诰笺》的有关问题与王国维进行商榷，并寄赠《东亚研究》杂志，王国维也分别撰文予以回应。⑤综上所述，罗振玉、王国维对《东亚研究》还是比较熟悉的。

罗振玉、王国维是敦煌学研究的开拓者，他们在《东亚研究》发表的这六篇跋文是较早的关于敦煌学的专业研究论文，但目前出版的罗振玉、王国维的年谱及敦煌学史对此都缺乏记载，以后再有此类著作出版时可将此事补入，以使相关的资料更加完整。

三 关于《鸣沙石室佚书》版本及补充

癸丑年九月即1913年10月，罗振玉在日本京都委托小林忠次郎精制玻璃版《鸣沙石室佚书》，这就是上虞罗氏宸翰楼本《鸣沙石室佚书》。这个刻本共收录敦煌书籍十八种，《张义潮传》为《张延绶别传》的附录，《春秋后国语背记》则附在《张延绶别传》的目录之下，每种书籍后面都附有一篇跋文。由于资力所限，罗振玉当时仅刻印了一百部，十余年后箱内已早无存

① 『東亜研究會々則』，『東亜研究』第一卷第一號，1911。
② 袁英光、刘寅生：《王国维年谱长编：1877～1927》，天津人民出版社，1996，第75页。
③ 罗振玉：《鸣沙石室佚书正续编》，东方学会影印，1928。
④ 袁英光、刘寅生：《王国维年谱长编：1877～1927》，天津人民出版社，1996，第85页。
⑤ 袁英光、刘寅生：《王国维年谱长编：1877～1927》，天津人民出版社，1996，第123～126页。

本，遂于乙丑春即 1925 年春又在国内进行石印，并于戊辰仲夏即 1928 年
6~7 月完工，这就是东方学会影印本《鸣沙石室佚书》。① 这个刻本将各篇
跋文篇末附语加以删节而汇总成为一篇提要，同时还将《张延绶别传》附录
《张义潮传》、《春秋后国语背记》及王国维的《春秋后语背记跋》全文删
除。2004 年 2 月，北京图书馆出版社出版了《鸣沙石室佚书正续编》，其中
的《鸣沙石室佚书》采用的就是东方学会影印本。这个版本存在两个问题，
一是将各篇跋文篇末附语加以删除导致写作时间及作者不明，二是将《张延
绶别传》附录《张义潮传》、《春秋后国语背记》及王国维的《春秋后语背
记跋》全文删除导致资料不全。由于宸翰楼本《鸣沙石室佚书》当初刻印较
少，现在存世更少，查找起来比较困难，今后通行的肯定是北京图书馆出版
社的新版本，而这个版本又存在上述问题，会给研究者带来很多困扰。基于
上述考虑，笔者对此新版本提要所删除的各篇跋文篇末附语依次加以补充。

　　隶古定尚书：宣统癸丑八月，上虞罗振玉记于日本京都寓居之玉
简斋。

　　春秋穀梁传解释：癸丑七月望后二日，上虞罗振玉记于海东侨居之
秦虎符斋。

　　论语郑氏注：癸丑五月二十四日，上虞罗振玉记于日本寓居宸翰楼
之云窗。

　　春秋后国语：参见上文。

　　晋纪：癸丑五月二十六日，上虞罗振玉记。

　　阃外春秋：岁在癸丑五月二十三日，上虞罗振玉记。

　　张延绶别传：参见上文。

　　春秋后语背记：参见上文。

　　水部式：参见上文。

　　诸道山河地名要略：参见上文。

　　残地志：癸丑十月三日校印毕，上虞罗振玉记。

　　沙州图经：宣统元年十二月，上虞罗振玉记于宣武门内之象来街寓
邸。附记：癸丑八月振玉又记。

---

　　① 罗振玉：《鸣沙石室佚书》，东方学会影印，1928。

西州图经：宣统元年十一月，上虞罗振玉记。

太公家教：参见上文。

星占：岁在癸丑七月既望，上虞罗振玉记。

阴阳书：癸丑八月晦，上虞罗振玉记于日本京都侨舍之大云书库。

修文殿御览：癸丑重九前五日，上虞罗振玉书于日本京都侨舍之云窗。

兔园册府：癸丑秋日，海宁王国维记。

唐人选唐诗：癸丑五月晦，上虞罗振玉记。

四　关于《春秋后语背记跋》《太公家教跋》

《春秋后语背记跋》《太公家教跋》《兔园册府跋》是王国维所作，后来他又将这三篇跋文加以修改收入《观堂集林》。《兔园册府跋》改动不大，《春秋后语背记跋》《太公家教跋》比较重要的改动如下。

《春秋后语背记跋》将篇末所附时间由"癸丑夏日"改为"癸丑五月"[1]，这一改动将写作时间进一步明确化无疑是有益的，但也存在一定的问题。这篇跋文篇末有"叔言先生既跋《春秋后语》，乃以此事属国维考之，因书于后。至此背记中之与沙洲时事相关者，则见于叔言先生所补《张义潮传》矣。癸丑夏日，海宁王国维跋"，据此判断，这篇跋文应在罗振玉的《春秋后国语跋》《张义潮传》之后完成，而《春秋后国语跋》《张义潮传》都是癸丑六月完成的，所以《春秋后语背记跋》应该也是癸丑六月完成的，不大可能是癸丑五月完成的。

《太公家教跋》将开篇"宣统庚戌，法人伯希和君言，所得敦煌书籍，有《太公家教》一卷"改为"宣统己酉戌（岁），法国伯希和教授言，其所得敦煌书籍，有《太公家教》一卷"[2]，这里的"宣统己酉戌"读不通，显然有误，《王国维全集》的编者加以注释说"'戌'，王国维后改作'岁'"[3]。为什么会将"岁"误作"戌"呢？如果将初本与改本加以对照就可以得知，

---

① 谢维扬、庄辉明、黄爱梅：《王国维全集》第八卷，浙江教育出版社，2009，第523页。
② 谢维扬、庄辉明、黄爱梅：《王国维全集》第八卷，浙江教育出版社，2009，第516页。
③ 谢维扬、庄辉明、黄爱梅：《王国维全集》第八卷，浙江教育出版社，2009，第551页。

这个错误是王国维将"宣统庚戌"改为"宣统己酉"而产生的。另外，罗振玉、王国维与伯希和见面而获得有关敦煌书籍的信息也的确是在宣统己酉即1909年①，这一改动是正确的。

如前所述，东方学会影印本《鸣沙石室佚书》将《春秋后语背记跋》全文删除，而《王国维全集》收入的又是此跋文的改本，题目是《唐写本春秋后语背记跋》，两者在内容上存在不少差异，由于初本查找起来比较困难，以下笔者将《东亚研究》所刊载的这篇跋文初本进行整理，原文只用顿号进行了断句，而且存在错误之处，所以笔者又重新加以断句标点。

《春秋后语背记跋》

《春秋后语》卷背记，共八条，中有西番书一行，余汉字七条，皆以木笔书之，内有"咸通皇帝判官王文琚书"，盖咸通间僧徒所写。末有词三阕，前二阕不著调名，观其句法，知为《望江南》，后一阕则《菩萨蛮》也。案段安节《乐府杂录》云："《望江南》始自朱崖李太尉镇浙西日，为亡妓谢秋娘所撰，本名《谢秋娘》，后改此名，亦曰《梦江南》。"考德裕镇浙西在长庆四年，至大和三年入朝，凡六年。嗣是白居易、刘禹锡、温庭筠、皇甫松并有此调。白词名《忆江南》，见《香山后集》卷三，乃大和八、九年间所作。刘词见《乐府诗集》《尊前集》，有"春去也，多谢洛城人"之语，必居洛阳时作，殆与白词同时。温、皇甫二词见《花间集》，则在其后。小说《炀帝海山记》有炀帝所作《望江南》八首，《四库全书提要》即据此词以定其书之伪。《菩萨蛮》词，世传李白曾为之，宋初人所编《尊前集》已载白此调三首。释文莹《湘山野录》云："《菩萨蛮·平林漠漠烟如织》一首，不知何人写在鼎州沧水驿楼，复不知何人所撰。魏道辅泰见而爱之，后至长沙，得《古风集》于曾子宣内翰家，乃知李白所撰。"《古风集》，今不存，其说可信否，颇难臆断。明胡元瑞《笔丛》独据苏鹗《杜阳杂编》，以为《菩萨蛮》乃宣宗大中初所制，此词非太白作。以今日观之，则《海山记》所载隋炀帝《望江南》显系伪托，太白《菩萨蛮》亦难遽信。然唐宋说部所谓"某调创于某时某人"者，尤多附会。案崔令钦《教坊记》末所载教坊曲名三百六十五中有此二调，令钦年代，史无可考。《唐书·宰相世系

---

① 袁英光、刘寅生：《王国维年谱长编：1877～1927》，天津人民出版社，1996，第57～58页。

表》有国子司业崔令钦，为隋恒农太守宣度之五世孙。唐高祖至元宗五世，宣度与高祖同时，则令钦为其五世孙，其人当在元、肃二宗之世。其书纪事止于开元，亦足略推其时代。据此，则《望江南》《菩萨蛮》开元教坊固已有之，唯《望江南》因赞皇首填此词，刘、白诸公相继而作；《菩萨蛮》则因宣宗所喜，丞相令狐绹曾令温庭筠撰，密进之。见尤袤《唐诗纪事》。故《乐府杂录》与《杜阳杂编》遂以此二词传之德裕与宣宗，语虽失实，然其风行实始于此。此背记书于咸通间，距大和末二十余年，距大中不过数年，已有此二调。虽误字声病满纸皆是，可见沙洲一隅自大中内属后，又颇接中原最新之文化也。叔言先生既跋《春秋后语》，乃以此事属国维考之，因书于后。至此背记中之与沙洲时事相关者，则见于叔言先生所补《张义潮传》矣。癸丑夏日，海宁王国维跋。

德行与德性之间的《礼记·儒行》篇
——兼论章太炎、熊十力的诠释

魏鹤立

（清华大学哲学系）

摘　要：《儒行》一篇列述儒者之行十五种，向来被认为是研究先秦儒学发展脉络和刻画儒者进退出处之节的重要文献资料。文章以《儒行》文本中的儒者之行为核心，首先讨论这些行为究竟是必须放在特殊脉络下才能得到理解还是自有其普遍性意义。其次，在承认这些德行具有普遍性的前提下，分疏诸德，点出文本中的两种统一性要求。最后，将所论德行放在先秦儒学"德行"与"德性"发展流变的脉络之中，指出"德行可象"和"德行根源"两种不同的理解思路，并通过章太炎、熊十力的诠释考察这两种思路的疏释重点和理论性格。

关键词：《儒行》　德行　德性　仁

　　《儒行》一篇，既见于通行本《小戴礼记》，也于三国时王肃所传的《孔子家语·儒行解》中可察，这两篇文献在内容上大同小异，称颂奇节伟行，语言慷慨激昂，虽然在成书的年代与作者的问题上仍存疑，但并不妨碍它为世人所重，激励了数代志士仁人。① 《礼记·儒行》一篇所记事件始于鲁哀公问"儒服"和"儒行"，孔子在回答中共列举了十五种"儒行"，② 依据

---

① 近代以来，革命党人尤为重视《儒行》一篇，章太炎将《儒行》与《孝经》《大学》《丧服》并举而列为"新四书"，熊十力在《读经示要》中也特别表彰《儒行》，以《大学》《儒行》对举，认为此二书可以贯穿群经。
② 一说为十五项"儒行"，因为其中"自立"凡两见；一说为十七项"儒行"，因把最后论"仁"之一章当作与前文平行之章节。

这些"儒行",大致可以描摹刻画出当时的儒者形象,因此,这篇文献对于研究战国时期儒学的发展演变极为重要。

一　儒行:特殊还是普遍

《儒行》一文结构统一,用相同的句式和形式依次描述了十五种"儒行",分别为自立、容貌、备豫、近人、特立、刚毅、自立、仕、忧思、宽裕、举贤援能、任举、特立独行、规为、交友、尊让,其中"自立"、"特立"与"特立独行"有重复处。十五种"儒行",一眼望去,颇有纷繁杂乱之感,所以历代注家和现代学者多根据内容的相关性对其进行分门别类,北宋李旴江就认为"其条虽十又五,然旨意重复,其归不过三数涂而已"。通览《儒行》全文,大致可以看出平居、为学、交友、出仕等不同主题,这种收束归纳的工作确实可以有助于迅速而集中地把握住全文的主要内容,但是对于其核心要旨和精神气质却难以深刻揭示。陈来先生在《儒服·儒行·儒辩》一文中对"儒行"十五条做出重新的区别,并点明"《儒行》篇列举的儒行,统括了儒者在未出仕、出仕、不仕的状态下的德行",就儒者的精神气质来说,"这十五项儒行,从总体上看,没有任何'柔'的特点,相反,和孟子所说的'大丈夫'的人格尤为接近",① 这种判断就不仅仅是对文章的主题进行分类,而是关注文本的完整统一性及其精神内核。在这种概括中,"仕"成为一个核心坐标,虽然《儒行》全文所涉及的德行只有一条——"其仕有如此者",但"举贤援能""任举"明显是直接与此相关的,而据其他条如"自立""备豫""刚毅"等也可以得见"仕"的影子,甚至像"近人""宽裕"这种似乎是一般性的德行,《儒行》在对其进行描述时也预设了一个为仕者的形象,因此,说此篇"统括了儒者在未出仕、出仕、不仕的状态下的德行"是相当准确精辟的。

进一步而言,这种概括其实牵涉本文中的十五种"儒行"是否具有普遍性的问题。无论《儒行》中所记事件在历史中是否真实发生,至少在文本中而言,它似乎是有一个上下文语境的,首先,发问者乃是鲁国国君哀公,一

---

① 陈来:《儒服·儒行·儒辩——先秦文献中"儒"的刻画与论说》,《社会科学战线》2008 年第 2 期,第 244 页。

国之君所关切者，以朝堂之事为多，所以孔子的对答中紧紧围绕着"仕"而
展开。其次，鲁哀公在发问之时似有轻侮孔子之意，所以各代注家多认为这
篇议论是孔子见辱所发，既受其辱，则血气翻涌、愤愤不平，故答问的字里
行间多有慷慨激昂的傲视之意，比如北宋吕大临就认为"此篇之说，有夸大
胜人之气，少雍容深厚之风，窃意末世儒者将以自尊其教"，① 近代章太炎也
认为"《儒行》所说十五儒，大抵艰苦卓绝，奋厉慷慨之士"。② 由以上所
说，会自然而然地推导出一个结论，即《儒行》中所说的各种德行实际上有
着"特殊性"的限制，不适合将其视作儒门内"普遍性"的德行。这种说法
虽然看似不无道理，但也预设了一个基本的理论前提，即儒者之行一定是温
和的、柔软的、冲淡的，似乎这样才符合不偏不倚之道，《儒行》中所载德
行似乎过于"意气用事"而难以为常行大道。且不论近代以来对"儒"与
"侠"所做的勾连，即使在《论语》之中孔子亦有"仁者必有勇"之旨
(《论语·宪问》)，孔子死后，儒分为八，"有子张之儒，有子思之儒，有颜
氏之儒，有孟氏之儒，有漆雕氏之儒，有仲良氏之儒，有孙氏之儒，有乐正
氏之儒"(《韩非子·显学》)，儒门之内，本就既有"菩萨低眉"，亦有"金
刚怒目"，所以，完全不必因为《儒行》一篇的言说风格而认为其德行为旁
出，相反，这恰恰可以丰富先秦儒学的内涵，让儒者的形象更为鲜活。既然
《儒行》一篇对于研究先秦儒者的形象与德行具有一般性的意义，下文即以
文本中的十五种"儒行"为主体，进一步梳理其作为"德行"的意义。

二　两种统一性

《儒行》一篇的行文结构非常清晰：先分述十五项"儒行"，在分述的过
程中，先叙述具体的行为，然后以"其自立有如此者"的类似句式来将所述
行为统一为一种"德行"；在全文的结尾处，以"温良者，仁之本也"的类
似句式突出"仁"的地位，用"仁"来统摄分述中的诸多德行，从而收束全
篇。正因如此，《儒行》篇中其实有两种统一性的要求，即全文的统一性和

---

① 孙希旦撰，沈啸寰、王星贤点校《礼记集解》，中华书局，1989，第1398页。(为行文方
　便，注释中的著作仅在第一次出现时注明版本信息)
② 章太炎讲演，诸祖耿、王謇、王乘六等记录《章太炎国学讲演录》，中华书局，2013，第
　22页。

章节的统一性。

先来看全文的统一性。《儒行》中一共叙述了十五项"儒行",按照上文所说,这些不同的"儒行"可以按照主题分门别类,其中涉及为学交友、出仕为官、燕居修养等不同领域,这些不同的领域可以说反映了儒者不同的侧面,但是,《儒行》中所述的这些"德行",到底是构建了不同的儒者形象呢,还是都可以统一到一个完满的儒者形象之中呢?如果是前者,则不再需要另外的解释,如果是后者,则需要说明这种不同面向的统一何以可能。就《儒行》文本而言,态度似乎更倾向于后者,全文在以"仁"收束诸"德行"时提道:

> 温良者,仁之本也。敬慎者,仁之地也。宽裕者,仁之作也。孙接者,仁之能也。礼节者,仁之貌也。言谈者,仁之文也。歌乐者,仁之和也。分散者,仁之施也。儒者兼此而有之,犹且不敢言"仁"也。其尊让有如此者。[1]

这里提到了温良、敬慎、宽裕、孙逊接、礼节、言谈、歌乐、分散等种种德行,然后说"儒者兼此而有之",即真正的儒者应该兼有诸德,而不是仅具其中一二德而已。但是,在《儒行》全篇所涉及的"德行"之中,有的似乎是有所悖谬而难以统一的,比如"刚毅"与"宽裕":

> 儒有可亲而不可劫也,可近而不可迫也,可杀而不可辱也。其居处不淫,其饮食不溽,其过失可微辨而不可面数也。其刚毅有如此者。[2]

> 儒有博学而不穷,笃行而不倦;幽居而不淫,上通而不困;礼之以和为贵,忠信之美,优游之法;慕贤而容众,毁方而瓦合。其宽裕有如此者。[3]

在强调"刚毅"的德行时,儒者应该"不可劫""不可迫""不可辱",在这种描述之中,儒者应该是一个恪守原则、绝不卑躬屈膝的形象。甚至在儒者犯错之后,也只能够接受委婉的批评,而绝不接受当面的数落,吕大临

---

① 郑玄注,孔颖达正义,吕友仁整理《礼记正义》,上海古籍出版社,2008,第2233页。

② 郑玄注,孔颖达正义,吕友仁整理《礼记正义》,第2222页。

③ 郑玄注,孔颖达正义,吕友仁整理《礼记正义》,第2226页。

认为这一点乃是"尚气好胜之言，于义理未合"，他还举了"子路闻过则喜，成汤改过不吝"的例子说明儒者的过错被人指出来之后应该心存感激，即使别人有怨言也要让自己接受，而何况只是面数呢？① 无论如何，这种儒者形象给人一种过于刚强甚至难以接近的感觉，结合"自立""特立独行"等德行，则这种感觉更为强烈，在这些描述之中，儒者心中抱持着道义，绝不会与世俗苟合。但是，儒者不仅是"刚毅"的，还必须得是"宽裕"的，要"以和为贵"，懂得"优游之法"，进一步而言，还要能够包容群众，融入团体之中，甚至是"毁方而瓦合"，损削自己方正的棱角而依随众人，以表现自己的宽容大度。两相对比，这中间的张力是巨大的，一者果敢决绝、傲世独立，一者混迹江湖、似有乡愿之态，如果说儒者应该"兼此而有之"，那又要如何面对"刚毅"与"宽裕"之间的差别呢？最简单的处理办法是将"时"的观念介入其中，即承认儒者可以时而"刚毅"、时而"宽裕"，随时而定，但是这种回答其实是无效的。这种张力并不是说"刚毅"者不可能"宽裕"，"宽裕"者不可能"刚毅"，而是强调整体的、稳定的人格形态，好勇尚武者如子路，也一定有宽裕温柔的时候，但这并不妨碍他通常被认为是一个性情刚直之人。更为重要的是，当两种德行存在冲突而必须在两者之间做出选择时，到底是选择"可杀而不可辱"，还是选择"毁方而瓦合"呢？

上文以"刚毅"与"宽裕"为例，点出了不同德行之间所存在的内在张力，实际上，在《儒行》全篇之中，这样的矛盾冲突并不在少数。对于《儒行》篇中的众多德行，儒者如何要在人格不分裂的情况下"兼此而有之"呢，这就不得不面对《儒行》篇全文统一性的问题，也就是儒者人格统一性的问题。

除了全文的统一性之外，《儒行》中章节内部的统一性也值得注意。前文已经提到，《儒行》全篇用类似的形式依次描述了十五种"儒行"，先进行具体的描述，然后总结为一种德行，前后应该具有逻辑上的推导关系，比如"儒有内称不辟亲，外举不辟怨，程功积事，推贤而进达之，不望其报，君得其志。苟利国家，不求富贵。其举贤援能有如此者"一句，前面描述应该如何内称外举、推贤进达，然后总结为"其举贤援能有如此者"，内容紧密切合。

---

① 孙希旦撰，沈啸寰、王星贤点校《礼记集解》，第1403页。

但是，诸般儒行之中似乎也有前后不一、令人难解者，比如其谈出仕时说：

> 儒有一亩之宫，环堵之室；荜门圭窬，蓬户瓮牖；易衣而出，并日而食；上答之不敢以疑，上不答不敢以谄。其仕有如此者。①

本条讲出仕时应该如何，但是前面的部分却极力描述儒者之穷困窘迫，不仅住宅简陋，而且全家只有一件完整的外衣，一天份量的粮食要管好几天，这些看起来都与出仕为政并没有什么直接的关系。当然，若曲折回环，似乎也能勉强成说。比如东汉郑康成在注解时说"言贫穷屈道，仕为小官也"，以官位太小来解释儒者之穷困；清代孙希旦则以为"此言儒者之仕，将以行道，若不得其志，则辞尊居卑，辞富居贫，至于穷约如此，不欲谄媚以求厚禄也"，把穷困窘迫当做出仕难以行道的结果，② 这些解说虽然也能把"穷困窘迫"和"其仕如此"联系起来，但是毕竟不如其他章节谈出仕时那样直截了当。

再来看《儒行》篇中所谈的儒者容貌，其言曰：

> 儒有衣冠中，动作慎；其大让如慢，小让如伪；大则如威，小则如愧；其难进而易退也，粥粥若无能也。其容貌有如此者。③

本章重在刻画儒者的容貌形象和出处进退之节，生动形象、鲜活可感，让人自然而然想到孔子在《乡党》中恂恂如也的生活状态。但就《儒行》文本而言，若各章节都是以"儒行"说"德行"，则本章对儒者"衣冠中，动作慎"的描述又如何归结为一"德行"呢？其实，若将这个问题放在儒学发展流变的脉络中来进行考察，则自可迎刃而解，《诗经》中说"敬慎威仪，以近有德"，《论语》有言："君子正其衣冠，尊其瞻视，斯不亦威而不猛乎？"外在的容貌从不是与"德"脱离的，"儒有居处齐难，其坐起恭敬"。"衣冠中，动作慎"，反映的乃是儒者内心的严肃恭敬之心，所谓"志壹则动气，气壹则动志"，如若容貌不修，则势必"反动其心"。

此问虽可解，但解题的方式却是向内寻求，探明其心，如此，则此"德

---

① 郑玄注，孔颖达正义，吕友仁整理《礼记正义》，第2223页。
② 孙希旦撰，沈啸寰、王星贤点校《礼记集解》，第1405页。
③ 郑玄注，孔颖达正义，吕友仁整理《礼记正义》，第2216页。

行"似乎必须勾连出内在的"德性",这就引申出"德行"和"德性"在《儒行》全篇中的占比和显现问题。本节通过具体分疏《儒行》中的诸般"德行",提出了两种统一性的要求及《儒行》文本中的不统一处,这种不统一或可通过"德行"与"德性"的分析框架加以考察,从而提供一个理解文本逻辑一贯性的视角,下文便针对此做出尝试。

三　德行与德性的变奏

关于"德行"与"德性"概念的理论区分以及它们在先秦儒学中的发展历程,陈来先生在《儒学美德论》一书中做了细致的梳理和深入的说明,为了行文简洁,下文在讨论相关问题时就不再广泛征引文献,而以此书中的结论作为论述的背景和起点。"德行"和"德性"的概念虽然必有所分,但不应该望文生义,认为"德行"仅仅指"行"而"德性"才指内在的"道德品质",实际上,在先秦儒学之中,外在行为与内在品性之间常常是混杂交融而不是截然分裂对立的。具体来说,"在古代中国思想中,孔子以前都使用'德行'的观念,有时简称为德。古代'德行'的观念不区分内在和外在,笼统地兼指道德品质和道德行为,重点在道德行为。其实,早期儒家便在德的问题上与亚里士多德有差别,即,虽然孟子集中关注'德性'的问题,但孔子和其他早期儒家重视'德行'的观念,主张德行合一,知行合一,而不主张把德仅仅看作内在的品质,强调要同时注重外在的行为,可见儒家的实践智慧必须强调践行的意义"①。总之,虽然先秦儒学中的"德行"与"德性"共在一曲变奏之中,但仍有几个关键的时间点值得注意:"春秋时代的中国文化已经进入德行的时代",② 孔子以前,人们多使用"德行"的概念;到了孔子之时,他本人的论述虽然也可以用"德行论"加以概括,但要注意此时已经进入"后德行时代",他的思想中虽然也"包含德行部分,但已经在整体上不属于德行伦理,而进入一个'君子人格'的新形态,是与君子人格结成一体的";③ 孟子进一步探求道德行为的内在本源,关注人性之善和四端之心,可以说更多偏向"德性论"。

---

① 陈来:《儒学美德论》,生活·读书·新知三联书店,2019 年,第 347~348 页。
② 陈来:《儒学美德论》,第 300 页。
③ 陈来:《儒学美德论》,第 300 页。

对于先秦儒学中的"德行"与"德性"有了大概的了解之后，再回看《儒行》的文本。既名《儒行》，全文所述乃鲁哀公问儒者之"行"，孔子逐条应答之语，就所答内容而言也是多偏重于具体的行为，如日常之间应该"衣冠中，动作慎"，不图享乐应该"易衣而出，并日而食"，面对朋友应该"并立则乐，相下不厌；久不相见，闻流言不信"，就此，说《儒行》一篇以"德行"为主应该是比较恰当的。但是，这些行为仅仅是外在的而不涉及内在的道德品质吗？或者说，此篇中"德行"与"德性"之间的关系又是怎样的呢？

上文在分析"容貌"章时已经指出，外在的容貌势必会溯源到内在的道德品质，除此之外，《儒行》中其实也有对于"德性"的关注。"自立"章凡两见，其第二次出现时：

> 儒有忠信以为甲胄，礼义以为干橹；戴仁而行，抱义而处；虽有暴政，不更其所。其自立有如此者。①

此处所说的"忠信""礼义""仁""义"都是先秦儒学中十分重要的德目，尤其是"忠信"，可以说是春秋时期最重要、最常使用的评价语词，② 其重要性在此处亦可得见。"戴仁而行，抱义而处"的说法虽然也是在描述日常的行为模式，但以"仁""义"为对象，比之其他诸行，似乎更加抽象、内化。其实，"戴仁而行，抱义而处"之说会让人自然联想起孟子的"居仁由义"之说：

> 孟子曰："自暴者，不可与有言也；自弃者，不可与有为也。言非礼义，谓之自暴也；吾身不能居仁由义，谓之自弃也。仁，人之安宅也；义，人之正路也。旷安宅而弗居，舍正路而不由，哀哉！"③

居仁由义，所居者，自我内心之安宅，所由者，外在社会之规范。"居仁由义"中的"仁"绝不仅仅是一个外在的道德行为，而是一个内化的德

---

① 郑玄注，孔颖达正义，吕友仁整理《礼记正义》，第 2223 页。
② 对于春秋时期"忠信"德目的梳理和分析，可参看陈来《古代思想文化的世界：春秋时代的宗教、伦理与社会思想》一书，其中在讨论春秋时期的德行时专门用了一节来梳理"忠""信"等德目，参见陈来《古代思想文化的世界：春秋时代的宗教、伦理与社会思想》，北京大学出版社，2017，第 356～375 页。
③ 朱熹：《四书章句集注》，中华书局，1983，第 281 页。

性。"戴仁而行，抱义而处"之说在内容上似乎与其正相反，但在结构上两者是相同的，所戴之"仁"、所抱之"义"，其内涵也已经超出了一般性的道德行为与外在规范。这种德性论叙述中"仁"的意涵，可以通过《儒行》篇的结尾再加以深化，在分述了具体的德行之后，全篇结尾处点出了这些具体的德行和"仁"的关系："温良者，仁之本也。敬慎者，仁之地也。宽裕者，仁之作也。孙接者，仁之能也。礼节者，仁之貌也。言谈者，仁之文也。歌乐者，仁之和也。分散者，仁之施也。"诸般德行，都是"仁"之一德的不同面向，从不同的方面来表现"仁"，这样的"仁"，虽然可以外化为具体的行动，但其作为道德行为内在的根源，作为多种面向集合体的"仁"本身，更多具有内在德性的意味。

再次回到前文中所说《儒行》文本的统一性问题：对于《儒行》篇中的众多德行，儒者要如何面对其间的张力甚至悖谬"兼此而有之"呢？如果以"德行"与"德性"的分析框架观之，则可以发现，所谓的悖谬其实仅仅存在于具体的行动之中，而在最根本的价值理想，也就是作为"德性"的"仁"上面是不存在矛盾的。一个儒者可以是刚毅木讷的，也可以是宽裕优游的，他可以独来独往、虽千万人亦往矣，也可以恂恂如也、粥粥若无能也，外在行为的呈现是多种多样的，但是，他们心中却坚持绝不动摇、毫不妥协的原则和底线，这就是对于"仁"的向往和追求，在这一点上，他们是高度统一的。"德行"的表现方式是多样的，而"德性"则更加凝练和稳定，所以在刻画完具体的"儒行"之后，要进一步向内挖掘和提炼，从而以作为"德性"的"仁"来收束全篇、统摄诸行。什么叫做作为"德性"的"仁"呢，陈来先生在界定"仁者人也"的德性论含义时有一段话说得十分清楚："从德性论来说，拥有某个单一的德性并不足以使这个人成为善的人，如以忠诚、勇敢、智慧而追随邪恶的领导者，其具有的忠诚、勇敢或明智之德虽并无疑义，但他在总体品质上却不能被肯定为善人……那么有没有一个德性，人只要拥有它，即使他在其他的德性方面有所欠缺，也仍然能被肯定为一个善的人呢？这就是仁，仁是人之所以为善的最本质的德性。"①

前文通过分析说明了《儒行》篇中的诸般"德行"和全文的篇章结构，此篇的成书年代及其作者历来成疑，但根据文本内容及其对于"德行"和

———————

① 陈来：《儒学美德论》，第 450~451 页。

"德性"的认识而言，断定其文作于孔子与孟子之间还是比较合理的。^① 孔子后学，一派重"德行可象"，一派重"德行根源"，^② 就此而言，《儒行》篇显然具有某种混杂的特点、过渡的性质，因此，在描述先秦儒学、刻画儒者形象方面，《儒行》具有不可替代的重要性。^③

四 章太炎、熊十力的《儒行》诠释

《儒行》一篇在后来的儒学传统中并没有得到特别的重视，但是，民国以来，有不少学者重新重视、提倡此篇，其中尤以章太炎、熊十力最为典型。前文提到，《儒行》的文本之中似乎混杂了"德行"与"德性"的不同思路，前者重视"德行可象"，后者重视"德行根源"，章太炎、熊十力对于《儒行》的现代诠释，正是对这两种不同思路的延伸与扩展，由此入手，便能明白章太炎、熊十力二人在《儒行》诠释上的差异所在，也能对《儒行》一篇所能够开展出的理论向度与实践效能有更深入的理解。

1932 年，章太炎受邀到苏州讲学，次年移居苏州，又受邀到无锡讲学；1935 年，章太炎在苏州锦帆路五十号创设"章氏国学讲习会"，系统开讲国学，直至逝世，这四年间的讲演内容被弟子整理记录为《章太炎国学讲演录》。^④ 章太炎晚年讲学时，以《孝经》《大学》《儒行》《丧服》为"新四书"，为国学之统宗、经术之归宿，他认为在当时的世风之下，提倡《儒

---

① 郭沫若、蒙文通皆认为《儒行》出于雕漆氏之儒，而刘丰则认为应该出于子张氏之儒，参见刘丰《从〈儒行〉到〈儒效〉：先秦儒学的发展与转折》，《湖南大学学报》（社会科学版）2019年第6期。

② "孔子及其门徒的德行论不仅讲德行，而且关注道德心理，关注德行如何从内在心性发形于外在行为，并且以'仁内义外'为代表，关注德行发生的不同内外根源。因此孔子的后学，一派如'德行可象'所代表的，注重呈现，如行为、气度、气象、态度，注重在已发的方面；另一派则注重未发的德性、品质，注重德行的内在根源。后一派也就直接导致了孔门向人性论的发展，以说明德行的人性基础。"参见陈来《儒学美德论》，第301 页。

③ 关于"德行可象"，从伦理学的角度而言更接近于示范伦理学，示范伦理学要求在道德生活中树立榜样，因为我们在日常生活中学习、培养道德感更多依靠的是榜样的实例，而不是直接从冷冰冰的规则、规范中进行学习。从这个角度而言，《儒行》中鲜活可感的德行确实具有某种道德示范的作用，关于示范伦理学可参看王庆节《道德感动与儒家示范伦理学》，北京大学出版社，2016 年，第 85～90 页。

④ 章太炎讲演，诸祖耿、王謇、王乘六等记录《章太炎国学讲演录》，第 1～2 页。

行》，尤为紧要。

章太炎对于《儒行》的诠释，首先重视的是十五儒的具体行为，他认为"《儒行》所说十五儒，大氐坚苦卓绝、奋厉慷慨之士"。① 古人常以"柔"字解"儒"，但章太炎认为，儒虽贵柔，但绝不止于柔，如果专门守一"柔"字，则会生出许多弊病，虚伪媚世之人由此而出，《儒行》中所提倡的"坚苦卓绝、奋厉慷慨"正是对于"柔"的补偏纠正。正因如此，他特别重视《儒行》所述之行，即具体的行为动作，他说："奇节伟行之提倡，《儒行》一篇，触处皆是。是则有学问而无志节者，亦未得袭取'儒'名也。"②

所谓的"奇节伟行"，章太炎将其概括为高隐、任侠两种。高隐一流，"上不臣天子，下不臣诸侯"，子臧、季札等人，汉时让爵之风，都属于高隐。高隐者洁身自好、有所不为，虽然也能全其名节，但章太炎认为"非所宜于今日"，因为当时民族危亡、时局动荡，儒者还是应该承担更多的社会责任，而不是独善其身。正因如此，章太炎特别重视任侠一流，他认为任侠虽然看似与儒者之行不相符合，但实际的历史其实潜隐了儒者的这一面向，《儒行》中所说的"合志同方，营道同术，久不相见，闻流言不信"正是对这一面向的揭示，他称之为"任侠之本"；《儒行》中提到"谗谄之民，有比党而危之者，身可危也，而志不可夺也"，"劫之以众，临之以兵，见死不更其守"，正是对儒者强毅不屈精神的说明。章太炎如此重视儒者的任侠之风，与他对时局的感受也是密切相关的，他说："近世毁誉无常，一入政界，更为混淆。报纸所载，类皆不根之谈，于此轻加信从，小则朋友破裂，大则团体分散。人人敦任侠之行，庶朋友团体，均可保全。"③ 章太炎重视儒者的任侠之风，更见于《訄书》中的《儒侠》一篇，在此篇的结尾处，他特别提道："凡言儒者，多近仁柔。独《儒行》记十五儒，皆刚毅特立者。窃以孔书泛博，难得要领。今之教者宜专取《儒行》一篇，亦犹古人专授《孝经》也。"④

由上可见，章太炎在诠释、提倡《儒行》的时候更重视"行"，即十五儒的具体行为。在这些具体行为之中，他又特别标举出儒者刚毅特立的任侠

---

① 章太炎讲演，诸祖耿、王謇、王乘六等记录《章太炎国学讲演录》，第22页。
② 章太炎讲演，诸祖耿、王謇、王乘六等记录《章太炎国学讲演录》，第22~23页。
③ 章太炎讲演，诸祖耿、王謇、王乘六等记录《章太炎国学讲演录》，第25页。
④ 章太炎著，向世陵选注《訄书》，辽宁人民出版社，1994，第24页。

之风，这与当时的世事时局是密切相关的。在社会动荡、人心败坏的背景之下，章太炎希望通过《儒行》中十五儒的具体行为展示出儒者刚强自守的一面，通过在道德生活中树立榜样和标杆，让人们模仿学习，从而提振世风，这实际上是延续着"德行可象"的思路。

1944 年，熊十力栖止重庆北碚，为了回应他的学生对于读经的怀疑与困惑，他特别撰写了《读经示要》一书。《读经示要》第一部分论述"经为常道不可不读"，他从九个方面入手将"经"书与恒常之"道"勾连起来，在这一部分的最后，他通过详细铺陈两篇经文的大义来进行举例说明，以明宗趣，其一为《大学》，其二则为《儒行》。熊十力在疏释《儒行》一篇时，一个潜在的对话、批评对象即是章太炎，他说：

> 章炳麟谓《儒行》，坚苦慷慨，大抵高隐任侠二种，若然，则枯槁与尚气者皆能之。何足为儒？何可语于圣神参赞位育之盛？圣神者，孟子云"圣而不可知之谓神"。细玩《儒行》，岂其如是。夫百行一本于仁，自立身而推之辅世，细行不堕，大行不滞。如世治不轻，世乱不沮，及不临深，不加少，同弗与，异弗非等。此是参赞位育本领，何滞碍之有？其迹间有似于隐与侠，要不可谓《儒行》止乎此也。夫《儒行》大矣，章氏何足以知之？①

章太炎非常重视《儒行》中所表现出的儒者坚苦慷慨的一面，并将其总结为高隐与任侠两种，且尤其重视任侠。但是，熊十力认为，所谓高隐者，释老枯槁之学亦能为之；而所谓任侠者，斗勇尚气之人亦能为之，且有沦为匹夫之勇的弊病。这两者，并不能够揭示出儒之所以为儒的根本底色，所以他感叹道："夫《儒行》大矣，章氏何足以知之？"其实，熊十力能够明白章太炎提倡《儒行》一篇的良苦用心，他说："宋明诸儒，本无晚周儒者气象，宜其不解《儒行》也。近时章太炎嫉士习卑污，颇思提倡儒行，然只以高隐任侠二种视之，则其窥《儒行》，亦太浅矣。"② 章太炎提倡《儒行》有功，无奈窥之太浅，那么，熊十力究竟认为章太炎浅在何处？

章太炎在提倡《儒行》时更为重视的是儒者具体的行为，就《儒行》的

---

① 熊十力：《读经示要》，上海古籍出版社，2019，第 111 页。
② 熊十力：《读经示要》，第 112 页。

文本而言，在描述了儒者的具体行为之后，更进一步点明了这些具体的德行和"仁"的关系，即"温良者，仁之本也。敬慎者，仁之地也。宽裕者，仁之作也。孙接者，仁之能也。礼节者，仁之貌也。言谈者，仁之文也。歌乐者，仁之和也。分散者，仁之施也"。章太炎并没有特别重视这一段，但熊十力却从中读出了《儒行》一篇的宗旨，他说："有谓《儒行》，只是条列各种行谊，殊无宗旨者，此甚妄。此篇结尾明明以百行一本于仁，与《论语》相印证。孰谓无宗旨乎？"① 熊十力通过点出"仁"字来说明《儒行》一篇文本的统一性，同时，以"仁"为宗旨来统贯《儒行》中所呈现出来的不同具体行为。在此基础上，熊十力所重视的"仁"并非只是"仁义礼智"之"仁"，也不仅仅只是一种道德情感，他所谓的"仁"乃是以仁为体，即仁体。他批评章太炎只讲高隐、任侠二种："何足为儒？何可语于圣神参赞位育之盛？"只有点出《儒行》一篇中的仁体，才可以参赞天地、化育万物，见得道体流行，方能够优入圣域。对于《儒行》文本中的统一性和超越性，熊十力认为章太炎并没有看出来，所以说他窥之太浅。

前文提到，章太炎之所以提倡《儒行》并将其列为"新四书"之一，是想要以"坚苦卓绝、奋厉慷慨"的儒者形象来激励人心、提振世风，有很强的现实关怀，熊十力亦是如此，他也是在感时忧世的背景之下，提倡读经，疏释《儒行》。他之所以要特别提点出《儒行》一篇中的"仁体"，是因为有"仁体"方才有"治体"，他在《读经示要》中首先就点明"仁以为体"：

> 一曰仁以为体。天地万物之体原，谓之道，亦谓之仁。仁者，言其生生不息也。道者由义，言其为天地万物所由之而成也。圣人言治，必根于仁。易言之，即仁是治之体也。本仁以立治体，则宏天地万物一体之量，可以节物竟之私，游互助之宇，塞利害之门，建中和之极。行之一群而群固，行之一国而国治，行之天下而天下大同。若不由此，将顺其欲，因缘利害，同利共害，则合力以争其所欲得，与所欲去。利害之反乎此者，其自护亦如是。纵此起彼伏，伪定一时，而人生不自识性真，则私欲之端，千条万绪，无由自克，终非从事社会改造者，可以获得合理生活。然则，化民以仁，使之反识自性，兴其物我同体，自然恻

---

① 熊十力：《读经示要》，第111页。

恒不容已之几，而后有真治可言。人类前途之希望，实在乎是。若夫群品犹低，惟赖秉钧者以宽仁育天下，使人得自发舒，而日进于善。如其以猜诈惨酷，视百姓如犬羊，而鞭笞之，束缚之，无所不至。此桓谭所以致慨于亡秦，千古之殷鉴也。[①]

熊先生这段话不仅义理精纯，而且气势磅礴，实是对横渠先生"为天地立心，为生民立命，为往圣继绝学，为万世开太平"四句的现代陈说。他认为只有从"仁体"上立根基，才可以在"治体"上有所建树，在社会层面才"可以节物竞之私，游互助之宇，塞利害之门，建中和之极"，如此，最终的结果才能是"行之一群而群固，行之一国而国治，行之天下而天下大同"，所以他会笃定地相信"人类前途之希望，实在乎是"。如果说章太炎的《儒行》诠释建基于"德行可象"的理论，那么，熊十力对《儒行》的阐发明显更重视"德行根源"，他从各种不同的儒者之行中寻求统一性，而且进一步探本穷源，根据他对儒学的认同和体验，其所谓的"德行根源"即是生生不息的"仁体"。

结　语

本文从《儒行》的文本出发，根据其列述的儒者之行，在表面的矛盾之中寻求文本的内在统一性，由此观察"德行"与"德性"在其中的呈现方式。孔子后学，一派重"德行可象"，一派重"德行根源"，章太炎、熊十力对《儒行》的不同诠释方式似乎暗合了这种不同的理解取径。实际上，从理论上而言，章太炎、熊十力两人并非完全背反，只是在诠释重点上略有差异：章太炎由儒者之行观乎儒者之用，更加重视现实中的实际效用，显示出一种急迫与紧张；熊十力由儒者之行透悟儒者之体，他要补足的，乃是章太炎之阐释所欠缺的一段本体工夫，虽然世变之亟，但亦须从天地万物处立论，为万世开太平。儒者之学，本就体用赅具，这正是熊十力所提倡的体用不二、即体即用之义。识得二位先生的立言宗旨，自可互相补足，庶几无失。

---

① 熊十力：《读经示要》，第 25 页。

论熊十力的《老子》诠释及其中国哲学观

——以《答马格里尼》为中心

孔维鑫

（清华大学人文学院哲学系）

摘　要：在《答马格里尼》书信中，熊十力首先指出中国哲学的特色，即无宗教思想、为学重体认；其次重点展开了对《老子》若干章的哲学诠释。在对"道体"的诠释中，重点突出"道"即真理、宇宙实体、本心，对此需要加以体认才可得；在对"入道修行"的诠释中，重点突出客观认知、起意造作等外在方法不能见道，要反诸本心、致虚守静方可促成体道真功。此外，熊十力还重新解读了道家宇宙论，扬弃其虚无主义，注入儒家重有、生生的哲学理念。熊十力对《老子》的诠释体现着他自己的体用论哲学和翕辟论观点，当然更受到阳明心学影响和佛学心性论的助缘，此外还特别重视概念明确性、逻辑严谨性。以上诸种共同使得熊十力对《老子》的解读新颖独到而又自成一体。最后结合熊十力的《老子》诠释，简要讨论了诠释活动当允许对文本意义进行新的生发，同时文本或传统对诠释或思想活动的限制也有其必然性和合理性。

关键词：熊十力　《答马格里尼》　《老子》　体认

　　熊十力是近现代最重要的"中国哲学家"之一。称其为"中国哲学家"，最主要的一个原因是他颇能发明中国哲学之特色，并能据此创造性诠释中国古代哲学经典，使得旧经典焕发出新的意蕴和生机。熊十力对《老子》的解读非常独特，富有启发性，也充分彰显着他所发明的中国哲学特色，这在他

回复意大利学者马格里尼的书信《答马格里尼》中有着集中体现，该封书信
收录于《十力语要》卷二①。

一 《答马格里尼》书信的背景与内容概要

根据郭齐勇的说法，"该封长函写于 1936 年冬至 1937 年春"，同时"熊
十力曾将此长函副本寄马一浮先生，马先生复书说熊十力料简西洋哲学之
失，抉发中土圣言之要，极为精彩"②。可以说，熊十力此封书信对中国哲学
特色的发明的确十分到位。不过马一浮还批判道："其所说未必即合《老子》
之义。如以精神为无，形体为有，皆未必允当。"③ 可见具体到熊十力对《老
子》文本的诠释而言，至少在马一浮看来，还有一些不允当、不合原义之
处。不过根据伽达默尔的理论，理解是由理解者与传承物互相作用而成，即
诠释者与作者实际上有一个视域交融过程④，而非读者单线条地还原所谓文
本或作者原意。所以马一浮之批判虽有道理，但并不妨碍熊十力的《老子》
解读有可供讨论的独特意义。

据熊十力该封书信后的附识可知，马格里尼名为罗雪亚诺，是意大利米
兰大学教授。罗雪亚诺·马格里尼（Luciano Magrini），又译卢恰诺·马格里
尼，根据《20 世纪中国古代文化经典在意大利的传播编年》，这位马格里尼
教授关于中国古代文化的学术成果主要是《老子》的意大利文翻译（1956）
和一些佛教方面的作品⑤。同时，他向熊十力提的四个问题中，后三个均与
道教相关，说明这位学者对中国学问的研究进路可能偏重宗教方向，所以熊
十力后面花笔墨强调如果以宗教观念解释中国哲学，会导致附会乱真。当然
根据文本，熊十力此论也不仅针对马格里尼一位学者而发，而是借机指出当

---

① 熊十力：《十力语要》，岳麓书社，2011，第 127~151 页。
② 郭齐勇：《天地间一个读书人——熊十力传》，上海文艺出版社，1994，第 46 页。
又见马一浮《马一浮遗札》，王元化主编《学术集林》卷 2，上海远东出版社，1994，第
28 页。
③ 马一浮：《马一浮先生语录类编·师友篇》，《马一浮集》（3），浙江古籍出版社，1966，
第 1082 页。
④ 转引自陈来《诠释学中的"前见"——以〈真理与方法〉为中心的分析》，《文史哲》
2021 年第 4 期。
⑤ 王苏娜：《20 世纪中国古代文化经典在意大利的传播编年》，大象出版社，2017，第 126、
131 页。

时欧美人士以他们的宗教观念理解中国哲学这一普遍性错误，同时发明中国文化内蕴或中国哲学无宗教性思想这一特色，这一点后文详述。

综观此封书信，大体可分为三个部分：开头第一部分为前五段，熊十力主要谈了"中国哲学之特别色彩"；中间第二部分篇幅很长，是该封书信的主体，在这部分内容中，熊十力对《老子》若干章进行了诠释，以表述他对老子哲学的解释，作为对马格里尼教授第一个问题（即熊十力对老子哲学的理解）的回答；结尾第三部分为后十一段，主要讲解了《老子》之书作者和年代，以及老子后学问题，并捎带性地提一提马格里尼教授后三个关于道教的问题。该函第三部分并非熊十力写信的重点，其内容也不在本文主题范围内，故后文不详述。

二 《答马格里尼》所体现的中国哲学观

熊十力在该封书信第一部分表述了他的中国哲学观，虽然这一部分看上去与马格里尼的提问不直接相关，但熊十力的中国哲学观作为诠释"前见"①无疑影响着他对《老子》文本的诠释。所以从这个角度上讲，该函这一前言部分的重要性不言而喻，讲清楚这一部分对理解熊十力关于《老子》的诠释至关重要。所以熊十力简略介绍完答书背景后，便不问自答地开始谈起他对中国哲学的两方面了解。

第一方面，熊十力指出中华民族的特性就是无宗教思想，相应的，绝不能把根植于中华民族心灵和生活中的中国哲学类同于宗教，以宗教观念解释中国哲学会导致附会乱真。熊十力认为反映远古民风的《诗经》中并没有神道思想，《诗经》体现了一种人生极合理之生活，即不绝物亦不逐物的生活。

不绝物是指不断绝人生日用常事，不单向地专求于内心，如此可以交接生生、与物同体故无枯槁之患，另外，下文有反对呵斥人间世而别求天国的说法，可见熊十力这里可能是对着一些宗教尤其基督教的轻视人世的流弊而言的。不逐物是指不竞逐外物以致放心、陷溺其心，能不逐物便不会累于向

---

① 参考陈来《诠释学中的"前见"——以〈真理与方法〉为中心的分析》，《文史哲》2021年第 4 期。

外驰求而又无法满足。这样不绝物亦不逐物的生活便是顺天则、畅至性的生活，这样的生活状态是吾人生命与宇宙相互融入、浑然内外一如的，达到不遗外又不以物累心，那么自然一花一木乃至日星大地都可以是真理之显现，此真理既是吾人所以生之理又是宇宙所以成之理，能深切体认这种真理便可达于自明自了自证自得之境界，也就自然不必呵斥人间而别求虚远诞妄之天国。

其实《诗经》中有一些内容是反映宗教性的，比如《大雅·大明》："天监在下，有命既集。"《商颂·玄鸟》："天命玄鸟，降而生商。"《大雅·皇矣》："皇矣上帝，临下有赫。监观四方，求民之莫。"《鲁颂·閟宫》："上帝是依，无灾无害。"可是熊十力并不把它们理解为宗教性表述，而是认为《诗经》中的天、帝是自然之理与大化流行（并非景教或基督教中那种有意志有人格的神）。

当然，熊十力也指出中国下层社会亦存有极薄弱的宗教观念，所以间或有入教之徒。又接着指出如果只交接入教之徒，则几乎不能了解中国文化之内蕴。由此可见，熊十力所能认肯和所要发扬的是中国文化的真实内蕴，是正统主流的莫能动摇的"中心思想"，而不是泡影皮相，不是时俗风潮和支流邪术。

总之，一方面，熊十力意在提示马格里尼等西方人不可直接使用他们自己宗教思想的思维定式去理解中国学问，不可偏颇地关注中国文化传统中的支流甚至邪术；另一方面，虽然熊十力说自己在此不欲论无宗教思想之长短，但根据熊十力相关表述的措辞和语势，可以说熊十力对中国哲学无宗教迷思是持认可肯定态度的。

第二方面，熊十力指出中国哲学之为学，根本在注重体认的方法。熊十力对体认的含义主要有两种说法：

> 体认者，能觉入所觉，浑然一体而不可分，所谓内外、物我、一异，种种差别相都不可得。[1]

> 返诸自家固有的明觉，亦名为智。即此明觉之自明自了，浑然内外一如而无能所可分时，方是真理实现在前，方名实证，前所谓体认者即

---

[1] 熊十力：《答马格里尼》，《十力语要》，第128页。

是此意。①

后文还有些其他形式的解说，但大体不外这两种进路。前一种说法似乎是讲体认的状态、结果或境界，后一种似乎是讲体认的路径、方法或工夫。但就熊十力"方是真理实现在前，方名实证"的语势而言，又不应当如此解说；考虑到熊十力"体用不二"哲学，则更不当如此理解。"体用不二"又谓"即体即用，即用即体"，陈来指出："'即体即用'指实体变成功用（在此意义上说实体是功用）。'即用即体'指功用的自身就是实体（在此意义上说功用即是实体）。"② 借着这个思路可以认为，熊十力前一种说法属于即本体（境界）即工夫。能觉入所觉，主客消泯浑然一体，差别相不复存有。相应的，熊十力后一种说法属于即工夫即本体（境界）。只有真正复归吾心本有明觉（智），在此明觉自明自了圆融浑一时，方才是体认，并不存在一个与本体隔绝的体认工夫③。正如陈来所指出：熊十力所谓体认"既是方法，也是境界"，"并不是心对于物的简单直觉"。④ 同时体认即实证，"真理实现在前"已经是其题中应有之义，而非像西洋形而上学那般"以宇宙实体当作外界存在的物事而推穷之"。这里的更深层原因在于，熊十力所理解的真理"即是吾人所以生之理，亦即是宇宙所以形成之理"，就真理本身而言，人与大自然便是浑一关系，所以体认即是自返明觉，自返明觉便能全体真理显现。对此陈来指出：在熊十力，心是明觉，内心修养即躬行实践，由此方能达至明觉澄然，"而明觉澄然时即真理呈现，此时明觉即是真理，真理即是明觉，这才是实践"⑤。通过这里也可看出在熊十力学术思想中有着明确的心学立场。

① 熊十力：《答马格里尼》，《十力语要》，第 129 页。
② 陈来：《熊十力〈体用论〉的宇宙论》，《现代儒家哲学研究》，北京大学出版社，2018，第 33 页。
③ 熊先生后文有"唯内心的涵养工夫深纯之候，方得此理透露而达于自明自了自证之境地。前所谓体认者即此"，这种说法本质上同于即工夫即本体（境界）的后一种说法，"内心涵养"同于"返诸自家固有的明觉"，"涵养工夫深纯"即是复归本心明觉彻底，此时即均达成浑一真理透露实现而本心明觉自明自了自证之境，体认便是这整个过程。
④ 陈来：《20 世纪中国哲学史论述的多元范式——以熊十力论中国哲学与中国哲学史为例》，《文史哲》2022 年第 1 期。
⑤ 陈来：《20 世纪中国哲学史论述的多元范式——以熊十力论中国哲学与中国哲学史为例》，《文史哲》2022 年第 1 期。

体认所带来的学术思想效应是"于万象而见为浑全",有天地万物一体境界,这一点熊十力在定义体认时其实已经表述过了。但熊十力接着指出,如此幽深之理境也不易发展注重析物之科学,像本函要重点探讨的老子哲学即有反知(科学)之倾向。不过熊十力认为儒家能"于形而上学主体认",亦认为儒家能"于经验界仍注重知识"。对于前者,熊十力举的例证是他所理解的孔子的默识和孟子的思诚,再次强调"真理"只可体认得,不可从知识推求;对于后者,熊十力则以六艺中所含的实用知识佐证,认为若无欧化,科学或可诞生自儒家。由此,熊十力重申他对儒家的赞叹:"儒家其至矣乎!"可见熊十力似乎意在指出虽然过于重体认不易发展科学,但若能大力发扬执守中道的儒家,则可弥补此"所短",因为儒家的中道立场本来就不会忽视实用知识。熊十力的这一判断有其根据,他举了孔门六艺之学,除此之外,深深影响他的王阳明也有"见闻莫非良知之用""是个诚于孝亲的心……便自要求个温的道理"等说法①。可是近代以来西洋科学思想传入,又导致中国人"一切信赖客观方法,只知向外求理"。换言之,近代西化运动使得中国人思维从一个极端跳到了另一个极端,即从重体认轻知识跳到了重客观析物而忽视体认,这也恰恰违背了儒家的执中思想。就函中熊十力的措辞和语势而言,熊十力应当是认为后者比前者危害更大,使得当时形成"沿门托钵效贫儿"的风气,对于中国哲学之无尽藏,当时学者完全忽视不求了解。不论是过于重体认而忽视知识,还是过于重科学而忽略体认,都是中道的儒家所不能认同的。

关于中国哲学重体认的学术思想效应,除了能实证浑全一体之境的长处和可能会轻视科学的短处外,还有其因不事逻辑而不重著述。根据此函内容,熊十力并没有否认这是短处。这与熊十力对哲学的理解有关,他说:"哲学者,所以穷万化而穷其原,通众理而会其极,然必实体之身心践履之间,密验之幽独隐微之地……唯在己有收摄保聚之功故也……如其役心于述作之事,则恐辩说腾而大道丧,文采多而实德寡。"② 经验科学风格的研究务

---

① 王阳明常被认为是重道德(良知)轻知识(认知),但有一些学者认为经验知识在王阳明良知学中也有相当的地位。如张学智认为王阳明良知学并不忽视知识,知识对道德的促进有辅翼作用。详见张学智《王阳明研究的知识进路》,《中共宁波市委党校学报》2014 年第 6 期。

② 熊十力:《答马格里尼》,《十力语要》,第 130 页。

求客观中立、概念谨辨、论证细密，但哲学不一定非要按照经验科学的风格规定自己。熊十力所理解的哲学便是要穷究万化根源、汇通众理太极的，是要体认身心宇宙之真理的。这种哲学若过度纠缠在概念逻辑之辩说中或过度重视文采，则势必无法落实其宗旨。所以中国哲学不重著述，其实是由中国哲学自身的宗旨和特色所决定的。

总之，熊十力对"体认"这一中国哲学的特别精神做了定义和解说，在其解说中可以总结出中国哲学重体认所得到的三个学术思想效果。一是重视由体认而得真理，避免了西洋哲学当中的一些戏论，可"于万象而一一皆见为真理显现"；二是重体认之哲学理境幽深，不易发展科学，发扬儒家哲学能弥补此短处；三是重体认表面上是因为其不事逻辑而不重著述，但深层原因是中国哲学求身心宇宙浑一真理的宗旨。

三　《答马格里尼》中的《老子》诠释

前文已述，在书信第一部分熊十力表述了他对中国哲学之特色的理解，而他的这种理解作为其"前见"又影响着他对《老子》的诠释。比如熊十力认为中国文化内蕴的一个特点就是无宗教性思想，这决定了书信的作答方向，即面对四个问题，熊十力以主要篇幅谈第一个问题老子哲学，对剩下三个道教相关问题一笔带过。熊十力对老子哲学的诠释充分体现了他所表述的中国哲学观。

熊十力对老子哲学的解释，大体分为两部分，其一是对老子"道体"的解释，属于"本体论"范围；其二是对"入道之修行与方术"的说明，属于"认识论或方法论"范围。在开始谈《老子》前，一方面，熊十力先顺着中国哲学轻著述的语脉，指出要了解老子思想体系和真实奥义，必要会意于文字之外才可。在这里，熊十力结合自己所理解的中国哲学不重著述不重文字、必密验之于隐幽处的特点，为自己创造性解释《老子》做了理论铺垫。同时出于体认原则，熊十力认为只有对《老子》所用之工夫相当尽力，才能体会到老子的真正思路，才能不至于只会拘泥于文字、尽失真意。另一方面，熊十力在解读老子过程中留意王弼的解释，他认为解《老子》有理致者"独推魏晋间人王辅嗣氏"。然而，熊十力的哲学诠释以体认为根，认为对《老子》真意的理解，当由深用老子所用之工夫而来。相应的，也就自然不

当限制自己于权威注家的解读中。所以熊十力又说在此也不必主于辅嗣。

1. 对《老子》"道体"相关文本的诠释

熊十力从最为重要的《老子》首章开始他的诠释。

对于首章第一句"道可道，非常道；名可名，非常名"，王弼的解读是"可道之道，可名之名，指事造形，非其常也。故不可道，不可名也"。① 王弼这里只解释为什么不可道、不可名，而不去言说什么是"道"。然而，熊十力却依据他自己的真理体认之学，将不可道之"道"称为"真理""宇宙实体"，以及后文的"吾心"。当然熊十力如此处理，也有其道理，前面所谓真理是同时作为吾人所以生、宇宙所以成的理，而此真理或宇宙实体又不像西洋哲学那样与现象界分离，而是即一切万有而显现。从这个意义上看，道作为这种形态的存在，本质上仍旧是不可言说的。在熊十力看来，可道之道，可名之名只是道之显现而非其自身，或者说只是"诠召"之、"言说"之而已，所以只可谓之为"假立"之道。换言之，熊十力上面所谓"真理""宇宙实体""吾心"亦是名目，或者说，"真理""宇宙实体""吾心"均不可言说，所以熊十力并未犯言说"道"的错误。事实上，根据熊十力前文叙述，他对于"道"本就不可能采取言说或客观析物的态度，而是采取体认方式去得"道"。

对于第二句"无名，天地之始；有名，万物之母"②，熊十力重点发挥了以"无"为精神，以"有"为形本的思想。这种解读相对于王弼的解释体系而言，无疑是有相当大的不同了，呈现着以心学解《老子》的倾向。熊十力说，这里讲的有名无名，都是道之发用。精神因未始有形故是无名，它运转不已，但会凝摄而显现为形本，此即有名。形本为形之造端，故云万物母，而这一天地万物形成过程的初端还是精神，故云天地始。可见熊十力这种解释有其自洽性。熊十力进一步勾连第一句，将道加入对此句的解释："道之发用，一方必发现为精神……一方又由精神而发现一种反作用，即凝成形本。"形本为万物之造端，精神为形本之初端，成形之有又是精神作用所凭借之具，而道才是精神、形本及整个过程的根源。接着，熊十力又引用《庄子》和《老子》中其他说法来进一步为他的道—精神—形本思想做论证；

① 王弼注，楼宇烈校释《老子道德经注校释》，中华书局，2016，第1页。
② 句读依熊先生书信中所引。

在解读第一章最后一句时熊十力也借语脉指出"形神同体，皆道之发用"。与其说熊十力此处是为证明他如此解读《老子》是合理的，不如说是他在解读《老子》的同时也在表述着某种新思想。这种新思想就是熊十力的翕辟论。

在熊十力的哲学思想中，"翕辟论"是最重要的核心理论之一，也是一个贯穿熊十力几乎整个学术著述过程的线索性理论。总体而言，20世纪20年代熊十力的翕辟论思想是依据佛教"恒转"和中国传统气论"屈伸"观念说的；30~40年代，熊十力采用《周易》"翕辟"概念正式提出"翕辟论"并不断丰富它，此封书信正是写于这个时期，体现为借用《老子》的"有名无名"来解说"翕辟"的思想；40年代中后期到50年代，熊十力相比之前开始逐渐地提升"翕"的理论地位、强化"翕"的理论意义。[①] 在熊十力创造性的哲学思想发展过程中，看他对《老子》此句的哲学解读，会更具宏观视野，更容易理解熊十力为什么要以精神、形本解无、有，并将之与"道"勾连。熊十力既是在用某种意义上的前见去理解老子，也是通过对老子的解读来为自己的理论建构和证成而服务。其中"道"便是"恒转""体"，"有""无"便是"形本""精神"，便是"翕""辟"。

通过对前两句进行解释，论述了体用之事，接着通过对第三句"故常无，欲以观其妙；常有，欲以观其徼"的解释，说明体认之功。根据上句将无、有对应心、物和天地始、万物母的逻辑，常无便是"于此心常无之相"，而观造生万物之神化妙用；常有便是"于此心常有之相"，而观"无""有希求之势"地发生为"有"的微几。本心为不住相之常无，但它又可以行诸一切相，故可说为常有。人能"常无而常有，常有而常无"，则可谓体认得"道体之本然"。熊十力对此句的解释，除体现"体认之功"外，还有一处值

---

① 1926年《唯识学概论》和1930年《唯识论》已经见"翕辟论"的理论萌芽，但尚未采用《周易》"翕辟"概念，主要体现为对佛教"恒转"与中国传统气论"屈伸"观念的发挥。1932年《新唯识论》（文言文本）采用《周易》"翕辟"概念正式提出"翕辟论"，1933年《破破新唯识论》中有对"翕辟论"的重申与补充，1944年《新唯识论》（语体文本）进一步完善了"翕辟论"。此封《答马格里尼》书信写于1936年冬至1937年春，即在熊先生正式提出"翕辟论"后并对"翕辟论"进行完善的时期。1945年《读经示要》中，熊先生提到"翕辟"时开始强调"翕"的重要作用，而此前"辟"的理论地位毫无疑问地高于"翕"。另外，到了1958年的《体用论》，熊先生也更加重视并且丰富了"成物"章的相关论述。

得特别留意，即熊十力将"徼"训为"希求"。王弼将"徼"解为"终归"，实际上是与无之本始妙生相对。熊十力则指出王弼对"徼"的解释不正确。熊十力认为万物之成并非由于偶尔冥成，而是由生生真几大化流行而来，由来有自。根据熊十力此函的叙述，道体势必发用而成精神势用，精神势用又会由不容已地发起一反作用，此反作用便是形本成物的直接性化生过程，故"徼"有"希求"（或"势必"）的含义。道体绵绵，恒转不已，故整个过程当是生生而无终归的过程，且生生不容已的过程也势必指向成物，并非物由偶尔冥化而来。此似针对道家宇宙论中虚无生有、独化于玄冥等说而发，将"希求"这种富于（生生）意志的词引入由无到有的宇宙论，使得根于大易的儒家宇宙论得以负载儒家重"有"的价值取向。由此也可见熊十力把无解释为无形之精神，以及尝试以真理、宇宙本体、本心说"道"，都是尝试站在儒家重"有"的立场对道家哲学进行重新解释（或称为是对道家虚无主义宇宙论的扬弃）。不过"希求"一词似有意而为，与所谓"不容已"有一定程度上的不一致，对此我们可以做以下理解：一方面，熊十力因照顾《老子》文本，将道—精神—形本解释得若有先后，就精神到形本而言，成物似可有意志；另一方面，我们可以依据《新唯识论》中"辟"近乎"体"的说法认为体放辟同时收翕而成物的过程中"若有"意志。

对最后一句"此两者同，出而异名……"的解释，前面我们有所提到。这里熊十力重点指出形神同体皆道之发用，之所以言有无，只是因为相用差别。

以上熊十力对他认为最重要的第一章解释完毕，接下来他又择取数章来解释，以辅助论述他对老子"道体"的理解。以下他所择取的数章基本上是对"道体"的"形容"。所谓"形容"，熊十力说："道体非言说所及，故强为形容之词。"

对于第四章①，熊十力的解释侧重于揭示道体运而无积，化几无穷。根据熊十力的解释，道体即宇宙实体（本体）即本心，所以本心可谓无留滞，则道体或宇宙实体自然也可谓无留滞。另外虚、盈、成型在一定程度上也对应着前文所讲的精神、形本、形成，以及辟、翕。最后，熊十力还强调"象

---

① 《老子》第四章原文：道冲，而用之或不盈。渊兮，似万物之宗。挫其锐、解其纷、和其光、同其尘。湛兮似或存，吾不知谁之子，象帝之先。

帝之先"只是说"道""似在天帝之先，其意即不许有天帝也"。此一强调似乎在重申他对马格里尼的提醒：中国民族无宗教性思想，不可以宗教观念解读中国哲学。虽然下层社会或愚昧绅士（此处所谓"世俗"）当中有人认同"有天帝先万物而存在"，但这绝非"老子真意"。

对于第六章①，熊十力认为"谷神不死"是从相用上谈道，而"绵绵若存"则是在讲离于常断之体或绝于存亡之理。陈来曾指出，这是从体上谈道，并且由此"体现了熊十力解老始终在真体、大用的往复中呈现其理解"。② 所以可以说，熊十力解《老子》除了我们上面说到的受传统心学和他自己的翕辟论影响外，还深受他的体用论哲学影响。

熊十力解此章还特别指出"用之不勤"是去浮动习心而任本心流行之结果，这是站在心学立场给出的创新性诠释。熊十力认为传统人心道心之辨恰能说明他的理解：人心即由经验而成的惯习力，即他前面所谓的浮动习心，并非本有，而是机栝的。熊十力这里还称习气或惯习力为"生命力"，措辞与卷二首封书信《与周开庆》当中作褒义词使用的"生活力"不同。道心则是熊十力反复论述的真理、本心、宇宙实体（本体），这是本有的。道心无人心习气障蔽，自如呈露而直接自证，则是体认工夫。相比之下，近代西洋哲学中盲目意志、生之冲动只理解到了人心层面，其观心之功远不如东方哲人的体认之功。

对于第十四章③，熊十力重点讲了对于道之体相，需要返诸本心或道心体认而得，而不可致诘。体认而后得上不曒、下不昧之平等一如之心，否则易随浮动之习心上浮下坠而失其平。也可以说通过体认可得万物由之以成的那个所以成色成声成形者，而不会留滞于色声形而已，也不会沦落于虚空之无。

---

① 《老子》第六章原文：谷神不死，是谓玄牝。玄牝之门，是谓天地根。绵绵若存，用之不勤。
② 此据陈来授课时所讲。
③ 《老子》第十四章原文：视之不见，名曰夷；听之不闻，名曰希；搏之不得，名曰微。此三者不可致诘，故混而为一。其上不曒，其下不昧。绳绳不可名，复归于无物。是谓无状之状，无物之象，是谓惚恍。迎之不见其首，随之不见其后。执古之道，以御今之有。能知古始，是谓道纪。

第二十一章①和第二十五章②仍然是在形容道体，熊十力仍旧强调应当"反诸本心而深切体认之""反求诸己而得"。他解释"独立"时特别指出此是在讲明觉孤特无倚，他说如果有倚则应此不能顾彼，而吾之明觉（即本心、道心、道）能"因应无穷"，故无倚。顺此思路解释"不改"时则说物未感而恒不昧，物已感而恒不乱，这也是照应前文道心之平等一如相而言的。

以上便是熊十力对老子言道体的解释，他反复强调的两点分别是：道体即他所谓真理，即宇宙实体（本体），即本心或道心或明觉；于道体当反诸本心体认之。整个解释过程便是围绕这两点展开的，并且结合他的体用论、翕辟论和儒家心学及佛教心性论的思想，给出了一些前人未有过的创造性诠释。

2. 对《老子》关于"入道之修行与方术"的相关文本的诠释

首先简略说明一下，熊十力此处所谓"方术"的意思是方法，与所谓"方士一流"的炼丹术并非同义。

其实，在熊十力对《老子》道体进行解释时，已经连带着讲了一些修行内容了。比如对于第一章"故常无，欲以观其妙；常有，欲以观其徼"的解释便有些许修行论意味；而对于第十四章"执古之道，以御今之有。能知古始，是谓道纪"，熊十力则明确这是在说"修道于日用践履之间"。

在这一部分，熊十力先后选取了第四十七章、第四十八章、第十五章、第十六章进行解读。大体而言，熊十力在解读第四十七章、第四十八章时，侧重讲体道不可以驰求于外，而要摄心务内；在解读第十五章、第十六章时则更倾向于解释复归虚静的过程和状态。

在对第四十七章③的解释中，熊十力讲出户、窥牖是在比喻以知能用客

---

① 《老子》第二十一章原文：孔德之容，唯道是从。道之为物，唯恍唯惚。忽兮恍兮，其中有象；恍兮忽兮，其中有物。窈兮冥兮，其中有精；其精甚真，其中有信。自古及今，其名不去，以阅众甫。吾何以知众甫之状哉？以此。

② 《老子》第二十五章原文：有物混成，先天地生。寂兮寥兮，独立而不改，周行而不殆，可以为天下母。吾不知其名，强字之曰道，强为之名曰大。大曰逝，逝曰远，远曰反。故道大，天大，地大，王亦大。域中有四大，而人居其一焉。人法地，地法天，天法道，道法自然。

③ 《老子》第四十七章原文：不出户，知天下；不窥牖，见天道。其出弥远，其知弥少。是以圣人不行而知，不见而名，不为而成。

观方法去认知和析物，这种方法虽也能通理，但"终限于对待之域"；同时"不行而知……不见而名"的"行"与"见"的含义也类似，是指心行于外，"起筹度析别"与感官接知。而要体道则应当不出户、不窥牖、不行、不见，因为道乃本心，即宇宙实体，吾人与天地万物同源，故摄心反内才能灼然亲证万化之源。熊十力指出此章体现了老子反知，但严格来说熊十力并没有认可老子意义上的反知，而只是指出客观析物之知无法体认本体，并没有全盘否定其价值，这体现了熊十力在解《老子》时对《老子》部分观点有所扬弃。

对第四十八章①的解释模式基本与对第四十七章相同，即用功于外、增益知识的"为学"以及徒任意见的"有事"于体道无益；损去私欲复归"无为"以及不造作的"无事"方能通万物之理以会其极。后文对第十五章最后一句的解释也类似，不详述。

解释第十五章②时，熊十力认为"……兮若……"一系列的描述短语是在讲"修行功力及其所至"，在解释过程中，熊十力多用宋明心性论观念解读《老子》的说法，比如以"戒慎"解释"豫焉若冬涉川"，以"敬"解读"犹兮若畏四邻"等。并指出这些描述性短语都是在讲"此心虚静明达之相"，实际也就是"大澈大悟"之境界。那么达至此境界的过程如何？即是下文所述，心浊而浮散，则必收摄凝聚而静，静而后则清虚明纯，然而此静又不是废然之静，故可以于动用功，进而生生不息。整个过程则可谓"真体起用"。为使得整个过程流行顺畅无碍，则要能保任此道又能不盈不增，方法上即为去私复无。

对于第十六章③，熊十力指出该章表明工夫吃紧处是"归根曰静"。关于"静"（以及"虚"），熊十力结合前文思路，进一步指出：虚不离有，言虚

---

① 《老子》第四十八章原文：为学日益，为道日损。损之又损，以至于无为。无为而无不为。取天下常以无事，及其有事，不足以取天下。
② 《老子》第十五章原文：古之善为士者，微妙玄通，深不可识。夫唯不可识，故强为之容。豫兮若冬涉川；犹兮若畏四邻；俨兮其若容；涣兮若冰之将释；敦兮其若朴；旷兮其若谷；混兮其若浊；孰能浊以静之徐清？孰能安以久动之徐生？保此道者，不欲盈。夫唯不盈，故能蔽不新成。
③ 《老子》第十六章原文：致虚极，守静笃。万物并作，吾以观复。夫物芸芸，各复归其根。归根曰静，是谓复命。复命曰常，知常曰明。不知常，妄作凶。知常容，容乃公，公乃王，王乃天，天乃道，道乃久，没身不殆。

有在其中；静不离动，言静动在其中。通过这种诠释可以防止对《老子》虚无主义式的理解。同时，这再次说明了真体起用过程自在自如的必然性，即动已经蕴含在静中，不需要外界推动，已蕴含生生真几的真体会不容已地自如呈现其生生大用，故这里又称"所谓道者，恒性虚静而动用不穷"。在这种虚静定义之下，从修行论角度上讲，致虚守静便是在体认道体，便能体道、复命。关于体道，熊十力小注为："谓心与道合，而与之为一。"此说故不算错，因为对"合"的理解可以有所不同，不必均取"本一则不必言合"之"合"义，更何况单说"心"字有人心、道心或习心、本心的区别。然而，最好再进一步强调一下"心与道合"，亦即反诸本心明觉即可道体呈露，复得心道之本一。关于复命，熊十力说明此"即与极同体"，小注为："极谓道，'复命'即与道为一，乃云同体。"这里复命之"命"似可理解为《中庸》"天命之谓性"之"命"，在此函中熊十力认为"性虚静而动用不穷"，这样在逻辑上便将复命、复性与致虚守静更紧密地联系起来。

在解释"知常曰明"时，熊十力则重申了知识之知与体认的区别。熊十力指出"知常"之知为证知，不是与"常"为二的知识之知。换言之，此知即是真常之用，从体用不二角度上讲，也可以说此知亦即是常自身，知常即是反诸己的体认。为什么同一个东西既叫作"知"又叫作"常"呢？熊十力说："以其为至真之极，曰常；以其为吾心之明觉，曰知"，同时此即是道，"以其为万物所共由，曰道"。这种解释逻辑是非常典型的阳明心学式逻辑，加之附识中相关解释和对"明觉为一切形物主宰"的论述，再次可证熊十力深受阳明心学影响，以至于解《老子》时对于其基本观念和思维方式可谓信手拈来。

最后一句讲知常的效果，亦即是再次描述体认之功。全部解释完毕后，熊十力指出此章"归根曰静"的思想开启了宋明理学中主静归寂的一脉。换言之，熊十力认为宋明理学的发展也继承了一些道家的思想资源。

总体而言，熊十力解"老"的过程中自觉地落实了他在书信第一部分提出的对中国哲学的几点理解。一是中国文化内蕴无宗教迷思，不可使用宗教观念理解中国哲学：熊十力答问时对于四问重点答其一（老子哲学），且在解"象在帝先"时强调"象"是在说"不许有天帝也"。二是中国哲学特别精神即为学重体认，重体认最重大的学术思想效应是可实证浑全一体之真理：体认即反诸本心固有明觉而自明自了，内外物我浑然一如时则真理自然呈露。熊十力将体认原则贯穿整个解《老子》的过程，这体现为他将《老子》中关键概念比如道、常以及无、有等解释成真理、宇宙实体（本体）、本心（明觉）以及精神、形本等，在不同文本语境中反复强调它们内外浑然一如，要反己体认方能自然呈露真理。三是中国哲学重体认不重析物不易发展科学（当然儒家哲学除外）：在解读《老子》第四十七章时熊十力指出此章表明老子反知，但熊十力的解读立场表明他并不取老子那种极端反知立场，而只是在区分体认和知能基础上，更加凸显体认的根本地位而已。四是中国哲学重体认不事逻辑而轻著述：熊十力在正式解《老子》前后都直接声明读《老子》必于言外得意，不可拘泥于文辞。依据体认原理，应当深用老子之工夫后方能得老子之真意。在解读过程中，熊十力有多处解读难以直接与《老子》文本字面意思相合，但熊十力的解读不是毫无根据的，而是能自成一体，由此可见，熊十力解《老子》时对"必于言外得意"的自觉实践。

除此之外，熊十力解《老子》也受到他的学术立场和个人哲学思想的影响。陈来曾指出："从熊十力对老子的解读中可见，他主要受到儒家心学、佛教唯识学、部分西方哲学影响，当然他个人的体用哲学也充分体现在他的解老过程中。应当来说，以上几种影响当中，佛学、西方哲学只是他的助缘，他内在的根本立场还是阳明心学。他承续了晚明心学解老的倾向，但因为受到西学影响，他的心学解老显得逻辑更清晰、表述更严谨。"①

三 结语

在该封书信中，首先熊十力向马格里尼介绍了中国哲学的特色，即无宗教性思想，为学重体认。重体认有利于实证浑全真理，同时可能会轻著述、不易发展科学。其次熊十力开始解读《老子》中的一些章节，主要分为解释道体和解释入道修行两部分。对于道体的解释，熊十力一方面通过重新解释道、常等《老子》哲学核心概念，来注入其体用论哲学思想和心学色彩，重点突出道即真理、宇宙实体（本体）、本心（明觉、道心），对此需要加以体认才可得，客观认知性活动无法见道；另一方面熊十力将无、有对应精神、物质，联系其翕辟论，重新解释了道家宇宙论，扬弃了原有的虚无主义立

---

① 此据陈来授课时所讲。

场，注入了儒家重有、生生的哲学立场。对于入道修行的解释，熊十力一方面否定客观认知、起意造作等外在方法，另一方面指出反诸本心、致虚守静方可促成体认真功。当然也可以这样理解：熊十力通过对入道修行有成的状态的解释和认肯，一步步揭示出外在客观方法与入道无缘，"归根曰静"才是入道工夫要紧处。此外，这一部分熊十力也借清浊动静一句说明真体起用的过程。

综合而言，熊十力这封书信的要旨当是提揭中国哲学"体认"的奥义（"体认"自然连带对"体"的理解和相关体用论内容），书信的主体（或要旨的落实处）则是对《老子》部分文本的诠释，在诠释过程中熊十力自觉运用"体认"及其相关原理去诠释老子哲学。总之，如陈来所指出的，熊十力解老体现着他自己的体用论哲学和翕辟论理论，当然更受到阳明心学影响和一些佛学心性论的助缘，此外，熊十力还因受西学的问题意识和思维方式的刺激而有意识地重视概念的明确、逻辑的严谨。以上共同使得熊十力对《老子》的解读新颖独到而又圆融自成一体。

即便如此，也并非所有人都认可熊十力对《老子》的诠释，比如马一浮虽对熊十力该封书信有所称道，但也批判其对《老子》的解释不尽合老子原意。这便关系到我们上文提到的一些诠释学道理。

一方面，根据伽达默尔，诠释应当是诠释者与文本作者视域互相交融的过程①。严格来说，在文本形成之后，便不再存在所谓文本或作者原意。所以，虽然从某些角度上讲马一浮之批判有理，但上文对熊十力哲学诠释的分析也已经表明，这种批判并不妨碍熊十力的《老子》解读有重要的学术思想价值。熊十力的《老子》解读表明，文本会因诠释活动而成为面向诠释者开放其自身的有机意义体系，旧的文本会因创造性的诠释而生发新的意义，使得文本自身的意义域不断扩大。经过这样的诠释，经典文本在为后世读者提供古老智慧的新形式的同时，进一步成就了文本自身的经典性。

另一方面，不得不说文本对诠释者始终是有一定限制的，这种限制使得诠释者不能无视传统的真实而完全按个人或当下的理论需求来进行思想活动。这看上去是一种束缚，但其实它具有必然性和合理性。必然性体现在我

① 转引自陈来《诠释学中的"前见"——以〈真理与方法〉为中心的分析》，《文史哲》2021 年第 4 期。

们对意义世界的理解活动从一开始就是在传统中进行的，所以就现实情况而言，从来就没有过脱离传统的理解，只有与传统的关系处理得好与不好的理解。合理性体现在道德或价值的有效性根于传统①，传统构成对价值冒进的限制，倘若价值冒进导致意义世界的秩序被破坏，那么其危害恐怕将烈于政治冒进导致的社会秩序的破坏，好在道德思想或价值思想的有效性始终根于潜势强大的传统，所以学者在回应当下种种新情势时始终无法忽视传统。

当然我们在进行此类讨论时，也不能忽视传统自身也具有多元性，传统并非铁板一块。比如，熊十力在中国文化传统中找到了儒家六艺重实用知识的传统，和方士炼丹术调息术当中潜藏的化学和卫生学的根芽，并尝试以之弥补反知的道家传统和内向化的心学传统的不足。可以说虽然熊十力承续传统而有明确的心学立场，但他并没有把自己限制在单一的传统中，而是出入于其间，使其皆为其体用哲学所用，以不断回应现时代的种种新问题。

---

① 参考陈来《诠释学中的"前见"——以〈真理与方法〉为中心的分析》，《文史哲》2021年第 4 期。

冯友兰先生的朱熹研究

——以《中国哲学史》《中国哲学史新编》为中心

王天煜

（清华大学哲学系）

摘　要：冯友兰先生在《中国哲学史》和《中国哲学史新编》两部哲学史著作中对朱熹的思想有丰富的讨论。冯先生以理气论—心性论—工夫论的逻辑展开对朱熹思想的梳理，其中涉及理气关系、理气动静、理气同异、心统性情、格物穷理等多个具体问题。《中国哲学史》对朱熹的思想进行了全面的展现，而《中国哲学史新编》在此基础上以马克思主义的立场，进一步扩展、深化了讨论，提出了不少创新性的观点。冯先生的这两部著作是中国哲学史研究的典范，为朱子学研究提出了诸多经典的论断，值得我们回顾与总结。

关键词：冯友兰　《中国哲学史》　《中国哲学史新编》　朱熹

冯友兰先生是我国 20 世纪著名的哲学家、哲学史家，冯先生早年所著的《中国哲学史》和晚年所著的《中国哲学史新编》是中国哲学史学科的研究典范，对后世产生了深远的影响。冯先生的两卷本《中国哲学史》于 1934 年出版，这是冯先生早年的中国哲学史研究的高峰，是冯先生的主要代表作，其影响力也是最广的。新中国成立之后，接受了马克思主义新思想的冯先生决定重写一部《中国哲学史》，最终在晚年完成了七卷本的巨著《中国哲学史新编》，这是其一生的中国哲学史研究的最后总结和提炼。可以说，冯先生一生的中国哲学史研究成果，都浓缩在了这两部最主要的著作之中。①

---

① 除此之外，冯先生还著有《中国哲学简史》一书。但就其讨论朱熹的部分而言，与前作《中国哲学史》差别不大，故我们不在本文中单独叙述这部著作。

朱熹作为中国哲学史上举足轻重的哲学家，在冯先生的这两部作品中均得到了较多的关注和讨论。朱熹拥有着庞大复杂的思想体系和丰富的思想材料，对朱熹的哲学思想进行分析讨论，十分考验研究者的哲学研究功底。因此，将冯先生对朱熹的讨论集中起来进行分析，不仅能够展现冯先生在中国哲学史的治学方法和研究取向上的特点，也能为今后的朱子学研究提供一个学术史的回顾和总结。

因此，无论是从中国哲学史学科研究的角度，还是从朱子学研究的角度出发，对冯友兰先生的朱熹研究进行回顾、分析和总结，都是一项有价值的工作。本文即试图以冯先生的这两部主要哲学史著作为中心，希望对此进行清晰的梳理。

一 《中国哲学史》

冯先生将对朱熹的讨论放在《中国哲学史》下册"经学时代"的第十三章，共分为七个部分，分别讨论了朱熹的理气思想、心性思想、修养工夫、政治哲学等内容。本文的讨论将主要集中于对朱熹理气、心性和工夫三个部分思想的讨论。

1. 对朱熹的理气论思想的讨论

理气问题是朱熹哲学思想中最具有形而上学色彩的部分，集中展现了朱熹的本体论和宇宙论思想。冯友兰先生对朱熹的理气思想的讨论，相对而言也是最丰富、最充分的。

冯先生指出，朱熹的形上学以周敦颐的《太极图说》为骨干，集合了邵雍、张载和二程各家的思想，可谓集大成者。在朱熹的思想中，形而上的"道""理"指的是抽象的原理和概念，形而下的"器""气"则是指具体的事物。"以现在哲学中之术语言之，则所谓形而上者，超时空而潜存（subsist）者也；所谓形而下者，在时空而存在（exist）者也。"① 此形而上者没有形象，所以朱子说"无极而太极，只是说无形而有理"，而形而下的世界的具体构成则依赖有形的气。就理的内涵而言，冯先生指出，理是事物最完

---

① 冯友兰：《三松堂全集》第 3 卷，河南人民出版社，2001，第 323 页。为行文方便，仅在注释初次出现时注明版权信息。

全的形式和最高标准，也就是事物之"极"。而太极便是天地万物之最高标准，太极无形象，而其中万理毕具。

就理和气的关系而言，冯先生指出，每一事物之中都存在一个太极，太极在一切物中，与月印万川相似。"依逻辑言，理虽另有一世界；就事实言，则理即在具体的事物之中。"① 理其实就是事物的形式，存在于具体的事物中。没有气的结聚，理也就无所附着，故"具体的物中之秩序条理，即理在气中之发现处"②。针对理气动静的问题，冯先生指出，理、太极是无动静的，动静是气，"太极中有动静之理，故气得本此理以有动静之实例"③。因此形而上之理"不可以动静言"。

冯先生还着重讨论了理气先后的问题，指出朱熹认为天下之物的理都是在物之先的，"凡有可能之物，无论其是天然的或人为的，在形而上之理世界中，本已具有其理"④。因此，理是先于气（物）而已经存在了的，没有理就不会有具体事例的存在，冯先生认为这是"就逻辑言，则'须说先有是理'"⑤。但"依事实言，则有理即有气，所谓'动静无端，阴阳无始'"⑥，理气又是相互依存、不分先后的。因此，冯先生实际上指出了理气先后问题在朱熹思想中的两种不同解答，应该说是比较全面的。

总的来说，冯先生基本上做到了平实、客观地解析朱熹的理气思想，勾勒出了其主要特点和内容，并为人们提示了其中的一些曲折复杂之处，这是值得肯定的。

2. 对朱熹的心性论思想的讨论

在朱熹思想自身的展开逻辑中，从宇宙论、本体论角度展开的理气论在人物之上的体现，就是其心性情思想的形成和发展的问题。冯友兰先生对朱熹思想的讨论，基本上是按照这一逻辑进行的。

冯先生指出，"理与气合而成为具体的个人。此气中之理，即所谓性也"⑦。也就是说，理气论中所言之理，到人身上就成为性，二者是同物异名

---

① 冯友兰：《三松堂全集》第 3 卷，第 329 页。
② 冯友兰：《三松堂全集》第 3 卷，第 329 页。
③ 冯友兰：《三松堂全集》第 3 卷，第 326 页。
④ 冯友兰：《三松堂全集》第 3 卷，第 323~324 页。
⑤ 冯友兰：《三松堂全集》第 3 卷，第 330 页。
⑥ 冯友兰：《三松堂全集》第 3 卷，第 330 页。
⑦ 冯友兰：《三松堂全集》第 3 卷，第 334 页。

的关系。且除了人有性，物亦有性，一物之性，即一物之理。虽然人物均得太极之理而为性，但人物之差别在于物之太极不能全体表现，而这是由受到了物所禀之气闭塞所致。"物所受之理，本无不全，但因其禀气较偏而塞，故理不能全显而似于偏也。"① 完全至善的理在气之中得以实现，同时也为气所累而不能完全实现。因此，"实际世界之不完全，皆由为气所累也"②。

至于人与人之间的差别，冯先生指出，这是人所得之气的清浊而导致的。其中，"禀气清明者为圣人，昏浊者为愚人。朱子以为如此说法，可将自孟荀以来儒家所争论之性善性恶问题，完全解决"③。这种禀气的清浊，在朱熹的思想中被称作气质之性，与此相对的则是纯善的天命之性。正如冯先生所言，朱熹的这一套人性的思想，是有其理气论作为背后的哲学根据的。

冯先生进而讨论心、性、情、才的关系，指出心之知觉是"理与气合"而生的，"吾人之知觉思虑，既皆在此具体的世界之中，故皆是气与理合以后之事也"④。这种知觉思虑是所谓"灵处"，指的是心所能有的具体的活动，这不是理单独能做到的。性是无不善的，而情从心上发出，作为具体世界中之事物是有善有恶的。性情均含于心中，这就是朱熹"心统性情"的结构。人所禀之气有清浊的不同，故人之才也有各种差异。

3. 对朱熹的工夫论思想的讨论

除了理气论和心性论，朱熹思想的另一个十分重要的部分就是工夫论思想，涉及诸如主敬穷理、格物致知等工夫，相对来说是比较复杂的。

冯友兰先生对朱熹的工夫论思想的讨论始于对"理"的内涵的解说，指出人性"即客观的理之总合。故其中亦自有道德的原理，即仁、义、礼、智是也"⑤。人之性理是抽象的、无形迹的，但人可以通过恻隐、羞恶、辞让、是非之情而推知人性中所包含的仁义礼智。但仁义礼智之性由于气禀的遮蔽而不能全然显露，而所谓圣人，"即能去此气禀之蔽，使太极之全体完全显露者也"⑥。

---

① 冯友兰：《三松堂全集》第3卷，第336页。
② 冯友兰：《三松堂全集》第3卷，第336页。
③ 冯友兰：《三松堂全集》第3卷，第337页。
④ 冯友兰：《三松堂全集》第3卷，第338页。
⑤ 冯友兰：《三松堂全集》第3卷，第339页。
⑥ 冯友兰：《三松堂全集》第3卷，第340页。

冯先生进一步解析了朱熹思想中的人心和道心之别，认为性、太极即"道心"，而因气禀而产生的"流而至于滥"的人欲则是所谓"人心"。就其为具体的人所产生而言谓之"人欲"，而就其为个体的人所产生而言则谓之"私欲"，二者实际上是同一的。天理被人欲所蔽，但不可能被完全遮蔽，天理总是存在未被遮蔽处，而人则需要在这未被遮蔽处努力下工夫，这就是工夫产生的基本逻辑。

冯先生认为，朱熹的"工夫分两方面，即程伊川所谓用敬与致知。只谓我自有一个明底物事，心中常记此点，即用敬之工夫也"①。朱熹的工夫论被冯先生分为用敬和致知两个大的方面，其中用敬则强调一种精神的集中。至于格物致知，冯先生认为这与朱熹的整个哲学思想是协调的：天下之物莫不有理，而人心中之性即事物之理，因此"穷天下事物之理，即穷吾性中之理也。……多穷一理，即使吾气中之性多明一点。穷之既多，则有豁然顿悟之一时。至此时则见万物之理，皆在吾性中"②。这就是"吾心之全体大用无不明"的境界。

冯先生对朱熹的工夫论思想总体评价道："用此修养方法，果否能达到此目的，乃另一问题。不过就朱子之哲学系统言，朱子固可持此说也。"③ 另外，冯先生还在注文中强调，朱熹所言之格物致知是一种修养方法，而不能被理解为一种科学精神，"以为此乃专为求知识者，则诬朱子矣"④。冯先生的这一判断，是对民国时期以科学精神理解朱熹的格物致知思想的思潮的一种回应，在当时的学术背景下具有重要的意义，后来也引起了不小的讨论。

总体来看，对于冯先生在《中国哲学史》一书中对朱熹思想的讨论，我们可以做出如下的总结。首先是讨论的全面性。冯先生的讨论照顾到了朱熹的理气论思想、心性论思想和工夫论思想，对其政治哲学也有所涉及，这样的讨论范围基本涵盖了朱熹的哲学思想中最为重要的方面。就其为一部哲学史通史著作而言，这样的安排已经足够为读者展现朱熹哲学思想的大致面貌。其次是讨论的逻辑性。朱熹的理气论思想是其本体论，从中则发展出了

---

① 冯友兰：《三松堂全集》第3卷，第341页。
② 冯友兰：《三松堂全集》第3卷，第341页。
③ 冯友兰：《三松堂全集》第3卷，第342页。
④ 冯友兰：《三松堂全集》第3卷，第342页。

其心性论和人性论的思想，而工夫论则是一种实践，是对天理的复归。易言之，理气是本体，心性是发越，工夫是完成。需要指出的是，从理气到心性到工夫的逻辑并非为冯先生所首次提出，之前已有谢无量《朱子学派》（1916）、周予同《朱熹》（1929）两部朱熹思想研究专著，这两部专著的论述逻辑也比较相似①，因而冯先生在一定程度上也吸收综合了前人的研究成果。但结合上述中国哲学史研究的学术背景，考虑到冯先生这一著作的影响力，应该说冯先生才是此种朱熹思想理解模式的大力推动者，由此以后，以理气论为中心的研究范式变得更加深入人心，影响延及今日。再次是讨论的细致性。冯先生对理气先后问题的讨论是其著作的亮眼之处，从事实与逻辑两方面的解读十分细致地照顾到了朱熹思想的不同侧面，这体现了冯先生治中国哲学史学科的深厚功底。最后是以现代西方思想中的概念来阐释朱熹的思想。冯先生用亚里士多德的形式和质料的概念来解读朱熹的理与气，且认为"朱子之哲学，非普通所谓之唯心论，而近于现代之新实在论"②，这些都是冯先生所独创的判断和评价。冯先生的这些论断对后世的朱子学研究都产生了深刻的影响。

总之，冯先生的《中国哲学史》不仅是一部中国哲学史学科的经典之作，其在朱熹研究上也达到了一定的深度，提出了一些重要的论断和评价，应该说是那个时期朱子学研究的高水平成果。

二　《中国哲学史新编》

冯先生于其晚年撰写的《中国哲学史新编》是其对《中国哲学史》的改写，总的来说是用马克思主义的立场、观点和方法对其旧著进行的一次批判性继承，其中有对其原来观点的延续，也有不少创新发展之处。就其对朱熹思想的讨论而言，其基本的讨论逻辑和其旧著是相同的，即按照理气论—心性论—工夫论的顺序展开的，故整个讨论的框架没有改变。一些比较明显的变化，

---

① 谢无量先生没有为其著作的论述逻辑给出足够的说明。唯周予同先生在其论述朱熹哲学部分的篇首指出："哲学内容之区分，学者说各不同；就其简明而有系统者言，自以区分为（一）本体论、（二）价值论、（三）认识论之三分法为优。朱熹学术思想之自身，固决无若是显著之划分；其采用之术语与表示之观念，亦每多含糊难明之弊；然吾人为爬梳整理而欲获得其简单之印象计，固不妨袭用此三分法也。"见周予同《朱熹》，商务印书馆，1929，第19页。

② 冯友兰：《三松堂全集》第3卷，第347页。

在于冯先生在讨论之初添加了"北宋道学所引起的哲学问题"一节，同时在讨论了朱熹的理气思想之后添加了"朱熹的宇宙形成论"一节，最后还添加了"朱熹易学中的辩证法思想"和"前期道学的高峰"两节。另外，冯先生对朱熹的工夫论思想也提出了不少新论述，这些都是冯先生对朱熹思想产生的新思考和新研究。

1. 对朱熹的理气论思想的讨论

在新添加的"北宋道学所引起的哲学问题"一节中，冯先生指出，道学的两个最主要的范畴是理和气，而二者之间的关系则是尚未被北宋五子解决的问题。二程和张载充分发展了有关理和气的思想，但二者"都是自然的产物，如空气之类"[①]，而没有进入人类社会的领域。冯先生指出，"用现代哲学的话说，道学的中心问题仍然是关于一般和特殊的问题"[②]，但简单地将这一问题理解为有形和无形的区别，这还不够。因此，必须给理和气赋予更广泛的意义，才能完全地建立起道学的体系。冯先生认为，解决这一历史问题的正是朱熹。冯先生的这一论述，简明地交代了朱熹的理气思想的展开背景和继承关系，从而在一个更大的哲学史背景下定位了朱熹的思想。这是其两卷本《中国哲学史》中所没有的内容，这一补充是十分有价值的。

针对朱熹的理与气的思想，冯先生指出，朱熹"首先对于普通的事物作逻辑的分析，从这样的分析中得到了这样的认识"[③]，这种分析能够得到事物的性和形两个方面，性是事物的主要性质，所谓"生物之本"；而形是事物的存在基础，所谓"生物之具"。朱熹的这一说法不仅可应用于自然界的事物，也可应用于人类社会中的事物。理在事先、理在事中、理无动静，这是朱熹对一般和特殊的关系的主要理解，冯先生认为朱熹比前人的理解都要更加清楚明白。

对于朱熹对"无极而太极"的"极"的解释，冯先生认为，"极"就是标准之义，是一类事物的规定性和标准。"有"作为一个类是最大的类，其无所不包，这个集体的名字就是"太极"。但其规定性则约等于零，也就是没有规定性，这就是"无极"。把这两方面的内容合在一起，就是"无极而太极"。其中，高一类的理能够蕴含低一类的理，这样一层层推下去，理也

① 冯友兰：《三松堂全集》第 10 卷，第 148 页。
② 冯友兰：《三松堂全集》第 10 卷，第 149 页。
③ 冯友兰：《三松堂全集》第 10 卷，第 152 页。

是层层蕴含的，故一切具体事物的理都蕴含有无穷尽的理，这就是朱熹所谓"人人有一太极，物物有一太极"之义。这是冯先生从类名的内涵和外延出发对朱熹的理的思想做出的解释，冯先生认为"可能朱熹原来没有想得这样清楚，至少没有说得这样清楚，但从认识论上说，他的思想总有这一类的过程"①。冯先生承认自己说的内容也许比朱熹的思想多了一些，因此在一定程度上，可以认为冯先生这里也是在借朱熹的思想进行一种自我发挥。

针对朱熹的气的思想，冯先生认为，朱熹在二程、张载的基础上，将理气的范围推广至了人类社会。在这一点上，朱熹和亚里士多德有相似之处，后者将事物的形成归结为四因，而朱熹则归结为理与气两个原因，这是一种"暗合"。在理气关系上，"气和理的关系是'依傍'，有依照的意思，理和气的关系是'骑乘'、'挂搭'"②。冯先生认为，理可以被认为是事物的"式因"和"终因"，但不是"力因"，因为理是无情意计度造作的。至于整个宇宙的"力因"，在道学看来，整个宇宙本身就是一个流行，无始无终，因此不需要某个第一推动者。

关于理气先后的问题，冯先生认为，虽然宇宙是"大用流行"着的，但理气先后在朱熹看来仍然是一个值得讨论的理论问题。理是更为根本的，"就这一点说，先后问题就是本末问题，理是本，气是末；也就是轻重问题，理为重，气为轻。本和重在先，轻和末在后，这样的在先就是所谓逻辑的在先"③。冯先生认为，这种理为先的思想，是朱熹唯心主义哲学体系的根本。

在新添加的"朱熹的宇宙形成论"一节中，冯先生指出，上述理气论是朱熹的本体论思想，而宇宙形成论则讨论的是具体的世界是如何发生和发展的问题。冯先生认为，朱熹的理气本体论确有很大贡献，但在宇宙论上则多延续周、邵之说，因为"从周、邵到朱熹，科学知识没有重要的进步，没有新的科学知识可以作为根据"④。而且朱熹的《太极图说解》是从本体论讲起而进入宇宙论，这是前人所没有面临的困难。朱熹对此的解决方法是认为理是无动静的，因而真正的宇宙形成论要从形而下的层面讲起，即从"两仪"开始。天地起源时只是阴阳之气，相互磨来磨去，便生出"渣滓"，结

① 冯友兰：《三松堂全集》第 10 卷，第 156 页。
② 冯友兰：《三松堂全集》第 10 卷，第 159 页。
③ 冯友兰：《三松堂全集》第 10 卷，第 159~160 页。
④ 冯友兰：《三松堂全集》第 10 卷，第 160 页。

成地在中央，而气之清者为天。一切种类的生物最初也都是"气化"而来的。至于宇宙终始的问题，朱熹引用了邵雍的思想，认为当下的天地有毁坏之时，但整个大化流行的宇宙则没有终始。冯先生最后说，限于当时中国的科学水平，朱熹不可能建立一个合乎科学的宇宙形成论。

在新添加的"前期道学的高峰"一节，冯先生认为道学对一般和特殊的关系问题的讨论是继承魏晋玄学而来的，道学家使用理和气这两个概念来对这一问题进行解说。冯先生强调，"不能由此就说朱熹的哲学是二元论，因为他所讲的是宇宙结构的两个方面，不是宇宙构成的两种因素"[①]。从张载到二程再到朱熹，冯先生认为这是一个从肯定到否定，再到否定之否定的过程，朱熹完成了前期道学进行总结并使之发展至高峰的双重任务。这是冯先生从马克思主义的立场出发对朱熹的哲学思想的性质与地位做出的一个新的评价。

总的来说，冯先生对朱熹的理气思想的阐发有诸多继承自其旧著的地方，如对"极"的讨论、对理气先后等问题的讨论等。但更多的则是创新和发展：对北宋以来道学中的哲学问题的提示让我们看到了朱熹的理气本体论的一个重要贡献在于将理这一概念扩展至了人类世界；将朱熹的理气思想与亚里士多德的"四因说"的对比，让我们看到了中西哲学家对相同现象思考的暗合；对朱熹的宇宙论的补充，也让我们了解了朱熹思想中本体论和宇宙论之间的重要差别和联系。这些都是其旧著所没有的内容，这样的补充让冯先生对朱熹的理气思想的讨论更为充分翔实、更具深度，也鲜明地展现了冯先生晚年所秉持的马克思主义的思想立场。

2. 对朱熹的心性论思想的讨论

从理与气下降到人物身上，就涉及朱熹的心性情思想。气得了所禀受之理，它就成为物了，它所禀受的这个理，也就成为性。"朱熹说了这两个要点，理和性的关系就很清楚了，一般和特殊的关系也就清楚了。"[②] 万物同禀了天地之间的公共之理，所以万物都有"健顺五常之德"，这是朱熹的一个较为笼统的说法。更重要的问题是，人物之别从何而来呢？

冯先生认为，"朱熹的意思是说，人和物都禀受一个公共之理，但禀受

---

① 冯友兰：《三松堂全集》第 10 卷，第 185 页。
② 冯友兰：《三松堂全集》第 10 卷，第 164 页。

有偏有全。理本来都是全的，但人物之所得则有分量上的不同"①。"也因为构成人物的气，在性质上有清浊厚薄的不同，其中所表现的理也有昏明的不同。"② 因此，冯先生看到了理气同异问题的两个方面，一方面是理之偏全，另一方面则是气之清浊，二者共同造成了人物之间的不同，这应该说是比较全面地看到了朱熹思想中的不同方面。理气同异的问题在冯先生看来也就是一般和特殊之间的关系问题，"一般是一类事物所共有的，一类的具体事物，虽共有这个一般，而其间各有不同，这就是道学所说的'理一分殊'"③。但朱熹等道学家在讲这一问题时更注重其伦理的意义，而不注重其逻辑意义，因此对物之理的讨论只是顺带提及。

冯先生指出，朱熹的人性论发展了张、程关于天地之性和气质之性的思想，将二者统一起来说，这样就可以把以前的各家人性论学说都包括起来了。至于心和性的不同，朱熹强调知觉之理和具体知觉的不同，知觉之理并不能知觉。这实际上又是一种一般和特殊的关系问题。朱熹的这些心性论思想，包括"心统性情"的架构，都是从"性即理也"这个大前提发展而来的。

总的来说，冯先生对朱熹的心性情思想的讨论，比旧著丰富了不少。一个主要的线索，在于冯先生延续了他在讨论朱熹的理气思想时的思路，即从一般和特殊的关系出发来解读朱熹的心性情思想，认为理气同异、性心之别等问题都可以归结为这一问题的不同表现形式。应该说，冯先生的这一解读是比较独特的，这一方面来自冯先生 20 世纪 40 年代所建立的"新理学"的哲学体系的思考，另一方面也包括了冯先生自己从马克思主义的立场出发的发挥，值得人们更多的关注。

3. 对朱熹的工夫论思想的讨论

针对朱熹的工夫论思想，冯先生首先指出，"道学的主要目的是提高人的精神境界，所以道学家们都着重修养方法"④。朱熹最重要的工夫论文本，便是其对《大学》所作的《格物补传》，这篇文章基本上把朱熹的工夫论思想的要点点出来了。然而，冯先生认为，"文章是好的，可是他的意思在理

---

① 冯友兰：《三松堂全集》第 10 卷，第 165 页。
② 冯友兰：《三松堂全集》第 10 卷，第 165 页。
③ 冯友兰：《三松堂全集》第 10 卷，第 165 页。
④ 冯友兰：《三松堂全集》第 10 卷，第 168 页。

论上有讲不通的地方，在实践上也有行不通的地方"①。冯先生是从其境界理论的角度出发对朱熹的工夫论进行评判的。

冯先生认为，"从理论上说，增进人对于客观上各个具体事物的知识是一回事，提高人在主观上的精神境界又是一回事"②。而在朱熹的《格物补传》中，前半段"即物穷理"说的是增进客观知识，而后半段"吾心之全体大用无不明"说的则是提高精神境界。二者分开说本无不可，但朱熹却认为前者是后者的方法，这就成为问题了。"这就是把两回事混为一回事，把'为学'和'为道'混为一谈，这就讲不通了。"③ 客观的知识是无穷无尽的，对于知识本身不可能做到"豁然贯通"，而"吾心之全体大用无不明"，又不是能够通过增进知识达到的。

朱熹继承的是程颐的"涵养须用敬，进学则在致知"的工夫论思想，其中"涵养"是提高精神境界的事，而"进学"则是增加知识的事，二者也没能在程颐这里得到统一，二者成为分开的两橛。冯先生认为，在朱熹这里，这种两橛的情况更严重了，其《格物补传》没能解决"即物穷理"与"明明德"的关系问题，朱熹该篇文章本身也成为两橛。

冯先生指出，朱熹的困难在于不能正确地理解"穷理"的含义。从朱熹的理气论出发，每一类事物都有其自己的理，也就是自己的性。所谓"穷理"，就是要求人类运用自己的"知觉灵明"向自己提出要求，以穷自己的理，尽自己的性，做一个完全的人。天理是"受命于天"的，因此可以说，"穷理尽性以至于命"三者其实是一事。

冯先生结合《中庸》中的"唯天下至诚，为能尽其性"一段，指出所谓"赞天地之化育"并不是说能够呼风唤雨，而是指人从"尽其性"出发，在最终理解了天地化育的意义之后，便能够自觉地"与天地参"。这不是出于逻辑推论，而是出于一种直觉，是一种精神境界，也就是所谓"豁然贯通"。《大学》的"八条目"其实也表达了这个意思，即"明明德"总是要从自身做起，从"致知在格物"做起。然而，"朱熹把'格物'解释为'即物穷理'，这就使这个连贯脱节了。'明明德'就不是从自己本身做起，而是从外

---

① 冯友兰：《三松堂全集》第10卷，第168页。
② 冯友兰：《三松堂全集》第10卷，第169页。
③ 冯友兰：《三松堂全集》第10卷，第169页。

物做起了"①。把穷理作为第一位工夫，这就完全颠倒了《大学》和《中庸》的工夫顺序，无怪乎心学批评朱熹的工夫支离，不得要领。

冯先生指出，穷物理增加知识和穷人理提高境界之间似乎存在矛盾，但实际上"这是由于对于增加知识和提高精神境界的关系认识不够全面，思想上有了'弯'没有转过来"②。不仅是理学一派，心学一派也存在相同的问题。冯先生认为，张载早就把这个弯转了过来，认为"人在社会中所做的有积极意义的事，都有'事天'的意义。'穷神'、'知化'就是求增加知识，但是可理解为对于天的'继志'、'述事'，有了这样的理解，求增加知识也就是所以提高精神境界"③。这是说，对外物的学习，在增进客观知识的同时也有某种"事天"的意义，对于这一点有充分理解和认识的人，他的穷物理也就是所以穷人理，二者的矛盾便可得以消除，融为一体了。

在这样的基础上，冯先生给朱熹的《格物补传》在"以求至乎其极"一句之后添加了下面几句："此穷物理也，穷物之理乃所以穷人之理。苟明此道，敬以行之。"④ 这样一来，这个弯就转过来了，朱熹的工夫也就不再是两橛了。从这样的角度出发，冯先生认为，"穷物理不必是'支离'，而不穷物理必定流于'空疏'"⑤，因为穷物理是穷人理的一个非常重要且不可或缺的途径。冯先生通过这样的方式，给朱熹的《格物补传》和工夫论思想进行了一次十分有意义的补充。

总的来说，冯友兰先生对朱熹的工夫论思想的讨论应该是他的整个朱熹研究中变化最大、创新最多的部分，在《中国哲学史新编》中出现了许多新的提法。冯先生于1943年撰写《新原人》一书，提出了其著名的境界理论，这也是其"新理学"的哲学体系中的一部分。而冯先生这里对朱熹的工夫论思想的讨论，在很大程度上正是从其境界理论出发的。冯先生从境界层次的高低出发，认为只有"穷人理"才能有效地给人带来更多的觉解，从而提升人的精神境界，但朱熹所提出的"即物穷理"则并不能满足这一要求。因而冯先生便结合张载的思想，指出了在穷物理和穷人理之间存在的"弯"，在

---

① 冯友兰：《三松堂全集》第10卷，第171页。
② 冯友兰：《三松堂全集》第10卷，第172页。
③ 冯友兰：《三松堂全集》第10卷，第172页。
④ 冯友兰：《三松堂全集》第10卷，第173页。
⑤ 冯友兰：《三松堂全集》第10卷，第173页。

于理解到对客观知识的学习具有一种"事天"的意义，这样一来，一般的知识学习，也能够为人的精神境界带来提升。可以说，冯先生对朱熹工夫论思想的这一补充，是一次非常具有其自身思想色彩的创造性解读，为深入理解朱熹的工夫论思想，以及调和解决朱陆乃至理学与心学之间的争论提供了一条非常值得重视的思想途径。这也成为冯先生晚年的朱熹思想研究的最大亮点之一。

4. 朱熹易学中的辩证法思想

冯先生在《中国哲学史新编》中新添加的"朱熹易学中的辩证法思想"是其旧著所没有提及的内容，且集中体现了冯先生用马克思主义观点解读朱熹的立场，值得我们在此单独进行讨论。

冯先生首先讨论了朱熹《周易本义》的体裁，指出其目的就是探讨《易》的本来意思，因此其注解自然会相对简略一些。冯先生认为，"'交易'，'变易'这四个字概括了朱熹对于《周易》的全部看法"[1]。在朱熹看来，《周易》的对象是整个宇宙，宇宙中所有的道理《周易》中都有对应，其中最主要的就是阴阳的对待和流行，"'变易'就是流行，'交易'就是对待"[2]。宇宙的大化流行的过程是真实的，其中的一些"定位"的静态则只是暂时的现象而已。

冯先生说，"就其广泛意义说，阴阳是两个符号，表示'消长'、'屈伸'。用现在的话说，阴阳是表示正负的符号，阳为正，阴为负"[3]。冯先生认为朱熹对于辩证法中的一个要点，即矛盾的统一有所认识，两个对待的对立面必然是矛盾而又统一的。两个对立面的互相依存、渗透和转化便可以概括成一个"交"字，朱熹的"交易"大概可以这样来解读。朱熹认识到，每一个统一体中都各自有阴阳对待的两面，而作为一个统一体的宇宙，其中的总对待也就是动静阴阳，即所谓"太极生两仪"。其中每个部分又各自有阴阳，于是便会有"两仪生四象""四象生八卦"，以至六十四卦为止。

冯先生认为，这一问题"牵涉到哲学上本体论和宇宙形成论的根本不同之处"[4]。本来阴阳对待之理是通过对事物进行逻辑分析得来的，属于本体论

---

[1] 冯友兰：《三松堂全集》第 10 卷，第 177 页。

[2] 冯友兰：《三松堂全集》第 10 卷，第 178 页。

[3] 冯友兰：《三松堂全集》第 10 卷，第 178 ~ 179 页。

[4] 冯友兰：《三松堂全集》第 10 卷，第 180 页。

的范畴。但按照周、邵，还有《系辞》的说法，这却成为一种宇宙论。中国古代的诸多哲学家，包括朱熹，在冯先生看来对此都没有清晰的认识。

阴阳的对待有不同的层次，但都有"新陈代谢"的表现，其中"新陈"是对待，"代谢"是流行。"任何事物时时刻刻都在新陈代谢之中，这就叫'日新'。任何事物都在'日新'。"① 日新就是宇宙生生的盛德。冯先生指出，现代的辩证法认为两个对立面中必然有一个是主要的，一个是次要的。在《周易》中，乾是领先的、主要的，坤是附属的、次要的。这种认识虽然有其阶级根源，但也有其在认识论上的依据。冯先生还讨论了朱熹思想中的渐变与突变、量变和质变的关系等问题。

冯先生指出，朱熹针对"一阴一阳之谓道"一句有从不同层面进行解析，"这些分别，似乎是琐碎的，但是它说明，'一阴一阳之谓道'这句话不可以横看，只可以竖看"②。所谓"竖看"，就是以一种变易的角度出发来看待阴阳，这也就是所谓"对待"。冯先生认为，《周易》的这种变易的道理和马克思主义所说的三段法也是相合的，其中存在一种不断地肯定、否定和否定之否定的过程，以至于无穷。但这并非"循环不已"的，因为循环只是表面现象。因此冯先生说："发展这个观点是《周易》所没有的，因为《周易》是中国封建社会的产物。在封建社会中，人们是不习惯于这个观点的。"③ 这也是冯先生对《周易》的思想给出的一种评价。

最后，冯先生认为，"朱熹的易学的价值在于'尚其变'。他把《周易》的'易'字理解为'变易'和'交易'，又指出'变'的基本内容是'流行'和'对待'，这就抓住了《周易》的要点，那就是辩证法"④。因此，冯先生认为经过了朱熹的说明和疏解，《周易》作为一部辩证法经典的定位方得以彰显，成为一部世界辩证法中的重要著作。

总的来说，冯先生以"变易"和"交易"为解读朱熹的易学思想的核心，指出了其中所蕴含的丰富的辩证法思想，并认为朱熹的阐释对《周易》的辩证法思想的发扬光大起到了重要的作用，对此给予了较高的评价。朱熹的易学思想往往不受人们的重视，但冯先生却能在一部哲学史通史著作中对

① 冯友兰：《三松堂全集》第10卷，第181页。
② 冯友兰：《三松堂全集》第10卷，第183页。
③ 冯友兰：《三松堂全集》第10卷，第183页。
④ 冯友兰：《三松堂全集》第10卷，第184页。

此有详细的讨论，这也体现了冯先生的卓识。

冯友兰先生在《中国哲学史新编》中对朱熹思想的讨论，在涉及的范围上、分析的深度和细致程度上、讨论的创新性上都有很大的发展和提高。除了基本的理气论、心性论和工夫论之外，冯先生还注意到了朱熹的宇宙论和易学思想，这样讨论的范畴变得更加全面了。在具体的分析上，冯先生始终以一般和特殊的关系问题为理解朱熹思想的贯穿性线索，使得整体的讨论更加连贯。在理气同异的问题上，旧著只注意到气异的一面，而新著还注意到了理异的一面，这和旧著讨论理气先后的问题有异曲同工之妙。在创新性方面，以马克思主义立场解读朱熹的思想在当时的研究中虽不罕见，但少有如冯先生之平实、精到者。冯先生从境界理论出发对朱熹的工夫论思想进行的理解和补充是一种十分独特的解读模式，这不仅是对朱熹工夫论本身的一次重塑，也为朱陆异同与理学心学之争的解决提供了可能的思路，这是十分值得注意的。

总之，作为冯先生一生的中国哲学史研究的最终总结，这部著作浓缩了冯先生一生的哲学思考。而就其对朱熹思想的讨论而言，《中国哲学史新编》的研究质量也属上乘，甚至可以与研究朱熹思想的专著相媲美。因此从各方面来说，《中国哲学史新编》都是一部值得重视的作品。

三　结语

陈来先生指出："考察冯友兰对中国哲学研究的贡献，必须具有历史的眼光，把他的著作放在各个学术发展的历史时期中加以考察和评价。"① 本文考察的主要对象是冯先生的《中国哲学史》和《中国哲学史新编》，这是两部写作时间跨越了半个世纪的著作，因而分别体现了不同时期的学术特点。从写作风格上看，《中国哲学史》行文大多为文言或文白夹杂，且以对哲学史史料的大段引用为主，冯先生个人的阐述则相对较少，因此总体上更加近似于我国传统的学案体模式，而与当代规范的学术写作体裁有一定的距离。回顾民国时期的学术史，那个时期的许多学者大都采取了类似的写作模式，这可以说是那个年代学术写作的共同特点。这种近于旧有学案体的写作模式，自然会导致《中国哲学史》的讨论不如学术体那般来得深入和有力，在

---

① 陈来：《冯友兰中国哲学史研究的学术贡献》，《北京社会科学》1995 年第 4 期。

讨论的细致性和连贯性上也稍有欠缺，这一点是我们要留意的。反观20世纪80年代写成的《中国哲学史新编》，则全用流畅的白话文书写，且冯先生个人阐述和发挥的文字篇幅大大增多，写作风格与当代的学术体基本无异，这自然是经过了新中国成立数十年的影响之后的结果。另外，全书采用马克思主义的观点和立场对中国哲学史上的思想家进行阐释和解读，也是那个时代所独有的学术传统。从今天的观点看，冯先生在这两部著作中所提出的观点不免有可商榷之处，我们需要回到其所在的学术历史语境中来更深刻地理解冯先生的学术贡献。

另外，需要注意的是，冯先生在20世纪40年代完成了其以"贞元六书"为代表的"新理学"的哲学体系的建构，该体系在冯先生的哲学思想中具有十分重要的地位。虽然经历了对马克思主义的接受和学习，冯先生对其"新理学"的哲学思想不无自我反思和批判，但不可否认的是，我们仍能从其《中国哲学史新编》中看到诸多其"新理学"思想的痕迹。例如，从一般与特殊的角度出发把握朱熹的思想，便是其"新理学"中的一个十分重要的思想基点。从境界的角度把握朱熹的工夫论思想，便源自其在《新原人》中所提出的境界理论。因此，要想整体把握冯先生晚年的哲学史研究，也不能忽视其自身的哲学体系所带来的影响。

冯先生的这两部著作是中国哲学史学科的典范性研究成果，他和张岱年先生一道，为中国哲学史学科的发展奠定了重要的基础，共同开创了中国哲学史学科的"清华学派"。两位先生一方面强调要对哲学史史料有客观的、内在的了解，另一方面则强调对材料中的概念和命题进行逻辑的分析与解读。张岱年先生所言"好学深思，心知其意"，是对这一研究传统的最好概括。在冯先生的这两部著作中，我们能很清楚地看到这一研究方法的具体展现。冯先生对朱熹思想的分析一定是从朱熹的各种思想材料出发，通过对这些材料进行细致的分析和梳理，从而对朱熹的思想获得客观的认识，并把握其思想中存在的逻辑与规律。朱熹作为理学一派的集大成者，本来就十分重视概念的提出和解析，因而冯先生对朱熹思想的讨论，可以说最好地体现了他的这种哲学史研究的取径。因此，若想要了解和学习冯先生及其学派的哲学史研究传统，绕不开其最有典范性的对朱熹的研究。

从朱子学研究的角度出发，冯先生针对朱熹的思想所提出的诸多论断都是十分经典且意义重大的。在理气论上，冯先生早年认为理与气类似于亚里

士多德所说的形式和质料，并认为朱熹的思想是一种新实在论；其晚年则从一般与特殊的关系出发解读朱熹理气思想中的诸多问题。在心性论上，冯先生晚年时看到了所谓"理气同异"问题的两个方面，指出人物之别包括理异和气异两个不同的解释向度。在工夫论上，冯先生早年时直截了当地指出朱熹的格物致知思想不是一种科学精神，而是一种修养方法；晚年时则从境界理论出发为朱熹的工夫论做出了重要的补充和修改。冯先生的这些论述都是颇具启发意义的，在今日的朱子学研究已经比较发达的情况下，仍然是人们思考的不竭源泉。

总之，冯友兰先生在《中国哲学史》和《中国哲学史新编》中对朱熹思想的研究，不仅为中国哲学史学科的创立和发展树立了典范，对"中国哲学"的内涵进行了丰富的思考和探索，也为后世的朱子学研究提供了高质量的研究成果，在当代中国哲学研究的学术史上起到了重要的作用。

书评

吴震《朱子学与阳明学——宋明理学纲要》读后记言

蔡家和（台湾东海大学哲学系）

黄爱智（台湾东海大学哲学系）

《朱子学与阳明学——宋明理学纲要》全书共分十讲，前后二讲，倡"儒学文明"及"哲学"的人文关怀，明言朱王二学于近世中国所呈现的一场整体的思想运动之深远价值与影响。吴震教授此著"是从一种宏观的历史文化视域，将朱子学和阳明学视作'近世中国'之后的一种'儒学文明'的典型形态，并将此置于整个近世中国的思想文化运动的视野中进行全方位的考察"①。全文脉络分明、层次清晰，其第二、三、四、五讲②以哲学史为前沿，为读者在了解中国儒学第二高峰及最为复杂的宋明心性学前，做一充分前沿知识及背景的介绍；第六、七讲③带入哲学思考的训练，置入宋明新儒学各式理论叙释，以之为前导，并由浅入深进入朱王二学复杂的义理系统；第八、九讲④揭示朱王最核心工夫论，篇幅增长、兼容并蓄、翔实精彩；第十讲以"结语：宋明新儒学的衰弱与重振"作结，回荡着作为一位哲学人应有的一份文明担当与文化使命。

一　创新书写，兼顾史与思

此著是吴震教授历年对于朱子及阳明义理思想研究考察后，以广义朱子

---

① 吴震：《朱子学与阳明学——宋明理学纲要》，北京大学出版社，2022，第 2 页。
② 各为："广义理学视域中的朱子学与阳明学""宋代新儒学与经典理学化""朱子学与阳明学的思想时代""理学与心学的哲学基础"。
③ 其为："宇宙论、本体论以及气学问题""儒家仁学的本体与价值的重建"。
④ 篇名为："工夫论重建：格物与诚意""儒家心性论义理开拓"。

学与阳明学为视域定位的新作。吴震教授以 3 世纪至 10 世纪中国儒学与佛道
二家所熔铸的新儒学为背景，以朱子学和阳明学在 13 世纪至 20 世纪间之新
道学视角为考察断代，聚焦于朱王二学对于儒家义理的创造性诠释与重建，
并对二学对于近世中国在东亚儒学所产生的跨文化价值和影响，进行剖析与
阐释。行文深入浅出、义韵深远、文字流畅、脉络清晰。

　　全书以"史"与"思"贯串全文。首先，各章以"史观"为前导，续
以哲学"逻辑思考"，导入义理脉络，使读者建立清晰的阅读视角。其次，
吴震教授有别于一般哲学史以人物或学术派别为陈述的书写方式，独树一
帜。仅以朱、王二人作为核心义理的发言人，将艰涩的概念逐一论证比较，
使读者聚焦朱、王义理脉络，在吴教授将重要复杂的义理逐一细致铺陈后，
读者只要依文而进、随文思考，宋明理学似乎便不再是复杂难懂①的哲学义
理。再次，吴震教授以"自问自答"的书写方式，以问题讨论取代人物线性
结构陈述，以挖掘朱、王间错综复杂的义理为进路，辅以简要揭示，并以与
朱、王义理相关之先儒与后学作为补充，使史与思相辅，而全其辐射上下数
百年的哲学发展脉络之梗概。如此，一可宏观宋明义理的源头，二能微观朱
王义理脉络所以异同的因由。最后，吴震教授为避免罗列庞杂的文献综述，
略去脚注的行文方式，使朱、王问题的脉络梳理更加流畅明白。

　　吴震教授于"后记"提及此书撰写之缘起——发愿为本科生书写教科
书②，其成书后回视本书以哲学论式的行文风格，亦可为研究生所参考。
以笔者浅见：此书作为一般读者进入中国儒学心性高原期的宋明理学著
作，义理脉络轮廓清晰，使读者容易明晓艰涩的宋明义理。此著是吴震教
授自 20 世纪 90 年代以来，深耕朱王二学所得的多元且丰厚的研究成果，
为朱、王哲学研究之新进或资深学者，提供一精实的研究资源、研究方法
与进路。

---

① 陈立胜："对王阳明的思想系统性的表述是非常困难的，这差不多是阳明学研究应该注意
的首要问题。"陈教授亦提及杜维明先生再论及王阳明思考方式时，同样强调了上述观
点。见陈立胜《王阳明"万物一体"论——从"身—体"的立场看》，燕京出版社，
2018，第 18 页。朱子庞大的理学系统，其繁复程度或有胜于阳明学之研究。
② 吴震教授于"阳明学与朱子学交涉工作坊"提及葛兆光教授所言："讲义是按照研究者关
于课程的心得想法，在没有固定框架约束的情况下所进行的写作。"吴震教授认为："用
'讲义'来定义本书或许是更合适的。"

二　夫子自道之精彩处

精彩处处。如吴震教授在"阳明心学与气学的思想异动"① 一节，对于"在宋明理学史上存在着'气学'的传统，与'理学'和'心学'构成分庭抗礼的三分格局"的看法，吴震教授表达了明确的立场，他说："这显然是一种属于'后见之明'的学术史研究的预设。"② 明言气学于朱学是显而易见的，而在阳明学"气的问题常常以'隐秘'的方式——或作为'背景'，或作为'陪衬'——存在于阳明学的叙述框架内"③。吴震教授所察甚精密。

关于阳明早年对气学的阐释，可参见于1518年刊行的《传习录》卷上④之语录与晚年《传习录》卷中⑤所言，即可知阳明之进路有所转化。陈来先生对于阳明之气学亦有考察⑥，且明确指出："在良知宗旨提出之后，阳明明确用良知统摄神、气。"⑦ 吴震教授以非常独特的观点诠释了阳明的"一气流通"：

> 阳明良知学的系统内，存在着一个隐秘的思路："一气流通。"如果说阳明学对宇宙问题有何思考，则可以用此四字来加以归纳。"一气流通"是阳明学的一个宇宙论预设。事实上，就气构成了宇宙万物的存在基础而言，无论是张载、朱子抑或阳明，几乎都不会有任何异议。只是

---

① 见吴震《朱子学与阳明学——宋明理学纲要》，第 196～199 页。

② 见吴震《朱子学与阳明学——宋明理学纲要》，第 196 页。

③ 见吴震《朱子学与阳明学——宋明理学纲要》，第 197 页。

④ 可参见陆澄［于正德九年（1514）就学于阳明］所录，言气与静坐及七情之联系。《传习录》卷上，依陈荣捷《王阳明传习录集评详注》（台湾学生书局，2018）所集录计有129 条，第 15～94 条为陆澄所录，属多数者，其语录脉络或可作为探究阳明早年"气"相关思想的参考，其中关于阳明气学之论可见第 16、28、57、73 各条。

⑤ 《答陆原静书》一书及二书（151～167 条），第一书为嘉靖三年（1524）所写，（阳明）言："夫良知一也。以其妙用而言谓之神。以其流行而言谓之气。"其时点与陈来先生推论的时间一致。有关阳明晚年"良知与气"的联系可见第 153、154、157、158、161、162、163、164、165、166、167 各条。阳明揭致良知（1520）之后，神、气皆被阳明统摄于"良知"之中。

⑥ 见陈来《有无之境——王阳明哲学的精神》，生活·读书·新知三联书店，2009，第313～359 页。

⑦ 见陈来《有无之境——王阳明哲学的精神》，生活·读书·新知三联书店，2009，第356 页。

由"一气流通"来论证"万物一体",并从"万物一体"当中找出"人心一点灵明"的阿基米德点,则是阳明学的一项理论贡献。①

综上,吴震教授所言阳明之气学以"隐密"方式呈现,当指阳明早年响应朱子"存天理,去人欲"而说,并言"由'一气流通'来论证'万物一体'"当是在揭致良知后。吴震教授进而言:"'一气流通'是阳明学的一个宇宙论预设。"其可谓吴教授洞中肯綮之处,吴震教授并以此推论阳明之世界观:"欲将良知奠定为世界一切存在的基础。"②而称此为"良知学宇宙观"③。依此,阳明的世界观以"良知"为中心,其"人心一点灵明"之说,便是其良知学的核心价值,则阳明所建构之"万物一体"的世界便成一"有价值的意义世界",是一由人类"良知"为主宰所建构的一"心世界",是一高度物我融合的"精神世界",为儒家心性说重建了一个新(心)的境界。

阳明的世界观由吴震教授以此视角开出,此观点是独创且前卫的,其段落结语,精而要:

> 在阳明心学看来,这个"世界"既不是冰冷而无生气的只是作为理据而存在的"理世界",也不是单纯作为物质存在基础的充满气动灵活的"气世界",而是理气融为一体的、以人心良知为核心价值的意义世界、伦理世界。由此出发,审视人伦世界时,阳明学便可摆脱理气二元的宇宙论构架,将"气"直接置入心性论域中来定位,并提出了"气即是性"的命题。④

阳明自龙场悟得"心即理"后,其讲学期间需直接面对的是当时朱学学人及门下学生对朱子各项工夫理论的疑难,"气"即是阳明和阳明后学首先面对的难题之一,"气"在三教皆有不同工夫要义和取径,在阳明早年与陆澄往来问答之中,关于"气"的疑难,有道家之"结圣胎"、有孟子"夜气"之说、有"元气、元神、元精"之辨析、有孟子之"志气";在阳明晚

---

① 见吴震《朱子学与阳明学——宋明理学纲要》,第197页。
② 见吴震《朱子学与阳明学——宋明理学纲要》,第198页。
③ 见吴震《朱子学与阳明学——宋明理学纲要》,第198页。
④ 见吴震《朱子学与阳明学——宋明理学纲要》,第199页。

年与其书信往返中，关于"气"的论述更多①，但此时关于"气"在七情方面的义理，多已收敛在良知之中，此时，"即气即性"已是阳明对于"气"的定调之论。

由阳明对于气学之转化与融摄，能清楚看见阳明回应孟子"必有事焉"的工夫脉络与进路，其格物之说"事上磨炼"的主张，当是阳明思想义理开展的必然的走向，吴震教授以"宇宙存在的一个事实便是由'一气流通'构成的有机连续体，人心一点灵明的良知或仁体都须以'一气流通'为中介，而与天地万物构成一体同在的关联，以展现一切存在的价值和意义"来阐释阳明气学的义理价值，揭示了阳明气学由隐而显的重要性历程，提出重要的观点与启发。

三 笔者有疑之叩问处

对于"《大学》工夫是一套系统"② 一节，有关"格物诚意是两个关"的说明，笔者有些疑惑。因朱子在为"格物致知"章所补之"格物补传"一章中言：

> 所谓"致知在格物"者，言欲致吾之知，在即物而穷其理也。盖人心之灵莫不有知，而天下之物莫不有理，惟于理有未穷，故其知有未尽也。是以《大学》始教，必使学者即凡天下之物，莫不因其已知之理而益穷之，以求至乎其极。至于用力之久，而一旦豁然贯通焉，则众物之表里精粗无不到，而吾心之全体大用无不明矣。此谓物格，此谓知之至也。（《大学章句》第五章）

可知"致知"的工夫本可融摄于"格物"的工夫过程之中，且两者互为手段与目的。致吾之"知"是人心之灵之"知"和心灵之知与天下之物之理接触后产生的"知识"的总和，此"知"③ 成为人们从事即物穷理时"已知

---

① 虽阳明与陆澄对话之语录与书信，多集中涉及关于"气"的言论，然阳明与周道通、王畿及其他门人或学者，有关"气"的讨论亦为数不少。

② 吴震：《朱子学与阳明学——宋明理学纲要》，第256~260页。

③ 朱子致知的定义："致，推极也；知，犹识也。推极吾之知识，欲其所知无不尽也。"（《大学章句》第一章）。"识"是"辨识"义。

之理"的源头，而反复作用于格物穷理的循环中，至于用力之久，物格（众物之表里精粗无不到）而后知至（吾心之全体大用无不明矣），其"物"涵盖物理、事理与性理。"心之大用"则是指心应万事之大用，故格物致知互为一事，为一个工夫的两个手段。

此节相关之引文：

> 致知、诚意，是学者两个关。致知乃梦与觉之关，诚意乃恶与善之关。透得致知之关则觉，不然则梦；透得诚意之关则善，不然则恶。致知、诚意以上工夫较省，逐旋开去，至于治国、平天下地步愈阔，却须要照顾得到。（《语类》卷十五）① （人杰）②

吴震教授说明："此处'致知'是格物致知的简称。"广义而论，应是无虞的。因朱子有言："格物可以致知，犹食而所以为饱。"③ （《朱子文集》卷四十四《答江功德》）可知"致知"是可被"格物"所涵摄的。但细观朱子于此所言，"致知、诚意，是学者两个关""致知乃梦与觉之关""透得致知之关则觉""致知、诚意以上工夫较省"，是否应单作"致知"义，而非具"格物致知"之"致知"义呢？笔者试推论如下。

其一，朱子明言"致知""诚意"为两个关，且朱子以"觉"言"致知"，此非朱子所定义的格物义："格，至也；物，犹事也。穷至事物之理，欲其极处无不到也。"而是其致知义："致，推极也；知，犹识也。推极吾之知识，欲其所知无不尽也。"此"觉"当是指致知之"辨识"义，识别在格物穷理过程中，人心之灵之"知"与外在之物之理相交时，因为"心"有"一个心两种状态"④ 的情形，故"心"需从事"辨识"的工夫，此为致知的工夫历程，故上述引言或应单指"致知"之义。

---

① 见吴震《朱子学与阳明学——宋明理学纲要》，第 257 页。
② 据《朱子语录姓氏》，万人杰（字正淳，兴国人），庚子（1180）以后所闻。
③ 见吴震《朱子学与阳明学——宋明理学纲要》，第 254～255 页。
④ "对朱子而言，他只承认'心一也'，不存在所谓的经验心与本体心之别；但是心的状态却有两种，一种是合乎理性的心，叫作'道心'，另一种是趋向人欲的心，叫作'人心'，必须让人心'听命'于道心的指挥和引领。这个说法显然借用了《尚书·大禹谟》的'道心''人心'的概念。但是，朱子认为这并不是指两个心，而是指一个心的两种状态。"见吴震《朱子学与阳明学——宋明理学纲要》，第 250 页。

其二，于此增列蘷孙所录，其距人杰师事朱子①当有十多年之遥，据《朱子语录姓氏》所载，蘷孙所闻当是丁巳（1197）以后，朱子逝前几年之语录，以下所录之内容或可视为朱子晚年对成熟义理的陈述：

> "格物是梦觉关。格得来是觉，格不得只是梦。诚意是善恶关。诚得来是善，诚不得只是恶。过得此二关，上面工夫却一节易如一节了。到得平天下处，尚有些工夫。只为天下阔，须着如此点检。"又曰："诚意是转关处。"又曰："诚意是人鬼关！"诚得来是人，诚不得是鬼。（《朱子语类》卷十五）

合看蘷孙和人杰所录，"梦觉关"以"格物"代"致知"是关键差异所在，于此，或可以说明朱子晚年更突出"格物"工夫在《大学》的重要性，但对于致知与诚意的关联性，可参见人杰与蘷孙所录之相关语录，见"致知"在朱子心中的重要地位，关于朱子《大学》八目之"关"说，尚有：

> 知至、意诚，是凡圣界分关隘。（《朱子语类》卷十五）（道夫）

> 大学所谓"知至、意诚"者，必须知至，然后能诚其意也。……某尝谓诚意一节，正是圣凡分别关隘去处。……"致知所以先于诚意者如何？"曰："致知者，须是知得尽，尤要亲切。寻常只将'知至'之'至'作'尽'字说，近来看得合作'切至'之'至'。知之者切，然后贯通得诚意底意思。"（《朱子语类》卷十五）

综上，朱子仅于一处（蘷孙一则）提及"格物是梦觉关"，此是否真为朱子最终定论，可再探。吴震教授言："'这一转'表明，格物与诚意之间有一个关卡，两者的打通必须以'物格则理明''理明则诚一'为前提，如此，诚意必定落为格物之后手，进而凸显出格物的首要地位。"② 若"理明"理解为"知至"，意诚必于知至而后致，则工夫次第亦同于朱子之所言："盖物格则理明，理明则诚一而心自正矣。"故吴震教授所指之"格物与诚意之

---

① 庄士杰：《朱陆之辨——朱、陆学术交游的考察与检讨》，硕士学位论文，台湾政治大学，2013。"万人杰本为陆九龄的学生，陆九龄卒后则转学于陆九渊，淳熙七年（1180）来问学于朱熹。"
② 见吴震《朱子学与阳明学——宋明理学纲要》，第258页。

间有一个关卡"，此关卡当是"致知"一关。以下朱子所论或可作为佐证：

> 贺孙问："如何是转关处？"曰："如致知、格物，便是就事上理会道理。"（《朱子语类》卷十八）

> 曰："格物最是难事，如何尽格得？"曰："程子谓：'今日格一件，明日又格一件，积习既多，然后脱然有贯通处。'某尝谓，他此语便是真实做工夫来。他也不说格一件后便会通，也不说尽格得天下物理后方始通。只云：'积习既多，然后脱然有个贯通处。'"又曰："今却不用虑其他，只是个'知至而后意诚'，这一转较难。"（《朱子语类》卷十八）

"格物"虽是朱子《大学》为学工夫第一入手处，但格物的质量因人而异，转关处在于格物致知的"事为"上。能否有"觉"，关键在于"致知"这一工夫，故吴震教授此小节以"格物诚意是两个关"为名，此应可为朱子晚年之旨；因吴震教授本节以人杰语录为据，笔者拙征语录数则为辅，综上笔者粗略之见，本小节若以"致知诚意是两个关"为名，可乎？

吴教授此著，义理缜密，脉络清晰，朱王同会一书，异同会勘一处，吴震教授创新书写，笔者受益匪浅。

刻意经学，推见实理：许家星
《经学与实理：朱子四书学研究》[*] 读后

郭晓东

（复旦大学哲学学院教授）

钱穆在《朱子学提纲》中称："朱子毕生，于四书用功最勤最密，即谓四书学乃朱子全部学术之中心或其结穴，亦无不可。"① 此足见四书学在全部朱子学中所占分量之重。传统论朱子之学术，必以其四书学为中心，绍述朱子之学者，莫不如此，其有代表性的如宋代真德秀的《四书集编》、赵顺孙的《四书纂疏》、元代胡炳文的《四书通》、明代官修的《四书大全》等，不一而足，以至于清人修《四库全书》，在经部下特立"四书"一目，这正如许家星教授所指出的，"即此可见朱子四书学意义之重大与影响之深远"②。然而，吊诡的是，虽然四书学居于朱子学中心的地位，虽然当代学者给后世留下了许多朱子学研究的宏编伟构，但鲜有对朱子四书学的专门研究。③ 这种研究现状与四书学在朱子学中的核心地位是相当不匹配的。不过，令人高兴的是，新近许家星教授出版的《经学与实理：朱子四书学研究》一书，围绕朱子之

---

* 该书入选 2019 年度国家哲学社会科学成果文库，清华大学陈来教授认为是"迄今为止有关朱子四书学的最富有成果的研究，也是近年来我所看到的最见功夫的朱子学研究的成果。"

① 钱穆：《朱子新学案》第一册，九州出版社，第 205 页。

② 许家星：《经学与实理：朱子四书学研究》，中国社会科学出版社，2021，第 1 页。

③ 笔者阅读范围有限，目前看到比较重要的相关研究有中国大陆学者邱汉生《四书集注简论》（中国社会科学出版社，1983），陆建猷《四书集注与南宋四书学》（陕西人民出版社，2002），朱汉民与肖永明合著的《宋代四书学与理学》（中华书局，2009），杨浩《孔门传授心法——朱子〈四书章句集注〉的解释与建构》（东方出版中心，2015），台湾学者陈逢源《朱熹与四书章句集注》（台北：里仁书局，2006）与《融铸与进程：朱熹〈四书章句集注〉之历史思维》（台北：政大出版社，2013），日本学者有大槻信良《朱子四书集注典据考》（台湾学生书局，1976）。值得一提的是，这些著作大体上是围绕朱子《四书章句集注》一书而展开，从某种意义上讲，尚不能涵盖朱子四书学之全部。

四书学，展开了深入而细致的研究，为朱子之四书学研究揭开了新的篇章。

许家星教授自称其著作为"述朱"之作，"恪守以朱子解朱子的立场"，"采用朱子的治学方式"。① 其"述朱"之意，则相当具体地体现在该书的书名上，该书以"经学与实理"为标题，拈出了"经学"与"实理"这两个朱子四书学的关键字来展开研究，可谓深得朱子之意。在一般人的认识中，宋代以前的知识范式是"经学"的，崇尚的是注疏之学。自北宋庆历以来，学术范式为之一变，学者大多鄙薄汉唐以来的章句训诂之学，而唯义理是求，所谓"以异于注疏为学"②，"不治章句，必求其理"③。在理学前辈张载、二程等人看来，对经文字句的训释可以是无关宏旨的，只要得其义理，文字可以不识，甚至文义也可以解错，如张载说："心解则求义自明，不必字字相较。"④ 程颐则指出："善学者，要不为文字所梏。故文义虽解错，而道理可通行者，不害也。"⑤ 就以张、程为代表所确立起来的"理学"范式而言，它与汉唐之"经学"范式确实迥然有别。然而，若以此限定朱子，则不尽然。在《中庸集解序》中，朱子说："然尝窃谓秦汉以来，圣学不传，儒者惟知章句训诂之为事，而不知复求圣人之意，以明夫性命道德之所归。至于近世，先知先觉之士始发明之，则学者既有以知夫前日之为陋矣。然或乃徒诵其言以为高，而又初不知深求其意。甚者遂至于脱略章句，陵籍训诂，坐谈空妙，辗转相迷，而其为患反有甚于前日之为陋者。"⑥ 在朱子看来，儒者的主要责任是要"明夫性命道德之所归"，而不可以"惟知章句训诂之为事，而不知复求圣人之意"，就这一点来说，朱子与张、程是一脉相承的，这也正是宋明理学不同于汉唐经学之所在。但朱子同时认为，要得圣人之旨意，则不可师心自用，而应该建立在对圣人言语之正确理解的基础之上。朱子自认为其注经乃是"惟本文本意是求"，"不敢以己意说道理"，其

① 许家星：《经学与实理：朱子四书学研究》，第1页。
② （宋）李觏：《寄〈周礼致太平论〉上诸公启》，《李觏集》，中华书局，1981，第290页。
③ （宋）司马光：《颜太初杂文序》，《温国文正司马公文集》，涵芬楼影印宋绍熙刊本，1919，第2页。
④ （宋）张载：《经学理窟·义理》，《张载集》，中华书局，1978，第276页。
⑤ （宋）程颢、程颐：《二程外书》卷六，《二程集》，中华书局，1981，第378页。
⑥ （宋）朱熹：《朱文公文集》卷七五，《朱子全书》第24册，上海古籍出版社、安徽教育出版社，2002，第3640页。

曰："惟本文本意是求，则圣贤之旨得矣。"① 又曰："大抵某之解经，只是顺圣贤语意，看其血脉通贯处，为之解释，不敢自以己意说道理。"② 事实上，朱子在解经时，并不反对汉唐以来的"经学"的方法，与之相反的是，朱子更不能接受的恰恰是"脱略章句，陵籍训诂"的做法。朱子晚年曾说："某后刻意经学，推见实理，始信前日诸人之误也。"③ 所谓"前日诸人之误"，所意指的即是北宋诸贤对四书的理解。钱穆先生论朱子之四书学曰："朱子乃是效法汉儒经学工夫而以之移用于《语》《孟》，逐字逐句，训诂考释，无所不用其极，而发挥义理则更为深至。"④ 钱穆先生又指出："盖朱子之《四书》学，乃是其理学之结晶，同时亦是其经学之结晶。"⑤ 是以钱先生认为，朱子之四书学，乃"绾经学与理学而一之"，⑥ 或如周予同先生所指出的，是"托经学以言哲学"，⑦ 亦是许家星教授所指出的，是"经学与理学浑然如一的经学哲学"。⑧ 立足于朱子"刻意经学，推见实理"的学术立场，许家星教授以"经学与实理"为一书之标题，可谓深得朱子之宗旨。

从"刻意经学"的角度看，许家星教授"对朱子的章句训释颇为留意，以显示朱子四书学的经学面貌"。⑨ 其又曰："如果仅仅谈论研究哲学的一面，而放弃其经学的一面，既不合乎朱子的生前努力和志向，亦大大降低了《四书集注》的成就与魅力。"⑩ 可以说，"刻意经学"是该书的重大特色所在。同样，他在方法论上，没有进行单纯的概念分析，而是"从朱子四书学的具体章节、具体问题分析入手"，⑪ "摒弃宏大叙事，力戒穿凿附会，以尽量细致的考察，来进入朱子由'铢积寸累'而构成的宏阔学术世界"。⑫ 作者对朱子四书学诸多相关问题下了极为严谨细密的考证功夫，在该书的第一章，

① （宋）朱熹：《朱文公文集》卷四八，《朱子全书》第 22 册，第 2213 页。
② （宋）黎靖德编《朱子语类》，中华书局，1994，第 1249 页。
③ （宋）朱熹：《朱子语类》，第 2617 页。
④ 钱穆：《朱子新学案》第一册，第 206 页。
⑤ 钱穆：《朱子新学案》第一册，第 206 页。
⑥ 钱穆：《朱子新学案》第一册，第 207 页。
⑦ 周予同：《中国经学史论著选编》，复旦大学出版社，2015，第 93 页。
⑧ 许家星：《经学与实理：朱子四书学研究》，第 2 页。
⑨ 许家星：《经学与实理：朱子四书学研究》，第 3 页。
⑩ 许家星：《经学与实理：朱子四书学研究》，第 11 页。
⑪ 许家星：《经学与实理：朱子四书学研究》，第 2 页。
⑫ 许家星：《经学与实理：朱子四书学研究》，第 3 页。

许家星教授对朱子四书诠释过程不同阶段的文本，做了极为细致的考察，给我们指出了许多习焉而不察的问题。《四书或问》是朱子四书诠释过程中极为重要的一部著作，但学者大多笼统地看待这部著作，而许教授则通过其细密的考察，向我们指出，"《四书或问》可分为《学庸或问》与《论孟或问》两个系列，二者差别在于《论孟或问》丁酉成书后未再修改，体现了《论孟集注》初成时的成果。《学庸或问》则未弃修改。朱子晚年常常将《学庸或问》与《章句》并行刊刻，这与他对《论孟或问》的态度决然有别"①。他又指出："二者在相同时间形成初稿，此时视为一体是合理的。但此后二者产生差别，今本二者分别代表朱子丁酉时期的和晚年的思想，故须区别对待。"② 即使是被视为一体的《学庸或问》，许家星教授也注意到了二者的细微区别："《大学或问》负责阐发《章句》未详之处，《中庸或问》则同时肩负阐发章句与辨析诸家说的双重任务。"③ 许家星教授指出："《四书集注》虽引诸说为注而朱子多以己意改之，'增损改易文本'成为《集注》注文的一个基本特点，却常被忽略而罕见讨论。"④ 可以说，在《经学与实理：朱子与四书学研究》一书中，有诸多类似上述的"常被忽略而罕见讨论"的问题，从而将朱子四书学的研究不断推向精密化，此诚如陈来教授在序言中所说的，"在朱子四书学著述的形成问题上，本书做了认真的文献考察"，"对以往在这个问题上的各种混淆的说法做了严谨的厘清"，"在朱子学四书文献上做了细致而扎实的文本考辨"，"是本书在朱子四书学文献研究上的重要结论和重要贡献，值得充分表彰"等。⑤ 可以说，许家星教授的研究，确然如朱子所谓的"不敢以己意说道理"，"惟本文本意是求"，在这一点上，可以说是深得朱子重经学之精髓。

然而，从另一方面来讲，朱子固然"刻意经学"，但同时更重视的是要"推见实理"，即探求经书背后"性命道德之所归"，或者说，"刻意经学"本身就是为了"推见实理"，如朱子说，"某看人多因章句看不成句，却坏了

① 许家星：《经学与实理：朱子四书学研究》，第 28 页。
② 许家星：《经学与实理：朱子四书学研究》，第 45 页。
③ 许家星：《经学与实理：朱子四书学研究》，第 30 页。
④ 许家星：《经学与实理：朱子四书学研究》，第 7 页。
⑤ 许家星：《经学与实理：朱子四书学研究》，第 1 页。

道理"。① 在朱子看来，程门解经因为"看不成句"，即对章句有错误的理解，以至于错误地理解文本应有的义理。笔者曾经指出："在朱子看来，对经典的诠释，包括对文本具体义理的阐释，都不能与其总体上的义理系统相违背，只要是与'道'这一层面相冲突的，朱子就坚决予以清算。"② 就这一点而言，许家星教授对朱子的把握也极为到位，如书中之第五章"寓作于述"，就试图向我们呈现朱子在四书诠释过程中与思想建构的内在一致性，即对文本正确的训解其实是意味着正确地解释文本的义理内涵。同样，在该书的写作过程中，对许家星教授而言，"刻意经学"的目的，同样也是要"推见实理"。例如，传统上的《四书章句集注》在版本上分为两大系列，一是元代胡炳文所推崇的宋本，一是陈栎所尊信的祝本。对此许家星教授详细地比勘了两个版本的异同，更重要的是他从义理的角度对两个版本的高下做了评判，从而认为胡炳文主张的宋本更具有哲学意义与实践工夫。③ 诸如此类的例子亦多见于该书，是以李景林教授在序文中指出，"书稿不少章节看似纯粹的学术考辨问题"，但又不同于"一般意义上的考辨之举"，而是"蕴含着著者对朱子'以义理定训诂'精神的揭示与遵循"④。

许家星教授浸淫于朱子学多年，所著《经学与实理：朱子四书学研究》一书，探赜索隐，钩深致远，文献翔实，义理宏通，多有发人所未发之论，对朱子四书学研究做出了巨大贡献。当然，由于朱子学本身的博大精深，对朱子之理解也可能仁者见仁，智者见智，是以个别结论或许仍有值得讨论的余地。⑤ 然而，即使是这些值得进一步讨论的地方，亦大大深化了朱子学的相关研究，仍可谓功莫大焉。

① （宋）朱熹：《朱子语类》，第 1814 页。

② 郭晓东：《论朱子参对〈中庸〉的诠释过程中受吕与叔的影响及其对吕氏之批评》，黄俊杰编《中日〈四书〉诠释传统初探》，台湾大学出版中心，2004，第 323 页。

③ 许家星：《经学与实理：朱子四书学研究》，第 459 页。

④ 许家星：《经学与实理：朱子四书学研究》，第 8 页。

⑤ 如该书第二章对朱子道统论的讨论，认为朱子之道统世界由四书谱系与《太极图说》两方面构成，又认为《太极图说》系统为朱子道统论的本体向度，以四书为代表的谱系为朱子道统论的工夫向度。见许家星《经学与实理：朱子四书学研究》，第 104~125 页。朱子的某些文献或许支持这一说法，但也不纯然如此。如朱子《中庸章句序》称"上古圣神继天立极，而道统之传有自来矣"，所列道统之传承，始于尧、舜之授受，《大学章句序》则称"此伏羲、神农、黄帝、尧、舜，所以继天立极"。前者可以对应朱子道统世界的四书谱系，而《大学章句序》之道统授受始于伏羲，伏羲则属于许家星教授认为的《太极图说》谱系。由是观之，是否一定将朱子之道统论分为两个谱系，这一问题似乎仍有进一步讨论的价值。

图书在版编目（CIP）数据

清华国学. 第三辑 / 陈来主编. -- 北京：社会科
学文献出版社，2023.11
ISBN 978 - 7 - 5228 - 2757 - 5

I. ①清… Ⅱ. ①陈… Ⅲ. ①国学 - 文集 Ⅳ.
①Z126. 27 - 53

中国国家版本馆 CIP 数据核字（2023）第 216307 号

《清华国学》第三辑

主　　编 / 陈　来

出 版 人 / 冀祥德
责任编辑 / 卫　羚
文稿编辑 / 田正帅
责任印制 / 王京美

出　　版 / 社会科学文献出版社·人文分社（010）59367215
　　　　　　 地址：北京市北三环中路甲29号院华龙大厦　邮编：100029
　　　　　　 网址：www. ssap. com. cn
发　　行 / 社会科学文献出版社（010）59367028
印　　装 / 三河市尚艺印装有限公司

规　　格 / 开 本：787mm × 1092mm　1/16
　　　　　　 印 张：20.25　字 数：334 千字
版　　次 / 2023 年 11 月第 1 版　2023 年 11 月第 1 次印刷
书　　号 / ISBN 978 - 7 - 5228 - 2757 - 5
定　　价 / 128.00 元

读者服务电话：4008918866